古方中
北民
族史
探

The history
of the Northern
nationalities in
the Middle Ages

陈琳国 著

新华出版社

图书在版编目（CIP）数据

中古北方民族史探 / 陈琳国著 .

北京：新华出版社，2024.10

ISBN 978-7-5166-7721-6

Ⅰ．K289

中国国家版本馆 CIP 数据核字第 20243UN892 号

中古北方民族史探

作者： 陈琳国

出版发行： 新华出版社有限责任公司

（北京市石景山区京原路 8 号　邮编：100040）

印刷： 三河市君旺印务有限公司

成品尺寸： 165mm×230mm　1/16　　　　**印张：** 26.5　**字数：** 352 千字

版次： 2024 年 12 月第 1 版　　　　　　　**印次：** 2024 年 12 月第 1 次印刷

书号： ISBN 978-7-5166-7721-6　　　　　　**定价：** 88.00 元

前 言

匈奴、羯、氐、羌、鲜卑，史称"五胡"。至于乌桓，原与鲜卑同为东胡；丁零（高车、敕勒），与鲜卑、匈奴有着千丝万缕的联系；其他杂胡，不是出于匈奴或匈奴别部，就是出于鲜卑。他们虽名不列五胡，但都属广义上的五胡的范畴。

五胡是秦汉至隋唐八百年间我国北境和西北境最主要的民族。其内迁的部分，都与汉族融合，为伟大的多元一体格局的中华民族的形成作出了杰出贡献①。因此，无论在中国古代史，还是在中国古代民族史与中华民族史上，五胡史都有着极其重要的地位。

秦汉时期，匈奴与秦、汉皇朝并立于长城内外②。而羌、氐是西北地区的原始居民，西汉武帝反击匈奴时始于羌人聚居的地区置金城郡（河西五郡之一），于氐人聚居的地区置武都郡。其时，匈奴尚在塞外，而氐、羌的一大部分已经在汉朝的郡县内了。

秦汉魏晋南北朝时期，五胡经历了从内迁、混居到与汉族融合的全过程，并出现了民族大融合的高潮。

西汉武帝元狩二年（前121年），匈奴浑邪王率先以浑邪、休屠二部四万余众投降汉朝，揭开了民族大迁徙的序幕。匈奴浑邪、休屠两个部

---

① "中华民族的多元一体格局"的论断是费孝通先生在《中华民族的多元一体格局》一文中提出的，载《北京大学学报》1989年第4期。

② 据《汉书·匈奴传上》载：汉孝文帝前元四年（前176年），匈奴冒顿单于在征服大月氏与西域诸国、统一广袤的蒙古草原后，送文书给汉文帝说："诸引弓之民并为一家，北州以定。愿寝兵休士养马，除前事，复结约，以安边民，以应古始，使少者得成其长，老者得安其处，世世平乐。"而孝文帝于后元二年（前162年）亦送文书给当时匈奴老上单于说："先帝制，长城以北引弓之国受命单于，长城以内冠带之室朕亦制之，使万民耕织，射猎衣食，父子毋离，臣主相安，俱无暴虐。"分见中华书局，第3757、3762页。

落，原来游牧于河西走廊一带，被西汉骠骑将军霍去病击败后来降。汉武帝在黄河南缘边五郡故塞外设五属国，安置匈奴两部降众。此后，匈奴族部落降汉内迁的记载不绝于史。据统计，截至西汉宣帝末年，匈奴内迁的人口已达到十余万人[①]，分布在今陕、甘、宁和内蒙古西部的广阔土地上，最初各有自己的聚居地，保持着部落组织。

东汉初年，羌人、乌桓与南匈奴掀起少数民族内迁的第一波浪潮。先是东汉击败进攻临洮的先零羌，徙置天水、陇西、扶风三郡。这是羌人入居关中之始。后来，羌人举行反抗东汉的斗争，多次攻入关中，不少投降的羌人被留置三辅。其次是辽西乌桓大人率众内附，东汉朝廷将乌桓安置在东至辽东属国、西到朔方的缘边十郡。而匈奴分裂为南北两部，南单于也遣使诣阙，奉藩称臣，又被列置于东至代郡、西到朔方的缘边八郡。从建初八年（83年）到永元元年（89年），在东汉、南匈奴和乌桓的联合打击下，北匈奴数以百计的部落总数达五十万人先后附汉，迁入塞内。

东汉后期，南匈奴的进一步南下，是少数民族内迁的第二波浪潮。南匈奴与乌桓、鲜卑联兵叛乱，攻打掳掠缘边郡县。汉廷把西河治从美稷迁离石，又迁上郡治于夏阳、朔方治于五原。至东汉末年，随着南单于庭迁到离石，南匈奴蜂拥南下，进入并州，直抵平阳。《晋书·地理志上》"并州条"云："灵帝末，羌胡大扰，定襄、云中、五原、朔方、上郡等五郡并流徙分散。"[②]流徙分散的不只是汉人，这里的匈奴、乌桓人也都纷纷内迁了。建安中，曹操还从武都迁出氐人五万余落到扶风、天水界。他又分内迁的南匈奴为五部，分别居并州各地。曹魏时，邓艾在镇西将军的任上，还容留了内迁的河西鲜卑即鲜卑秃发氏，安置在陇右一带。

少数民族第三波内迁浪潮发生在西晋初年。自从北匈奴退出蒙古草原以后，填补这个空白的有东部鲜卑人、丁零人，还有远道而来的拓跋鲜卑

① 林干：《匈奴通史》，人民出版社，第90页。
② 《后汉书·地理志上》，中华书局，第428页。

人，他们与滞留在草原上的十余万落匈奴人相互融合。拓跋氏的父系是鲜卑人，母系是匈奴人；宇文氏的父系是匈奴人，母系应是鲜卑人；而高车则是丁零与匈奴人结合的后代。如此等等。公元 1 世纪中叶到 4 世纪初，蒙古草原上民族间的战争、征服、兼并和融合是非常错综复杂的，遗憾的是文献记载奇缺，我们只能知其大概情况罢了。正是蒙古草原上的斗争形势，导致了晋初一批批匈奴和匈奴别部人（亦即所谓杂胡）的内迁。可考的迁徙共八次，多者二十余万、十余万，少者也有一万、几千，内迁后遍布于并、雍、凉州等地。西晋前有郭钦、后有江统的"徙戎"主张，就是在少数民族第三波内迁浪潮的背景下提出的。郭钦警告说："魏初人寡，西北诸郡皆为戎居。今虽服从，若百年之后有风尘之警，胡骑自平阳、上党不三日而至孟津，北地、西河、太原、冯翊、安定、上郡尽为狄庭矣！"[①] 而江统则惊呼"关中之人，百余万口，率其少多，戎狄居半"，他出主意说："当今之宜，宜及兵威方盛，众事未罢，徙冯翊、北地、新平、安定界内诸羌，著先零、罕开、析支之地；徙扶风、始平、京兆之氐，出还陇右，著阴平、武都之界。廪其道路之粮，令足自致，各附本种，反其旧土，使属国、抚夷就安集之。戎晋不杂，并得其所，上合往古即叙之义，下为盛世永久之规。纵有猾夏之心，风尘之警，则绝远中国，隔阂山河，虽为寇暴，所害不广。"[②] 郭、江敏锐觉察到内迁少数民族对西晋统治存在潜在的危险，并非耸人听闻，但是，他们"徙戎"之论却是基于"统治阶级民族歧视的立场和不合时宜的倒行逆施的措施"[③]，也是完全行不通的。

魏晋之际，内迁的少数民族有的已经成为郡县编户，如"编户氐"；大部分则仍然保持着各自的部落状态，如南匈奴五部和"内属羌"；西晋

---

① 《晋书·四夷·北狄匈奴传》，中华书局，第 2549 页。
② 《晋书·江统传》，中华书局，第 1532 页。
③ 黄烈：《中国古代民族史研究》，人民出版社，第 352 页。

初年内迁的匈奴杂胡，有很多分布在汉代的西河、上郡、朔方一带空旷之地。而居于司、并、雍、秦、凉等地区的少数民族，虽大部分各自保有自己的部落，但他们之间以及他们与汉族之间，已经形成了小聚居而大混居的局面，关系日益密切。

在魏晋门阀大族占据统治地位的社会，内迁少数民族发生着两极分化，他们中的氏族贵族、部落酋长凭借自身的实力和魏晋统治者的优遇，正在朝着大族豪强的方向发展，而大多数部民则正在沦落为汉族大族地主或本族贵族酋长的佃客、部曲。曹操划分南匈奴为五部时，左部帅刘豹是内迁南匈奴贵族的第二代。其子刘渊已同汉族大族子弟一样，从小接受良好的汉族传统文化教育，学习儒家经典，博览史书诸子，与太原王氏、上党李氏等门阀士族互称乡党，过从甚密，可见已经走上大族化的道路。又如辽东的鲜卑慕容廆，西晋时拜会东夷校尉何龛，"巾衣诣门，抗士大夫之礼"。而当中原动乱后，慕容廆大量招徕流亡到辽东的士庶，不仅引用其中的文章才俊为辅佐，而且请他们兴办学校，传授儒学，让"其世子皝率国胄束修受业"，他还经常亲临听讲，于是，"路有颂声，礼让兴焉"。符坚是内迁氏族酋豪苻氏的第三代，八岁要求请老师到家教他念书，祖父苻洪说："汝戎狄异类，世知饮酒，今乃求学邪？"如果沿着这个方向走下去，那么，内迁的少数民族将缓慢地融入依附关系高度发达的门阀社会。

然而，西晋的"八王之乱"和刘渊、石勒的起兵打断了这个进程。一百三十五年的十六国时期，数不清的战争、无数次的迁徙打破了各族聚族而居的状态，人口争夺破坏了原来的社会结构，冲击了民族界限的藩篱，加速推进了民族之间的混居。

这大约一个半世纪（304—439 年）正是民族大混居与走向大融合的时期。十六国时期以"胡亡"与"氐乱"为标志，可分为三个阶段。

第一阶段：永嘉之乱至后赵灭亡（311—350 年）。

这一阶段民族矛盾还比较严重，但融合的大门已经开启。

内迁后，少数民族贵族对儒学文化表现出浓厚的兴趣。匈奴贵族刘渊从小师从汉族士人崔游，学习儒家经典、孙吴兵法；对《史记》《汉书》和诸子，也无不涉猎。他作为匈奴的质子居住在洛阳多年，周旋于西晋上层社会，与一些官僚士族过从甚密，基本上已经汉化了。其子刘聪，十四岁时就究通经史，兼综百家之言；又工草隶书法，擅长作文，写有诗百余篇、赋颂五十余篇。族子刘曜虽然稍逊，但也会书法、作文。羯人石勒家贫，自幼失学，可他兴兵后更重视文化教育，戎马倥偬之际让人给他读史书。其他如氐、羌、鲜卑族的统治者，从他们建立政权后，大多兴办儒学，培养人才，表现出对汉族传统文化的喜爱。

五部匈奴乘西晋"八王之乱"起兵，他们贵族的目标只局限于"方当兴我邦族，复呼韩邪之业"，也就是恢复匈奴单于制度。而刘渊看来，他们的目标不过是一个小土丘，自己的目标却是高山峻岭。他说："当为崇冈峻阜，何能为培塿乎！夫帝王岂有常哉，大禹出于西戎，文王生于东夷，顾惟德所授耳。"[①] 所以，他从起兵伊始，就是要当帝王，建立专制主义的中央集权。他实行的政治制度是汉朝的三公九卿制和郡县制，而非匈奴的部落制度。

内迁三百年的南匈奴顺应历史发展的趋势，逐渐改变了本民族的面貌，汉化程度不断提高。这为刘渊建立君主专制奠定了社会基础。为取得汉人的支持，刘渊自称是汉朝皇帝的外甥，建国号"汉"，祭祀汉高祖以下三祖五宗，以"绍修三祖之业"为己任。为建立和巩固君主专制，汉、前赵采取了一系列的措施。刘渊举行隆重的南郊大典；立社稷，建宗庙；分封宗室，诸王领兵；确立皇位继承制度。这一点有必要多说两句。匈奴单于传承制一直是兄终弟及，虽然《汉书·匈奴传》中的记载大多是父死子继，但这其实并不可信，因为《后汉书·南匈奴传》所显示的仍为兄终弟及，其前的匈奴继承制没有理由实行已经废除的传子制。嫡长子继承

---

① 《晋书·刘元海载记》，中华书局，第 2649 页。

制的确立，是君主专制的一项重要内容，虽然因为争位而时受破坏，但汉族政权也是如此。所以，汉及前赵建立的专制主义中央集权政治制度，在十六国历史上具有开创性的意义，是十六国汉化政治制度的先驱。

石勒出身低微，当然没有如南匈奴贵族刘渊、刘聪那样接受汉族传统文化教育的机会，但是他具有军事天赋和组织才能，既聪明、睿智又善于学习，这在相当大的程度上弥补了先天的缺陷。史称，"勒雅好文学，虽在军旅，常令儒生读史书而听之，每以其意论古今帝王善恶，朝贤儒士听者莫不归美焉。尝使人读《汉书》，闻郦食其劝立六国后，大惊曰：'此法当失，何得遂成天下！'至留侯谏，乃曰：'赖有此耳。'其天资英达如此"。这是一个大家熟知的例子。未曾念过书、能有此史识，的确难能可贵。早在汉河瑞元年（309年），石勒攻陷冀州郡县时，就表现出对汉族士人特别的重视，将他们集中起来。当时，"众至十余万，其衣冠人物集为君子营"①。也许将这些衣冠人物集中在一起，有强迫之嫌，但既称君子，终究是一种礼遇。建立君子营以安抚汉族士人，是石勒看到了他们的价值，希望这些士人为其所用。对此，胡三省评论说："石勒起于胡羯饿隶而能如此，此其所以能跨有中原也。"②石勒对汉族士人在政策上作出大幅度的调整，是在进据襄国尤其在建立政权后。他清定五品，以张宾领选，后续定九品；以张班为左执法郎，孟卓为右执法郎，典定士族，副选举之任；令群僚及州郡每岁各举秀才、至孝、廉清、贤良、直言、武勇之士各一人。至石勒八年（326年），又以牙门将王波为记室参军，典定九流，并建立秀、孝试经之制。这说明清定九品、典定士族及秀、孝选举是真正实施了的。且不论九品官人法之优劣利弊，在永嘉大乱之后，在战争第一、军人统治、国家军事化的年代，这无疑是拨乱反正之举，是恢复士人尊严和地位之举。

---

① 《晋书·石勒载记上》，中华书局，第2711页。

② 《通鉴》卷八十七，西晋怀帝永嘉三年（309年）。

石勒一介武夫，却懂得尊重读书人，上至谋士张宾，"勒甚重之，每朝，常为之正容貌，简辞令，呼曰'右侯'而不名之"①，下至一般官吏。时制法令甚严，讳胡尤峻。有一次，"勒以参军樊坦清贫，擢授章武内史。既而入见，勒见坦衣冠弊坏，大惊曰：'樊参军何贫之甚也！'坦性诚朴，率然而对曰：'顷遭羯贼无道，资财荡尽。'勒笑曰：'羯贼乃尔暴掠邪！今当相偿耳。'坦大惧，叩头泣谢。勒曰：'孤律自防俗士，不关卿辈老书生也。'赐车马衣服装钱三百万，以励贪俗"②。

石勒重用汉族士人张宾为谋主，对他言听计从。政治上继续推行九品官人法，重新典定士族，令胡人不得欺侮衣冠华族；经济上劝课农桑，核定户口，征收田租户调等；文化教育上兴办太学和宣文、宣教、崇儒、崇训四门小学十余所。这些政策措施都有力地推动了后赵境内各少数民族的汉化。

十六国初期，民族隔阂比较明显，民族矛盾比较严重，有的政权称本民族成员为"国人"，而歧视汉人，实行"胡汉分治"。但是，前赵、后赵政权基本上采用汉魏以来的政治制度，都采取与汉族地主阶级合作的政策。他们的政权，其实都具有联合政权的性质。

前、后赵政权的建立，加速了民族融合的进程。国家和民族虽属于两个不同的范畴，但却有着密切的联系。中国古代国家都是由多民族组成的，而国家一旦建立，就以其政权的强制力量，自觉或不自觉地推行种种消除民族隔阂、促进民族融合的政策。

后赵石虎统治时，骄奢淫逸、穷兵黩武，种下了内乱的种子。建武十五年（349 年），他在兄弟争权、子孙争国中死去，而内乱继续扩大，从宫廷波及全国，终于酿成一场规模空前的血腥大屠杀、大动荡——冉闵之乱。冉闵，汉人，石虎的养子，改姓石。石闵屡建战功，深受信用，时任

---

① 《晋书·石勒载记下张宾附传》，中华书局，第 2756 页。
② 《晋书·石勒载记下》，中华书局，第 2741 页。

都督中外诸军事，乘乱控制朝政。他挑动民族仇恨，滥杀胡人，"无贵贱男女少长皆斩之，死者二十余万，尸诸城外，悉为野犬豺狼所食。屯据四方者，所在承闵书诛之，于时高鼻多须至有滥死者半"。这次大动乱造成了极为严重的后果，"青、雍、幽、荆州徙户及诸氐、羌、胡、蛮数百余万，各还本土，道路交错，互相杀掠，且饥疫死亡，其能达者十有二三。诸夏纷乱，无复农者"①。

第二阶段：后赵之亡至淝水之战（350—383 年）。

这一阶段前燕慕容氏和前秦苻氏大力推动汉化，民族融合取得重大成果。

西晋永嘉之乱，大批幽、冀士庶流亡辽河流域，流亡的汉族人士络绎不绝，以致流人超过原来的人口十倍以上。这是慕容氏建立前燕的社会基础，也是他们汉化的开始。慕容氏"推举贤才，委以庶政"，又设立侨郡县安置汉族流民。史称，"时二京倾覆，幽冀沦陷，（慕容）廆刑政修明，虚怀引纳，流亡士庶多襁负归之。……会稽朱左车、太山胡毋翼、鲁国孔纂以旧德清重引为宾友，平原刘讚儒学该通，引为东庠祭酒，其世子皝率国胄束修受业焉。廆览政之暇，亲临听之，于是路有颂声，礼让兴焉"②。

或许"路有颂声，礼让兴焉"不免有溢美之嫌，但从东庠接受教育的慕容皝却实实在在地继续把汉礼乐文化发扬光大。《晋书·慕容皝载记》曰："赐其大臣子弟为官学生者号高门生，立东庠于旧宫，以行乡射之礼，每月临观，考试优劣"；又"亲临东庠考试学生，其经通秀异者，擢充近侍"。不仅如此，他还亲自授徒，著书立说。史称他"雅好文籍，勤于讲授，学徒甚盛，至千余人。亲造《太上章》以代《急就》，又著《典诫》十五篇，以教胄子"③。其后，慕容皝之子慕容儁在礼乐文化的推广与传播

---

① 《晋书·石季龙载记下》，中华书局，第 2795 页。
② 《晋书·慕容廆载记》，中华书局，第 2806 页。
③ 《晋书·慕容皝载记》，中华书局，第 2826 页。

上也同样有所作为。《晋书·慕容儁载记》曰："儁立小学于显贤里以教胄子。"他"雅好文籍，自初即位至末年，讲论不倦，览政之暇，唯与侍臣错综义理，凡所著述四十余篇。性严重，慎威仪，未曾以慢服临朝，虽闲居宴处亦无懈怠之色云"①。

由于慕容氏很重视儒学教育，宗室子弟都送入学受业；还仿效魏晋屯田制收取田租的旧法，发展农业生产。当慕容廆派长史、河东裴嶷出使建康时，"初，（东晋）朝廷以廆僻在荒远，犹以边裔之豪处之。嶷既使至，盛言廆威略，又知四海英贤并为其用，举朝改观焉"②。这说明他们已经走上汉化之路了。

前秦政权对北方少数民族汉化起了巨大作用。苻健擢用士人，兴办学校。苻坚继立，胸怀"混六合以一家，视夷狄为赤子"之志，决心建立一个包容各族的统一国家。他能够摈弃民族偏见，任用汉族士人，打击本民族的豪强权贵。特别应说到的是苻坚对投降的异族首领及贵族的优礼制和对边境异族的羁縻制度。

如果说，苻坚厚待来降的慕容垂，是出于"方以义致英豪，建不世之功"的考虑③；那么，他优礼投降后迁到长安的以慕容暐为首的鲜卑贵族，就是为追求"夷狄应和"的目标了。灭前燕后，《通鉴》记云：苻坚"迁慕容暐及燕后妃、王公、百官并鲜卑四万余户于长安"，"封慕容暐为新兴侯，以燕故臣慕容评为给事中；皇甫真为奉车都尉、李洪为驸马都尉，皆奉朝请；李邦为尚书、封衡为尚书郎、慕容德为张掖太守；燕国平叡为宣威将军、悉罗腾为三署郎，其余封署各有差"④。另《晋书·苻坚载记上》又记云："太史令张孟言于坚曰：'彗起尾箕，而扫东井，此燕灭秦之象。'

---

① 《晋书·慕容儁载记》，中华书局，第2842页。
② 《晋书·慕容廆载记附裴嶷传》，中华书局，第2812页。
③ 《晋书·苻坚载记上》，中华书局，第2891页。
④ 《通鉴》卷一〇二，东晋海西公太和五年（370年）十二月，中华书局，第3239、3240页。

因劝坚诛慕容暐及其子弟。坚不纳，更以暐为尚书，垂为京兆尹，冲为平阳太守。"当苻融再谏时，苻坚曰：

> 汝为德未充而怀是非，立善未称而名过其实。诗云："德辐如毛，人鲜克举。"君子处高，戒惧倾败，可不务乎！今四海事旷，兆庶未宁，黎元应抚，夷狄应和，方将混六合以一家，同有形于赤子，汝其息之，勿怀耿介。夫天道助顺，修德则禳灾。苟求诸己，何惧外患焉。①

苻坚以严厉的口气斥责苻融，并把优礼慕容鲜卑贵族之制与"黎元应抚，夷狄应和，方将混六合以一家，同有形于赤子"的目标联系在一起。

羌酋姚苌投降前秦后，也受到苻坚的优遇，拜官封侯。《晋书·姚苌载记》曰："及襄死，苌率诸弟降于苻生。苻坚以苌为扬武将军，历左卫将军，陇东、汲郡、河东、武都、武威、巴西、扶风太守，宁、幽、兖三州刺史，复为扬武将军、步兵校尉，封益阳侯。"

苻坚对边境异族则采取羁縻制。羁縻制是西汉以来中原政权控制周边少数民族的一种方式，所谓"欲朝者不距，不欲者不强"②。苻坚在派遣吕光进军西域时，对吕光说："西戎荒俗，非礼义之邦。羁縻之道，服而赦之，示以中国之威，导以王化之法，勿极武穷兵，过深残掠。"③而早在甘露二年（360年），当"匈奴左贤王卫辰遣使降于坚，遂请田内地，坚许之。云中护军贾雍遣其司马徐斌率骑袭之，因纵兵掠夺。坚怒曰：'朕方修魏绛和戎之术，不可以小利忘大信。……夫怨不在大，事不在小，扰边动众，非国之利也。所获资产，其悉以归之。'免雍官，以白衣领护军，

---

① 《晋书·苻坚载记上》，中华书局，第 2896 页。
② 《汉书·匈奴传下》，中华书局，第 3814 页。
③ 《晋书·苻坚载记下》，中华书局，第 2914 页。

遣使修和，示以信义。辰于是入居塞内，贡献相寻"①。这就是苻坚对云中、朔方地区匈奴、鲜卑等民族的羁縻之道。后来，刘卫辰与匈奴右贤王曹毂叛。苻坚率军平叛，平叛后视察夷狄地区，仍然以刘、曹统率原部落。曹毂死后，将其部分两部分，贰城以西的二万余落由其长子骆川侯曹玺统领，贰城以东的二万余落由其小儿子力川侯曹寅统领，号称为东、西曹。建元十二年（376 年），前秦灭鲜卑拓跋部所建的代国，也把拓跋部分成两部分：独孤部刘库仁管辖河东部分；刘卫辰管辖河西部分。又把代王什翼健之子窟咄带回长安，以其不懂礼义，让他入太学读书②。为贯彻其"夷狄应和"的民族政策和制度，苻坚曾亲自巡抚夷狄地区，也数次遣使巡视戎夷部落。

对待凉州西陲氐、羌，苻坚也采取同样从"夷狄应和"出发，以"抚谕"为先，羁縻待之。史称，"初，秦人既克凉州，议讨西障氐、羌，秦王坚曰：'彼种落杂居，不相统一，不能为中国大患，宜先抚谕，征其租税，若不从命，然后讨之。'乃使殿中将军张旬前行宣慰，庭中将军魏曷飞帅骑二万七千随之。曷飞忿其恃险不服，纵兵击之，大掠而归。坚怒其违命，鞭之二百，斩前锋督护储安以谢氐、羌。氐、羌大悦，降附贡献者八万三千余落"③。可见，苻坚的羁縻制是很得民心、大受拥护的。

他努力恢复和发展生产，减轻赋税，与民休息，推广区种法，使关中出现十六国以来从未有过的繁荣景象。他重视文化教育，大力提倡儒学，不仅十六国的统治者不能相比，许多汉族政权的统治者也望尘莫及。他广

---

① 《晋书·苻坚载记上》，中华书局，第 2887 页。
② 此据《魏书·刘库仁传》，中华书局，第 605 页。另据《晋书·苻坚载记上》曰："坚以翼健荒俗，未参仁义，令入太学习礼。……散其部落于汉郡边故地，立尉、监行事，官僚领押，课之治业营生，三五取丁，优复三年无租税。其渠帅岁终令朝献，出入行来为之限制。"而《通鉴》卷一〇四，东晋孝武帝太元元年（376 年）十二月："行唐公（苻）洛以什翼健子窟咄年长，迁之长安。坚使窟咄入太学读书。"《通鉴》所记迁窟咄为是。
③ 《通鉴》卷一〇四，东晋孝武帝太元元年（376 年）七月，中华书局，第 3280-3281 页。

修学宫，亲临太学，考试学生经义，品评他们的优劣等第。甚至禁卫军士、后宫掖庭，也皆令读书。他说："庶几周、孔微言不由朕而坠，汉之二武其可追乎！"史称，"自永嘉之乱，庠序无闻，及坚之僭，颇留心儒学，王猛整齐风俗，政理称举，学校渐兴"。

前燕、前秦，一个关东，一个关西，还有关陇以西的凉州，民族融合在大踏步地前进。当然，我们对这一阶段的民族融合还不能估计过高。也许苻坚对解决民族矛盾操之过急，对民族融合过于乐观，而看不到这不是一蹴而就的事情，不是短时间能够弥合的，于是，其隐患终于在淝水之战中爆发出来了。

正如田余庆先生所说："我们可以说，苻坚之兴，兴于他缓和了民族矛盾；苻坚之败，败于他远未消弭民族矛盾。民族矛盾在相当程度上被他的民族政策暂时掩盖起来。苻坚所以兴又所以败，这两个方面的关系，制约着我们对苻坚个人和对苻坚所发动的淝水之战的评价，我们要辩证地加以理解才行。"①

第三阶段：淝水之战至北魏统一北方（383—439年）。

这一阶段北方极度混乱，民族混居的程度日益加深，而当拓跋氏的北魏南下再度统一北方后，北方各民族的融合经历了千辛万苦、千回百转，终于水到渠成了。

淝水之战后，统一的北方顷刻支离破碎，陷入空前的分裂局面。这是比"胡亡"之后更为混乱的局面，人口争夺更加剧烈，人口迁徙更加频繁，各族建立的政权如走马灯般地转换变化。这个阶段，关东出现了鲜卑慕容氏的后燕、南燕和汉人冯氏的北燕，关中出现慕容氏的西燕、羌人姚氏的后秦，关中北面出现匈奴独孤氏的夏，河西陇右出现氐人的后凉、鲜卑乞伏氏的西秦、鲜卑秃发氏的南凉、卢水胡沮渠氏的北凉及汉人李暠

---

① 田余庆：《东晋门阀政治》，中华书局，第247页。

的西凉。在战乱中，各族混居的进程加快了，各民族融合的条件逐渐成熟了。

最初匈奴别部被称为杂胡，后来各族部落逐渐混杂，民族成分发生变异，甚至形成新的名号，遂出现杂胡化的趋势。关东杂胡主要由匈奴、羯、乌桓等混杂而成，石勒武装就是典型的杂胡军队。而关西杂胡化则以氐羌为多，匈奴、鲜卑、羯等民族混杂其间。杂胡化是民族迁徙、民族混杂的必然现象，又因战乱加速其进程，它顺应了民族融合的发展趋势。当时，杂胡化不是个别地区的个别现象，而是不可遏止的社会趋势，从而成为魏晋南北朝民族大融合史中间重要的一环，影响极为深远。

十六国时期的人口争夺，使民族界限的藩篱一次次地受到冲击。而民族藩篱的进一步拆除，是各民族政权的人口争夺在客观上所造成的后果。各国统治者争夺土地，更争夺人口，以扩充军队和增加劳动人手。每一次战争，胜利者总要掳掠对方的人口，把他们迁徙到自己的统治区。有时是几百上千，有时是几万、十几万，辗转于道路。战争和灾荒也一再迫使各族劳动人民背井离乡，流落异地。

直到北魏统一北方，民族纷争才逐渐平息下来。鲜卑拓跋部内迁最晚，但却是后来居上。从北魏第一位君主道武帝拓跋珪开始，经祖孙三代人的努力，拓跋部逐渐走向汉化的道路。北魏孝文帝是十六国以来长期民族融合的集大成者，他不仅继承了此前民族融合的成果，而且以更加广泛、更加深刻的改革把民族融合推向一个新的高度。从此，北方各族人民逐渐稳定于中原的农业经济生活，南北文化风尚和习俗逐渐趋于一致，南北政权的民族差别也逐渐泯灭了。孝文帝改革之后，中原地区的民族融合已经基本完成。边镇地区的民族融合慢一些，甚至一度出现胡化的倾向，然而这只是历史前进中的一个小曲折罢了。

当然，我们应该看到，十六国时期各族人民屡遭浩劫，饱受苦难，生活在水深火热之中，为民族大融合付出高昂的代价，作出了最大的牺牲。

但是历史大踏步地前进了，正是在这民族融合的基础上，产生出辉煌灿烂的隋唐文明。

经过魏晋南北朝的分裂局面，中原地区在隋、唐两代重新统一了起来。唐代的统治者中就有不少是各族的混血。建国时，汉化的鲜卑贵族起了举足轻重的作用，他们在统治集团中一直处于重要地位。有人统计，唐朝宰相三百六十九人中，胡人出身的有三十六人，占十分之一。《唐书》还特辟专章为番将立传。沙陀人在唐末颇为跋扈，在继唐而起的五代中后唐、后晋、后汉三朝都是沙陀人建立的，以中兴唐朝出名的庄宗本身就是出自沙陀人。所以有唐一代名义上是汉族统治，实际上是各族参与的政权。从唐到宋五百年的时间里，中原地区实际上是一个以汉族为核心的民族熔炉。许多非汉族被当地汉人所融合而成为汉人。当然融合的过程是复杂的，许多历史有记载的如鲜卑、氐、羯等族名逐渐在现实生活中消失了。

最后，我想简单地讲一下究竟应该如何看待中国古代的民族关系。

首先，我们必须认清中国古代民族关系的主流。

中国历史上的民族关系极其错综复杂，各民族之间有友好相处、亲密往来，但也有矛盾和摩擦，有时矛盾摩擦甚至非常尖锐激烈，十六国时期尤其严重。然而，我们中华民族正是在这样又友好又矛盾的进程中不断地发展壮大起来的。这是为什么？这是因为我国历史上的民族关系中有贯穿始终的主流。

关于中国历史上民族关系的主流，我服膺白寿彝先生精辟的论断。白寿彝先生在《关于中国民族关系史上的几个问题》一文中指出："在民族关系史上，我看友好合作不是主流，互相打仗也不是主流。主流是什么呢？几千年的历史证明：尽管民族之间好一段、歹一段，但总而言之，是许多民族共同创造了我们的历史，各民族共同努力，不断地把中国历史推向前进。我看这是主流。这一点是谁都不能否认的。"

总的来说，在十六国长期动荡的历史环境中，北方的民族矛盾仍然比较严重。直到北魏统一北方，民族的纷争才逐渐平息下来。我们从一个比较长的时段观察历史，往往可以看得更真切些。与其说十六国时期是民族关系中"歹"的一段，不如说，它是隋唐民族关系"好"的一段的准备阶段。换言之，如果没有十六国时期一路走下来的民族大融合，绝不会有后来唐代政治、经济、文化的鼎盛。关于十六国民族关系对后代历史的影响和在世界文明史上的地位，我想引用余英时先生的一段论述，他说："在世界上几个主要的古老文明中，中国的文明体系独以长期的持续性显其特色。这一点现在已为考古发现所证实，大致无可怀疑。所以仅就文字记载的历史而言，中国至少从商、周以来便形成了一个独特的文化传统，一直绵延到今天。在这三千多年间，变化起伏虽然大而且多，但中国史的连续性与欧洲史形成了十分鲜明的对比。雷海宗教授曾指出：欧洲自罗马帝国分裂以后，便再也没有第二个全面统一的帝国体制出现。但中国史在秦汉的第一周期终结之后接着便迎来了隋唐以下的第二周期。"① 所以，各民族共同努力，不断地把中国历史推向前进，是中国民族关系主流的这个论断，同样也适用于十六国时期。

其次，我们要从民族发育与发展的总趋势来看民族关系。

五胡主要是循着和平的方式进入中国内地的，大体上分布在山西、陕西、河北北部、内蒙古、辽西、辽东。他们由于受到农业文化的影响，有向农业过渡的要求，总是要接近比较方便的农业区，接近农业文化，因此向边塞靠近是一个自然趋势。他们后头有一些比他们更落后的部族，也在兴起，这些部族把他们向中国内地这个方向推，一波又一波地推动。而中国偏偏又有一些政权，由于边疆的空虚，由于边疆常常受到某些民族的侵袭，因此想找一些和自己关系好一点的民族来守边，主动把他们招引到边

---

① 余英时：《治史自反录》，载《读书》2004 年第 4 期。

塞地区。种种客观的以及主观的原因，造成这个形势。十六国伊始，五胡都处在更接近内地的地方，一个一个进入中原。五胡十六国造成破坏，颠覆了西晋。我们看这个过程是痛苦的，是悲惨的，汉族与胡族所受的痛苦都是很大的。但是看问题毕竟还要从历史的结局来看，这些造成五胡十六国局面的民族，失败以后几乎没有多少人离开，都留在了中国；而且几乎没有多少人回到他们原来所在的边疆地区，大部分都沉淀在内地。后来他们子孙改成了汉姓，文化也是汉族文化，实际上已经成了汉人，汉族因此而壮大。所以，民族冲突在苦难的时候，我们是很不好接受的，当收获的时候，我们就该想想，荒芜土地的开发好多都是沉淀下来的少数民族做的，汉族经历那么大创伤以后还是一个强大的民族，吸收了好多少数民族人口在里面。恩格斯指出："没有哪一次巨大的历史灾难不是以历史的进步为补偿。"就是说，历史的灾难由历史的进步来补偿。应用到中国民族之间所造成的灾难的时候，这句话非常有启发。因为这句话不是让我们站在历史灾难中间来观察，而是要站在灾难过去以后，来看看它的结果如何，这个结果往往是历史的进步。历史的补偿超过灾难对民族的作用。有了十六国的大灾难之后，才有了隋唐；没有十六国、北朝这样一段历史的话，隋唐的局面确实形成不了。

秦汉以来，少数民族经历了漫长而曲折的内迁、混居道路，逐渐走向民族融合。在这条道路上，各族人民彼此渗透、相互融合，形成了你中有我、我中有你的关系。这种既是血统也是文化的联系，已经达到了血肉相连、不可分割的程度。这就是我们经过千锤百炼的伟大的中华民族，这就是我们伟大中华民族无比顽强的生命力和无与伦比的凝聚力。

目 录

01

第一章

匈奴内乱、南迁与杂胡化

一、休屠、屠各和刘渊族姓

史学界对汉魏北朝屠各问题的关注，始于唐长孺先生的《魏晋杂胡考》[1]。唐先生在"屠各"一节认为屠各来自西汉武时降附汉朝的匈奴休屠王部，刘渊身为屠各而假托南匈奴单于嫡裔，从而认定《晋书·北狄匈奴传》"屠各最豪贵，故得为单于"的说法仅仅适用于刘渊起事之后。唐先生此论的影响甚大，被许多民族史论著采用。有的学者虽然不同意"刘渊假托"说，但仍赞同屠各源于休屠的说法。既然屠各源于休屠，那么，屠各刘渊及其家族都仍避免不了假托的嫌疑。

到底屠各是否来源于休屠部，刘渊是否假冒南匈奴单于嫡裔等问题，实有进一步研究的必要。

（一）

关于屠各的来源，不少论者总要追溯到西汉武帝时匈奴浑邪部、休屠部附汉，认为屠各来自附汉的休屠部，或者至少有一部分来自休屠部；而以"休屠"与"屠各""休屠各""休著各""休著屠各"为同义，只是加减首末字而已。其实，这是一种误会。

首先，休屠不等同于屠各（或"休屠各""休著各""休著屠各"）。在文献记载中，"屠各"与"休屠各""休著各""休著屠各"有混用的情况，如《后汉书·张奂传》："时休屠各及朔方乌桓并同反叛，烧度辽将军门……（奂）乃潜诱乌桓阴与和通，遂使斩屠各渠帅，袭破其众。"[2]可知后之"屠各"即前之"休屠各"。而同一件事，在同书《乌桓列传》书为

---

① 唐长孺：《魏晋南北朝史论丛》，生活·读书·新知三联书店，第382页。

② 《后汉书·张奂传》，中华书局，第2139页。

"朔方乌桓与休著屠各并叛，中郎将张奂击平之"①。这里的"休著屠各"亦即前之"休屠各"或"屠各"。诸如此类，为大家所熟知，不必赘举。但是，在文献记载中，不论是同一部文献，还是不同的文献，"休屠"与"屠各"（或"休屠各""休著各""休著屠各"）则从未混淆过，"休屠"从不作"屠各"之类。因此，不能因"休屠"与"休屠各"形似，就简单地作出"休屠"与"屠各"是"休屠各"去首字或去末字、"休屠"亦即"屠各"的判断。"屠各"之所以与"休屠各"等混用，下面还要说到；而"休屠"不与"屠各"等混用，因为本来就不能混用，而且"休屠"二字很早就形成固定的译写，《后汉书·郡国志五》武威郡条下有属县"休屠"②，就是证明。

下面我们来看休屠的情况。

汉武帝元狩二年（前121年），驻牧在今甘肃张掖、武威一带的匈奴浑邪部、休屠部兵败于西汉骠骑将军霍去病，匈奴单于怒欲诛之，浑邪王与休屠王共谋降汉。旋休屠王悔，浑邪王遂杀休屠王，并其众，以两部四万余众降汉。汉朝封浑邪王为漯阴侯，又封列侯四人。而休屠王的家属包括阏氏和两个未成年的儿子则被没入官中为奴，长子日磾年十四岁，在官中养马，得到汉武帝赏识，遂因休屠作金人以祭天故赐姓金氏。他一生谨言慎行，后来成为西汉一代名臣。

稍后，浑邪、休屠两部部众被汉朝廷安置在"边五郡故塞外，而皆在河南，因其俗为属国"③。所谓"边五郡"是哪五郡？史无明言，李贤注曰：

① 《后汉书·乌桓列传》，中华书局，第2983页。
② 《后汉书·郡国志五》，中华书局，第3520页。又《读史方舆纪要》卷六十三《陕西十二》：凉州卫："休屠城，在卫东北，汉县，属武威郡，因故休屠王城以名。《汉志》注：县有熊水障，武威尉治，又北部都尉治休屠城。"又曰："潴野泽，在卫东北三百里。一名都野泽，亦曰休屠泽，又名凉泽。……《汉志》注：休屠泽在武威县东北，古文以为猪野。其上承武始泽。"中华书局，第2992、2995页。
③ 《汉书·霍去病传》，中华书局，第2483页。

"五郡谓陇西、北地、上郡、朔方、云中，并是故塞外，又在北海西南。"李贤本为推测，长期以来被广泛征引，几成定谳。

让我们看看前人考证。沈维贤在《前汉匈奴表并附录》"元狩二年"条说：

> 五属国之名，《史》《汉》及《通鉴注》均未及。王应麟《困学纪闻》曰："考之《地理志》属国都尉，安定治三水，上郡治龟兹，天水治勇士，五原治蒲泽，张掖治日勒。"阎若璩曰："日勒止注都尉治，不云属国，其西河美稷乎？"全祖望《经史问答》曰："张掖两都尉，其治日勒者郡，其治居延者乃属国都尉，见《续志》。"万氏《困学纪闻集注》及翁《注》并引《匈奴传》《功臣表》以证张掖有属国都尉。愚按：西河属国至宣帝元凤三年始置，故王氏不数西河之美稷，然张掖至武帝元鼎六年始分酒泉、武威地置，此时昆邪故地空无居人，不应先置都尉。《汉志》既佚其一，毋宁阙焉。三水，今甘肃固原州之北；龟兹，今陕西榆林府榆林县；勇士，今兰州府金县东西。蒲泽地阙。李兆洛曰："当在榆林县境。"[1]

那么，可以确定下来的四郡是安定、上郡、天水和五原。至于休屠部众被安置在哪儿，我们虽不得其详，但可以从以下个案做进一步的了解。

东汉时，凉州武威郡的军队中有休屠骑兵。《后汉书·循吏传·任延传》：

> 拜武威太守……郡北当匈奴，南接种羌，民畏寇抄，多废田

---

[1] 《二十五史补编》第二册，中华书局，第 1761 页。

业。延到，选集武略之士千人，明其赏罚，令将杂种胡骑休屠、黄石屯据要害，其有警急，逆击追讨。

这说明武威地区仍有休屠人居住，武威郡还征发他们组建少数民族骑兵[1]。

曹魏正始元年（240年），凉州有一支休屠人经朝廷允许迁往雍州。《三国志·魏志·郭淮传》：

> 凉州休屠胡梁元碧等，率种落二千余家附雍州。淮奏请使居安定之高平，为民保障，其后因置西州都尉。[2]

户口迁徙不能擅自为之，是要经官府批准的，大规模的户口迁徙而且还是少数民族的迁徙当然更得经过朝廷准许。休屠胡梁元碧原居凉州，大概也是在武威地区，他率领"种落二千余家"迁往雍州高平（今宁夏回族自治区固原市），一家以五口计，总数超过万人。这样大规模的少数民族人口迁徙，是由雍州刺史郭淮报告朝廷并获得批准的。

十六国时期，休屠人的居住地仍在秦州即天水地区。《晋书·刘曜载记》：

> 休屠王石武以桑城降，曜大悦，署武为使持节、都督秦州陇上杂夷诸军事、平西大将军、秦州刺史，封酒泉王。[3]

太宁元年（323年），陈安攻曜征西刘贡于南安，休屠王石武自桑城将攻上邽，以解南安之围。安闻之惧，驰归上邽，遇于瓜田。武以众寡不敌，奔保张春故垒。安引军追武曰："叛逆胡

---

① 《后汉书·循吏传·任延传》李贤注："黄石，杂种号也。"中华书局，第2463页。
② 《三国志·魏志·郭淮传》，中华书局，第735页。
③ 《晋书·刘曜载记》，中华书局，第2692页。

奴！要当生缚此奴，然后斩刘贡。"武闭垒距之。贡败安后军，俘斩万余。安驰还赴救，贡逆击败之。俄而武骑大至，安众大溃，收骑八千，奔于陇城。贡乃留武督后众，躬先士卒，战辄败之，遂围安于陇城。①

休屠人王石武趁乱起兵，其后投降了刘曜，《通鉴》卷九十二将此事系于东晋元帝永昌元年（322年）。桑城，《水经注》："洮水自临洮县东北流，过索西城，又北出门峡，又东北迳桑城东。"②其位置大致在今陇西西，属西晋秦州（治上邽，即天水）。稍后秦州还有休屠人王羌。《晋书·石勒载记下》：

> 秦州休屠王羌叛于勒，刺史临深遣司马管光帅州军讨之，为羌所败，陇右大扰，氐羌悉叛。勒遣石生进据陇城。王羌兄子擢与羌有仇，生乃赂擢，与掎击之。羌败，奔凉州。徙秦州夷豪五千余户于雍州。③

王羌被其兄之子王擢打败，只得奔还凉州，看来他也是从凉州出来的。据1972年甘肃出土的《王真保墓志》可知，王擢乃王石武之子④。王擢是当时一个很活跃的人物，曾是石虎手下一名骁将，永和八年（352年）为前秦所破，投降前凉张重华，拜征西将军、秦州刺史，随后率步骑一万五千余讨伐前秦苻健，大败。王擢单骑逃回凉州，张重华复授擢兵，

---

① 《晋书·刘曜载记》，中华书局，第2693页。
② 郦道元：《水经注》卷二《河水二》，王国维校注，上海人民出版社，第57页。
③ 《晋书·石勒载记下》，中华书局，第2747页。
④ 墓志文见秦明智、任步云：《甘肃张家川发现"大赵神平二年墓"》，载《文物》1975年第6期。参见陈仲安：《王真保墓志考释》，载于《魏晋隋唐史论集》（第2辑），中国社会科学出版社，第142页。

使其再攻秦州，克之。①据《王真保墓志》所云，王擢后裔历代都是地方上的高官，屡任刺史、太守。至北魏中，"（王真保）弱冠仕郡，历政功曹。刺史山阳公，魏之懿德，识亮高明，光临申举，择必良彦，自非累代豪家王公之族，才逸孤群，都无以豫其选"。可见数百年来休屠王氏在秦州地区早已成长为大族豪强了，所以才能在北魏中被刺史选任为功曹，而且他们从来都是休屠，从来没有被称为屠各。

北魏平凉郡（治鹑阴，今甘肃省华亭市西）的平凉金氏是休屠大姓，可能与休屠王族有关。唐长孺先生对平凉休屠金熙、金豹、金崖等论述甚详，这里不赘②。此外，《魏书·世祖纪上》延和二年（433年）有"陇西休屠王弘祖率众内属"③的记载。其活动区域仍在安定、天水一带，或与王石武一族有关。

只有一个例外，我们尚无法判断其中休屠人的居地。《魏书·昭成子孙·常山王遵子素附传》：

> 世祖初，复袭爵。休屠郁原等叛，素讨之，斩渠率，徙千余家于涿鹿之阳，立平原郡以处之。④

据《魏书·官氏志》"校勘记"四十一说："郁都甄氏后改为甄氏，广韵卷五（屋韵下）引后魏书'都'作'原'。诸姓氏书同。按卷一五常山王遵传附见子素，称'休屠郁原等叛'，'郁原'当是休屠部落名。疑即此'郁原甄氏'。'都'字涉上'郁'字而讹。"⑤此考证甚是。那么是否可以说，休屠郁原甄氏还保持着部落状态，可能较长时间处于塞外地区，故未改汉

---

① 《晋书·张轨传孙张重华附传》，中华书局，第2244页。
② 参见唐长孺：《魏晋南北朝史论丛》，生活·读书·新知三联书店，第389-390页。
③ 《魏书·世祖纪上》，中华书局，第83页。
④ 《魏书·昭成子孙·常山王遵子素附传》，中华书局，第375页。
⑤ 《魏书·官氏志》，中华书局，第3023页。

姓。北魏朝廷为了控制这些不驯服的休屠人，千里迢迢将他们迁往幽燕，并为之专门设立了平原郡（治今河北省怀来县南）。

休屠的人口，其最初与浑邪部降汉时共四万余，以各半计算，有二万余，分散在缘边五郡故塞外的属国。从上引文献来看，部落聚居是其主要生存方式。比较准确的人口数字，如曹魏休屠梁元碧所率领的"种落"有两千余家，合万余人；北魏迁休屠郁原千余家，合五千人以上。其他则难以准确估计。休屠王石武被前赵署为都督秦州陇上杂夷诸军事、平西大将军、秦州刺史，封酒泉王。王石武的对手是所谓"陇上壮士"陈安，极盛时有氐羌众十余万，然而竟败于王石武与前赵将领刘贡的联合攻击。可见王石武麾下应该也有相当数量的休屠部众，作为自己的基本力量。然而这个乱世英豪，最后不知所终，手下的休屠人也不知哪儿去了。后赵时休屠王羌打败秦州刺史的军队，他的部众主要是秦州氐羌。而王擢已经完全脱离了部落首领的角色，是后赵的一位显赫官僚了。《晋书·石季龙载记上》曰："镇远王擢表雍秦二州望族，自东徙已来，遂在戍役之例，既衣冠华胄，宜蒙优免，从之。"[1] 王擢后来为前凉秦州刺史，他讨伐苻雄的一万五千步骑兵，也是张重华临时配给的，因此很难说他手下有多少休屠部众。金氏世居平凉，史称"休屠胡酋"[2]，想必拥有相当数量的休屠部众。总之，休屠部的人口从降汉以来似乎并没有很大的增长，其绝对数量与凉、秦、雍州的氐与羌相比，显然少得多。

（二）

上一节对休屠做了辨析，那么屠各到底是怎么回事？

东汉灵帝中平五年（188 年），南匈奴单于庭发生了一起有屠各参与的

---

① 《晋书·石季龙载记上》，中华书局，第 2770 页。
② 《魏书·世祖纪下》称"上郡休屠胡酋金崖率部内属"。所谓"上郡"或记载有误，此从唐长孺先生辨析，上揭《魏晋南北朝史论丛》，生活·读书·新知三联书店，第 390 页。

严重政治事变。《后汉书·南匈奴列传》：

> 中平四年（187年），前中山太守张纯反畔，遂率鲜卑寇边郡。灵帝诏发南匈奴兵，配幽州牧刘虞讨之。单于遣左贤王将骑诣幽州。国人恐单于发兵无已，五年，右部醢落与休著各胡、白马铜等十余万人反，攻杀单于。单于羌渠立十年，子右贤王於扶罗立。……国人杀其父者遂畔，共立须卜骨都侯为单于，而於扶罗诣阙自讼。……须卜骨都侯为单于一年而死，南庭遂虚其位，以老王行国事。[①]

此事在《后汉书·孝灵帝纪》中也有记载，但较简略："（中平四年）十二月，休屠各胡叛。……五年春正月，休屠各胡寇西河，杀郡守邢纪。……三月，休屠各胡攻杀并州刺史张懿，遂与南匈奴左部胡合，杀其单于。"[②] 可知，"休著各"即"休屠各"。这都是论及屠各问题者经常引用的史料。

中平五年（188年）南匈奴单于羌渠被杀是匈奴史上一起严重的政治事变。其原因是东汉灵帝从南匈奴征兵，单于羌渠派遣左贤王率领骑兵出征，"国人"对单于唯唯诺诺、软弱无能十分不满，唯恐单于发兵无已。经"国人"鼓噪，竟然有十余万人起来参加反叛，声势不可谓不大，而且一不做二不休，进而杀死单于。

这里所说的"国人"，当然是指南匈奴部众，因为他们是东汉朝廷征兵、羌渠单于发兵的直接受害者[③]。细译上引文字，"休著各胡"（或休屠各

---

① 《后汉书·南匈奴列传》，中华书局，第2964–2965页。
② 《后汉书·孝灵帝纪》，中华书局，第355页。
③ 《三国志·魏志·武帝纪》注引《魏书》曰："於夫罗者，南单于子也。中平中，发匈奴兵，於夫罗率以助汉，会本国反，杀南单于，於夫罗遂将其众留中国。因天下扰乱，与西河白波贼合，破太原、河内，抄略诸郡为寇。"中华书局，第9页。

010

中古北方民族史探

胡）并非来自南匈奴以外的势力，而恰恰是"国人"的主要成分。是右部醯落与休著各胡等，亦即"国人"杀死羌渠单于。他们发动这样一场准军事政变，当然还要参与选举继任的单于。根据匈奴单于继位制度，单于死后，由左贤王继位，因左贤王领兵在外，那么就应由羌渠子、右贤王於扶罗继位。但他们怕於扶罗因杀父之仇实行报复，故而再叛，另立单于家族外的须卜骨都侯为单于。"国人"们也知道，须卜氏虽为"国中名族"，却是异姓，没有担任单于的资格①。这大概也就是须卜骨都侯当了一年单于死后便不再立单于的原因。于是出现了"南庭遂虚其位，以老王行国事"的尴尬局面。匈奴中有"王"称号的很多，所谓"名王"不绝于史。王者，部落酋长也。"以老王行其事"，就是让一位资格老一点的部落酋长临时代理的意思。因此，我们认定休著各胡即为"国人"应该没有什么不妥。至于"右部醯落"，《通鉴》卷五十九灵帝中平五年（188 年）胡注曰："建武中，右部薁鞬日逐王比来降，立为醯落尸逐鞮单于。右部醯落者，盖其支庶，分居右部，因以为种落之号。"可能当时右部醯落居南匈奴左部，故《后汉书·灵帝纪》称其为"南匈奴左部胡"。关于这起事变，西晋的江统也认为是南匈奴部众杀死羌渠单于，他写道："中平中，以黄巾贼起，发调其兵，部众不从，而杀羌渠。由是于弥扶罗求助于汉，以讨其贼。"②西晋去东汉末未远，想必江统所论是有根据的。

南匈奴部众之所以敢公开背叛并杀死单于，直接原因当然是单于奉朝廷诏命发兵事件，更深层次的原因则与一个时期以来汉廷与南匈奴关系趋于紧张，单于地位、威权江河日下的局面有关。从休利单于至居车儿单于，累次遭到东汉官吏的严厉指责、凌辱，甚至被罢黜，被逼致死。永和五年（140 年），南匈奴发生了左部句龙吾斯、车纽叛乱事件，"率三千余骑寇西河，因复招诱右贤王，合七八千骑围美稷，杀朔方、代郡长史"。

---

① 《后汉书·南匈奴列传》，中华书局，第 2945 页。
② 《晋书·江统传》，中华书局，第 1534 页。

汉顺帝责备单于休利统率部众不力，令他出面劝降。休利并未参与谋反，他只得诚惶诚恐去谢罪。而新任使匈奴中郎将陈龟"以单于不能制下，逼迫之，单于及其弟左贤王皆自杀。……龟又欲徙单于近亲于内郡，而降者遂更狐疑"[①]。这年秋，句龙吾斯等擅立车纽为单于，又东引乌桓，西收羌戎及诸胡等数万人，攻破京兆虎牙营，杀上郡都尉及军司马，遂寇掠并、凉、幽、冀四州。东汉朝廷表面上以陈龟处分不当，免了他的官，实际上却采纳了他内徙的建议。徙西河治离石，上郡治夏阳，朔方治五原。南匈奴部众不满东汉朝廷，想必也不满单于软弱无能。至永和六年（141年），车纽兵败投降，而句龙吾斯还在顽强与东汉军相持。翌年，南匈奴左奥鞬台耆和且渠伯德又参加了进来，搅得并州鸡犬不宁。使匈奴中郎将马寔招募的刺客刺杀了句龙吾斯，而台耆、伯德联结东羌，劫掠美稷之地，被安定属国都尉张奂制服。桓帝延熹元年（158年），南匈奴诸部再次叛乱，与乌桓、鲜卑寇掠缘边九郡，这时升任使匈奴中郎将的张奂领兵进讨，悉降诸部。在这次对抗中，南单于可能还参与了镇压本族的行动，《后汉书·南匈奴列传》："延熹元年，南单于诸部并畔，遂与乌桓、鲜卑寇缘边九郡，以张奂为北中郎将讨之，单于诸部悉降。"而《后汉书·孝桓帝纪》延熹元年则记载曰："十二月，鲜卑寇边，使匈奴中郎将张奂的率南单于击破之。"如果这两条记的是同一件事，那么，南单于是在张奂率领下镇压本族部民的。而这里所说的"南单于诸部"就是屠各，或者至少包括屠各。《后汉书·乌桓列传》："桓帝永寿中，朔方乌桓与休著屠各并畔，中郎将张奂击平之。"这里纪年有误，当为延熹元年。因张奂出任使匈奴中郎将是在延熹元年，之前尚在安定属国都尉任上。《后汉书·孝桓帝纪》永寿年间也没有任何关于乌桓或休屠各叛乱与张奂平叛的记载。在这次平叛之后，张奂以南单于不能统理国事，乃拘之，上疏请立左谷蠡王为单于。桓

---

① 《后汉书·南匈奴列传》，中华书局，第2960页。

帝虽未批准，但东汉官吏任意把南单于耍弄于股掌之中，其颐指气使、作威作福的嘴脸暴露无遗。如此，不仅南单于颜面扫地，南匈奴部众也不免大为不满。南匈奴部众觉得这样的单于不能保护自己的利益了，不满情绪不断地积聚膨胀，终于在羌渠单于奉命出兵时爆发出来。

这个时期南匈奴单于的传承也有问题。汉安二年（143年），休利单于死了两年多后，空缺的单于位才有了新主人。由于单于储贰、左贤王是与休利单于一起被逼死的，朝廷扶立久居京师的南匈奴贵族兜楼储为单于。此前的南匈奴单于或传弟或传子，世系清清楚楚，虽然须获得朝廷的认可，但不是由朝廷指定的。兜楼储可能是南匈奴派去朝廷的质子，虽世系不清，但作为继任单于的资格应无问题，只是他这个单于毕竟不是在南匈奴中产生。此后继位的居车儿单于世系也不清楚。同样世系不清的还有羌渠单于。出现如此承继无序、世系不清的情况，显然是单于的统治地位出了问题，匈奴部众可能也要质疑单于的权威。

总之，由于南匈奴单于与部众之间矛盾长期积聚和不断激化，酿成中平五年的政治事变。作为南匈奴部众的一部分，屠各在事变中扮演了重要的角色。

（三）

然而，屠各是南匈奴部众的一部分，还不是本书的最后结论，因为这个结论还比较模糊。

为对屠各问题作出可靠准确的论证，这里不得不引用稍微长些的文献。《晋书·北狄匈奴传》曰：

> 匈奴之类，总谓之北狄。……北狄以部落为类，其入居塞者有屠各种、鲜支种、寇头种、乌谭种、赤勒种、捍蛭种、黑狼种、赤沙种、郁鞞种、萎莎种、秃童种、勃蔑种、羌渠种、贺赖

种、钟跂种、大楼种、雍屈种、真树种、力羯种，凡十九种，皆有部落，不相杂错。屠各最豪贵，故得为单于，统领诸种。其国号有左贤王、右贤王、左奕蠡王、右奕蠡王、左於陆王、右於陆王、左渐尚王、右渐尚王、左朔方王、右朔方王、左独鹿王、右独鹿王、左显禄王、右显禄王、左安乐王、右安乐王，凡十六等，皆用单于亲子弟也。其左贤王最贵，唯太子得居之。其四姓，有呼延氏、卜氏、兰氏、乔氏。而呼延氏最贵，则有左日逐、右日逐，世为辅相；卜氏则有左沮渠、右沮渠；兰氏则有左当户、右当户；乔氏则有左都侯、右都侯。又有车阳、沮渠、余地诸杂号，犹中国百官也。其国人有綦毋氏、勒氏，皆勇健，好反叛。[1]

我国古代民族很少是由单一民族构成的。一个民族在形成和发展过程中，往往会吸收和融合其他民族的成分，甚至是许多其他民族的成分，等于这个民族在形成和发展过程中重塑了自己。远古以来，匈奴族在广阔无垠的蒙古大草原上吸收和融合许多其他民族成分，所以它的内部有着非常复杂的民族构成。"与匈奴并起的东胡族及其后相继在大漠南北兴起的乌桓、鲜卑、柔然、铁勒、突厥、回纥、契丹、蒙古等族，其族内的民族成分无不如此复杂。"[2]所谓"种"，就是部落或是部落联盟的意思。魏晋以来入塞的匈奴十九种，有的现在已经难以细考，但足以证明匈奴复杂的民族构成[3]。

在十九种中居于首位的是屠各种，由单于家族与它的姻族呼延氏、卜

---

[1] 《晋书·四夷·北狄匈奴传》，中华书局，第 2549–2550 页。

[2] 林干：《匈奴通史》，人民出版社，第 3 页。

[3] 关于入塞十九种中的赤勒种、赤沙种、力羯种等，即便本身非匈奴种族，也是匈奴别部，是当时匈奴族的组成部分。

氏、兰氏、乔氏所谓"四姓"组成。上文说："屠各最豪贵，故得为单于，统领诸种。"接着说："其四姓，有呼延氏、卜氏、兰氏、乔氏。"从行文看，这四姓是屠各姓的意思是非常明确的。大概从冒顿时代起，屠各种垄断了匈奴单于、左贤王以至骨都侯（上引文误为"都侯"）等高官。单于家族子弟世袭单于位，单于姻族也享有世袭高官的特权。

单于家族，即挛鞮氏或虚连题氏。由于地理上的隔离、文化上的差异和语言上的障碍，也由于匈奴族并非一成不变的，中国古代史家对匈奴部族及其社会结构的了解是逐步丰富和深入的。《史记·匈奴列传》所说"自淳维以至头曼千余岁，时大时小，别散分离，尚矣，其世传不可得而次云。然至冒顿而匈奴最强大，尽服从北夷，而南与中国为敌国，其世传国官号乃可得而记云"①，指的就是这种情况。当时司马迁还不知匈奴单于所出氏族，说"其俗有名不讳，而无姓字"②。无姓不等于没有氏族名称，或者匈奴都还没有使用姓氏，故称单于无姓字。但他又说："呼衍氏、兰氏，其后有须卜氏，此三姓其贵种也。"③这就前后矛盾了。班固《汉书》关于匈奴社会结构的记载，虽大多承袭《史记》，可他已经知道匈奴单于姓挛鞮氏了。这是史家对匈奴的了解进一步加深的表现。至东汉初，匈奴分裂为南北，南匈奴附汉，双方交往频繁，为史家了解匈奴社会提供了一定的条件，所以《后汉书·南匈奴列传》的记载就又进了一步："异姓有呼衍氏、须卜氏、丘林氏、兰氏四姓，为国中名族，常与单于婚姻。呼衍氏为左，兰氏、须卜氏为右，主断狱听讼，当决轻重，口白单于，无文书簿领焉。"④但是，当时的史家对匈奴氏族部落状况仍并非一清二楚，关于"屠各"的记载就是一个典型的例子。《后汉书》的纪传中出现称为"屠各"的

① 《史记·匈奴列传》，中华书局，第 2890 页。
② 《史记·匈奴列传》，中华书局，第 2879 页。
③ 《史记·匈奴列传》，中华书局，第 2891 页。
④ 《后汉书·南匈奴列传》，中华书局，第 2944—2945 页。

胡人，可谓是译写不一，有"屠各""休屠各""休著各""休著屠各"等种种叫法；至于屠各是氏族还是部落，与匈奴是什么关系，则付诸阙如。

《晋书·北狄四夷·匈奴传》加上屠各的内容后，匈奴这幅社会结构图总算比较清晰了。但入塞十九种大多无考，大家熟知的"左、右骨都侯"遗漏了"骨"字，尤其是单于挛鞮氏与屠各种的关系没有交代，难免使人疑惑。虽则如此，但谜底总算是若隐若现了。

季羡林先生说："在一次闲谈时，寅恪先生问我：《梁高僧传》卷二《佛图澄传》中载有铃铛的声音：'秀支替戾冈，仆谷劬秃当'是哪一种语言？原文说是羯语，不知何所指？我到今天也回答不出来。"[1]

《佛图澄传》原文曰：

> 至光初十一年（328 年），（刘）曜自率兵攻洛阳，勒欲自往拒曜，内外僚佐，无不必谏。勒以访澄，澄曰："相轮铃音云：'秀支替戾冈，仆谷劬秃当。'此羯语也。秀支，军也；替戾冈，出也；仆谷，刘曜胡位也；劬秃当，捉也。此言军出捉得曜也。"[2]

羯语，或即古突厥语[3]。其中"仆谷"一词，又见于《晋书·刘曜载记》：

> （刘曜在洛西战败，当了石勒的俘虏）北苑市三老孙机上礼求见曜，勒许之。机进酒于曜曰："仆谷王，关右称帝皇。当持重，保土疆。轻用兵，败洛阳。祚运穷，天所亡。开大分，持一

---

① 《对我影响最大的几本书》，《京华时报》2006 年 7 月 26 日。

② 《高僧传》卷九《晋邺中竺佛图澄》。上引文字误记为卷二。中华书局，第 384 页。又《晋书·艺术·佛图澄传》所载略同。

③ 耿世民：《在中国阿尔泰语言学会成立会议上的发言》（2004 年 8 月 23 日），中国社会科学院历史研究所中外关系史研究室欧亚学研究，网址：www.eurasianhistory.com.

中古北方民族史探

016

筋。"曜曰："何以健邪！当为翁饮。"

文中的"仆谷"，是"屠各"的异译[1]。原匈奴语译汉语时为"屠各"，译成羯语（或突厥语）再转译为汉语则成了"仆谷"。屠各是匈奴最豪贵的种落，故引文中所谓"仆谷，刘曜胡位也"之注解不确，而"仆谷王"才是刘曜的"胡位"。

这就是十六国时期人们对屠各的看法。

可惜的是，由于在这个问题的研究中不恰当地把"休屠"和"屠各"联系起来，并且把前者说成是后者的来源，人们开始怀疑屠各刘渊的身份，构造了刘渊冒充南单于嫡裔的传奇，进而怀疑《晋书·四夷·北狄匈奴传》记载的真实性。

主张屠各来源于休屠的理由，一是认为"休屠各"与"休屠"名称相近而简写，但是，如上所述，我们只见到"休屠各"与"休著各""休著屠各""屠各"的相互混杂，却从未见"休屠"与"屠各"等的相互混杂，没有理由说"休屠"与"屠各"是一回事。二是认为屠各是休屠迁徙过去的，但主张者并没有提供可信的迁徙资料，哪怕是迁徙的线索。所以我们认为这个结论是完全建立在推测之上的，实在难以成立。

在休屠部附汉后至整个魏晋南北朝期间，除郁原氏一支在北魏时迁到涿鹿外，其余未见走出凉、秦之境，其在魏晋南北朝乱世舞台上，只是偶尔扮演配角。我们很难设想，在人口迁徙受到严格限制的东汉末年，休屠能够从凉、秦地区跋山涉水、千里迢迢地到达并州，而文献上却见不到蛛丝马迹；也很难设想，休屠人究竟凭借什么参与杀害南匈奴单于，冒充南

---

① 王仲荦先生指出："匈奴南单于是屠各种，'屠各'的异译，有作'仆谷'。"在注文中，他又说："以上（《晋书·刘曜载记》及《晋书·艺术·佛图澄传》所载）'仆谷'，皆'屠各'之异译。"参见所著《魏晋南北朝史》，上海人民出版社，第281、293页。《晋书·艺术·佛图澄传》中"仆谷，刘曜胡位"的解释则不确切。

匈奴单于的嫡裔并最终入主南匈奴的。凭身份，只有单于的氏族才能继承单于位，休屠原来作为匈奴权力圈外的一个部落，有何本事打进去？论实力，南匈奴在发生政治事变时人口尚超过六十万人[1]，休屠人口很有限，岂是南匈奴对手？如果休屠势力大于南匈奴，他们何必要冒充别人；既然冒充南匈奴单于嫡裔，那么，他们怎么不拥立自己的人当单于，而立了一个须卜骨都侯呢？至少，在须卜骨都侯死时是他们上台的大好时机，为什么却使"南庭遂虚其位，以老王行国事"呢？

怀疑刘渊假托於扶罗之裔，实质上是说刘渊的祖上是休屠。这种说法怀疑刘渊祖上在政治事变中做了假托的手脚，即在参与杀害羌渠单于的事变中冒充南匈奴单于嫡裔。其实休屠是休屠，屠各是屠各，刘渊的祖上是屠各，刘渊也是屠各。

而因刘渊为屠各，就认为他不可能是南匈奴单于嫡裔，这种说法也不对。恰恰因为他是屠各，所以才有资格成为南匈奴单于的嫡裔；反之，他不是屠各，他的南匈奴单于嫡裔的资格就值得怀疑了。我们再以刘库仁、刘虎为例。刘库仁为独孤氏，而独孤即屠各的异译，姚薇元在《北朝胡姓考》有详细考证，已成定论[2]。这个独孤氏刘库仁，"刘虎之宗也"[3]，而刘虎是"南单于之苗裔，左贤王去卑之孙，北部帅刘猛之从子"[4]。刘猛、刘库仁、刘虎等难道也是假托者的后裔吗？如果是假托的南匈奴单于苗裔，那么，他们为什么要宣称自己是独孤（屠各）？既然刘库仁、刘虎是屠各种，又是正宗的南匈奴单于之苗裔，那么，刘渊为屠各，怎么反而是冒充南匈奴单于嫡裔呢？因此，"屠各最豪贵，故得为单于"仅仅适用于刘渊起事之后的说法也就不能成立了。

---

[1] 黄烈：《中国古代民族史研究》，人民出版社，第178页。
[2] 详见姚薇元：《北朝胡姓考》内篇第二《勋臣八姓·刘氏》，科学出版社，第38页。
[3] 《魏书·刘库仁传》，中华书局，第604页。
[4] 《魏书·铁弗刘虎传》，中华书局，第2054页。

所谓西晋后屠各之称出现泛化的现象，即屠各与南匈奴混用而无所区别的问题，其实并不难理解。匈奴部落有屠各种部落，更多的是非屠各种部落。非屠各种部落以自己酋长姓氏为号，如浑邪、休屠之类。至曹魏划分南匈奴为五部，彻底改变了匈奴原有的部落组织形式，各部落按地域组成左、右、南、北、中五部，不管他们原来属于哪个部落，都纳入这五部之中。即使各部落在五部中仍保持各自的部落组织，但都要统一于五部帅之下。《晋书·北狄匈奴传》："建安中，魏武帝始分其众为五部，部立其中贵者为帅。"贵者，当然是屠各种。《晋书·刘元海载记》则说："部帅皆以刘氏为之。"刘氏是屠各，是贵者，两种说法是一致的。部帅既为屠各，其部众按照匈奴的习俗以部落名称（亦即酋长的姓氏）为号，当然也就称为屠各了[①]。《晋书·李矩传》云："屠各旧畏鲜卑。"同书《刘曜载记》说到石勒消灭刘曜后，"又坑其王公等及五郡屠各各五千余人于洛阳"。前者的"屠各"是指南匈奴，后者"五郡屠各"指曹魏划分内迁南匈奴的五部。五部帅既然是屠各刘氏，所以五部匈奴也好，整个南匈奴也好，他们称为屠各也就不足为怪了。因此，这也就说不上屠各成了匈奴的泛称。

十六国以后，内迁各少数民族的汉化步伐加快，表现之一就是他们大多改用汉姓，有些屠各仍然保留原来的姓氏，如屠各种的"四姓"乔氏、卜氏。乔氏可见《晋书·贾浑妻宗氏传》："贾浑为介休令，被刘元海将乔晞攻破，死之。宗氏有姿色，晞欲纳之。宗氏骂曰：'屠各奴，欲加无礼于尔母乎！'"卜氏如淝水之战后，慕容农在列人起兵，"驱列人居民为士卒，斩桑榆为兵，裂襜裳为旗，使赵秋说屠各卜胜、张延、李石、郭超及东夷余和、敕勃、易阳乌桓刘大，各帅众数千赴之"[②]。但因为政治上、生活上各族混居，每个民族都分化出很多新的姓氏，屠各除了单于宗族普

---

① 上揭姚薇元：《北朝胡姓考》，科学出版社，第 4 页："胡俗本无姓氏，以部落为号。凡一部为一氏，故胡姓多即其部名。"

② 《通鉴》卷一〇五晋孝武太元九年（384 年），中华书局，第 3321 页。

遍改姓刘，卜、乔保留原姓氏外，如上例亦可看到许多屠各改为张、李、郭等姓氏；在另外一些地方，我们还可以看到屠各改为张、王、成、靳、路、毕、黄、隗，等等①。这正如唐先生所说："姓氏上的混淆往往就是种族间的混合。"②

二、南匈奴南迁的前后

南匈奴从内附东汉缘边八郡到继续南迁的前后，是匈奴发展史上的一个重要时期。关于南匈奴这个时期的研究现状尚不能尽如人意，有许多问题仍值得深入探讨。本部分试图对南匈奴进一步南迁的原因、时间、地点以及南迁后南匈奴的状况和分布等问题作出比较符合历史真实的解读。本部分提出一些新的想法，虽然敝帚自珍，但不敢自以为是，也许能为更深入的研究做一铺垫。

（一）

南匈奴脱胎于匈奴母体，其社会形态、社会结构与母体一脉相承。那么，南匈奴的前期，即南匈奴散居于西河、北地、朔方、五原、云中、定襄、雁门、代郡等东汉北部缘边八郡的时期，究竟处在一个什么样的历史阶段？其社会形态、社会结构如何？

有关这些问题，可供研究的资料并不多，比较集中的是《后汉书·南匈奴列传》的这段记载：

---

① 参见上揭《北朝胡姓考》外篇第三《匈奴诸姓》，陈连庆：《中国古代少数民族姓氏研究》，吉林文史出版社，第48-54页。
② 上揭《魏晋南北朝史论丛》，生活·读书·新知三联书店，第396页。

匈奴俗，岁有三龙祠，常以正月、五月、九月戊日祭天神。南单于既内附，兼祠汉帝，因会诸部，议国事，走马及骆驼为乐。其大臣贵者左贤王、次左谷蠡王，次右贤王，次右谷蠡王，谓之四角；次左右日逐王，次左右温禺鞮王，次左右渐将王，是为六角：皆单于子弟，次第当为单于者也。异姓大臣左右骨都侯，次左右尸逐骨都侯，其余日逐、且渠、当户诸官号，各以权力优劣、部众多少为高下次第焉。单于姓虚连题。异姓有呼衍氏、须卜氏、丘林氏、兰氏四姓，为国中名族，常与单于婚姻。呼衍氏为左，兰氏、须卜氏为右，主断狱听讼，当决轻重，口白单于，无文书簿领焉。[1]

这里讲的是南匈奴社会及政治组织情况。《史记》《汉书》及《晋书》的《匈奴传》亦有类似记载，与《后汉书》的这个记载相对照，可以比较完整地反映出匈奴社会形态、社会结构及其变化。

以下，我们来分析这段引文所包括的主要内容。

第一，关于南匈奴的"议国事"制度。这是氏族部落社会的传统，并不是北亚草原游牧社会所独有的。《史记·匈奴列传》："岁正月，诸长小会单于庭，祠。五月，大会茏城，祭其先、天地、鬼神。秋，马肥，大会蹛林，课校人畜计。"《索隐》曰："《汉书》作'龙城'，亦作'茏'字。崔浩云：'西方胡皆事龙神，故名大会处为龙城。'《后汉书》云：'匈奴俗，岁有三龙祠，祭天神。'"[2]单于与诸部的议事会原是与"龙祠"祭祀同时举行，故称"龙会"；后来又与草原民族的赛马、赛骆驼等喜庆活动结合在一起。议事会原本有大会、小会之分，大会就是氏族部落成员都有权参加的部落大会，而小会是只有氏族部落贵族才能参加的议事会。南单于因龙

---

① 《后汉书·南匈奴列传》，中华书局，第 2944-2945 页。
② 《史记·匈奴列传》，中华书局，第 2892 页。

祠"会诸部，议国事"，可能是小会，也就是说，这时只举行氏族部落贵族参加的小会，氏族部落成员已经被剥夺了参与决定部落大事的权利。

这种议事会是南匈奴最重要、最高级别的会议，其议题应是单于废立，宣战或媾和，草场分配与赋税征收等关系匈奴生存发展的大事。《南匈奴列传》："（建武）二十四年（48年）春，八部大人共议立比为呼韩邪单于，以其大父尝依汉得安，故欲袭其号。于是款五原塞，愿永为蕃蔽，扞御北虏。"①这次会议决定立右薁鞬日逐王比为新单于并归附东汉，从此，南部与北部决裂，由与东汉为敌变成为东汉御边。"龙会"之外，还有临时性的紧急会议，如章和二年（88年）七月，南单于屯屠何召开讨伐北匈奴之议，并上言曰："臣与诸王、骨都侯及新降渠帅杂议方略，皆曰宜及北虏分争，出兵讨伐，破北成南，并为一国，令汉家长无北念。"②参加者有诸王、骨都侯等大臣，因新降渠帅熟悉北匈奴的情况，也被邀请参加。

第二，关于南匈奴单于庭的决策、办事机构。《史记》《汉书》说"其世传国官号乃可得而记"者，是由左右贤王至左右骨都侯，所谓"二十四长"，其中，"左右贤王、左右谷蠡王最为大，左右骨都侯辅政"③。此二十四长其实并不是汉制官僚机构的官职④，而是匈奴贵族与部落酋长之号，他们拥有各自的部落，分布在单于庭的左、右方。其"左右骨都侯辅

---

① 《后汉书·南匈奴列传》，中华书局，第2942页。

② 《后汉书·南匈奴列传》，中华书局，第2952页。

③ 《史记·匈奴列传》："其世传国官号乃可得而记云：置左右贤王，左右谷蠡王，左右大将，左右大都尉，左右大当户，左右骨都侯。匈奴谓贤曰'屠耆'，故常以太子为左屠耆王。自如左右贤王以下至当户，大者万骑，小者数千，凡二十四长，立号曰'万骑'。诸大臣皆世官。呼衍氏、兰氏、其后有须卜氏，此三姓其贵种也。诸左方王将居东方，直上谷以往者，东接秽貉、朝鲜；右方王将居西方，直上郡以西，接月氏、氐、羌；而单于之庭直代、云中：各有分地，逐水草移徙。而左右贤王、左右谷蠡王最为大，左右骨都侯辅政。"

④ 所谓"二十四长"，指左右贤王、左右谷蠡王等皆单于子弟；而当户、骨都侯则是匈奴"贵种"呼衍氏、兰氏、须卜氏等的称号；唯大将、大都尉不详，为《史记》《汉书》后的《匈奴传》所无，疑即《后汉书·南匈奴列传》中左右日逐王、左右温禺鞮王等，而比附为汉官。

政"，更是史家以匈奴制比附汉制之说①。我们看不到单于庭有专门的决策、行政包括财政方面的机构及司法机构等，虽则匈奴人习攻战，攻战甚至成为一种生活方式、生产方式，但也没有军事指挥机构。南匈奴的一切都以单于的意志为依归，最高级的决策形式就是召集诸部大人的议事会。

各《匈奴传》只讲到匈奴中简陋的法制及断狱。《史记·匈奴列传》曰："其法，拔刃尺者死，坐盗者没入其家；有罪小者轧，大者死。狱久者不满十日，一国之囚不过数人。"②《汉书》同。虽说以呼衍氏等贵种为左右，负责断狱听讼，但"当决轻重，口白单于，无文书簿领焉"。可见南匈奴法制尚处于萌芽阶段，断狱听讼既简且少。

特别要指出的是，即便左右骨都侯辅政，他们毕竟是异姓"大臣"，不是单于左右的幕僚或侍从。《魏书·官氏志》云：昭成帝（什翼犍）"建国二年（339年），初置左右近侍之职，无常员，或至百数，侍值禁中，传宣诏命。皆取诸部大人及豪族良家子弟仪貌端严，机辩才干者应选。又置内侍长四人，主顾问，拾遗应对，若今之侍中、散骑常侍也"③。从这种内侍官制中才能生长出决策机构、行政机构和侍从机构，形成君主专制制度④。南匈奴的政治组织与北魏早期这种内侍官制度还相去甚远，显示出其仍处于部落阶段的简单和幼稚本质。

第三，关于血亲关系在南匈奴中的地位和作用。西汉投靠匈奴的中行说在向汉朝使者解释匈奴"父死，妻其后母；兄弟死，尽妻其妻"的习俗

① 《史记》《汉书》说"左右骨都侯辅政"，而《后汉书·南匈奴列传》说："呼衍氏为左，兰氏、须卜氏为右，主断狱听讼，当决轻重，口白单于，无文书簿领焉。"《晋书·北狄·匈奴传》说："其四姓，有呼延氏、卜氏、兰氏、乔氏。而呼延氏最贵，则有左日逐、右日逐，世为辅相；卜氏则有左沮渠、右沮渠；兰氏则有左当户、右当户；乔氏则有左（骨）都侯、右（骨）都侯。"各传所载不同，这里所谓"辅政""辅相"，都是以汉制附会的说法。
② 《汉书·匈奴传上》，中华书局，第3752页。
③ 《魏书·官氏志》，中华书局，第2971页。
④ 参见拙著《魏晋南北朝政治制度研究》，文津出版社，第101-102页。

时说："父兄死，则妻其妻，恶种姓之失也。故匈奴虽乱，必立宗种。"①
可见匈奴极为重视所谓"宗种"，以保持他们的统治地位。南匈奴单于虚
连题氏及其家族统领部落及部落兵，所谓"四角""六角"，就是他们统兵
在外，成为单于四面和六面屏障，以护卫单于。而他们皆单于之子弟，是
有资格作为单于继承人的虚连题氏家族的男性成员。也就是说，成为"四
角""六角"，进入单于继承人的行列，唯一的条件就是必须是单于的血亲。
当然，单于的血亲并不一定都能成为"四角""六角"及进入单于继承人的
行列。

南匈奴单于的继承实行兄终弟及之制，单于的兄弟为第一继承顺序，
然后是单于的儿子辈为第二顺序。同一顺序的先后则根据个人的禀赋、战
功和社会关系等其他条件逐次升迁。体现在上面引文中，就是"四角""六
角"的排列。这样一来，单于的继承人只能是成人，而不会出现父死子继
制的幼童。投降匈奴的中行说在驳斥汉使者"匈奴贱老"的说法时说："匈
奴明以攻战为事，老弱不能斗，故以其肥美饮食壮健以自卫，如此父子各
得相保，何以言匈奴轻老也！"②他说的是匈奴先壮健、后老弱的风俗，这
也可用来解释匈奴单于的继承制，因为兄终弟及制产生的"长君"才能带
领部落去作战，这符合匈奴维护部落势力的原则③，符合匈奴社会形态的
要求。

异姓大臣也同样有着严格的血亲限制，由一定的血亲集团担任并世
袭。呼衍、须卜、丘林（《晋书·北狄匈奴传》作"乔"）、兰等所谓贵种
名族与单于世婚，是单于的姻族。他们垄断异姓大臣最重要的职位，更由
于他们都是部落酋长，因此在决策上有更多的发言权，这也可见姻族在匈
奴的地位的重要性。

---

① 《汉书·匈奴传上》，中华书局，第 3760 页。

② 《汉书·匈奴传上》，中华书局，第 3760 页。

③ 田余庆：《拓跋史探》，生活·读书·新知三联书店，第 21 页。

第四，关于南单于与诸部的关系。西汉时匈奴地域广阔、部落众多，不同部落各有自己的驻牧地。诸部落之上是左右贤王、左右谷蠡王等"王将"，"诸左王将居东方，直上谷以东，接秽貉、朝鲜；右王将居西方，直上郡以西，接氐、羌，而单于庭直代、云中。各有分地，逐水草迁徙"①。《南匈奴传》：南匈奴单于居西河，其他诸部"韩氏骨都侯屯北地，右贤王屯朔方，当于骨都侯屯五原，呼衍骨都侯屯云中，郎氏骨都侯屯定襄，左南将军屯雁门，栗籍骨都侯屯代郡，皆领部众为郡县侦罗耳目"②。这是南单于比率部附汉时南匈奴诸部分布的状况，除右贤王外，多为骨都侯，还有一称"左南将军"，当是后汉史家比附汉制的意译。

匈奴"民""兵"不分，部落民即是部落兵。这是草原民族的特点。《史记·匈奴列传》称，"士力能毌弓，尽为甲骑"③。又说："自如左右贤王以下至当户，大者万骑，小者数千，凡二十四长，立号曰'万骑'。"④南单于拥有自己嫡系的武装，诸部落也拥有属于自己的武装。南单于可以派遣诸部落出兵作战，但出兵的部落是由其部落大人统领指挥的。《南匈奴列传》云：永元二年（90年），"是时，南部连剋获纳降，党众最盛，领户三万四千，口二十三万七千三百，胜兵五万一百七十"⑤。所谓"胜兵"，就是可胜任为兵者，指身体强健的成年男性。有的研究者把"胜兵"解释为脱离生产、只担任作战的常备兵，认为至此出现常备兵制度，这种看法没有什么根据。我们没有看到能够证明南单于拥有一支自己统领、指挥的常备兵的史料。

南匈奴的部落部众只是西汉时匈奴的一部分，集中在东汉北境八郡，分布地域比西汉匈奴狭小得多。但是，南单于与诸部的关系并未因此而密

① 《汉书·匈奴传上》，中华书局，第 3751 页。
② 《后汉书·南匈奴列传》，中华书局，第 2945 页。
③ 《史记·匈奴列传》，中华书局，第 2879 页。
④ 《史记·匈奴列传》，中华书局，第 2890 页。
⑤ 《后汉书·南匈奴列传》，中华书局，第 2953–2954 页。

切起来。单于安国时，"师子以次转为左贤王，觉单于与新降者有谋，乃别居五原界。单于每龙会议事，师子辄称病不往"[1]。东汉永和五年（140年），南匈奴左部句龙王吾斯、车纽反叛；又延熹元年（158年）南匈奴诸部反叛，南单于事先不知道，知道了也制止不了。当然，这时南单于式微，对诸部的约束力越来越弱了。

自公元前209年冒顿建立起一个庞大的匈奴部落大联盟[2]，到东汉末年南匈奴南下，匈奴部族在蒙古草原及东汉北境缘边州郡已经历了近四百年的历史。然而，通过以上四个方面的分析可以看出，这个部落大联盟在政治社会组织方面的变化是有的，却始终没有明显的进步，始终处于酋邦或早期国家阶段。

血亲关系构成匈奴社会的基础，维系匈奴部落联盟的生存，但也像一张无形的网紧紧包裹着它，甚至形成了僵硬的外壳，束缚、制约着它的发展与进步。罗新在《北魏直勤考》一文中说："以血亲与姻族为基石而构造的部族结构，是北亚草原部族传统的基础。这种传统是那些在北亚草原上建立起宏伟事业的部族所赖以崛起的力量之源，而在某些阶段，特别是政权成长的后期，又成为制约其发展的瓶颈和负累。"[3]匈奴部族正是这样，背负着血亲与姻族的包袱，长期裹足不前。所以，只有突破血亲关系这个"瓶颈"，草原部族才能走向社会进步，否则就会长期徘徊。前文引用的北魏早期什翼犍设置近侍机构的史料说明，正是拓跋氏突破血亲集团的"瓶颈"，引用非血亲集团的"豪族良家子弟"，才使这个草原部族的发展展现出一派生机。可惜，在匈奴及后来的南匈奴，我们都没有看到这种突破。

《晋书·四夷·北狄匈奴传》曰："其部落随所居郡县，使宰牧之，与

---

① 《后汉书·南匈奴列传》，中华书局，第2954页。
② 《剑桥秦汉中国史》第六章"匈奴"一节说："一个新兴的匈奴草原帝国由名叫冒顿的新单于建立起来。"以"帝国"称冒顿建立的部落大联盟似不妥。中国社会科学出版社，第413页。
③ 罗新：《北魏直勤考》，载《历史研究》2004年第5期。

编户大同，而不输贡赋。"①这个记载是说南匈奴在东汉北境缘边八郡或说南迁后的情况，很可怀疑②。南迁前，南匈奴各部落虽说在大范围内与汉族错居，但各部落其实与汉族是不相错杂的，与汉族人民之间的往来不多。正因为如此，这时的南匈奴尚未走上汉化的道路。

（二）

东汉永和五年（140年）四月，南匈奴左部句龙部大人吾斯、车纽等人发动叛乱③。这次叛乱来势汹汹，他们先是率骑兵三千进攻西河，继而招诱右贤王，合兵七八千骑包围美稷，杀害了朔方、代郡长史。虽然东汉代度辽将军马续与使匈奴中郎将梁并、乌桓校尉王元等管辖边境少数民族的大员率领边兵及乌桓、鲜卑、羌胡等二万余人掩袭破之，但吾斯等人势力犹炽，仍攻没城邑。这时，顺帝下诏切责南单于休利。休利虽未参与叛乱，且诚惶诚恐表示谢罪，但中郎将陈龟仍以"单于不能制下"的罪名迫使休利及其弟左贤王皆自杀④。左贤王为单于储贰，单于与左贤王一时俱亡，遂致无人继位。于是，吾斯等人乘机拥立句龙大人车纽为单于，并东引乌桓，西收羌戎及诸胡等数万人，攻破京兆虎牙营，杀上郡都尉及军司马，进而寇掠并、凉、幽、冀四州。

吾斯、车纽叛乱，不仅破坏了北方缘边州郡原来比较缓和的局面，而且暴露出南匈奴内部不断加剧的矛盾。虽然现存的相关史料非常有限，但这种变化的迹象还是有所显现。

吾斯、车纽是背着南单于休利与左贤王，又勾结右贤王进行叛乱的。

① 《晋书·四夷·北狄匈奴传》，中华书局，第2548页。
② 《晋书·四夷·北狄匈奴传》文第二段"前汉末"至"后汉末"，记载混乱，疑有错讹。
③ 《后汉书·南匈奴列传》曰："（永和）五年（140年）夏，南匈奴左部句龙王吾斯、车纽等背畔。"又曰："秋，句龙吾斯等立句龙王车纽为单于。"所谓"王"即匈奴部落大人。同书《顺帝纪》："南匈奴左部句龙大人吾斯、车纽等叛。"
④ 《后汉书·南匈奴列传》，中华书局，第2960页。

所谓"单于不能制下"，说明左部不服从南单于，右贤王及其所部也不服从南单于。左贤王统领左部，左部句龙吾斯、车纽叛乱，左贤王同样有不能制下之责。当南单于与左贤王被逼死后，吾斯又公然违背单于传承制度，擅立非南单于家族的左部句龙部大人车纽为单于。这些都可见南匈奴内部矛盾加剧的端倪。

更值得注意的是，南单于休利之后，单于传承进入无序状态。此前，南单于的传承实行着典型的兄终弟及制。从首位南单于比至休利，历九十四年，传单于十三人。其中，比及其弟三人，其子三人，其弟之子三人，其孙四人①。这种传承制度是自老上单于以来有效维持挛鞮氏统治地位的制度，它赋予南单于家族的男性成员继承单于位的机会。当然，并不是所有南单于家族男性成员都有机会当单于，谁能继承单于位还要看个人的能力、威望、在位单于的态度等因素。以单于师子为例，第十任单于师子是第六任单于适之子，他在第七任单于宣时为奠鞬日逐王，在第八任单于屯屠何时为左谷蠡王，至第九任单于安国时，"师子依次转为左贤王"，这才具备了作为单于继承人的资格。"师子素勇黠多知，前单于宣及屯屠何皆爱其气决，故数遣将兵出塞，掩袭北庭，还受赏赐，天子亦加殊异，是以国中尽敬师子。"可正因为如此，现任单于安国十分忌惮，蓄意除掉他。安国与曾经数次被师子驱掠的新降胡人合谋欲杀师子。师子发觉单于的企图，"乃别居五原界，单于每龙会议事，师子辄称病不往。（行度辽将军）皇甫稜知之，亦拥护不遣，单于怀愤益甚"②。后来，中郎将杜崇因和安国不协，擅断单于上书，并与新任行度辽将军朱徽上言，说安国有起兵造反的迹象，请朝廷兴兵问罪。安国夜闻汉兵至，大惊，弃帐而去，"因举兵及将新降者欲诛师子，师子先知，乃悉将庐落入曼柏城（度辽将军及虎牙营驻地）。安国追到城下，门闭不得入。朱徽遣吏晓譬和之，安国不听。

---

① 林干：《匈奴通史》，"南匈奴单于世系表"，人民出版社，第251—252页。
② 《后汉书·南匈奴列传》，中华书局，第2954页。

城既不下，乃引兵屯五原。崇、徽因发诸郡骑追赴之急，众皆大恐，安国舅骨都侯喜为等虑并被诛，乃格杀安国"[1]。至此，师子才得以登上单于宝座。可见匈奴单于位的传承，纵有种种纷争，但都是单于家族男性成员之间的争夺，单于家族外的任何人则没有这个资格。

由于东汉使匈奴中郎将陈龟逼死休利及其弟左贤王，造成单于正常传承的中断；更由于东汉朝廷的直接干预，单于传承进入无序状态。汉安二年（143年），即南单于庭虚位两年多之时，东汉朝廷才在洛阳立新单于兜楼储。《通鉴》卷五十二汉顺帝汉安二年六月曰："立南匈奴守义王兜楼储为呼兰若尸逐就单于。时兜楼储在京师。"东汉朝廷立兜楼储为单于时，派行中郎将持节护送他归南庭，并举行了盛大而隆重的欢送仪式："诏太常、大鸿胪与诸国侍子于广阳城门外祖会，飨赐作乐，角抵百戏。顺帝幸胡桃宫临观之。"[2]但这个在京师的兜楼储何许人？其身份甚为可疑。如果他是南单于派到京师的侍子的话，当为单于家族的成员，文献则应堂而皇之地注明其与前单于的关系，之所以无任何记录，自是不方便说。也许兜楼储是降汉的匈奴部落大人，而非南单于家族的成员，所以才有守义王这样的头衔。如果是这样的话，他在南匈奴中缺乏权威，只能依靠东汉军队护卫来维持自己的单于位。建康元年（144年），"夏四月，使匈奴中郎将马寔击南匈奴左部，破之，于是胡羌、乌桓悉诣寔降"[3]。胡三省在《通鉴》卷五十二《汉纪》四十四顺帝建康元年文中注曰："左部，即句龙吾斯之党。"[4]这是朝廷在为兜楼储单于回到草原上即单于位开辟道路。吾斯虽然战败，但至永寿元年（155年）前，曾与吾斯同反的左薁鞬台耆、且渠伯德等人再反，寇扰美稷。他们的矛头可能就是指向朝廷支持的南单于兜楼储的。

---

① 《后汉书·南匈奴列传》，中华书局，第2985页。

② 《资治通鉴》，中华书局，第1696页。

③ 《后汉书·顺帝纪》，中华书局，第274页。

④ 《资治通鉴》，中华书局，第1697页。

兜楼储单于之后，南单于的传承制度进一步遭到破坏。继兜楼储为单于的居车儿世系亦不清不楚，使人不能不怀疑他仍是东汉朝廷扶立。延熹元年（158年），南匈奴诸部并叛。这也是南匈奴诸部背着南单于的叛乱，可见南单于得不到诸部的信任。中郎将张奂以南单于不能统理国事拘之，并上书建议以左谷蠡王取代他，但桓帝却表示"居车儿一心向化，何罪而黜"①，可见居车儿虽不受诸部信任，却受朝廷信任。而且这个南单于竟然一改匈奴三个半世纪以来传统的单于传承制度，变兄终弟及为父死子继。居车儿死后，传位其子某（失其名），号屠特若尸逐就单于。某死，又传其子呼徵。呼徵立一年，因中郎将张修与单于"不相能"②，擅杀单于，另立右贤王羌渠为单于。东汉朝廷惩治张修擅杀之罪，而承认羌渠为新单于的既成事实。

南单于居车儿改兄终弟及制为父死子继制，本是匈奴发展史上的一个飞跃、一个革命性变化，却似乎非常平静，平静得让人生疑。原来享有单于位继承机会的单于家族男性成员难道皆认同这种变化，没有采取一点反抗行动？这简直是不可思议的奇迹。田余庆先生在《北魏后宫子贵母死之制的形成和演变》一文中，对拓跋部早期君位的传承进行剖析，深刻地揭示了拓跋部由兄终弟及向父死子继演变的曲折复杂、惊心动魄的斗争过程，他指出："更为古老的兄终弟及制度符合立长君以维持部落势力的原则，有它存在的理由，因而往往得到部落大人更多的支持。但是同辈兄弟众多，选择中易生纠纷。"③田先生所揭示的历史现象极具启发性，他的论断无疑也适用于匈奴史，只是匈奴史料过于稀少，使研究者易于忽略。

在进行休屠、屠各问题的研究时，我一直在思考这样一个问题：屠

---

① 《后汉书·南匈奴列传》，中华书局，第2964页。
② 《后汉书·南匈奴列传》，中华书局，第2964页。
③ 田余庆：《拓跋史探》，生活·读书·新知三联书店，第21页。《北魏后宫子贵母死之制的形成和演变》一文收于其中。

各作为匈奴占统治地位的部落名称，为什么直到东汉后期才突然出现？下面，我试图把这个问题与南匈奴的单于传承制度结合起来考察。

文献中关于屠各的最早记载为延熹元年（158年）[1]，这正是南单于居车儿在位的时候，也就是南单于传承制度由兄终弟及向父死子继转变的时期。屠各出现于这个时候绝不是偶然的。

在匈奴中，屠各种具有高贵的血统和显赫的身份，拥有世代相袭的统治特权。屠各种中的虚连题氏（挛鞮氏）是世袭单于位的家族。《后汉书·南匈奴传》曰："其大臣贵者左贤王，次左谷蠡王，次右贤王[2]，次右谷蠡王，谓之四角；次左右日逐王，次左右温禺鞮王，次左右渐将王，是为六角；皆单于子弟，次第当为单于者也。异姓大臣左右骨都侯，次左右尸逐骨都侯，其余日逐、且渠、当户诸官号，各以权力优劣、部众多少为高下次第焉。单于姓虚连题。异姓有呼衍氏、须卜氏、丘林氏、兰氏四姓，为国中名族，常与单于婚姻。"[3] 这就是说，屠各种的虚连题氏男性成员，有资格依次进入从当户到左贤王的序列，并享有相应的权力和权利，包括拥有若干土地、部众、畜产品和战利品，等等；而且只要表现优异，他们还能在本姓族的范围内不断地上升，直至最高的级别。对匈奴族来说，这是传统；在屠各看来，这是天经地义、不言而喻的，也就没有必要特别标明自己的屠各身份。可是，如果传承制度由兄终弟及变为父死子继的话，那么，他们屠各尊贵的地位就必然受到威胁和挑战，他们的特权也必然部分丧失甚至完全丧失。对此，他们不会无动于衷，这就迫使他们亮出自己的屠各身份，以血统作为旗帜，与企图改变传统的做法抗争。我认

---

① 《后汉书·乌桓列传》："桓帝永寿（155—158年）中，朔方乌桓与休著屠各（屠各）并畔，中郎将张奂击平之。"同书《张奂传》系于延熹元年（158年）前。而同书《南匈奴列传》云："延熹元年，南单于诸部并畔，遂与乌桓、鲜卑寇缘边九郡，以张奂为北中郎将讨之，单于诸部悉降。"《通鉴》系之于延熹元年，其对系年的判断应该是对的，可从。

② 《汉书·匈奴传》所载顺序与此略有不同，可参看。

③ 《后汉书·南匈奴列传》，中华书局，第2944-2945页。

为，这就是此时突然出现"屠各"的原因。

在屠各看来，南单于位传承无序，南单于竟敢冒天下之大不韪篡改祖制，擅自以单于位传子，这固然与东汉朝廷的粗暴干预不无关系，但在位单于也难辞其咎。在南匈奴左部看来，羌渠派左贤王领兵出征，包藏着不让合法继承人左贤王继承单于位的企图。所以，屠各、左部既以寇边来表示他们对朝廷的不满，进而把矛头直接指向南单于，最终酿成灵帝中平五年（188年）的事变，愤而杀死羌渠。羌渠死后，左贤王在外，果然是羌渠子、右贤王於扶罗匆匆忙忙宣布继单于位。这无疑是火上浇油，屠各、左部岂能接受父死子继之制，岂能接受仇人之子上台？于是屠各、左部再叛，赶走了於扶罗，而立须卜骨都侯为单于。须卜氏虽为名族，但并没有担任单于的资格。屠各与左部立他为单于，或许是因为单于家族没有成年的继承人而采取的权宜措施。可以相信的是，非虚连题氏的须卜骨都侯虽当了单于，但肯定没有权威。这大概也就是这位新单于上台一年死后，再也无人继任的原因。南单于再次虚位，"以老王行其事"。

南匈奴由内讧走向了分裂。

（三）

南匈奴附汉时，始建庭于距五原西部塞八十里处，后徙居西河美稷（今内蒙古自治区准格尔旗纳林），而诸部王分布在北地、朔方、五原、云中、定襄、雁门、代郡等地。此七郡，连同西河共八郡，东汉设置有太守等官吏和行政机构，是南匈奴部民与汉、乌桓、鲜卑等族混居之地。

永和五年（140年）九月，因南匈奴左部大人句龙吾斯、车纽叛乱，东汉朝廷决定移徙西河郡治至离石、上郡郡治至夏阳、朔方郡治至五原。

西河郡治迁徙时，南单于庭是否也跟着迁徙？南匈奴部众是否也同时迁徙？

这两个问题文献上都没有明确记载。我们先说第一个问题。《晋书·刘元海载记》曰："建武初，乌珠留若鞮单于子右奥鞬日逐王比自立为南单于，入居西河美稷，今离石左国城即单于所徙庭也。"[①]似乎南单于庭迁往离石，但何时所迁呢？按一般推理，南匈奴单于庭应当是随着西河郡治的迁徙而迁徙的[②]。但是，自南单于休利自杀后，未立新单于。自封为单于的车纽得不到朝廷的承认，且不久后即兵败投降。故西河徙治离石时南单于庭虚位，没有南单于何来单于庭？也就无所谓南单于庭迁徙了。在南单于庭虚位两年多的汉安二年（143年），新单于兜楼储在洛阳产生了，东汉朝廷"遣行中郎将持节护送单于归南庭"[③]。这个"南庭"难道是指离石左国城吗？我认为还是指美稷的南单于庭。《通鉴》卷五十四《汉纪》四十六桓帝延熹元年（158年）十二月：

> 南匈奴诸部并叛，与乌桓、鲜卑寇缘边九郡。帝以京兆尹陈龟为度辽将军。……诏拜安定属国都尉张奂为北中郎将，以讨匈奴、乌桓等。匈奴、乌桓烧度辽将军门，引屯赤阬，烟火相望，兵众大恐，各欲引去。奂安坐帷中，与弟子讲诵自若，军士稍安。乃潜诱乌桓，阴与和通，遂使斩匈奴屠各渠帅，袭破其众，诸胡悉降。奂以南单于车儿不能统理国事，乃拘之，奏立左谷蠡王为单于。诏曰："《春秋》大居正；车儿一心向化，何罪而黜！其遣还庭。"[④]

《南匈奴列传》关于使匈奴中郎将、度辽将军等的设置交代得很清楚：当初单于庭徙居西河郡美稷时，朝廷乃以使匈奴中郎将与南单于庭同驻一地，监护南单于；又设中郎将官府，置属吏，由西河长史领二千骑兵、弛

① 《晋书·刘元海载记》，中华书局，第2645页。
② 黄烈：《中国古代民族史研究》，人民出版社，第206页。
③ 《晋书·刘元海载记》，中华书局，第2693页。原文有误，参见周伟洲：《汉赵国史》，山西人民出版社，第5页注④。
④ 《资治通鉴》，中华书局，第1739-1740页。

刑徒（解除枷锁的刑徒）五百人，协助中郎将卫护单于。永平八年（65年），因当时北匈奴势力犹盛，为防备北匈奴诱引南匈奴，朝廷始置度辽营，以中郎将吴棠行度辽将军事，副校尉来苗、左校尉阎章、右校尉张国将虎牙营士屯五原曼柏；又遣骑都尉秦彭将兵屯美稷。至延熹元年（158年）匈奴、乌桓烧度辽将军门时，度辽将军仍在五原①。这说明西河郡治虽早已从美稷迁往离石，但护卫南单于的中郎将与度辽将军两军府都没有迁，南单于庭当然也不会迁，否则，当时张奂怎么能那么方便地拘禁南单于居车儿？这时距离西河郡治迁离石已有十八年了。也就是说，距离西河郡治迁离石的十八年后，南单于庭仍在西河美稷②。

那么，南单于庭到底什么时候离开西河美稷的呢？由于文献记载付诸阙如，这里只得做一点必要的推测。我们知道，南匈奴附汉后，虽然汉匈关系得到很大的改善，但南匈奴"寇边"的记录时而有之。延熹元年后，较大规模的"寇边"还发生在延熹九年（166年）。《后汉书·张奂传》："九年春，征拜大司农。鲜卑闻奂去，遂招结南匈奴、乌桓数道入塞，或五六千骑，或三四千骑，寇掠缘边九郡，杀略百姓。……朝廷以为忧，复拜奂为护匈奴中郎将，以九卿秩督幽、并、凉三州及度辽、乌桓二营，兼察刺史、二千石能否，赏赐甚厚。匈奴、乌桓闻奂至，因相率还降，凡二十万口。"③同书《段颎传》，桓帝末，段颎上言曰："自云中、五原，西至汉阳二千余里，匈奴、种羌，并擅其地，是为痈疽之伏，留滞胁下，如

---

① 《后汉书·张奂传》："烧度辽将军门"唐李贤注曰："时度辽将军屯五原。"上引《资治通鉴》亦引用李贤注。
② 黄烈从南匈奴左薁鞬台耆、且渠伯德寇美稷，推测他们的分布地在美稷或更在其北；从延熹元年（158年）南匈奴诸部并叛，及烧度辽将军门事件，认为诸部分布仍在沿边；度辽将军屯五原，可见南匈奴在此一带仍有分布。他的结论是"尽管南单于已迁庭离石，但南匈奴各部仍在边郡一带活动，并没有全部随他们的单于南下"。参见氏著《中国古代民族史研究》，人民出版社，第191—192页。
③ 《后汉书·张奂传》，中华书局，第2139—2140页。

不加诛，转就滋大。"①直至灵帝中平四、五年仍有南匈奴"寇边"的记录。《后汉书·灵帝纪》：中平四年（187 年）"十二月，休屠各胡叛"。中平五年（188 年）"春正月，休屠各胡寇西河，杀郡守邢纪"；"三月，休屠各胡攻杀并州刺史张懿，遂与南匈奴左部合，杀其单于"②。此后，便再也没有南匈奴"寇边"的记录了。所谓"寇边"，就是居于缘边诸郡的匈奴、鲜卑等族对汉朝边境郡县的杀掠骚扰活动。南匈奴居于边塞地区，故留下"寇边"的记录；其南下内迁了，就不会在边境上杀掠骚扰，也就没有"寇边"的记录。而且，这里最后的记载是休屠各与南匈奴左部联手杀单于羌渠，说明这时羌渠仍在美稷。因此，南单于庭当是在中平五年（188年）后才离开西河美稷的。

我们再来探讨第二个问题：南匈奴部众到底是什么时候南下的？如果认为南单于庭是随着西河郡治迁徙一起迁到离石的，继而认为南匈奴部众是随着南单于庭的迁徙而迁徙。根据这种顺理成章式的推论，可以认定南匈奴部众是在永和五年（140 年）就已南下，"多数集中到并州中部的汾河流域一带"③。

但如果我们关于上一个问题的论述可以成立的话，南匈奴部众的南下也当是在中平五年之后的。可以肯定的是，这不是一次朝廷事先决策的有计划的大规模的人口迁徙。因边郡局势严重，东汉朝廷决定移徙三郡郡治，但并没有决定南单于庭随同迁移。因为南单于庭的迁移，也就意味着南匈奴部众的迁徙。人口迁徙，尤其是少数民族人口内迁，况且是大规模的内迁，朝廷必须慎重考虑，提交公卿讨论，可是我们从文献上看不到任何的蛛丝马迹，这绝不会是史官的粗心大意，而是根本就没有朝廷决策这么一回事。虽然顺帝时政治腐败，外戚、宦官的争斗愈演愈烈，东汉统

---

① 《后汉书·段颎传》，中华书局，第 2148 页。
② 《后汉书·灵帝纪》，中华书局，第 355 页。
③ 马长寿：《北狄与匈奴》，生活·读书·新知三联书店，第 83 页。上揭《匈奴通史》，人民出版社，第 124 页。

治已是千疮百孔，但国家机器未曾失灵，朝廷的运转仍是正常的。

关于南匈奴的人口，"党众最盛"的永元二年（90年）有比较准确的统计数字："领户三万四千，口二十三万七千三百，胜兵五万一百七十。"[①]虽然我们不能断定南下的人口有多少，但从建安二十一年（216年）曹操分南匈奴为五部的人口逆推，也可作出大致的估计。五部所统共三万余落，与永元二年的户数相当，其时距南匈奴南下未久，人口不会有大量的增加，那么，南匈奴南下内迁的人口当在二十万左右。如此大规模的人口迁徙，在永和五年（140年）是不可能的，而在中平（184—189年）以后却是可能的。因为此时东汉皇朝气息奄奄，黄巾余烬还在燃烧，宦官和外戚争斗白热化，朝廷自顾不暇，对南匈奴也只能放任自流了。《晋书·地理志上》并州条云：

> 灵帝末，羌胡大扰，定襄、云中、五原、朔方、上郡等五郡并流徙分散。建安十八年（213年），省入冀州。二十年（215年），始集塞下荒地立新兴郡。[②]

"中平"是东汉灵帝最后的一个年号，此所谓"灵帝末"也！"五郡"，正是南匈奴聚居之地；"五郡并流徙分散"，毫无疑义，就是南匈奴离开这五个郡南下。这五郡自东汉初年以来，安置了内附的南匈奴、乌桓，又回迁了汉族民众，本是几个民族熙熙攘攘混居之所，但因战乱导致人口大量流失，所以到建安十八年（213年）竟然取消了行政建制而并入冀州了。

（四）

虽然我们不能确定南匈奴退出西河等八郡南下的准确时间，但至东

---

① 《后汉书·南匈奴列传》，中华书局，第2953-2954页。
② 《晋书·地理志上》，中华书局，第428页。

汉末年，绝大多数南匈奴人都南下了；即使仍有部分南匈奴人还滞留在原地，但已经成不了气候，只能慢慢地融合到鲜卑等其他民族中去。

《后汉书》记载了於扶罗被逼出走，希冀向东汉朝廷申诉，以取得正统的单于继承权之事。但他命运多舛，尚未到达洛阳，东汉皇朝因灵帝崩而已经陷入一片混乱。於扶罗"将数千骑与白波贼合兵寇河内诸郡。时民皆保聚，钞掠无利，而兵遂挫伤。复欲归国，国人不受，乃止河东"。《后汉书》还记载须卜骨都侯为单于一年后死去，"南庭遂虚其位，以老王行国事"①；但是，对南单于庭是否就在离石以及南匈奴部众的行踪，则全无交代。《三国志》未曾为南匈奴立传，同样解答不了这两个问题。

所谓南单于庭迁到离石左国城，不见于《后汉书》，也不见于《三国志》，而《晋书·刘元海载记》透露出来的信息，却是与首位南单于比混为一谈。

据《通典》卷一七九《州郡九》石州条："今理离石县。……二汉属西河郡南单于庭，即左国城。"在"离石"下夹注云："汉旧县。后南单于庭左国城在此。"②也就是说，离石有了南单于庭之后才筑起了左国城。可是，它为什么不称单于城而叫左国城呢？西晋时，在汾水之畔有一个左部城。《水经注》卷六《汾水》："汾水又西南迳界休故城西，汾水之右有左部城。"注曰："侧临汾水，盖刘渊为晋都尉所筑也。"③按，《晋书·刘元海载记》曰："於扶罗死，弟呼厨泉立，以於扶罗子豹为左贤王，即元海之父也。魏武分其众为五部，以豹为左部帅。"④又曰："会豹卒，以元海为左部帅。太康（281—289年）末，拜北部都尉。"⑤可见，这个左部城乃刘渊在接其父左部帅之任时所筑，左部帅改都尉则是其后的事。

<hr>

① 《后汉书·南匈奴列传》，中华书局，第 2965 页。
② 《通典·州郡九》，中华书局，第 4739 页。
③ 《水经注》，巴蜀书社，第 146 页。
④ 《晋书·刘元海载记》，中华书局，第 2645 页。
⑤ 《晋书·刘元海载记》，中华书局，第 2647 页。

左国城的出现大概与左部城相类似，它之所以叫左国城，我以为，很可能是由南匈奴左部而得名。《通鉴》卷八十五《晋纪七》惠帝永兴元年（304年）八月："渊至左国城。"胡注："左国城，盖匈奴左部所居城也。"[1]胡注的这个说法当有所本，可惜往往被忽略。自左部句龙大人吾斯、车纽叛乱以后，左部一直非常活跃。继吾斯而起的，又有左奥鞬台者及且渠伯德，而围攻、杀死羌渠单于一事更有左部的参与。於扶罗继立为南单于时，他们赶走了於扶罗，另立须卜骨都侯为单于。左部众当随须卜氏新单于一起南下到离石筑了城，但这个须卜氏在位仅一年，也可能未到达离石而在南下的途中就死去，又或者虽到达离石，但筑城还没有竣工就死去，如果是后两种情况的话，离石已没有南单于。总之，这个城之所以叫左国城，是因为筑城和住在城里的人是南匈奴左部人。南匈奴部众既然自称为"国人"，则左国城者，左部国人之城也。

更多的南匈奴人从朔方、云中、定襄、雁门及上郡等南下，到达后来曹操设置的新兴郡。上引《晋书·地理志上》并州条说，灵帝末年，定襄、云中、五原、朔方、上郡因乱流徙分散，建安十八年（213年）裁撤并州合并于冀州；二十年（215年）始集塞下荒地立新兴郡。至"魏黄初元年（220年），复置并州，自陉岭以北尽弃之。至晋因而不改"[2]。新兴郡治所九原（今山西省忻州市），属五部匈奴的北部分布的地区。郡内秀容的地名据说是因刘渊在此出生而得名。《元和郡县志图》卷十四河东道三宜芳县："秀容故城，在县南三十里。刘元海感神而生，姿容秀美，因以为名也。"[3]秀容是否得名于刘渊并不重要，但刘渊生于秀容应该是可信的。《刘元海载记》说他是"新兴匈奴人"[4]，正与此相合。《水经注》卷六《汾

---

① 《资治通鉴》，中华书局，第2700页。
② 《晋书·地理志上》，中华书局，第428页。
③ 《元和郡县图志》，中华书局，第396页。
④ 《晋书·刘元海载记》，中华书局，第2644页。

水六》:"汾水出太原汾阳县北管涔山(今山西省宁武县南)。"注曰:"刘渊族子曜尝隐避于管涔之山。"[1] 同上引《元和郡县图志》静乐县:"管涔山在县北百三十里,汾水源出焉。初,刘曜隐于此山,山神使二童子献剑于曜。"[2] 而《晋书·刘曜载记》也说他"隐迹管涔山,以琴书为事"。因刘曜是刘渊族子,且"见养于元海"[3],故亦居住在这一带。刘渊的父亲刘豹为南单于嫡裔,与杀害其祖父羌渠单于的左部势不两立,当然不会同他们一起到离石,而是带着自己的部众来到新兴一带,也即是所谓"晋阳汾涧之滨"了[4]。

因此,南下的南匈奴实际上分成了河东的於扶罗部、离石的左部和新兴的刘豹部三股势力。兴平二年(195年),於扶罗死,其弟呼厨泉继立。於扶罗终于没有再继续推行父死子继,而又回到兄终弟及的老路了。但呼厨泉"以兄被逐,不得归国,数为鲜卑所钞"[5]。可见他仍得不到离石的南匈奴左部"国人"们的谅解。史称,"中平以来,天下乱离,民弃农业,诸军并起,率乏粮谷,无终岁之计,饥则寇掠,饱则弃余,瓦解流离,无敌自破者,不可胜数。袁绍在河北,军人仰食桑葚,袁术在江淮,取给蒲蠃,民多相食,州里萧条"[6]。呼厨泉的这支弱旅,过着惶惶不可终日的流寇日子。建安元年(196年),右贤王去卑与白波帅韩暹侍卫献帝从长安返回洛阳,但劳而无功。建安七年(202年),呼厨泉与袁尚部下高干等攻取平阳,曹操派钟繇包围平阳,呼厨泉最终投降了曹操。

① 《水经注》,中华书局,第142页。
② 《元和郡县图志》,中华书局,第396页。
③ 《晋书·刘曜载记》,中华书局,第2683页。
④ 《晋书·刘元海载记》,中华书局,第2645页。
⑤ 《后汉书·南匈奴列传》,中华书局,第2965页。
⑥ 《资治通鉴》,中华书局,第1990页。

《三国志·魏志·梁习传》：

> 习以别部司马领并州刺史。时承高干荒乱之余，胡狄在界，张雄跋扈，吏民亡叛，入其部落，兵家拥众，作为寇害，更相扇动，往往棋跱。习到官，诱谕招纳，皆礼召其豪右，稍稍荐举，使诣幕府；豪右已尽，乃次发诸丁强以为义从；又因大军出征，分请以为勇力。吏兵已去之后，稍移其家，前后送邺，凡数万口；其不从命者，兴兵致讨，斩首千数，降附者万计。单于恭顺，名王稽颡，部曲服事供职，同于编户。[①]

据考证，高干于建安九年（204年）降曹操，仍被委以并州刺史，次年又叛。建安十一年（206年），曹操亲征，高干向呼厨泉求救，呼厨泉不受，遂远走荆州。梁习任并州刺史就在这一年。这里所说"单于恭顺，名王稽颡"，指的是呼厨泉部；但"部曲服事供职，同于编户"，就不限于呼厨泉部，而是包括并州全部南匈奴。

建安二十一年（216年）七月，曹操"使右贤王去卑诱质呼厨泉"[②]，在南单于呼厨泉到邺城朝见魏王曹操的时候，曹操把呼厨泉当作人质留了下来，只让右贤王去卑"归监其国"。同时，宣布"分其众为五部，部立其中贵者为帅，选汉人为司马以监督之"[③]。所谓"贵者"，就是指南匈奴单于的后裔。这也就是《晋书·刘元海载记》所载，任命刘豹为左部帅，"其余诸部帅皆以刘氏为之。太康中，改置都尉，左部居太原兹氏，右部居祁，南部居蒲子，北部居新兴，中部居大陵。刘氏虽分居五部，然皆居于

---

① 《三国志·魏志·梁习传》，中华书局，第469页。
② 《晋书·江统传》，中华书局，第1534页。
③ 《晋书·四夷·北狄匈奴传》，中华书局，第2548页。

晋阳汾涧之滨"①。曹操的本意是把呼厨泉控制起来，以利于南匈奴部众的归顺。又因为他正式承认了呼厨泉的单于身份，等于恢复了居住在汾涧之滨的刘氏的南匈奴单于后裔的贵族身份，出任五部帅职位的当然也就是他们了。"刘氏虽分居五部，然皆居于晋阳汾涧之滨"，这句话原来觉得不好理解，正是因为不了解南单于家族南迁后集中居住于"晋阳汾涧之滨"的状况。至于居住在离石的左部，他们当然也不能不听命于曹操。于是，原来分裂为三股势力的南匈奴因之合而为一了。

三、西晋内迁杂胡与杂胡化趋势

杂胡化是魏晋南北朝时期民族大迁徙到民族大融合过程中重要的一环。从匈奴别部到各族在迁徙运动中不断混杂，西晋黄河以北地区终于形成了杂胡化的趋势。最早以杂胡为研究对象的是唐长孺。他所著《魏晋杂胡考》一文考察了他称之为杂胡的屠各、卢水胡、羯胡、乌丸、乞伏、稽胡等七种胡人。他给杂胡所下的定义是：一为匈奴别部，二为匈奴部族中分解出来的部落②。近年，田余庆在拓跋史的研究中，也高度关注杂胡问题。他指出："铁弗并不讳言胡父鲜卑母即屠各与拓跋混杂的种族来历，所以历来被史家称为杂胡。杂胡之称本没有严格界限，在各族迁徙运动十分活跃的年代，各族混杂现象极易产生，使成分有所变异，有时还形成不同的名号。"③如果我没有理解错的话，这个定义概括了杂胡的两种类型：一是因各族混杂使成分有所变异；二是形成不同的名号，但之间本没有严格的界限。唐、田两先生关于杂胡的定义，看似不同，其实是可以互为补

---

① 《晋书·刘元海载记》，中华书局，第 2645 页。
② 唐长孺：《魏晋南北朝史论丛》，生活·读书·新知三联书店，第 446 页。
③ 田余庆：《拓跋史探》，生活·读书·新知三联书店，第 151 页。

充的。研究杂胡与杂胡化趋势，或许对我们认识古代民族融合的规律有所裨益。

（一）

从东汉末年至曹魏时期，内迁的匈奴已经遍布并、雍、凉、秦及司州。其中，南匈奴的分布最为集中。"建安中，魏武帝始分其众为五部，部立其中贵者为帅，选汉人为司马以监督之。魏末，复改帅为都尉。其左部都尉所统可万余落，居于太原故兹氏县（今山西省吕梁市汾阳市南）；右部都尉可六千余落，居祁县（今山西省晋中市祁县）；南部都尉可三千余落，居蒲子县（今山西省临汾市蒲县）；北部都尉可四千余落，居新兴县（今山西省忻州市）；中部都尉可六千余落，居大陵县（今山西省吕梁市文水县东北）。"①蒲子，西晋属司州平阳郡，其余则均属并州。当时，凉、秦还分布有西汉降附的休屠、浑邪部匈奴人。

羌、氐的内迁更早于匈奴。东汉曾三次从陇西强徙降羌到关中，仅永熹元年（145年），就有羌人五万余户、近三十万人投降左冯翊梁并而被安置于关中②。氐人内迁关中稍晚，曹操时曾徙武都氐人五万余落、二十五万众到扶风③。据此不完全统计，内徙关中的羌、氐就在五十万上下。此外，还有少量的胡人如卢水胡内迁关中。

西晋初年，由于草原上发生了剧烈的变动，匈奴部落纷纷内迁。这些是北匈奴西迁后滞留在草原上的匈奴及匈奴别部。曹永年先生据《晋书·武帝纪》及同书《四夷·北狄·匈奴传》《宣五王·扶风王骏传》的记载，梳理了当时匈奴及匈奴别部较大规模内迁的有④：

---

① 《晋书·四夷·北狄匈奴传》，中华书局，第2548页。
② 《后汉书·西羌传》书为"永嘉元年"，误。东汉无永嘉年号，应为永熹。
③ 《三国志·魏志·乌丸鲜卑东夷传》注引《魏略·西戎传》，中华书局，第858页。
④ 曹永年：《拓跋力微卒后"诸部叛离，国内纷扰"考》，载《内蒙古师大学报》1988年第2期。

（1）泰始年间（265—274年），由于塞外匈奴水灾，塞泥、黑难等二万余落归化，使居河西故宜阳城下。后复与晋人杂居，于是平阳、西河、太原、新兴、上党、乐平诸郡均有分布。

（2）咸宁三年（277年），安定、北地、金城诸胡吉轲罗、侯金多及北虏热冏等二十万口降附征西大将军、雍凉都督司马骏[1]。

（3）咸宁三年，又西北杂虏及鲜卑、匈奴、五溪蛮夷、东夷三国前后十余辈，各率种人部落内附。

（4）咸宁五年（279年）三月，匈奴都督拔奕虚率部落归化。

（5）咸宁五年十月，匈奴余渠都督独雍等率部落归化。

（6）太康五年（284年），匈奴胡太阿厚率其部落二万九千三百人归化，武帝处之塞内西河[2]。

（7）太康七年（286年），匈奴胡都大博及萎莎胡等各率种类大小凡十万余口，诣雍州刺史扶风王骏降附。

（8）太康八年（287年），匈奴都督大豆得一育鞠等复率种落大小万一千五百口来降。

从泰始初年算起，短短二十年内，如此频繁且数量巨大的匈奴内迁，确为历史上所罕见。曹永年先生根据以上史料，判定这是力微死后"诸部叛离"拓跋而南下降晋，对理解拓跋早期历史极富创见。不过，我引用这些史料，是希望追寻内迁的匈奴及匈奴别部的下落。

第一次内迁的塞泥、黑难等有二万余落，而东汉末内迁的南匈奴五部也不过三万余落而已。这么多的匈奴人，被晋廷安置在"河西故宜阳城下"，后来他们被统称为"宜阳诸胡"[3]。然而，这个"河西故宜阳城"究竟

---

[1] 据《晋书·武帝纪》，司马骏于咸宁三年（277年）徙封扶风王。而同书《宣五王·扶风王骏传》曰：北虏来降，"其年入朝，徙封扶风王"。分见中华书局，第68、1125页。

[2] 《晋书·四夷·北狄匈奴传》未载安置处所，此据《通鉴》卷八十一晋武帝太康五年（284年）十二月所载。

[3] 《晋书·刘元海载记》，中华书局，第2647页。

在哪儿？似乎司马光著《通鉴》时就已不甚了了了[①]。

西晋弘农郡东部有宜阳县（今河南省宜阳县西），在黄河以南，显然不是"河西"即黄河西岸的"故宜阳城"。虽然故宜阳城的位置已不能确知，但根据内迁到这里的匈奴人后来又遍布平阳、西河、太原、新兴、上党、乐平诸郡，则故宜阳城应该就在靠近平阳等郡的黄河西岸某地。西晋时，并州西河郡已退至黄河东岸，其下黄河东岸为司州平阳郡，平阳西邻为雍州冯翊郡。西河、平阳、冯翊三郡以西、以北的黄河西岸广大地区即原来的上郡、北地及西河的大部分，实际上都已不在西晋的版图内，而是所谓"羌胡所居"了。如此，则"河西故宜阳城"本就不在西晋郡县境内。如果真是这样的话，那么晋廷对这些匈奴人的安置不过徒有虚名罢了。大概由于故宜阳城地区荒僻不堪、生存艰难，所以这些匈奴人大多便跨越黄河，东迁至平阳、西河，甚而到达原没有匈奴分布的上党、乐平等郡，这恐怕是晋廷所始料未及的。据《晋书·地理志上》所载，晋初并州户五万九千三百。以一落等于一户计，五部匈奴加上"宜阳诸胡"约略与并州汉人的户口相当。加上第六次内迁的匈奴胡太阿厚部落近三万人入居塞内西河，那么，新迁入的匈奴或匈奴别部人口与南匈奴五部相近，而匈奴的总人口则超过了汉人。

第二、第七两次内迁，降附于雍凉都督司马骏的人数最多，达三十余万口。《晋书·地理志上》载，晋初雍州户九万九千五百，按一户以五口计，雍州人口约五十万。自东汉以来，氐、羌接踵内迁雍州，五十万口不完全是汉人户口，当包括"编户之氐"，但不包括"内属羌"[②]。而第二、第七两次匈奴内迁的人数，就几乎达到雍州原有户口的一半。实际上内迁的匈奴还不止于此。在上列八次内迁外还有四次，因未载人口数及不明安置

---

① 《晋书·刘元海载记》原文为"乃令（呼延）攸先归，告（刘）宣等招集五部，引会宜阳诸胡"，而《通鉴》卷八十五晋惠帝永兴元年（304年）改为"渊令攸先归，告宣等使招集五部及杂胡"。

② 参见罗新博士论文《十六国时期中国北方的民族形势与社会整合》（未刊稿），第1页。

地姑且不论，估计其数量亦相当可观，迁入地可能也是并州或雍州边塞之地，但不断地向南扩展是不可避免的。

晋武帝在位年间，除了大量匈奴降附内迁外，还有其他少数民族的内附或内属。以下为《晋书·武帝纪》的记载。

（1）咸宁二年（276年）七月，东夷十七国内附。

（2）咸宁二年七月，鲜卑阿罗多等寇边，西域戊己校尉马循讨之，斩首四千余级，获生九千余人，于是来降。

（3）咸宁三年（277年），西北杂虏、鲜卑、蛮夷、东夷等内附，已见上节第（三）条。

（4）咸宁四年（278年），是岁，东夷九国内附。

（5）太康二年（281年）六月，东夷五国内附。

（6）太康三年（282年）九月，东夷二十九国归化。

（7）太康四年（283年）六月，牂柯獠二千余落内属。

（8）太康六年（285年）四月，扶南等十国来献，参离四千余落内附。

（9）太康七年（286年）八月，东夷十一国内附。

（10）太康八年（287年）八月，东夷二国内附。

（11）太康十年（289年）五月，鲜卑慕容廆来降，东夷十一国内附。

（12）太康十年，是岁，虏奚轲男女十万口来降。

我们不能确知上述记载是否有水分、有多少水分，但可以肯定的是所谓"内附""内属"并不等于内迁。这些缘边少数民族表示归附，愿作为西晋皇朝边塞屏障，他们与一批批匈奴及匈奴别部熙熙攘攘的内迁，共同营造了西晋皇朝一派欣欣向荣的景象，显示晋武帝"通上代之不通，服前王之未服"的"帝王之量"[1]。

---

① 《晋书·武帝纪》"制曰"，中华书局，第81页。

（二）

西晋之初大量涌入的匈奴和匈奴别部人，又被称为"杂胡"。我们且来看文献中有关杂胡的记述。

杂胡之名初见于西晋武帝年间。《晋书·四夷·北狄匈奴传》载太康元年（280年）郭钦上疏曰：

> 裔不乱华，渐徙平阳、弘农、魏郡、京兆、上党杂胡，峻四
> 夷出入之防，明先王荒服之制，万世之长策也。

这些被郭钦称为杂胡的平阳等五郡胡人，正是泰始年间（265—274年）从塞外迁入的。因塞外匈奴大水，塞泥、黑难等二万余落归化，"帝复纳之，使居河西故宜阳城下。后复与晋人杂居，由是平阳、西河、太原、新兴、上党、乐平诸郡靡不有焉"①。这些徙胡最初是迁到河西故宜阳城地区，后来逐渐遍布周边的郡县，包括平阳等五郡。但习惯上仍称他们为"宜阳诸胡"，如西晋末刘渊起事时，"告（刘）宣等招集五部，引会宜阳诸胡"②。此事在《通鉴》则记作"告宣等使招集五部及杂胡"③，用"杂胡"来替换"宜阳诸胡"。刘渊所要动员的宜阳诸胡，也就是郭钦主张迁徙出去的平阳五郡杂胡的一部分。

回过头来看，西晋初年内迁的塞外匈奴塞泥、黑难等二万余落，正是唐先生所说的匈奴别部，或是匈奴部族中分解出来的部落。据称，北狄以部落为类，其入居塞者有十九种，"皆有部落，不相杂错"④。内迁的北狄匈

① 《晋书·北狄匈奴传》，中华书局，第2549页。
② 《晋书·刘元海载记》，中华书局，第2647页。
③ 《通鉴》卷八十五，西晋惠帝永兴元年（304年）八月，中华书局，第2699页。
④ 《晋书·四夷·北狄匈奴传》，中华书局，第2550页。

奴有十九种，有的在郭钦上疏前，更多的是在郭钦上疏以后。塞泥、黑难属十九种中的何种，已不可知。这些部落虽不相杂错，但就汉人看来，仍很难加以区别，因此依旧称他们为杂胡，这是很自然的。所以，唐先生认为杂胡是匈奴别种，或匈奴部族中分解出来的部落，是有道理的。也正如他所说："只是我们还不能弄清那几种部落只是匈奴的别种，那几种是匈奴部族分解出来的部落。"①

西晋惠帝年间，并州地区再见杂胡之名。《魏书·序纪》曰：

> 昭皇帝讳禄官立，始祖之子也。分国为三部：帝自以一部居东，在上谷北，濡源之西，东接宇文部；以文帝之长子桓皇帝讳猗㐌统一部，居代郡之参合陂北；以桓帝之弟穆皇帝讳猗卢统一部，居定襄之盛乐故城。自始祖以来，与晋和好，百姓乂安财畜富实，控弦骑士四十余万。是岁，穆帝始出并州，迁杂胡北徙云中、五原、朔方。又西渡河击匈奴、乌桓诸部。自杏城以北八十里，迄长城原，夹道立碣，与晋分界。

这一则记载，则可以用来诠释田先生对杂胡的定义。

事件发生在拓跋部昭帝元年（西晋惠帝元康三年，293 年），拓跋部度过十多年诸部离叛与联盟分裂的危机之后，出现了三分局面。穆帝即当时居于拓跋西部、以盛乐为中心的拓跋猗卢。田余庆先生说："拓跋西部接近阴山草原，具有自身安全保障的充足空间，所以西部是拓跋部的根本所在，是它维持举足轻重地位的原因"；又说："穆帝所为，就是对抗乌桓及诸杂胡，开拓和保障拓跋西境，稳定拓跋统治基础。"② 故后来的总三部为一统的就是拓跋猗卢。

---

① 上揭《魏晋南北朝史论丛》，生活·读书·新知三联书店，第 446 页。
② 上揭《拓跋史探》，生活·读书·新知三联书店，第 116-117、119-120 页。

这段引文有三点可注意。一是西晋并州地域甚广，统六郡国，拓跋猗卢是从并州何处俘获的杂胡？二是这些杂胡的民族成分是什么？三是西晋对猗卢迁杂胡之举持何种态度？

下面我们对这三点逐次加以论证和说明。

首先，自东汉建武（25—56 年）以来，蒙古草原上一波波强烈的震荡，对草原上各民族的分布产生了深刻的影响。南匈奴、乌桓、鲜卑相继归降附塞。而东汉末年至西晋初年，又连续发生民族大动荡、大迁徙。据《晋书·地理志上》并州条，从东汉"灵帝末，羌胡大扰，定襄、云中、五原、朔方、上郡等五郡并流徙分散"[①]，政区建制实际上已经撤销。建安二十年（215 年），朝廷始集塞下荒地立新兴郡；后又分上党立乐平郡。至西晋，并州统太原、上党、西河、乐平、雁门、新兴六郡，而雁门郡陉岭以北自魏黄初元年（220 年）就已经废弃，至西晋因而不改。

猗卢北迁杂胡以前，拓跋部的足迹从未越过雁门之南，因此，猗卢"出并州"掳掠的杂胡可能来自雁门郡，最远处则可能来自新兴郡。

其次，雁门、新兴二郡，恰恰是出杂胡的地方。东汉初年，雁门就是朝廷安置内附乌桓的地区之一[②]。东汉的雁门乌丸甚为活跃，安帝时，其率众王无何曾与鲜卑、南匈奴合兵进攻五原，杀长吏。曹魏文帝时，牵招"出为雁门太守。郡在边陲，虽有候望之备，而寇钞不断。招既教民战阵，又表复乌丸五百余家租调，使备鞍马，远遣侦候"[③]。这说明内迁雁门的乌桓已有定居务农并成为编户民的了。同在东汉初，汉廷也在雁门安置南匈奴，有南匈奴"左南将军屯雁门"[④]。虽然东汉末年南匈奴大多继续南

---

① 《晋书·地理志上》，中华书局，第 428 页。

② 《三国志·魏志·乌丸鲜卑东夷传》注引《魏书》曰：乌丸大人郝旦等率众诣阙，"封其渠帅为侯王者八十余人，使居塞内，布列辽东属国、辽西、右北平、渔阳、广阳、上谷、代郡、雁门、太原、朔方诸郡界，招来种人，给其衣食，置校尉以领护之"。中华书局，第 833 页。

③ 《三国志·魏志·牵招传》，中华书局，第 731 页。

④ 《后汉书·南匈奴列传》，中华书局，第 2945 页。

迁，但雁门当有其遗众。曹魏时，因南匈奴右贤王刘豹把五部匈奴合并为一部，邓艾上疏曰："闻刘豹部有叛胡，可因叛割为二国，以分其势。去卑功显前朝，而子不继业，宜加其子显号，使居雁门。离国弱寇，追录旧勋，此御边长计也。"据说朝廷对邓艾建议"多纳用焉"[①]。如是，则雁门不乏匈奴人。

雁门南的新兴郡则是南匈奴的大本营。这里是南匈奴五部之北部都尉所在地，故刘渊为"新兴匈奴人"，且"刘氏虽分居五部，然皆居于晋阳汾涧之滨"[②]。匈奴右贤王、北部帅刘猛从新兴叛出塞，其后又回到新兴虑虒（今山西省五台县）。《魏书·铁弗刘虎传》云："铁弗刘虎，南单于之苗裔，左贤王去卑之孙，北部帅刘猛之从子，居于新兴虑虒之北。北人谓胡父、鲜卑母为铁弗，因以为号。猛死，子副崙来奔，虎父诰升爰代领部落。诰升爰一名训兜。诰升爰死后，虎代焉。虎一名乌路孤，始臣附于国。"刘猛本是南单于家族刘氏的一支，是尊贵的屠各种。屠各又异译为独孤。因与鲜卑联姻，这一支又被称为铁弗。

不仅如此，铁弗还与当地的乌桓发生深刻的混杂关系，而被冠以乌桓之名。如田余庆揭示的，"由屠各分化出来的铁弗与独孤又都带上了乌桓的名号，成为代北地区另一个类别的乌桓"[③]。由此我们看到，在这个多民族混杂的地区，杂胡化的现象非常普遍。如果说满布匈奴、铁弗、鲜卑的新兴郡还是西晋设官理事的行政辖区，那么雁门的陉岭以北则自曹魏已成弃地。陉北有崞、繁畤、汪陶、马邑四县，几占雁门郡之半，这里先是乌桓内附布列之处，后则有拓跋鲜卑进入，形成错居局面。乌桓王库贤在力微时"亲近任势"，受西晋卫瓘货赂而离间拓跋部诸大人，是大家熟知的史实。可以说，这部分乌桓已是拓跋部落联盟的成员。

---

① 《三国志·魏志·邓艾传》，中华书局，第776页。
② 《晋书·刘元海载记》，中华书局，第2644—2645页。
③ 上揭《拓跋史探》，生活·读书·新知三联书店，第151页。

更值得注意的是，雁门还能见到羯人的踪迹。《魏书·序纪》曰：穆帝七年（西晋愍帝建兴三年，315年），"帝复与刘琨约期，会于平阳。会石勒擒王浚，国有匈奴杂胡万余家，多勒种类，闻勒破幽州，乃谋为乱，欲以应勒，发觉，伏诛，讨聪之计，于是中止"。猗卢部中的杂胡即是他从雁门或新兴迁走的，而其中多有石勒种类，即多有羯人也。又有朔方匈奴左贤王曹毂，他投降前秦时，被苻坚封为雁门公，其酋豪六千余户徙往长安。曹毂死时，二子分处贰城东、西，各有两万余落，号东、西曹。田先生指出："这在当时部族林立之时，是一个颇大的人户数目。曹毂本人曾受封卫雁门公，与刘卫辰的夏阳公地位相若。以二人封地对照，曹毂也当是先人来自并州的杂胡。"[①]上面引文已明确提到，内迁的"宜阳诸胡"扩散到太原、新兴，所以新兴及其北面的雁门有羯人，就一点也不奇怪了。

雁门、新兴的杂胡，田先生所说的两种类型都有：一是民族混杂使成分有所变异；二是甚至形成新的名号。如由匈奴屠各与拓跋联姻产生的铁弗，及被冠以乌桓之名的铁弗等，这就是已经形成新的名号了。但他们都被统称为杂胡。

最后，拓跋部自力微以后与西晋保持着友好的关系，而与匈奴、铁弗、羯人交恶。猗卢出并州俘杂胡并且将他们迁往自己的领地，是为了削弱敌对势力。在北徙杂胡的第二年，拓跋部举行文皇帝沙漠汗的改葬仪式，晋成都王司马颖、河间王司马颙、并州刺史司马腾都派大员参加会葬，这说明猗卢出并州不是针对西晋的，西晋对此也不加干预。后来，猗㐌、猗卢还一再出兵援助西晋，协同司马腾、刘琨攻打刘渊、刘聪和石勒。

（三）

杂胡和杂胡化的趋势对西晋民族形势、民族分布格局乃至西晋政局产

---

① 上揭田余庆：《拓跋史探》，生活·读书·新知三联书店，第175页。

生了深刻的影响。研究当时民族分布的格局，郭钦上疏和江统《徙戎论》是两篇最集中、最具价值的史料，值得仔细推敲。

太康元年（280年），正当晋廷君臣沉醉于灭吴后以德怀远、万方辐辏的虚假繁荣的时候，西晋侍御史郭钦上疏说：

> 戎狄强犷，历古为患。魏初人寡，西北诸郡皆为戎居。今虽服从，若百年之后有风尘之警，胡骑自平阳、上党不三日而至孟津，北地、西河、太原、冯翊、安定、上郡尽为虏庭矣。宜及平吴之威，谋臣猛将之略，出北地、西河、安定，复上郡，实冯翊，于平阳已北诸县募取死罪，徙三河、三魏见士四万家以充之。裔不乱华，渐徙平阳、弘农、魏郡、京兆、上党杂胡，峻四夷出入之防，明先王荒服之制，万世之长策也。[1]

郭钦的上疏虽未以"徙戎"为名，却是最早的"徙戎论"。

这篇上疏背景是，当晋武帝接纳匈奴塞泥、黑难部二万余落，并让他们居住在河西故宜阳城下后，这些匈奴人又逐渐蔓延到平阳、西河、太原、新兴、上党、乐平等郡。南匈奴五部原来只分布在平阳、西河、太原、新兴，而塞泥、黑难部后来居上，竟深入到上党、乐平，虽未提雁门，实际上雁门同样有匈奴杂胡的足迹。至太康元年（280年）前，这些匈奴人进而渗透西晋的腹心地区了，"西北诸郡，皆为戎居，内及京兆、魏郡、弘农，往往有之"[2]。京兆，属雍州；魏郡、弘农，属司州。弘农西邻雍州京兆，匈奴当是从雍州京兆迁徙过去的。魏郡靠近上党，上有广平，下有汲郡，从上党徙往魏郡必须过广平、汲郡境，故匈奴恐怕也不能不涉

---

① 《晋书·四夷·北狄匈奴传》，中华书局，第2549页。
② 《通鉴》卷八十一晋武帝太康元年（280年）。所载郭钦《晋书·四夷·北狄匈奴传》，郭钦在文字上有所调整，表达更清楚了。

足这二郡。泰始七年（271 年）发生的南匈奴右贤王、中部帅刘猛叛乱事件，虽然很快就平息下去了，但不啻内迁匈奴发出的一个危险信号。郭钦正是敏锐地觉察到这种潜藏危机的威胁，才向朝廷上疏。

我们还可以从郭钦的"徙戎"主张进而分析匈奴的分布状况。他的着眼点是匈奴杂胡，而不及氐、羌；既针对南匈奴五部，也指向杂胡。南匈奴五部进入并州为时已久，一方面，魏晋以来对其控制甚严，各部有汉人司马加以监督；另一方面，他们经过长期磨合，生产生活方式也逐渐适应，走上汉化的轨道。南匈奴贵族刘猛的反叛，只是个例，并未得到其他各部的响应。当然，晋廷对南匈奴五部仍保持着警惕。刘渊为南匈奴任子在洛阳，颇得晋武帝赏识。晋灭吴前，武帝对侍中王济说："刘元海容仪机鉴，虽由余、日磾无以加也。"王济说："元海容仪机鉴，实如圣旨，然其文武才干贤于二子远矣。陛下若任之以东南之事，吴会不足平也。"武帝称善。但侍中孔恂等人反对说："臣观元海之才，当今惧无其比，陛下若轻其众，不足以成事；若假之威权，平吴之后，恐其不能北渡也。非我族类，其心必异。任之以本部，臣窃为陛下寒心。若举天阻之固以资之，无乃不可乎！"武帝这才作罢。在刘猛反叛被镇压之后，尚书仆射李憙仍敢于在朝廷上公开推荐刘渊率匈奴五部之众去西北平定秃发树机能之叛，可见五部匈奴没有因刘猛之叛受到影响[1]。关于李憙的推荐，朝中再次发生剧烈争论，争论的是老话题，与刘猛之叛无关。史称，"（侍中）孔恂曰：'李公之言，未尽殄患之理也。'憙勃然曰：'以匈奴之劲悍，元海之晓兵，奉宣圣威，何不尽之有！'恂曰：'元海若能平凉州，斩树机能，恐凉州方有难耳。蛟龙得云雨，非复池中物也。'帝乃止"[2]。

郭钦认为，"若百年之后有风尘之警，胡骑自平阳、上党不三日而至

① 参见祝总斌：《评晋武帝的民族政策——兼论匈奴刘猛、鲜卑树机能反晋性质》，载《魏晋南北朝史研究》，四川社会科学院出版社，第 191—192 页。
② 《晋书·刘元海载记》，中华书局，第 2646 页。

孟津，北地、西河、太原、冯翊、安定、上郡尽为虏庭矣"。平阳，主要指南匈奴五部，也包括杂胡；上党，则指泰始后内迁的"宜阳诸胡"即杂胡。因此，他提出两条措施：一是出兵北地、西河、安定，恢复自东汉末就不复存在的上郡[①]，并募取死囚和兵家充实上郡及冯翊。当时上郡地区基本上没有汉人，而冯翊不足万户，所以郭钦没有提出徙上郡、冯翊之戎。二是徙戎，"渐徙平阳、弘农、魏郡、京兆、上党杂胡，峻四夷出入之防，明先王荒服之制，万世之长策也"。这里要迁徙的只是杂胡，因为杂胡内迁后一直没有纳入西晋中央或地方的管辖体制，四处流动，最易出事；况且他们已深入到三辅、京畿之地，极具危险性。

然而，郭钦的建议没有被晋武帝采纳，一批批匈奴及匈奴别部还在源源不绝地涌入中原。

晋惠帝元康四年（294年）发生的匈奴郝散之变很值得注意。《晋书·惠帝纪》：元康四年五月，"匈奴郝散反，攻上党，杀长吏"。郝散起事的谷远（今山西省沁源县）[②]，在西河东南靠近上党郡。郝散起事与南匈奴五部无关，在他起事时南匈奴五部没有丝毫动静。所以在这个杂胡迁入地区起事的郝散及其部众，当为杂胡[③]。郝散起事没有得到南匈奴五部的支持，因而势单力薄，无力支撑下去。同年八月，郝散率众归降，冯翊都尉杀之。对此，《通鉴》卷八十二晋惠帝元康四年胡注曰："郝散若自上党帅众向洛阳归降，当入河内界。今为冯翊都尉所杀，盖自谷远历河东界，渡河至冯翊界而被杀也。"[④]郝散之所以不下河东而渡河去往冯翊，大概是为寻求冯翊杂胡的支援。这可以从两年后其弟郝度元在冯翊、北地起兵得到证明。《晋书·惠帝纪》：元康六年（296年）五月，"匈奴郝散弟度元帅

---

① 《晋书·地理志上》并州条：东汉"灵帝末，羌胡大扰，定襄、云中、五原、朔方、上郡等五郡并流徙分散。"中华书局，第428页。
② 《晋书·江统传》："近者郝散之变，发于谷远。"中华书局，第1534页。
③ 参见上揭罗新博士论文第1页。
④ 《通鉴》卷八十二，晋惠帝元康四年（294年）五月，中华书局，第2613页。

冯翊、北地马兰羌、卢水胡反，攻北地，太守张损死之。冯翊太守欧阳建与度元战，建败绩。征征西大将军、赵王伦为车骑将军，以太子太保、梁王肜为征西大将军、都督雍、梁二州诸军事，镇关中。秋八月，雍州刺史解系又为度元所破。秦雍氐、羌悉叛，推氐帅齐万年僭号称帝，围泾阳"[1]。从匈奴郝散反叛开始，经郝度元所率北地、冯翊羌人与卢水胡人攻破二郡，天下终于形成以氐帅齐万年为首的大规模反晋斗争。虽不知郝度元与齐万年之关系及其所终，但可知杂胡在并、雍二州的势力不可小觑。

《晋书·江统传》曰：元康九年（299年），"时关陇屡为氐、羌所扰，孟观西讨，自擒氐帅齐万年。统深惟四夷乱华，宜杜其萌，乃作《徙戎论》"[2]。《徙戎论》曰：

> 非我族类，其心必异，戎狄志态，不与华同。而因其衰弊，迁之畿服，士庶玩习，侮其轻弱，使其怨恨之气毒于骨髓。至于蕃育众盛，则坐生其心。以贪悍之性，挟愤怒之情，候隙乘便，辄为横逆。而居封域之内，无障塞之隔，掩不备之人，收散野之积，故能为祸滋扰，暴害不测。此必然之势，已验之事也。当今之宜，宜及兵威方盛，众事未罢，徙冯翊、北地、新平、安定界内诸羌，著先零、罕开、析支之地；徙扶风、始平、京兆之氐，出还陇右，著阴平、武都之界。

又曰：

> 且关中之人百余万口，率其少多，戎狄居半。

---

① 《晋书·惠帝纪》，中华书局，第94页。
② 《晋书·江统传》，中华书局，第1529页。

《徙戎论》着眼点在关陇，又以氐、羌为主；对并州匈奴的关注，也只及五部而已。

关于氐、羌在雍州的分布，《徙戎论》论之甚详，但不及冯翊、京兆等地的杂胡，不能不说是一个缺陷。至于所谓"关中之人百余万口"，大概也只是一个约数。我们上面说到，据《晋书·地理志上》所载，晋初雍州户近十万，约五十万口。这不包括未编入户籍的少数民族，也有大量的荫附人口没有反映在国家户籍上。因此，说关中人口百余万应该不是国家户籍上的数字，而是对实有人口的估计。但是，江统忽略了元康年间关中之乱造成的人口大量流失，故关中百余万口的估计并不准确。

据葛剑雄研究，连年战乱、民族冲突、传染病流行、旱灾、霜害、饥荒，迫使百姓循着关中传统的避难路线，越过秦岭进入汉中、巴蜀。以李特为首的天水、略阳、扶风、始平、武都、阴平秦雍六郡流民，估计在十万人以上。而流往荆州南阳的雍州流民估计也近十万[①]。此外，这时氐族杨茂搜自保略阳仇池，"自号辅国将军、右贤王。关中人士避乱多依之"[②]。况且死于连年战乱及天灾的百姓不计其数，如齐万年势盛之时，有兵七万，梁王肜派建威将军周处以五千兵击之，军士未食，（司马）肜促令速进，自旦至暮，斩获甚众，但终寡不敌众，力战而死；至孟观大破氐众，俘虏齐万年于扶风中亭，两年多战争频仍，何其惨烈！又如元康七年（297年），雍、秦二州大旱，又有疾疫，关中闹饥荒，米一斛万钱，"诏骨肉相卖者不禁"[③]，死于疾疫、饥荒的百姓也不在少数。

关于并州匈奴，《徙戎论》曰："今五部之众，户至数万，人口之盛，过于西戎。然其天性骁勇，弓马便利，倍于氐羌。若有不虞风尘之虑，则并州之域可为寒心。……以四海之广，士庶之富，岂须夷虏在内，然后取

① 葛剑雄：《中国移民史》第二卷，福建人民出版社，第308-309页。
② 《通鉴》卷八十二，晋惠帝元康六年（296年）十二月，中华书局，第2617页。
③ 《晋书·惠帝纪》，元康七年（297年），中华书局，第94页。

足哉！此等皆可申谕发遣，还起本域，慰彼羁旅怀土之思，释我华夏纤介之忧。"因江统所论的重点在于氐、羌，故对匈奴尤其是西晋以来内迁的匈奴及匈奴别部没有提供新的信息。

（四）

羯族是杂胡中的一类典型，而在民族融合史上更有典型意义的是后赵石勒部众的杂胡化。

据《晋书·石勒载记上》，石勒系上党武乡羯人，其先为匈奴别部羌渠之胄。他们正是内迁的北狄十九种之一的羌渠种。学界关于羯族的研究成果非常丰富，周一良先生指出：

> 羯胡石氏种姓为西域胡人，匈奴杂胡正是匈奴胡的具称。换言之，亦即匈奴别种。[1]

马长寿先生说：

> 《史记·大宛传》"遣骞为发导译，抵康居"。索隐云："居，音渠也。"康居之"居"音渠，"康"与"羌"古音又相近，所以康居和羌渠实为一国。从此知石勒的祖先原籍康居，初由康居迁到蒙古草原，再由草原迁到并州上党武乡之北原。羯胡石勒的祖先何时从康居迁至草原已不可知。他们从草原迁至并州上党郡的时间即在三世纪的后叶，最可能的是在晋武帝践祚之初不久，即公元265年以后不久。我们如此推测，主要理由是由于《晋书·北狄传》记载此时并州上党郡开始有塞外匈奴故地的杂胡族

---

[1] 周一良：《魏晋南北朝史论集》，北京大学出版社，第164页。

落入居之故。当时进入上党的不只石姓一族。除石姓外，张姓的羯胡亦于此时居入上党。……"时胡部大张䓄督、冯莫突等拥众数千，壁于上党，勒往从之。"此部大张䓄督以"督"为名，亦如石勒原名䓄勒、石季龙的祖父名"䓄邪"一样，"䓄"正是羯胡酋首小帅的一般称号。又《十六国春秋·后赵录》记"张季字文伯，羌渠人也"。此羌渠部和《晋书·北狄传》的羌渠种相同，说明他们是自成一族，与匈奴不同。[①]

羯胡石氏为西域康居人，出自匈奴别种，学术界前辈所论甚详。

羯族因是杂胡，在匈奴中的地位不高，内迁后处于社会底层。石勒虽出身部落小率，代其父督摄部胡，但也为生计当过小贩、为汉族地主佣耕、为争沤麻池与人斗殴。晋惠帝太安（302—303 年）中，"八王之乱"如火如荼，并州发生饥荒，并州刺史、东嬴公司马腾掠卖胡羯到冀州以换取军实，《晋书·石勒载记上》对此记之甚详，曰：

> 太安中，并州饥乱，勒与诸小胡亡散，乃自雁门还依宁驱。北泽都尉刘监欲缚卖之，驱匿之，获免。勒于是潜诣纳降都尉李川，路逢郭敬，泣拜言饥寒。敬对之流涕，以带货鬻食之，并给以衣服。勒谓敬曰："今者大饿，不可守穷。诸胡饥甚，宜诱将冀州就谷，因执卖之，可以两济。"敬深然之。会建威将军阎粹说并州刺史、东嬴公腾执诸胡于山东卖充军实，腾使将军郭阳、张隆虏群胡将诣冀州，两胡一枷。勒时二十余，亦在其中，数为隆所殴辱。

---

① 马长寿：《北狄与匈奴》，生活·读书·新知三联书店，第 100 页。

上文中"北泽都尉刘监",据林干先生考证,应为南匈奴北部都尉[1]。当时由于并州饥荒严重,民不聊生、饿殍遍野,不仅并州刺史司马腾掠卖诸胡,南匈奴都尉也掠卖诸胡,甚至连石勒都向汉族地主郭敬出掠卖诸胡的主意。这里所说的"诸胡",包括匈奴、羯人,还有乌桓等少数民族,其中似以羯人为多。《太平寰宇记》六六河北道一五瀛洲河间县下云:"乞活城,《郡国志》云:太安中并州刺史、东嬴公司马腾掠羯胡万户于山东,卖为生口。"可知羯人遍布并州各地,而仅被掠卖到山东为奴的并州羯人就有万户。

被掠卖到冀州的诸胡的民族成分,可以从石勒最初起兵的"十八骑"的民族成分得知。所谓"十八骑",即石勒"招集王阳、夔安、支雄、冀保、吴豫、刘膺、桃豹、逯明等八骑为群盗。后郭敖、刘征、刘宝、张曀仆、呼延莫、郭黑略、张越、孔豚、赵鹿、支屈六等又赴之,号为十八骑"[2]。这时的少数民族已经比较普遍地采用汉族姓名,所以对他们的民族识别很不容易。其中,呼延莫以其姓氏表明其为匈奴人。另一些人,唐长孺先生的《魏晋杂胡考》对他们的民族成分有许多精辟的论述,引述如下:

> 《石勒载记上》称初起时之十八骑有支雄、支屈六。《元和姓纂辑本》卷二支氏条云:"石赵司空支雄传云:'其先月支人也。'"在诸胡族中特别有支胡名称。
>
> 石勒初起十八骑中之西域姓尚有夔安,《古今姓氏书辩证》卷三脂韵夔氏条云:"石虎有太保夔安,自天竺徙辽东,玄孙逸,姚秦司空,腾仕后燕。"
>
> 十八骑中还有三个姓刘的(刘膺、刘征、刘宝),匈奴各部

---

[1] 林干:《匈奴历史年表》注释一,中华书局,第153页。

[2] 《晋书·石勒载记上》,中华书局,第2708页。

众很多冒姓刘氏，可以认作匈奴人或屠各人，但西域胡人也有冒姓刘的。

　　石赵统治期间张姓显贵很多，十八骑中有张暚仆、张越，而张越又是石勒的姐夫；石勒称赵王时宜张离、张良为门生主书，司典胡人出入，石虎时张离为右仆射，领五兵尚书，专总兵要，张举为太尉，这些张姓显贵当以胡人为多。我们知道屠各有张氏，乌丸亦有张氏。《太平御览》卷七四四叙艺引和《后赵录》云："张材伎，乌谭部人也。善蒱博。"据《晋书》卷九七《北狄匈奴传》乌谭为入塞匈奴十九种之一。张氏显然不是西域姓。又如十八骑中的王阳，说明是胡人，王氏也许是乌丸，西域似无此姓。[①]

这样，十八骑中就有十人为匈奴或西域胡人了。

陈连庆先生所著《中国古代少数民族姓氏研究》一书论十八骑说：

　　按十八骑为石勒武装集团骨干，其中计有：刘姓三人（具体姓名略），支姓、郭姓张姓各二人；王、蘷、冀、吴、桃、逯、呼延、孔、赵各一人。诸人出身地域与族属，除蘷氏源出天竺，支氏出于月氏，刘氏、呼延当出匈奴外，其余均不甚清楚。王、张、郭、赵诸氏，备见于匈奴，但羯族确有王氏与张氏，故郭、赵等氏，不得不并入匈奴。冀、吴、桃诸姓，羯族可能性较大。逯氏、孔氏当系汉人，逯氏已见《风俗通》。

　　总之，十八骑既为石勒武装集团骨干及砥柱，其中成员羯胡出身者不能不占较大比重，但亦羯族来自中亚，隶属于匈奴，间

① 上揭《魏晋南北朝史论丛》，生活·读书·新知三联书店，第414-417页。

关数万里，历时不知几百年，始最后定居上党武乡，其间很难保持种族纯粹。故十八骑中具有天竺、匈奴诸因素，或许反映羯族杂胡性质，亦未可知。[①]

看来，前辈学者对十八骑多为少数民族是有共识的，他们中有匈奴、有羯人，或许还有乌桓人等。

早期进入冀州并被石勒组织起来的武装集团所呈现出的多种民族成分，正是当时被掠卖到冀州的人群的多种民族成分的缩影。这些被掠卖的各族人，如石勒一样，在被掠卖时因饥馑流落他乡，早已与部落失散；被掠卖后身属奴主，劳苦终日。他们加入石勒武装集团后，已不分族类，组成战斗集体，更没有原来的部落组织。共同的遭遇、共同的敌人、共同的斗争目标把他们联结在一起。他们打破了民族藩篱，不分是胡是羯，同生死、共患难。这样的族群已不属于哪个族属，而都是所谓"杂胡"了。

这支杂胡化的武装从一开始就表现出异乎寻常的战斗力。当司马颖故将公师藩自称将军起兵赵魏，与东海王司马越、东嬴公司马腾相对抗时，石勒因与司马腾有深仇，遂与马牧帅汲桑从公师藩，为前队督。汲桑攻邺，石勒大败司马腾的部将冯嵩，长驱入邺杀司马腾。但终因寡不敌众，在官渡为司马越将领苟晞所败，石勒乃收拾残部，投奔刘渊。

在投奔刘渊途中，石勒收编了两支队伍，作为献给刘渊的进见礼。一支是壁于上党的羯人张訾督、冯莫突部众数千；另一支是壁于乐平的乌丸张伏利度部众二千。刘渊把这两支队伍都配给了石勒，任命他为督山东征讨诸军事。这是两支部落武装，但经过石勒整编，也变成杂胡化的武装了。此外，石勒派将领"张斯率骑到并州山北诸郡县，说诸胡羯，晓以

① 陈连庆：《中国古代少数民族姓氏研究》，吉林文史出版社，第 383-384 页。此为总结性论述，各姓氏可分见专条。文末谓羯人最后定居于上党，石勒即是，但内迁的羯族分布其实非常广泛。

安危。诸胡惧勒威名，多有附者"①。这里所说的"并州山北"，应该就是今山西吕梁地区，其北即雁门郡，也就是拓跋猗卢掳掠杂胡的地方。可见当地仍有许多羯人。于是，石勒率领着一支重整旗鼓的杂胡武装重新杀回冀州。

杂胡化是民族迁徙、民族混居的必然现象，又因战乱加速其进程，它顺应了民族融合的发展趋势。杂胡化之所以在石勒的武装集团中，并且在冀州表现得更加明显，与羯族自身的特点有很大关系。羯族不像南匈奴那样有着一个刘姓贵族阶层。羯族首领石勒出身卑微，世为部落小率而无任何特权，他与族人没有接受任何文化上或军事上教育训练的机会。所谓他少时"每闻鞞鼓之音""鼓角之声"，如果不是故弄玄虚，就是对他稍具军事素质的暗示。而被掠卖的胡人同样出身于下层，与石勒境遇相似。石勒以自身的智勇才能赢得同样沦落为奴的胡羯同伴们的拥戴，而十八骑也是被掠卖的胡羯中涌现出来的优秀人物，于是，他们志同道合，揭竿而起。石勒能够比较平等地对待他们，把他们集结在自己的周围，委以重任。这样的杂胡已不是指某一民族，而是诸种混杂在一起了。正因为石勒部众的杂胡性质，在石勒决定定居襄国时，刘聪任命他为都督冀、幽、并、营四州杂夷、征讨诸军事。这是十六国史上第一个以"杂夷"为号的官职。

（五）

如果说关东的杂胡化是以胡、羯为主的话，那么，关西的杂胡化则以氐、羌为主。

西晋末年，关中也遭到严重破坏。晋惠帝被俘后，秦雍战祸不断，长安屡罹劫难。怀帝永嘉五年（311年），汉兵攻破长安，据守长安的南阳王司马模被杀，"长安遗人四千余家奔汉中"②，"关西饥馑，白骨蔽野，士民

① 《晋书·石勒载记上》，中华书局，第2711页。
② 《晋书·孝怀帝纪》，永嘉五年（311年）八月，中华书局，第123页。

存者百无一二"①。永嘉六年（312年），晋将贾疋围攻长安，刘曜战败，驱掠士女八万余口，奔还平阳。至建兴元年（313年）晋愍帝即位时，长安城中户不盈百，蒿棘成林；"公私有车四乘，百官无章服、印绶，唯桑版署号而已"。建兴四年（316年）十月，刘曜攻陷长安外城，长安内外断绝，"京师饥甚，米斗金二两，人相食，死者太半"②，愍帝遂出降。"及汉兵覆关中，氐、羌掠陇右，雍秦之民，死者十八九。"③

前赵光初二年（319年），刘曜建都长安后，遭遇到来自屠各、氐、羌、羯等的反抗。首先是雍州的屠各。"屠各路松多起兵于新平、扶风，聚众数千，附于南阳王保。……松多下草壁，秦陇氐羌多归之。……曜进攻草壁，又陷之，松多奔陇城，进陷安定。"④虽然路松多与刘曜同为屠各，都出自匈奴单于家族，但路松多可能是北单于家族在草原上的孑遗，晋初与杂胡一起内迁而进入雍州的。

其次是关中及上郡地区强大的羌、氐、巴、羯势力。当时，前赵长水校尉尹车暗中勾结巴酋句徐、库彭谋反，刘曜尽杀之，并陈尸街巷示众，激起巴氏反叛，"推巴归善王句渠知为主，四山羌、氐、巴、羯应之者三十余万，关中大乱，城门昼闭"。这些少数民族是聚居在山区的。而此时石勒的势力尚未进入关中，故这里的羯人应当也是晋初迁入的。后刘曜命游子远为都督征讨诸军事临之，降者十余万，句氏宗党五千余家保于阴密，游子远进军平之。又有上郡氐羌十余万落保险不降，酋大虚除权渠自称秦王。游子远设计生擒权渠子伊余，权渠遂降，分徙伊余兄弟及其部落二十余万口于长安。西晋无上郡，这是指东汉上郡，即雍州的北地、冯翊、新平以北地区。这个地区在长安一再遭到洗劫的时候，所受兵燹之难

① 《通鉴》卷八十七，晋怀帝永嘉五年（311年）九月，中华书局，第2767页。
② 《晋书·孝愍帝纪》，建兴四年（316年）九月，中华书局，第130页。
③ 《通鉴》卷九十，东晋元帝建武元年（317年）正月，中华书局，第2842页。
④ 《晋书·刘曜载记》，中华书局，第2685页。原文"屠各"前有"黄石"，《通鉴》卷九十一书此时去掉"黄石"。

较小，故有如此数量的少数民族。所谓氐、羌，是一种概括的说法，其实包括许多杂胡种落在内。

最后是陇右、仇池的氐、羌。光初五年（东晋永昌元年，322 年），刘曜亲征仇池杨氏。杨难敌败，仇池氐、羌大多投降。刘曜进而降伏南安杨韬，迁杨韬部众及陇右万余户于长安。次年（323 年），陇右上邽（今甘肃省天水市）原南阳王司马模部下、自称秦州刺史的陈安进攻前赵，刘曜平陈安，陇上诸县悉降。

由此，我们看到，以羌、氐为主的众多少数民族混居于关中、上郡地区。其实不只是上郡，原汉代的西河、朔方也有众多的匈奴、羌、鲜卑、乌桓等民族，有的是东汉以来就在当地，有的是西晋时期迁入的。

东汉后期，云中、五原、西河、朔方、上郡等地的匈奴、羌、鲜卑、乌桓等族非常活跃，文献中不乏相关记载：

> 阳嘉四年（135 年）冬，乌桓寇云中，遮截道上商贾车牛千余两，度辽将军耿晔率二千余人追击，不利。又战于沙南，斩首五百级。乌桓遂围晔于兰池城，于是发积射士二千人，度辽营千人，配上郡屯，以讨乌桓，乌桓乃退。[1]
>
> （永和）五年（140 年）夏，南匈奴左部句龙王吾斯、车纽等背晔，率三千余骑寇西河，因复招诱右贤王，合七八千骑围美稷，杀朔方、代郡刺史。马续与中郎将梁并、乌桓校尉王元发缘边兵及乌桓、鲜卑、羌胡合二万余人，掩击破之。……秋，句龙吾斯等立句龙王车纽为单于。东引乌桓，西收羌戎及诸胡等数万人，攻破京兆虎牙营，杀上郡都尉及军司马，遂寇掠并、凉、幽、冀四州。[2]

---

① 《后汉书·乌桓鲜卑列传》，中华书局，第 2983 页。
② 《后汉书·南匈奴列传》，中华书局，第 2960-2962 页。

延熹元年（158年），南单于诸部并畔，遂与乌桓、鲜卑寇缘边九郡，以张奂为北中郎将讨之，单于诸部悉降。[1]

延熹元年，鲜卑寇北边。冬，使匈奴中郎将张奂率南单于出塞击之，斩首三百级。二年，复入雁门，杀数百人，大抄掠而去。……九年夏，遂分骑数万人入缘边九郡，并杀掠吏人。[2]

灵帝立，幽、并、凉三州缘边诸郡无岁不被鲜卑寇抄，杀略不可胜数。熹平三年（174年）冬，鲜卑入北地，太守夏育率休著屠各追击破之。……六年（177年），鲜卑寇三边。

东汉桓帝时，段颎上言曰："计东种（羌）所余三万余落，居近塞内，路无险折，非有燕、齐、秦、赵从横之势，而久乱并、凉，累侵三辅，西河、上郡、已各内徙，安定、北地，复至单危，自云中、五原、西至汉阳二千余里，匈奴、种羌，并擅其地，是为痈疽伏疾，留滞胁下，如不加诛，转就滋大。"[3]

但自东汉末大乱之后，朔方、上郡以及西河离石以西地区便沉寂了一个世纪。直到刘曜建都长安后，才从上郡传出氐、羌活动的信息。

其实，在氐、羌出现于上郡之前，铁弗刘虎被拓跋鲜卑打败后，"收余众，西渡河，居朔方肆卢川"[4]。朔方从此重新进入了历史的视野。

拓跋猗卢三年（西晋永嘉四年，310年），刘虎西据朔方。我们不知道刘虎与猗卢北徙的杂胡是否有关，但这个"胡父、鲜卑母"的族群，又与新兴、雁门乌桓混杂，已经杂胡化了。在西据朔方之前，"白部大人叛入西河，铁弗刘虎举众于雁门以应之，攻（刘）琨于新兴、雁门二郡。琨

---

① 《后汉书·南匈奴列传》，中华书局，第2963页。

② 《后汉书·乌桓鲜卑列传》，中华书局，第2989页。

③ 《后汉书·段颎传》，中华书局，第2148页。

④ 《通鉴》卷八十七，西晋怀帝永嘉四年（310年）十月，中华书局，第2754页。

来乞师，帝使弟子平文皇帝将骑二万，助琨击之，大破白部，次攻刘虎，屠其营落。虎收其余烬，西走度河，窜居朔方"①。《通鉴》胡注引《刘琨集·答太傅府书》曰："当（刘）聪、（王）弥之未走，乌丸刘虎构为变逆，西招白部，遣使致任，称臣于（刘）渊，残州困弱，内外受敌辄背聪而讨虎，自四月八日攻围。"②他所依恃的正是雁门杂胡化乌桓，而他本身也被称为乌丸。由于猗卢出兵援助刘琨，打了败仗后的刘虎只得收拾残部，远遁朔方。

铁弗历史翻开新的一页，时间又过去了半个世纪。前秦甘露二年（360年），时刘虎已死，其子刘卫辰遣使降附苻坚，被任命为左贤王，并经允许入居塞内。而匈奴曹毂，不知何时也从并州迁到了朔方。五年后，苻坚建元元年（365年），"匈奴右贤王曹毂、左贤王卫辰举兵叛，率众二万攻其杏城已南郡县，屯于马兰山。索虏乌延等亦叛坚而通于辰、毂。坚率中外精锐以讨之"③。我们在前文已提到这个匈奴右贤王曹毂。刘卫辰的左贤王为苻坚所封，曹毂的右贤王当亦是。曹氏胡人，有可能是出自西域昭武九姓之曹国④，是西晋武帝年间降附内迁的杂胡，从并州迁到朔方。因为实力甚强，故本是杂胡的曹氏，竟得以与匈奴单于家族屠各种的刘氏平起平坐了。

在苻坚"自骢马城如朔方，巡抚夷狄"的第三、第四年，即建元三、四年（367、368年），前秦留下了两幢极为宝贵的碑铭，也是关中地区仅

<hr>

① 《魏书·序纪》，中华书局，第7页。

② 《通鉴》卷八十七，西晋怀帝永嘉三年（309年）三月，中华书局，第2744页。

③ 《晋书·苻坚载记上》，中华书局，第2889页。

④ 唐长孺先生说："前秦时曹氏是拥有部落四万余的匈奴右贤王，是否出自西域，我们难以断定。"见《魏晋南北朝史论丛》，生活·读书·新知三联书店，第426页。周一良先生说："曹国是昭武九姓国家之一，白是龟兹国姓。胡茜之中这两姓特多，岂非告诉我们可能是来自西域吗？"参见《魏晋南北朝史论集》，北京大学出版社，第165—166页。

有的前秦两幢碑铭，即《郑能进修邓太尉祠碑》和《立界山石祠碑》^①。碑铭提供了一个特定地区的杂胡分布情况，补充了文献的不足。经马长寿先生考证校订，田余庆先生对碑的名称及碑文的标点又有订正。其中《郑能进修邓太尉祠碑》曰：

> 大秦苻氏建元三年，岁在丁卯，冯翊护军、建威将军、奉车都尉、城安县侯、华山郑能进，字宏道，圣世镇南参军、水衡都尉、石安令、治书侍御史、南军督都水使者，被除为护军。甘露四年十二月二十五日到官。以北接玄朔，给兵三百人，军府吏属一百五十人，统和宁戎、鄜城、洛川、定阳五部领屠各，上郡夫施黑羌、白羌，高凉西羌，卢水，白虏，支胡，粟特，（苦）水杂户七千，夷类十二种。兼统夏阳治。

和宁戎，是和戎、宁戎两部。冯翊护军统和、宁戎等五部，五部领有屠各及三种羌、四种含有西域血统的杂胡即所谓夷类十二种，而苦水杂户不在数中。五部所领的屠各，作为匈奴贵种，不应是杂胡，但这儿的屠各，或即刘卫辰的部众，那么就已经杂胡化了。对这通碑文的释读，田先生还特别指出：

> 我觉得其中"兼统夏阳治"一语可以留意。因为在"郑碑"建立之前两年，建元元年之末，苻坚自朔方回到长安，《资治通鉴》记"以曹毂为雁门公，刘卫辰为夏阳公"。刘卫辰称匈奴，称屠各，称乌桓铁弗，又自云"胡父鲜卑母"，实际上是先代来自并州的杂胡。夏阳东临黄河，隔河即并州吕梁、汾水流域，这

---

① 马长寿所著《碑铭所见秦至隋初的关中部族》一书据金石书，两碑铭名为《邓太尉祠碑》和《广武将军□产碑》(亦名《立界山石祠碑》)。本书采用上揭田余庆《拓跋史探》书中所用名。

一带都是杂胡成长发育之地。前揭周一良先生考四种胡，唐长孺先生考魏晋杂胡，都言及这种地理与种族情况，极为详审。据《苻坚载记》，苻坚擒刘卫辰于木根山后，"巡抚夷狄，以卫辰为夏阳公以统其众"。"巡抚夷狄"四字，《资治通鉴》作"巡抚诸胡"。可断刘卫辰夏阳公之所统者，除其本属外，还有别的"夷狄"或"诸胡"。这与刘卫辰原本苻坚所授左贤王地位相合。所以我疑"郑碑"冯翊护军于其所统"夷类十二种"以外，"兼统夏阳治"，即是指兼统刘卫辰受封夏阳公以后所领的"夷狄"或"诸胡"。这就是说，建元三年立"郑碑"时，很可能有建元元年苻坚巡抚处置朔方诸胡的历史背景。[①]

田先生的释读，使我们对作为杂胡生长发育之地的夏阳一带有了更深刻的理解。在我们面前，呈现出一幅以氐、羌为主的杂胡共处一地的壮观景象。

刘卫辰依违于前秦与拓跋鲜卑之间，自恃距离甚远，或降或反。苻坚始终对他采取羁縻之策。后来，苻坚"以卫辰为西单于，督摄河西杂类，屯代来城"[②]。督摄杂类，显然刘卫辰已正式进入前秦的官制了。

以下再列举若干有关管辖杂胡的官职：

> 休屠王石武以桑城降，（刘）曜大悦，署武为使持节、都督秦州陇上杂夷诸军事。
>
> 曜大悦，使其大鸿胪田崧署（张）茂使持节、假黄钺、侍中、都督凉南北秦梁益巴汉陇右西域杂夷诸军事。
>
> 苻登遣使者署（乞伏）国仁使持节、大都督、都督杂夷诸军

① 上揭《拓跋史探》，生活·读书·新知三联书店，第174页。
② 《魏书·铁弗刘虎传孙卫辰附传》，中华书局，第2055页。

事、大将军、大单于、苑川王。

（姚兴）遣使署（乞伏）乾归使持节、散骑常侍、都督陇西岭北匈奴杂胡诸军事、征西大将军、河州牧、大单于、河南王。

由此可见，杂胡化的情况已经普遍化了。

总之，自东汉以来，由于匈奴南迁与氐羌东渐，至西晋时北部中国的民族分布发生了重大变化。由于频繁的社会动乱，内迁各族原有的部落组织受到冲击而日益解体，民族混杂日益加深，民族之间的藩篱随之松弛；又由于原住汉人的日渐稀薄，汉文化在杂处各族中起不了主导作用，"所以各族融合不是表现为直接汉化，而是表现为杂胡化，甚至居少数地位的汉人，久之也胡化了"[1]。在整个北方地区，杂胡化已不是个别地区的个别现象，而是一种不可遏止的普遍现象、一种蓬勃发展的社会趋势，从而成为魏晋南北朝时期民族大融合的重要一环，影响极为深远。

四、汉晋陇右河西的三种胡

汉魏之际的陇右河西地区，汉族以外的民族主要是羌与胡，人们常常将其泛称为"羌胡"。那么，汉魏陇右河西地区究竟有哪些胡人呢？《三国志·魏志·苏则传》曰："太祖崩，西平麹演反，称护羌校尉。则勒兵讨之。演恐，乞降。文帝以其功，加则护羌校尉，赐爵关内侯。后演复结旁郡为乱，张掖张进执太守杜通，酒泉黄华不受太守辛机，进、华皆自称太守以应之，又武威三种胡并寇钞，道路断绝。"当时，将军郝昭、魏平屯守金城，在苏则请求下，"乃发兵救武威，降其三种胡"[2]。所谓武威三种

---

① 上揭《拓跋史探》，生活·读书·新知三联书店，第 154 页。
② 《三国志·魏志·苏则传》，中华书局，第 491—492 页。

中古北方民族史探

胡，实际上也就是陇右河西的三种胡人。从文献中考索，这三种胡应即休屠、浑邪二部匈奴、小月氏胡和卢水胡。

（一）

西汉凉州自汉武帝夺得河西走廊以后，已经很难见到匈奴的踪影了。凉州河西走廊，本为大月氏所居，匈奴击败大月氏，老上单于杀月氏王，大月氏随即西遁，逾葱岭而去。匈奴浑邪部与休屠部就成了河西走廊的新主人，他们在这个地区游牧了五十余年。但自汉武帝元狩二年（前121年）浑邪王杀休屠王，率两部四万余众降附汉朝后，匈奴人就基本上离开河西走廊了。

汉武帝不愧雄才大略之誉，他在处理匈奴降众与河西走廊问题上极具战略眼光，显示出高超政治家的气度和才能。《汉书·食货志下》在记载这段历史时写道：

> 其明年，票骑仍再出击胡，大克获。浑邪王率数万众来降，于是汉发车三万两迎之。既至，受赏，赐及有功之士。是岁费凡百余钜万。……天子为伐胡故，盛养马，马之往来食长安者数万匹，卒掌者关中不足，乃调旁近郡。而胡降者数万人皆得厚赏，衣食仰给县官，县官不给，天子乃损膳，解乘舆驷，出御府禁藏以澹之。①

可以看出，史家对汉武帝处理匈奴降众的举措是持批评态度的。汉武帝征匈奴引发的国家财政困难是事实，时位列九卿的汲黯，面折廷争说："匈奴畔其主而降汉，汉徐以县次传之，何至令天下骚动，罢弊中国而以

---

① 《汉书·食货志下》，中华书局，第1161-1162页。

事夷狄之人乎！" 又说："臣愚以为陛下得胡人，皆以为奴婢以赐从军死事者家；所卤获，因予之，以谢天下之苦，塞百姓之心。"①依照汲黯的主张，俘虏皆为奴婢，缴获都应该赐予死难的将士。他不能够理解汉武"岁费凡百余钜万"与"县官（朝廷）不给，天子乃损膳"的良苦用心。

归结起来，汉武从河西走廊的战略地位出发，采取了两大措施。

一是把匈奴迁出河西走廊，妥善处置匈奴浑邪、休屠二部降众。汉武郑重其事地封赏主动归降的浑邪王及浑邪部上层人物：封浑邪王为漯阴侯，邑万户；封其裨王呼毒尼为下摩侯，鹰庇为辉渠侯，禽棃为河綦侯，大当户铜离为常乐侯。他们享受了优厚的待遇，同时也离开了他们的部众，迁往内地某处，并世代不得擅离。而拒绝投降的休屠部上层，则受到惩罚：时年十四岁的休屠王长子金日磾，"以父不降见杀，与母阏氏、弟伦俱没入官，输黄门养马"②，同样也离开了他们的部众。而广大匈奴部众，他们都得到"厚赏"，然后"乃分徙降者边五郡故塞外，而皆在河南，因其故俗，为属国"③。这个"皆在河南"的五属国，也都远离了河西走廊。大概在迁徙的初期，汉廷供给衣食，以使他们适应新的环境。汉廷还挑选一部分匈奴人组建中央禁军的胡人骑兵，所谓"长水胡骑""长杨胡骑""宣曲胡骑"等；或选入"属国骑"。

汉初郡有骑兵，吕后五年（前183年），"发河东、上党骑屯北地"④。文帝时，晁错建议以降胡蛮夷充骑兵。他说："今降胡义渠蛮夷之属来归义者，其众数千，饮食长技与匈奴同，可赐之坚甲絮衣，劲弓利矢，益以边郡之良骑。令明将能知其习俗和辑其心者，以陛下之明约将之。即有险阻，以此当之；平地通道，则以轻车材官制之，两军互为表里，各用其长技，衡加之以

① 《史记·汲郑列传》，中华书局，第3109页。
② 《汉书·金日磾传》，中华书局，第2959页。
③ 《史记·卫将军骠骑列传》，中华书局，第2934页。参见本书《休屠、屠各与刘渊族姓》一节。
④ 《汉书·高后纪》，中华书局，第99页。

众，此万全之术也。"①后来中央禁军中有胡骑、越骑，郡、属国也有骑兵，属国骑兵经常出征，《史记·大宛列传》曰：汉武元封三年（前108年），"天子以故遣从骠侯破奴将属国骑及郡兵数万，至匈河水，欲以击胡"。《汉书·李广利传》："太初元年（前104年），以广利为贰师将军，发属国六千骑。"此二例并未明确是汉人骑兵，抑或胡骑。《汉书·赵充国传》载宣帝世，赵充国的上屯田书奏曰："至四月草生，发郡骑及属国胡骑伉健各千……为田者游兵。"属国骑不全是胡骑，但应以胡骑为多②。

能够入选为骑兵者，当然都是身强力壮、精于骑射的青壮年，汉武帝以此达到化敌为我、以夷制夷的目的。

二是从元狩二年（前121年），汉武帝在河西走廊上设立了武威、酒泉二郡。匈奴迁出后，其地空虚，汉廷遂大举往河西走廊移民。元狩四年（前119年）冬，"有司言关东贫民徙陇西、北地、西河、上郡、会稽凡七十二万五千口"。关于《汉书·武帝纪》的这个记载，葛剑雄在《中国移民史》中有很好的分析：

> 会稽二字明显是衍文。但《武帝纪》还漏了河西，这从当时的形势可以看得很清楚。……当时陇西郡尚未析置安定、金城二郡。陇西的东部地近关中，人口并不缺乏，安置区自然应在其西部，包括新近从匈奴手中获得的土地以及原来受到匈奴骚扰而不适应定居的缘边地区。总之，这一迁入区的范围大致应包括今

---

① 《汉书·晁错传》，中华书局，第2283页。
② 参见林干：《匈奴史》，内蒙古人民出版社，第95—96页。林干先生说："另有一部分上层人物则被吸收在属国机构中，担任各级的军官职务，例如梁期侯任破奴任属国都尉，昆侯渠复累任属国大且渠，骐侯驹儿任属国骑兵长。"此数例似有未妥。按《史记·建元以来侯者年表》："昆侯，以属国大且渠击匈奴功侯。侯渠复累"；"骐侯，以属国骑击匈奴捕单于兄功侯。侯驹几（'几'误为'儿'）"；"梁期侯，以属国都尉五年间出击匈奴，得复累绨缦等功侯。侯任破胡（'胡'误为'奴'）"。此三人在《史记》中仅一见，似未能判断其为匈奴人，或昆侯渠复累近之，而属国都尉一职，不可能以匈奴人任之。

内蒙古南部、山西西北部、宁夏南部和甘肃中西部，也即秦长城（故塞）内外以及河西走廊。[①]

这次徙民虽然范围大，但河西走廊按五地平均数占五分之一，有十四万多口。元鼎六年（前111年），汉廷析武威、酒泉地置张掖、敦煌二郡，随即再"徙民以实之"，从何处迁来及人口数俱不详[②]。河西走廊的一部分居民是由屯田塞卒转化而来的，在"上郡、朔方、西河、河西开田官，斥塞卒六十万人戍田之"。"这六十万戍卒当然没有像移民那样定居，多数是定期轮换的，而且并不一定始终保持着这样一个数额。其开垦的规模如此之大，常年保持的人口必定也相当可观。从出土的《居延汉简》记载的内容看，一部分戍卒实际上已过着定居生活，与移民无异。"[③]此外，元封元年（前110年），武都一部分造反的氐人被迁到酒泉。

总之，汉武帝的两大措施，在匈奴撤出河西走廊以后，极其有效地建立起汉朝在西北地区的统治。此后，终西汉之世，汉朝与匈奴保持着比较良好的关系，而凉州地区从未受过匈奴的骚扰，这与汉武帝的正确决策是分不开的。

（二）

直到两汉之际，在社会动荡中，凉州境内的匈奴人才略显出他们的身

---

① 葛剑雄：《中国移民史》（第二卷），福建人民出版社，第150-151页。
② 关于河西四郡的设立，《汉书·武帝纪》曰：元狩二年（前121年）"秋，匈奴昆邪王杀休屠王，并将其众四万余人来降，置五属国以处之。以其地为武威、酒泉郡"。又曰：元鼎六年（前111年），"分武威、酒泉地置张掖、敦煌郡"。又《汉书·食货志下》：元鼎二年（前115年），"初置张掖、酒泉郡，而上郡、朔方、西河、河西开田官，斥塞卒六十万人戍田之"。《汉书·地理志下》："张掖郡，故匈奴昆邪王地，武帝太初元年开"；"酒泉郡，武帝太初元年开"；"武威郡，故匈奴休屠王地，武帝太初四年开"；"敦煌郡，武帝后元年分酒泉置"。各处记载不同，莫衷一是。本书论述以《武帝纪》为准。
③ 上揭《中国移民史》，福建人民出版社，第152页。

形。《后汉书·卢芳传》曰："卢芳字君期，安定三水人也。……王莽末，乃与三水属国羌胡起兵。"又曰："初，安定属国胡与芳为寇，及芳败，胡人还乡里，积苦县官徭役。其中有驳马少伯者，素刚壮。（建武）二十一年（45年），遂率种人反叛，与匈奴连和，屯聚青山。乃遣将兵长史陈䜣，率三千骑击之，少伯乃降。徙于冀县。"①这里所谓三水属国，就是指安定属国。在王莽篡汉时，卢芳诈称自己是汉武帝曾孙刘文伯，而武帝皇后、他的曾祖母是匈奴谷蠡浑邪王之姐。他的这个谎言，一是为迷惑那些反对王莽拥护汉皇朝的人，二是为赢得安定属国匈奴人的支持。安定属国的匈奴人无疑是原浑邪部的后人，所以他竟生造出什么谷蠡浑邪王，以为这样就可以与他们拉上关系了。毕竟这时离浑邪部降汉已有七十余年，大概没有什么人能戳穿他的谎言了。

青山，在参栾县境。西汉属安定，东汉划归北地，《后汉书·郡国志五》"北地郡"下曰："参栾，故属安定。"李贤注曰："有青山。谢沈书：'属国降羌胡数千人，居山田畜。'"可知青山是安置匈奴的属国地域，此地匈奴人已经从游牧走向半农半牧了。东汉后期，北地仍有胡人。《后汉书·傅燮传》：傅燮，北地灵州人，为汉阳太守。中平四年（187年）"时北地胡骑数千随贼攻郡，皆夙怀燮恩，共于城外叩头，求送燮归乡里。子干年十三……进谏曰：'国家昏乱，遂令大人不容于朝。今天下已叛，而兵不足自守，乡里羌胡先被恩德，欲令弃郡而归，愿必许之。'"因傅燮与攻汉阳郡的胡骑都是北地人，故傅干谓之"乡里羌胡"。同书《盖勋传》也有"中平元年（184年），北地羌胡与边章等寇乱陇右"的记载。不知他们与安定属国及青山的匈奴人关系如何，是否亦为浑邪部后裔？

东汉武威也有匈奴休屠部的后裔。武威郡原是休屠部游牧的地区，汉武太初元年为"卫酒泉"而在武威置休屠县②，当因休屠部而得名，并非指

---

① 《后汉书·卢芳传》，中华书局，第505-508页。
② 《史记·大宛列传》，中华书局，第3176页。

当地仍为休屠人聚居地。但是，东汉初武威仍有休屠人却是事实。《后汉书·循吏·任延传》：光武时，拜武威太守，"郡北当匈奴，南接种羌，民畏寇抄，多废田业。延到，选集武略之士千人，明其赏罚，令将杂种胡骑休屠、黄石屯据要害"。两汉武威并无属国，这些休屠部后人可能是当年遗留下来的，或是朝廷配属武威的。因为逐水草而迁徙的民族驻牧地是很分散的，大部分族人被迁往属国，小部分留下来了也不难理解。他们不是属国骑，却是天生的骑兵，所以首先被官府所征召。至东汉末，休屠人逐渐外迁到安定、天水等地。数百年后，有的休屠人已经发展为当地的大姓豪族[①]。

但总的来说，两汉时期凉州匈奴的数量不是很多，在历次西羌反抗斗争中，很少见到匈奴的参与。可奇怪的是，当时的文献记载往往"羌""胡"并用。上引卢芳、傅燮、盖勋诸传，明明只有胡而没有羌，但都以"羌胡"称之。《后汉书》中还有许多称"羌胡"的例子：

《孔奋传》："守姑臧长。（建武）八年（32年），赐爵关内侯。时天下扰乱，唯河西独安，而姑臧称为富邑，通货羌胡，市日四合。……陇蜀既平，河西守令咸被征召，财货连毂，弥竟川泽。唯奋无资，单车就路。姑臧吏民及羌胡更相谓曰：'孔君清廉仁贤，举县蒙恩，如何今去，不共报德！'"

《窦融传》：赤眉杀更始后，窦融据河西，"羌胡犯塞，融辄自将与诸郡相救……而保塞羌胡皆震服亲附，安定、北地、上郡流人避凶饥者，归之不绝"。

《马武传》："显宗初，西羌寇陇右，覆军杀将，朝廷患之，复拜武捕虏将军……将乌桓、黎阳营、三辅募士、凉州诸郡羌胡

---

① 参见本书屠各、休屠内容。

兵及弛刑，合四万人击之。"

《窦固传》："（永平）十五年（72年）冬，拜为奉车都尉，以骑都尉耿忠为副……并出屯凉州。明年，固与忠率酒泉、敦煌、张掖甲卒及卢水羌胡万二千骑出酒泉塞，耿秉、秦彭率武威、陇西、天水募士及羌胡万骑出居延塞，又太仆祭肜、度辽将军吴棠将河东、北地、西河羌胡及南单于兵万一千骑出高阙塞。"

《马防传》：章帝世，"防兄弟贵盛……防又多牧马畜，赋敛羌胡。帝不喜之，数加谴敕"。

《列女·皇甫规妻传》："妻知不免，乃立骂（董）卓曰：'君羌胡之种，毒害天下犹未足邪！'"

《董卓传》：中平元年（184年），"卓将三万兵讨先零羌，卓于望垣北为羌胡所围，粮食乏绝，进退逼急"。

这是纵贯东汉的几个例子。之所以如此，是因为这时的"羌胡"已成泛称，羌或胡都可称为"羌胡"，并不一定既有羌又有胡。这在后两例表现得特别清楚，皇甫规妻骂董卓"非我族类"，故称他是"羌胡之种"。董卓讨先零羌，被先零羌包围，而文中却说是"为羌胡所围"。"羌胡"成为泛称，不仅因为羌、胡是陇右河西地区除汉族外的主要民族成分，还是羌、胡在东汉以后混杂的反映。

（三）

东汉陇右西河地区的胡人还有月氏胡与卢水胡，东汉初又有所谓赀虏。

小月氏胡，来源于大月氏别部。大月氏西迁时，这个别部的"羸弱者"未能跟着西迁，留了下来。《后汉书·西羌传》曰：

湟中月氏胡，其先大月氏之别也。旧在张掖、酒泉地。月氏王为匈奴冒顿所杀，余种分散，西逾葱岭。其赢弱者南入山阻，依诸羌居止，遂与共婚姻。及骠骑将军霍去病破匈奴，取西河地，开湟中。于是月氏来降，与汉人错居。虽依附县官，而首施两端。其从汉兵战斗，随势强弱。被服饮食言语略与羌同，亦以父名母姓为种。其大种有七，胜兵合九千余人，分在湟中及令居。又数百户在张掖，号曰义从胡。中平三年（186年），与北宫伯玉等反，杀护羌校尉泠徵、金城太守陈懿，遂寇乱陇右焉。①

可见，这个月氏人的别部原来也是生活在张掖、酒泉地区。匈奴占领了河西走廊，别部中不堪长途跋涉的老弱不得不南入山间险阻，与居住在那儿的羌人相邻。久而久之，两族互为婚姻，关系亲密无间。

唐长孺先生根据《史记·骠骑传》称霍去病"逾居延，遂过小月氏，攻祁连山"的记载，认为当时小月氏"还是居于祁连山麓，也即是《汉书·西域传》所云'保南山羌'，以后又深入湟中"。此论甚是。我们从《汉书·地理志下》"张掖郡"条还可得到一个旁证，张掖郡下辖觻得，注曰："羌谷水出羌中，东北至居延入海。"这条羌谷水正是发源于祁连山。据此可知，张掖郡本来就分布有羌人，只是他们居于远离人群的祁连山麓，未能进入史家的视野。《水经注·河水二》中有"又东过金城允吾县北"一句，注曰："湟水东流，迳湟中城北，故小月氏之地也。"又引《十三州志》曰："西平、张掖之间，大月氏之别，小月氏之国。"西平乃东汉建安中分金城所置郡，治西都，即今西宁。所谓"西平、张掖之间"，也就是东汉时小月氏分布在湟中、令居和张掖等处。

在刘秀西征隗嚣时，小月氏是窦融率领的河西武装的一支重要力量。

---

① 《后汉书·西羌传》，中华书局，第2899页。

《后汉书·窦融传》："（建武）八年（32 年）夏，车驾西征隗嚣，融率五郡太守及羌虏小月氏等，步骑数万，辎重五千余两，与大军会高平第一。"因为小月氏曾依祁连山麓的羌人居止，互为婚姻，且"被服饮食言语略与羌同"，难怪人们把他们称为"羌虏"了。不过，更负盛名者的确是湟中的小月氏胡。《后汉书·邓训传》：

> 章和二年（88 年），护羌校尉张纡诱诛烧当种羌迷吾等，由是诸羌大怒，谋欲报怨，朝廷忧之。公卿举训代纡为校尉。诸羌激忿，遂相与解仇盟诅，众四万余人，期冰合度河攻训。先是小月氏胡分居塞内，胜兵者二三千骑，皆勇健富强，每与羌战，常以少制多。虽首施两端，汉亦时收其用。时迷吾子迷唐，别与武威种羌合兵万骑，来至塞下，未敢攻训，先欲胁月氏胡。训拥护稽故，令不得战。议者咸以羌胡相攻，县官之利，以夷伐夷，不宜禁护。训曰："不然。今张纡失信，众羌大动，经常屯兵，不下二万，转运之费，空竭府帑，凉州吏人，命悬丝发。原诸胡所以难得意者，皆恩信不厚耳。今因其迫急，以德怀之，庶能有用。"遂令开城及所居园门，悉驱群胡妻子内之，严兵守卫。羌掠无所得，又不敢逼诸胡，因即解去。由是湟中诸胡皆言"汉家常欲斗我曹，今邓使君待我以恩信，开门内我妻子，乃得父母"。咸欢喜叩头曰："唯使君所命。"训遂抚养其中少年勇者数百人，以为义从。

湟中小月氏胡后来还多次出现。"（永元）十二年（100 年），（迷唐）遂复背叛，乃胁将湟中诸胡，寇钞而去。……其秋，迷唐复将兵向塞，周鲔与金城太守侯霸，及诸郡兵、属国湟中月氏诸胡、陇西牢姐羌，合三万人，出塞至允川，与迷唐战。"① 湟中诸胡，如果不是专指小月氏胡，至少也包括小月氏胡。《后汉书·庞参传》："元初元年（114年），迁护羌校尉，畔羌怀其恩信，明年，烧当羌种号多等皆降，始复得还都令居，通河西路。时先零羌豪僭号北地，诏参将降羌及湟中义从胡七千人，与征西将军司马钧期会北地击之。"又《后汉书·西羌传》：永和四年（139年），"马贤将湟中义从兵及羌胡万余骑掩击那离等"；五年夏，"且冻、傅难种羌等遂反叛，攻金城，与西塞及湟中杂种羌胡大寇三辅，杀害长吏"；建和二年（148年），"是时，西羌及湟中胡复畔为寇"；中平元年（184年），"北地降羌先零种因黄巾大乱，乃与湟中羌、义从胡北宫伯玉等反，寇陇右"。到东汉后期，湟中小月氏胡也参与到羌人的反抗斗争中了。

陇右河西的第三种胡人为卢水胡。卢水胡与小月氏胡之间似乎存在某种联系。周一良先生说：

> 湟水南北岸的湟中是月氏来居之地，而卢川则在湟水稍南，地域相去甚近。所谓卢水胡者，莫非也是月氏胡的支派么？后汉时张掖酒泉一带有卢水胡，《晋书》一二九《沮渠氏载记》称沮渠蒙逊临松卢水胡人。临松在张掖。正是大月氏旧居之地，不也暗示二者间的关系么？②

无独有偶，唐长孺先生也做过论证：

> 卢水胡的种族照《沮渠蒙逊载记》以及《魏书》《宋书》的《沮渠蒙逊传》并没有说是匈奴，只是沮渠氏的祖先曾为匈奴此

---

① 《后汉书·西羌传》，中华书局，第2884页。
② 周一良：《魏晋南北朝史论集》，北京大学出版社，第168页。此书为新版，所引《北朝的民族问题与民族政策》一文写于1949年以前。

官而已，虽照当时的通例言之，似不妨认为匈奴别部，但推其由来，很可能与小月氏有关。……从地域上看来小月氏的分布与沮渠氏及湟中卢水胡之分布相合。此外《晋书》卷一二九《沮渠蒙逊载记》称蒙逊自云："昔汉祚中微，我之乃祖，翼奖窦融，保宁河右。"按《后汉书》卷五三《窦融传》称建武八年（32年），西征隗嚣，"融率五郡太守及羌虏小月氏等……与大军会高平第一"，可以证明小月氏确曾与窦融合作，蒙逊所云或即指此。

卢水出于小月氏。[①]

唐先生在地域分布外，更增加了他们与窦融关系的证据，并直截了当地认定"卢水出于小月氏"。周、唐二先生的论证可以信从，不过，卢水胡与小月氏胡虽然是同一个源头，但当时已分为两部，不相混淆的。

小月氏与卢水胡还同为"属国"所隶，上所引《西羌传》有"属国湟中月氏诸胡"，同传建初二年（77年）又记"于是诸种及属国卢水胡悉与相应，吴棠不能制"。两个事件的发生地都在金城，而东汉金城并未置属国，唯置有张掖属国及张掖居延属国。所以，湟中月氏与卢水胡应隶于张掖属国，虽然他们都已经离开当地了。这一点，似可作为两者存在某种联系的又一证据。

以卢水等地名为称的，还有北地胡、黄石等。这种以地名为称的称呼，起初应是他称，而月氏胡应是自称，但叫来叫去，习惯成自然，也就无所谓自称、他称了。

湟中小月氏胡在东汉时期甚为活跃，有时他们是朝廷的义从兵，有时他们又参加羌人的反抗斗争。如：

---

① 唐长孺：《魏晋南北朝史论丛》，生活·读书·新知三联书店，第 412-413、416 页。

和帝永元八年（96年），汉阳史充太守代为校尉，充至，遂发湟中羌、胡出塞击迷唐。①

十二年（100年），（迷唐）遂复背叛，乃胁将湟中诸胡，寇钞而去。十三年，其秋，迷唐复将兵向塞，周鲔与金城太守侯霸，及诸郡兵、属国湟中月氏诸胡、陇西牢姐羌，合三万人，出塞至允川，与迷唐战。②

东汉永和四年（139年），马贤将湟中义从兵及羌胡万余骑掩击那离等。……五年（140年），且冻、傅难种羌等遂反叛，攻金城，与西塞及湟中杂种羌胡大寇三辅。③

桓帝建和二年（148年），白马羌寇广汉属国，杀长吏。是时，西羌及湟中胡复畔为寇，益州刺史率板楯蛮讨破之，斩首招降二十万人。④

中平元年（184年）北地降羌先零种因黄巾大乱，乃于湟中羌、义从胡北宫伯玉等反，寇陇右。⑤

最后一条所记事件又见《后汉书·董卓传》："其冬，北地先零羌及枹罕河关群盗反叛，遂共立湟中义从胡北宫伯玉、李文侯为将军，杀护羌校尉泠徵。"又曰："（中平）六年（189年），征卓为少府，不肯就，上书言：'所将湟中义从及秦胡兵皆诣臣曰：牢直不毕，廪赐断绝，妻子饥冻。牵挽臣车，使不得行。羌胡敝肠狗态，臣不能禁止，辄将顺安慰。增异复上。'"⑥反叛和镇压的双方，都有湟中胡人。

① 《后汉书·西羌传》，中华书局，第 2883 页。
② 《后汉书·西羌传》，中华书局，第 2884 页。
③ 《后汉书·西羌传》，中华书局，第 2895 页。
④ 《后汉书·西羌传》，中华书局，第 2897 页。
⑤ 《后汉书·西羌传》，中华书局，第 2898 页。
⑥ 《后汉书·董卓传》，中华书局，第 2320、2322 页。

以上所载的湟中月氏胡还都在凉州、陇右活动，卢水胡人也仍有在凉州、陇右的，如"卢水尉地跂并率众降于乾归"[①]，但不少则已走出陇右到关中了。建安二十二年（217年），"太祖拔汉中，诸军还到长安，因留骑督太原乌丸王鲁昔，使屯池阳，以备卢水"[②]。还有一位卢水胡郝奴趁前秦名存实亡、关中混战时在长安当了几天皇帝："鲜卑既东，长安空虚。前荥阳太守高陵赵谷等招杏城卢水胡郝奴帅户四千入于长安，渭北皆应之，以谷为丞相。"[③]《通鉴》的这个记载在"入于长安"后似遗漏"立为帝"的字样[④]。前秦时，冯翊护军所统部族中就有卢水部和支胡部。支胡，即月氏胡。据马长寿先生考，冯翊护军所统五部范围，"在冯翊郡的东偏，即从今三原县北部起，经富平、蒲城、洛川至宜川西界一线以东之地"[⑤]。其中包括杏城。那么郝奴就是带者冯翊护军所统卢水部入长安称帝的。直到后秦与前秦参与势力对峙的时候，还有卢水胡彭沛谷与屠各、羌人统领部众支持苻氏，史称，"卢水胡彭沛谷、屠各董成、张龙世、新平羌雷恶地等皆附于（苻）纂，有众十余万"[⑥]。这个彭沛谷在贰县还有自己的坞堡，名彭沛谷堡。

　　除匈奴、小月氏胡和卢水胡这三种胡之外，凉州、陇右还有所谓"赀虏"的胡人。匈奴东征西讨时，把许多被征服的民族带到了汉朝北境缘边；匈奴衰微后，这些民族留了下来。东汉初出现在凉州的赀虏就是原来被匈奴征服的各族人。

　　《三国志·魏志·乌丸鲜卑东夷传》注引《魏略·西戎传》：

① 《晋书·乞伏乾归载记》，中华书局，第3116页。
② 《三国志·魏志·梁习传》注引《魏书》，中华书局，第470页。
③ 《通鉴》卷一〇六，东晋孝武帝太元十一年（386年）三月，中华书局，第3363页。
④ 《晋书·姚苌载记》："冲既率众东下，卢水郝奴称帝于长安，渭北尽应之。"虽记郝奴称帝，但未记赵谷等事。中华书局，第2966页。
⑤ 参见马长寿《碑铭所见前秦至隋初的关中部族》所校正之《郑能进修邓太尉祠碑》文。中华书局，第12页。
⑥ 《通鉴》卷一〇七，东晋孝武帝太元十二年（387年）正月，中华书局，第3375页。

贳虏，本匈奴也，匈奴名奴婢为贳。始建武时，匈奴衰，分去其奴婢，亡匿在金城、武威、酒泉北黑水、西河东西，畜牧逐水草，钞盗凉州，部落稍多，有数万，不与东部鲜卑同也。其种非一，有大胡，有丁令，或颇有羌杂处，由本亡奴婢故也。当汉魏之际，其大人有檀柘，死后，其枝大人南近在广魏、令居界，有秃瑰来数反，为凉州所杀。今有劢提，或降来，或遁去，常为西州道路患也。

贳虏进入凉州，使凉州的民族关系更显复杂，但这些贳虏族类不同，虽有数万，并不是一个整体，在凉州的影响也很有限。

第二章

东、西羌与羌人的抗争

一、羌人的原始居地及其抗争

羌族源远流长，是中国历史上最古老的民族之一。从古史传说溯源，炎帝、神农氏、共工氏和禹都出自羌族。从文献记载上溯源，《诗经·商颂》说"昔有成汤，自彼氏羌，莫敢不来享，莫敢不来王"；殷商卜辞中屡见"羌""羌方""北羌""多马羌"等文字；《尚书·牧誓》中，羌是参与周武王伐商的盟军的一部分[①]。

羌族在远古时代就从西北走入中原，他们的先驱者是构成华夏族的重要骨干，后来者也逐渐汇入华夏民族形成的洪流中，当然这是一个漫长的历史过程。春秋之际中原及诸侯国周边的羌人就是后来者，他们被笼统地称为"戎"。《后汉书·西羌传》说："及平王之末，周遂陵迟，戎逼诸夏，自陇山以东，及乎伊、洛，往往有戎。"春秋之际正当华夏民族形成的时候，周称其统治区为"夏"，诸侯国则为"诸夏"，而在诸侯国之间和周围，穿插着众多的戎，犬牙交错，如犬戎、骊戎、允戎、陆浑戎、茅戎、赤狄、白狄、长狄、北戎、山戎、无终、义渠、大荔诸戎族[②]，等等。其中有不少是羌族，他们在民族融合的大潮中，经过征服和被征服、兼并和被兼并，到秦、汉统一全国时，基本上已经与诸夏融为一体了。

关于西羌人的原始居地，《后汉书·西羌传》称在"河关之西南"，且"滨于赐支，至乎河首，绵地千里"，亦即青海东部古之所谓"河曲"（今青海省东南境黄河曲流处）。我们不能因循旧史的说法，因为这既与远古

---

① 黄烈：《中国古代民族史研究》，人民出版社，第41-60页。
② 参见金景芳：《中国奴隶社会史》，上海人民出版社，第261-271页。另据《后汉书·西羌传》所载，西周就有犬戎、太原戎、条戎、奔戎、北戎，春秋则有渭首的狄、獂、邽、冀之戎，泾北的义渠之戎，洛川的大荔之戎，渭南的骊戎，伊、洛间的杨拒、泉皋之戎，颍首的蛮氏之戎，还有由瓜州迁到伊川的陆浑戎、迁到渭汭的允戎及其后裔阴戎等。其中最强大的是义渠、大荔，筑城数十，皆自称王。

时代羌人就进入中原的情况大相径庭，也与先秦时代西羌的原始居地不符，必须加以澄清。

（一）

在西北地区，有的羌人走向中原，有的羌人却选择留了下来，世代繁衍，从未走出陇东。由于他们远离春秋战国的政治舞台，五百余年无人关注，外界称之为"戎"，而"羌"字再也无人提起[①]。秦始皇统一全国后，统治势力开始覆盖到羌人地区，"羌"这个名称才重新出现。

这里有必要回顾一下秦与羌的关系史。春秋以来，秦国和羌族的关系至为密切。秦穆公三十七年（前623年），"用由余谋伐戎王，益国十二，开地千里，遂霸西戎"。所谓"遂霸西戎"，具体地说，是征服了后来的陇西、北地二郡地的戎族[②]。秦厉公十六年（前461年）时，又"以兵二万伐大荔，取其王城。……二十三年（前454年），伐义渠，虏其王"。秦昭王时（前306—前251年在位），又伐义渠，始置陇西郡[③]。至秦献公初立（前384年），"兵临渭首，灭狄獂戎"[④]。"渭首"，渭水源头也，《汉书·地理志下》：陇西郡辖首阳县。北魏改名渭源，即其地。同上志：天水郡辖獂道县（今甘肃省定西市陇西县东南）。应劭注曰："獂，戎邑也。"可见秦穆公称霸西戎，只是取得一次巨大的胜利，而至秦献公才取得最终的胜利，这时距穆公"遂霸西戎"已经过去了二百三十九年。当然，这里讲的都是

---

① 向达《南诏史略论》说："戎是古代西方的一个重要种族，极盛之时，势力达到今洛阳附近。周秦之际，戎族逐渐退到陇山山脉的中心地点今天水、武都以及四川的北部。这时候的戎族以氐、羌两族为其主要的成分。"参所著《唐代长安与西域文明》，生活·读书·新知三联书店，第157-158页。
② 《史记·秦本纪》，中华书局，第194-195页。《正义》注曰："韩安国云'秦穆公都地方三百里，并国十四，辟地千里'，陇西、北地郡是也。"
③ 《史记·秦本纪》，中华书局，第199页。《元和郡县图志》卷第三十九《陇右道上·渭州》："古西戎地。战国时羌、戎杂居其地，秦昭王伐得义渠戎，始置陇西郡。"
④ 《后汉书·西羌传》，中华书局，第2875页。

中古北方民族史探

"戎"或"西戎"，因为他们自春秋以来一直被泛称为戎。

在秦厉公时，河湟间出现了一位羌族的领袖人物。《后汉书·西羌传》说：

> 羌无弋爰剑者，秦厉公时为秦所拘执，以为奴隶。不知爰剑何戎之别也。后得亡归，而秦人追之急，藏于岩穴中得免。羌人云爰剑初藏穴中，秦人焚之，有景象如虎，为其蔽火，得以不死。既出，又与劓女遇于野，遂成夫妇。女耻其状，被发覆面，羌人因以为俗，遂俱亡入三河间。诸羌见爰剑被焚不死，怪其神，共畏事之，推以为豪。河湟间少五谷，多禽兽，以射猎为事，爰剑教之田畜，遂见敬信，庐落种人依之者日益众。羌人谓奴为无弋，以爰剑尝为奴隶，故因名之。其后世世为豪。

爰剑之前，羌族的先祖不知何许人也。爰剑可算是羌族第一位有名字的先祖。这个在秦厉公时代被秦国拘执的戎族人逃出后，范晔说他来到羌族驻地"三河间"，又说"河湟间"。李贤注引司马彪《续汉书》曰："遂俱亡入河湟间。"而范晔撰《后汉书》谓"三河间"。三河，指黄河、赐支河、湟河。但他又说"河湟间"，以致前后抵牾。《水经注》卷二《河水》曰："湟水东流迳湟中城北"，注云："其（爰剑）曾孙忍因留湟中为湟中羌也。"则羌豪爰剑及其后代所领西羌在湟中明矣。

至秦献公兵临渭首、灭狄獂戎时，河湟羌豪爰剑的后裔分成两大部分：爰剑曾孙忍及弟舞独留湟中，忍生九子为九种，舞生十七子为十七种；而忍的季父卬畏惧强秦，率领种人及附落南下，出赐支河曲西数千里，与湟中羌不复往来。也就是说，卬所率领的这部分也并不在赐支河曲。其后子孙分别为种，任随所之：有牦牛种，汉代称越巂羌；有白马种，汉代称广汉羌；有参狼种，汉代称武都羌①。史称"羌之兴盛，从此起矣"②。

秦始皇统一全国，分天下为三十六郡。秦的最西面是陇西郡，而其势力"西至临洮、羌中"③，《史记·正义》引《括地志》注曰："临洮郡即今洮州，亦古西羌之地，在京西千五百五十一里羌中。"临洮是陇西郡属县（治今甘肃省岷县），"羌中"，就是羌族聚居的地区，司马迁认为羌族当时分布在这儿。《括地志》则补充说临洮原来也是羌地。临洮、羌中，顺次而言，临洮以西的羌中顾名思义当然更是羌人聚居之地了。这个"羌中"具体应该是西汉昭帝时设置金城郡（治金城，今甘肃省兰州市）的所在地。《读史方舆纪要》卷六十《陕西九》记载"临洮府"领有"古西羌地"的兰州、河州，连同临洮也是西羌地，所以直接说："禹贡雍州地，春秋、战国为西羌所居。"另《元和郡县图志》《通典》等都有类似记载，不必重复征引④。总之，秦皇朝建立时重新出现的羌人分布在临洮以西，后来朝廷在这里设置金城郡，这里就是所谓"羌中"。《史记》的记载，是有关秦初羌族分布最早也是最重要的文献。

然而，关于西羌的原始居地，《后汉书·西羌传》却是另外一种说法，曰："西羌之本，出自三苗，姜姓之别也。其国近南岳。及舜流四凶，徙之三危，河关之西南羌地是也。滨于赐支，至乎河首，绵地千里。"文中说西羌族源乃"出自三苗……舜流四凶，徙之三危"，乃无稽之谈，可置而不论。问题是它认为西羌分布于河关之西南，在赐支河滨，绵延到河首

① 向达《南诏史论略》又说："陇山山脉中的氐族羌族，秦、汉以来屡次遭受压迫，于是陆续从米仓、金牛、阴平诸道进入四川。到了成都平原的一支又沿着岷江南下，经五尺道至云南东部今曲靖、昆明、安宁以至于建水一带。从沿途遗留下来的地名看，他们迁徙的路线是很清楚的。属于戎族的氐、羌到了云南以后，改称为爨，爨不过是戎族的同名异译而已。"上揭《唐代长安与西域文明》，生活·读书·新知三联书店，第162页。
② 《后汉书·西羌传》，中华书局，第2876页。广汉郡，汉高祖置，越巂、武都二郡，武帝置，故称越巂羌云云，当是汉代的称呼。
③ 《史记·秦始皇本纪》，二十六年（前221年），中华书局，第239页。
④ 《括地志》的解释见马著112页。待查。其解释是依据《后汉书·西羌传》所得。

的千里之地。《汉书·地理志下》：金城郡条，有属县河关，下注曰："积石山在西南羌中。"金城郡外、河关西南名河曲，羌族称为"赐支"。故当地的羌人又被称为"河曲羌"。马长寿《氐与羌》一书辨之甚详[1]，此不赘。如果是这样的话，西羌就完全分布在秦汉的版图之外了。

　　其实，西羌分布在河关西南之羌地也并非子虚乌有，只不过那已是西汉时期了。《后汉书·西羌传》又说："至于汉兴，匈奴冒顿兵强，破东胡，走月氏，威震百蛮，臣服诸羌。……及武帝征伐四夷，开地广境，北却匈奴，西逐诸羌，乃度河湟，筑令居塞；初开河西，列置四郡，通道玉门，隔绝羌、胡，使南北不得交关。"我们知道，原来匈奴控制着河西走廊，如《史记·匈奴列传》所说："诸左方王将居东方，直上谷以往者，东接秽貉、朝鲜；右方王将居西方，直上郡以西，接月氏、氐、羌。"汉武帝大举征伐匈奴，夺取河西走廊，始设立武威、酒泉郡，后分武威置张掖郡，又分酒泉置敦煌郡[2]。武威本为匈奴休屠王地，张掖是匈奴浑邪王地。正因为匈奴与羌相接，才能臣服诸羌，并以西羌为援，以对抗西汉。而汉武帝"西置酒泉郡，以隔绝胡与羌通之路"[3]。在汉朝统治者看来，羌人不知礼法，等同禽兽，犯上作乱，难以信任，因此不仅要隔绝匈奴与羌的通路，还要进而"斥逐诸羌，不使居湟中"[4]。可能由于汉廷采取措施，强行驱逐湟中的羌人，引起了湟中西羌强烈的反抗。元鼎五年（前112年）九月，"时先零羌与封养牢姐种解仇结盟，与匈奴通，共攻令居、安故，遂围枹罕。汉遣将军李息、郎中令徐自为将兵十万人击平之。……羌乃去湟

---

① 马长寿：《氐与羌》，上海人民出版社，第11-12页。
② 《汉书·武帝纪》：元狩二年（前121年），"秋，匈奴昆邪王杀休屠王，并将其众合四万余人来降，置五属国以处之。以其地为武威、酒泉郡"。元鼎六年（前111年），"秋……乃分武威、酒泉地置张掖、敦煌郡，徙民以实之"。而《汉书·地理志下》却说，武威郡，武帝太初四年（前101年）开；张掖、酒泉郡，太初元年（前104年）开；敦煌郡，武帝后元元年（前88年）开。
③ 《史记·匈奴列传》，中华书局，第2913页。
④ 《读史方舆纪要（六）》卷六十四，中华书局，第3006页。

中，依西海、盐池左右"①。在驱逐这部分造反的羌人出湟中后，汉廷征发数万人修筑令居塞②，护羌校尉大概就是在这个时候设置的，其驻扎在令居，用于监视仍然留在湟中的羌人。

这些先零种羌人被驱逐出湟中，"依西海及盐池左右"，指的是大、小榆谷（今青海省黄河南岸海南州贵德县东）。《读史方舆纪要》卷六十四《陕西十三》西宁镇：榆谷条曰："在卫西。《水经注》：'河水迳西海郡南，又东迳允川，西历大、小榆谷北。'榆土地肥美，本先零羌所依阻。"顾祖禹所言实本于《后汉书·西羌传》。东汉明帝世，世居大允谷（今青海省海南州共和县东南）的烧当羌占领先零羌的大、小榆谷，从而强大起来。传曰："隃麋相曹凤上言：'自建武以来，其犯法者，常从烧当种起。所以然者，以其居大、小榆谷，土地肥美，又近塞内，诸种易以为非，难以攻伐。南得钟存以广其众，北阻大河因以为固，又有西海鱼盐之利，缘山滨水，以广田蓄，故能强大，常雄诸种。'"

顺便说一下，南朝刘宋时人范晔所著《后汉书》，虽称"删众家《后汉书》为一家之作"，但其中十来种关于后汉史的著作，唯东汉《东观汉记》史料价值较高，但并未完成；其他除晋司马彪《续汉书》和华峤《汉后书》外，余并无足观。所以，比起《史记》，这些也只能算是第二、第三手的资料了。

总之，西羌的原始分布地并非在所谓河关西南之羌地，而是在后来西汉设置了金城郡的湟中。不承认西羌的原始居地，是汉代统治者制造出来的，目的就是要把羌人驱逐出河湟地区。而自汉代以来，朝廷与羌人的矛盾斗争无不因此而发生。

---

① 《后汉书·西羌传》，中华书局，第2876-2877页。"故安"应为"安故"，又见《汉书·武帝纪》，中华书局，第188页。同书《地理志下》，第1610页。
② 《汉书·食货志下》，中华书局，第1173页。

（二）

如果我们把这个问题放在更广阔的背景里观察的话，那么，我们就可以看到，为了对付日益强大的匈奴，秦、汉两朝都特别重视西北地区的战略地位。秦始皇三十三年（前214年），"西北斥逐匈奴，自榆中并河以东，属之阴山，以为四十四县，城河上为塞。又使蒙恬渡河取高阙、阳山、北假中，筑亭障以逐戎人。徙谪，实之初县"①。秦廷夺回被匈奴占领的河南地，进而从榆中（今甘肃省兰州市东，西汉金城属县）到阴山（今内蒙古自治区大青山）或设亭障或筑长城，称"新秦"，并向这些新建立的县移民②。三十六年（前211年），又"迁北河榆中三万家"③。西汉对匈奴用兵取得胜利后，更向西北地区大量移民，元狩四年（前119年）冬，"有司言关东贫民徙陇西、北地、西河、上郡、会稽凡七十二万五千口，县官衣食振业，用度不足，请收银锡造白金及皮币以足用。初算缗钱"④。由于迁徙的人口太多，引起国家财政困难，朝廷只好用发行贵重货币及增加税收来解决。这次移民，如平均计算，每郡有十余万人。陇西包括后来设置的金城。据《汉书·地理志下》所载，当时陇西"户五万三千九百六十四，口二十三万六千八百二十四"，金城"户三万八千四百七十，口十四万九千六百四十八"。在造反的羌人被逐出湟中后，"汉遂因山为塞，河西地空，稍徙人以实之"⑤。所以迁入陇西的人口是相当可观的。至汉昭帝始元六年

---

① 《史记·秦始皇本纪》，中华书局，第253页。《后汉书·西羌传》曰："使蒙恬将兵略地，西逐诸戎，北却众狄，筑长城以界之，众羌不复得渡。"中华书局，第2876页。

② 《读史方舆纪要（六）》卷六十一《陕西十》榆林镇："秦始皇三十三年（前214年）使蒙恬斥逐匈奴，收河南地，为四十四县。筑长城，因地形用制险塞，起临洮，至辽东，延袤万余里。又渡河据阴山，逶迤而北，谓其地为新秦。"引薛瓒曰："秦逐匈奴，收河南地，徙民以实之，谓之新秦。"

③ 《史记·秦始皇本纪》，中华书局，第259页。

④ 《汉书·武帝纪》，中华书局，第178页。"会稽"为衍文。关于这次移民，参见本书第34页。

⑤ 《后汉书·西羌传》，中华书局，第2877页。据《汉书·赵充国传》，他家原籍陇西上邽，徙金城。

（前 81 年），朝廷从天水、陇西、张掖三郡各划出二县设立金城郡。

汉廷在湟中地区建立郡级机构，一个重要的任务为加强对境内西羌的控制，特别是防止他们与匈奴产生联系。郡县官僚对羌人的歧视和压迫、羌人的反抗与斗争，是不可避免的。我们不知羌人是否为编户，是否需要承担赋税徭役。从统治者来说，他们当然企图将羌人纳入编户，如汉人一样纳税服役。但羌人虽已有农业，他们主要的生产方式仍是逐水草而居的游牧，且分散在偏僻山区，户口难以控制，赋役也难以征调。从羌人来说，他们不甘受汉人歧视，不满土地草场被汉族地主霸占，不愿受地方官吏的束缚限制。民族矛盾与阶级压迫交织在一起。

宣帝世，汉廷派光禄大夫义渠安国巡行诸羌，大概就是为了安抚羌人与解决这类问题。《汉书·赵充国传》曰："先零豪言愿时渡湟水北，逐民所不田处畜牧。安国以闻。充国劾安国奉使不敬。是后，羌人旁缘前言，抵冒渡湟水，郡县不能禁。元康三年（前 63 年），先零遂与诸羌种豪二百余人解仇交质盟诅。"这些先零羌当然是居住在湟中的，那么就是说，汉武帝时逐先零羌出湟中并不彻底，仍有留居湟中者；又或许大、小榆谷的部分先零羌再度进入湟中。随着汉族的迁入和湟中土地的开发，原来的草场已变为耕田，他们到湟水北寻找新草场的要求应是合理的。先零羌提出了请求，寄希望于这位义渠戎后裔出身的钦差大臣。如果汉廷相信羌人，应当同意他们渡河去寻找新的草场。义渠安国身为戎人后裔，大概能理解羌人的困难，所以向朝廷做了转达。但汉廷唯恐羌人北上后与匈奴勾连，怀疑羌人北上的动机，义渠安国因此受到弹劾。羌人不能无限期地等待下去，便擅自渡河北上。先零羌北上时，似乎与郡县发生冲突，所谓"郡县不能禁"，并非郡县未禁，而是郡县虽禁而禁不了。如理解不错的话，羌人在冲突中增长了对郡县官吏的愤懑，便与诸羌解仇结盟，准备进行反抗斗争。羌人的过激反应又被赵充国不恰当地夸大了，他"疑匈奴更遣使至羌中，道从沙阴地，出盐泽，过长阬，入穷水塞，南抵属国，与先零相直。臣恐羌变未止此，且复结联他种，宜及未然为之备"。说得有鼻子有眼。接着又说："疑匈奴使已至羌中，先零、罕开乃解仇作约，到秋马肥，变必起矣。"神爵元年（前61年），朝廷再派义渠安国"行视诸羌，分别善恶"，义渠安国这次为了表忠心，大开杀戒。"至，召先零诸豪三十余人，以尤桀黠，皆斩之。纵兵击其种人，斩首千余级。于是诸降羌及归义羌侯杨玉等恐怒，亡所信乡，遂劫略小种，背畔犯塞，攻城邑，杀长吏。安国以骑都尉将骑三千屯备羌，至浩亹，为虏所击，失亡车重兵器甚众。安国引还，至令居，以闻。"

义渠安国兵败金城，宣帝更派七十多岁的老将赵充国带领万骑直驰金城。赵充国原籍陇西，徙金城令居。史称，"秦汉以来，山东出相，山西出将。……山西天水、陇西、安定、北地处势迫近羌胡，民俗修习战备，高上勇力鞍马骑射"[1]。他熟悉当地风情，为人谨慎、善于带兵，"行必为战备，止必坚营壁，尤能持重，爱士卒，先计而后战"。这时，汉廷继发由充国子赵卬率禁卫军作为支军至令居，再发三辅、太常弛刑徒，三河、颍川、沛郡、淮阳、汝南材官，金城、陇西、天水、安定、北地、上郡骑士、羌骑，与武威、张掖、酒泉太守各屯其郡者，合六万人。汉廷派出重兵，大有一举剿灭羌人之势。赵充国则比较理智，他认为，羌先零种首叛，罕开种为胁从，应该区别对待。可是众公卿认为，先零兵盛，是恃有罕开之助，宜先破罕开，否则不可能打败先零羌。由于赵充国坚持对羌人实行分化瓦解，终于把金城境内造反的羌人镇压下去[2]。基本平定羌人反抗后，赵充国实行罢兵屯田，认为屯田"内有亡费之利，外有守御之备"。神爵二年（前60年）五月，他上疏奏称："凡斩首七千六百级，降

---

① 《汉书·赵充国辛庆忌传论》，中华书局，第2998页。
② 《汉书·赵充国传》苏林注曰："罕、开在金城南。"师古曰："《地理志》天水有罕开县，盖以此二种羌来降，处之此地，因以名县也。"也有部分居鲜水（今青海湖），传中载酒泉太守辛武贤的主张说："分兵并出张掖、酒泉合击罕、开在鲜水上者。"又赵充国上屯田奏曰："计度临羌至浩亹，羌虏故田及公田，民所未垦，可二千顷以上。"

者三万一千二百人，溺河湟饥饿死者五六千人，定计遗脱与煎巩、黄羝俱亡者不过四千人。羌（罕种豪）靡忘等自诡必得，请罢屯兵。"这年秋天，"羌若零、离留、且种、儿库共斩先零大豪犹非、杨玉首，及诸豪弟泽、阳雕、良儿、靡忘皆帅煎巩、黄羝之属四千余人降汉。封若零、弟泽二人为帅众王，离留、且种二人为侯，儿库为君，阳雕为言兵侯，良儿为君，靡忘为献牛君。初置金城属国以处降羌"。

西汉时的属国，就是划定一个区域，作为降附的少数民族的集中居住地。武帝时，匈奴浑邪王降，于缘边五郡置五属国以安置之。《史记·骠骑列传》曰："乃分徙降者边五郡故塞外，而皆在河南，因其故俗，为属国。"中央设典属国，各属国置都尉、丞等汉官。与五属国不同的是，金城属国不在塞外，而在金城郡内。这正是赵充国深为范晔所诟病者，在《后汉书·西羌传论》中，范晔指责说："先零侵境，赵充国迁之内地"是"御戎之方失其本矣"。李贤注曰："宣帝时，后将军赵充国击先零，还，于金城郡置属国，以处降羌。"我们不必理会魏晋人徙戎论的观念，但可肯定的是，金城属国即在金城郡内。《汉书·地理志下》金城郡条已无属国的记载，但似乎还留下点痕迹。其属县有破羌、安夷，俱为宣帝神爵二年（前60年）所置，即"置金城属国以处降羌"之时[1]，破羌就是赵充国击败先零羌之地，而安夷就是安置羌人之地了。

元帝永光二年（前42年）秋，陇西郡爆发了㔉姐等七种羌共三万人的反抗斗争[2]。早在汉景帝时，研种羌就进入了陇西。当时，"研种留何率种人求守陇西塞，于是徙留何等于狄道、安故，至临洮、氐道、羌道县"。从㔉姐等七种羌的造反看，或许研种之后又有其他羌人种落的到来，或

---

[1] 《汉书·宣帝纪》，中华书局，第262页。

[2] 《后汉书·西羌传》曰："元帝时，㔉姐等七种羌寇陇西。"这种表达方式可以理解为从陇西郡外部来犯，而《汉书·冯奉世传》则曰："永光二年（前42年）秋，陇西羌㔉姐旁种反。""旁种"或即由㔉姐分种而来，或犹"别部"。而陈连庆《中国古代少数民族姓氏研究》认为："旁字似有衍文。"吉林文史出版社，第264页。

许研种"强则分种为酋豪"，在进入陇西后的一个多世纪已分蘖出更多的种落。《汉书·冯奉世传》说："是时，岁比不登，京师谷石二百余，边郡四百，关东五百，四方饥馑。"这次造反当与四方饥馑有关。右将军冯奉世率领万二千骑兵，分屯白石山（狄道东）、临洮和首阳西极山。羌人势众，汉军各路兵马连吃败仗，死了两校尉。冯奉世请求增兵，元帝派出六万余精兵增援。十月兵集陇西，十一月数路并进，"羌虏大破，斩首数千级，余皆走出塞"。史称，"自乡姐羌降之后，数十年四夷宾服，边塞无事"①。

在汉廷的逼迫下，越来越多的羌人从陇西、金城逃到塞外。统治者对付他们，一手是武力镇压，另一手是欺骗利诱。西汉末年，安汉公王莽在登居摄之位前夕，为了制造四海归心的假象，采取欺骗利诱的手段，导演了一出羌人献地的丑剧。《汉书·王莽传》曰：

> 莽既致太平，北化匈奴，东致海外，南怀黄支，唯西方未有加。乃遣中郎将平宪多持金币诱塞外羌，使献地，愿内属。宪等奏言："羌豪良愿等种，人口可万二千人，愿为内臣，献鲜水海、允谷盐池，平地美草皆予汉民，自居险阻处为藩蔽。问良愿降意，对曰：'太皇太后圣明，安汉公至仁，天下太平，五谷成熟，或禾长丈余，或一粟三米，或不种自生，或茧不蚕自成，甘露从天下，醴泉自地出，凤凰来仪，神爵降集。从四岁以来，羌人无所疾苦，故思内属。'宜以时处业，置属国领护。"事下莽，莽复奏曰："太后秉统数年，恩泽洋溢，和气四塞，绝域殊俗，靡不慕义。……今谨案已有东海、南海、北海郡，未有西海郡，请受良愿等所献地为西海郡。"奏可。又增法五十条，犯者徙之西海。徙者口千万数，民始怨矣。

---

① 《后汉书·西羌传》，中华书局，第2877页。

鲜水海，即今青海湖。允谷，在青海湖旁①。鲜水海与允谷都在金城塞外②，王莽置西海郡，使这个地区正式纳入汉皇朝的版图。这一点，在中国统一的多民族国家发展史上是有意义的，尽管这并非王莽的主观愿望。

王莽政权不仅逼迫羌人献出鲜水海、允谷盐池，而且"平地美草皆予汉民，自居险阻处为藩蔽"，这必然激怒羌族人民。为此，西海地区的羌人进行过反抗斗争，但很快就被镇压下去了。

（三）

东汉安帝之前，虽然有一部分羌人被徙往三辅，但大多数羌人活动范围仍不出凉州。羌人的反抗斗争主要还是围绕着争取返归故土的权利而进行。

两汉政权更替之际，西羌还据西海，入攻金城、陇西，"金城属县多为虏有"。《后汉书·来歙传》曰：隗嚣据凉州，"乃招怀其豪酋，遂得为用。及嚣亡后，五溪、先零诸种数为寇掠，皆营堑自守，州郡不能讨"。司徒掾班彪曾担任隗嚣属下，建武九年（33 年）他曾上言说："今凉州部皆有降羌，羌胡被发左衽，而与汉人杂处，习俗既异，言语不通，数为小吏黠人所见侵夺，穷恚无聊，故致反叛，夫蛮夷寇乱，皆为此也。"③班彪之言道出羌人反叛最根本的原因。他所说的凉州，具体是指凉州的陇西和金城二郡。《后汉书·光武帝纪》建武十年（34 年），"先零羌寇金城、陇西，来歙率诸将击羌于五溪，大破之"。同上引《来歙传》曰："歙乃大修攻具，率盖延、刘尚及太中大夫马援等进击羌于金城，大破之，斩首虏数千

---

① 《读史方舆纪要》卷六十四《陕西十三》西宁镇："古西羌所居，谓之湟中。汉属金城郡，后汉因之。……今（清）为西宁镇，亦设西宁卫"。大允谷，"在卫西青海旁。……所云允谷盐池，即此谷也"。西海，"在卫西三百余里。一名青海，亦曰鲜水，又为允谷盐池，周围数百里"。
② 《读史方舆纪要》卷六十四《陕西十三》"临羌城"引《地记》："汉地自临羌以西，即为塞外。"
③ 《后汉书·西羌传》，中华书局，第 2878 页。

人，获牛羊万余头，谷数十万斛。"上文"五谿、先零诸种"之标点有误，五谿，地名，非羌人种落名。《水经注·河水二》引《十三州志》曰："盖延转击狄道、安故、五谿及羌，大破之，即此也。"五谿，属陇西郡。"五谿先零"，意为五谿的先零羌。

次年，马援拜陇西太守，受命继续剿灭陇西、金城境内的羌人。他首先击破临洮的先零羌，斩首数百级，获牛羊万余头，降服守塞诸羌八千余人。尚有数万羌人据守金城浩亹隘，遭打击后又退守允吾谷，复远徙唐翼谷中。浩亹隘、允吾谷，分别在金城南北；唐翼谷，或即唐谷[①]，均在金城郡。马援虽斩首数百级，但因兵少，又身中箭伤，便不穷追，收其谷粮畜产而还。这次战役中投降的羌人被安置在天水、陇西和扶风。这是首批内迁三辅的羌人。

当时，朝廷有人以"途远多寇"，主张放弃金城郡破羌县（今青海省乐都区西）以西。马援认为："破羌以西城多完牢，易可依固；其田土肥壤，灌溉流通。若令羌在湟中，则为害不休，不可弃也。"光武帝采纳了他的意见，诏令逃往武威的金城客民悉数还乡，返回的有三千余口。马援"奏为置长吏，缮城郭，起坞候，开导水田，劝以耕牧，郡中乐业。又遣羌豪杨封譬说塞外羌，皆来和亲"。[②]马援不让"羌在湟中"，并非把湟中的羌人赶尽杀绝，而是不让羌人独占湟中，所以他还鼓励塞外羌人与湟中汉人通婚。

建武十三年（37年），武都参狼羌联结塞外诸种羌骚扰陇西，马援领兵攻至氐道县，占据平地的水源、草场，羌人不战而溃，数十万羌人逃亡出塞，万余人投降。

这时期，烧当种与先零种羌人发生了火并。从爱剑传五世到研，从

---

① 《后汉书·西羌传》李贤注："唐谷故城在今鄯州湟水县西。"中华书局，第2879页。《元和郡县图志》卷三十九《陇右道上》鄯州湟水县："本汉破羌县地，属金城郡。"

② 《后汉书·马援传》，中华书局，第835页。

研传十三世到烧当，研和烧当都因"豪健"而成为种落的名称。从烧当至其玄孙滇良，世代居住在大允谷，种落小而贫。而居住在大、小榆谷的先零、卑湳是强大的种落。先零、卑湳恃强凌弱，使滇良父子无法容忍，"而素有恩信于种中，于是集会附落及诸杂种，乃从大榆入，掩击先零、卑湳，大破之，杀三千人，掠取财畜，夺居其地大榆中，由是始强"①。

从光武帝末到明帝初，烧当羌取代先零羌成为诸羌首领。建武中元元年（56年）陇西太守刘盱刚参与镇压了武都参狼羌的反抗，烧当滇良子滇吾及其弟滇岸便进攻陇西边塞，刘盱连败于枹罕（属陇西，今甘肃临夏回族自治州）、允街（属金城，今甘肃省兰州市北）等地，而天水郡兵亦败于白石（属陇西，今甘肃省临夏回族自治州南）。永平元年（58年），朝廷派将军马武率四万众奔袭，追击滇吾到西邯（属金城，今青海省海东市化隆回族自治县西南），斩首四千六百级，俘获一千六百人，滇吾远遁，余皆散降，朝廷于是徙七千余口到三辅。后来，滇岸投降，被封为归义侯，次年（59年）滇吾也降。但凉州羌人势力并未稍减。郭襄出任护羌校尉时，刚到陇西，听说凉州羌盛，竟然吓得回去了。滇吾子东吾以其父已降汉，在继任酋长后，便入居塞内，表示愿意安分自守。

东汉章帝即位的建初元年（76年），凉州十多年的安定局面被破坏了。起因是一个安夷（属金城，今青海省海东市乐都区）县吏强抢已婚的卑湳羌妇女为妻，结果为她愤怒的丈夫所杀。安夷县长宗延带人追杀这个羌人到塞外，激起卑湳种人的公愤，把宗延也杀了。一不做二不休，卑湳人遂联合附近的勒姐②、吾良人反叛。起初，羌人打不过陇西、金城郡兵；第二年（77年），东吾弟迷吾也聚众起兵，在荔谷打败金城太守郝崇的追兵。于是诸种羌与属国卢水胡人相互呼应，又与封养种豪布桥等聚众五万

① 《后汉书·西羌传》，中华书局，第2879页。
② 《读史方舆纪要》卷六十四《陕西十三》"勒姐岭"："在卫东。阚骃曰：'金城安夷县东有勒姐河，与金城河合。'勒姐岭，勒姐河所出也。汉时勒姐羌居之。"

余人进攻陇西、汉阳①，包围临洮（属陇西，今甘肃省定西市岷县）的南部都尉。汉廷得见形势严重，派出行车骑将军马防为统帅、长水校尉耿恭为副帅，率领中央精兵及诸郡兵三万人出征。战争持续了一年，马防解除了临洮之围，先后降伏了烧当羌与封养羌。马防班师后，耿恭"留击诸未服者，首虏千余人，获牛羊四万余头，勒姐、烧何羌等十三种数万人，皆诣恭降"②。羌人这次反抗斗争参与种落之多、规模之大是前所未有的，而且还有卢水胡参与其中。"至元和三年（86年），迷吾复与弟号吾诸杂种反叛。秋，号吾先轻入寇陇西界，郡督烽掾李章追之，生得号吾，将诣郡，号吾曰：'独杀我，无损于羌。诚得生归，必悉罢兵，不复犯塞。'陇西太守张纡权宜放遣，羌即为解散，各归故地，迷吾退居河北归义城。（护羌校尉）傅育不欲失信伐之，乃募人斗诸羌、胡，羌、胡不肯，遂复叛出塞，更依迷吾。"③这是凉州羌、胡结合的最早记载，在民族关系史上具有重大的意义。章和元年（87年），傅育仍不甘心，对羌人非赶尽杀绝不可，奏上发凉州诸郡二万兵，大举围堵：陇西兵据黄河南，张掖、酒泉挡在西面，而他亲领汉阳、金城五千兵独进。迷吾见难以抵敌，拔庐落而去。傅育以精骑三千穷追，夜宿建威南三兜谷④。当晚，傅育大意不加防备，迷吾伏兵三百人偷袭军营，营中军士四散逃跑，八百余人被杀，傅育也在混战中战死。及诸郡兵赶到，羌人已无踪影。

迷吾接着又进攻金城塞，继任的护羌校尉张纡派兵与迷吾会战于木

---

① 《后汉书·郡国志五》汉阳郡："武帝置，为天水，永平十七年（74年）更名。"
② 《后汉书·耿弇传佐恭附传》，中华书局，第723页。
③ 《后汉书·西羌传》，中华书局，第2881页。《通鉴》卷四十七，汉章帝章和元年（87年）正月，"乃募人斗诸羌、胡"。胡注："羌人间构诸羌，使之自斗也。"中华书局，第1508页。
④ 《读史方舆纪要》卷六十四《陕西十三》"三兜谷"条："在卫西南。东汉章和末，护羌校尉傅育击烧当羌迷吾，穷追不设备，至三兜谷，迷吾袭杀之。胡（三省）氏曰：'三兜在建威县。'或曰在临羌西南。"上文有不确处：一是事发章和元年（87年），《通鉴》系之三月，非章和末。二是胡注曰"建威南"，乃以《后汉书·西羌传》原文注之，未说是"建威县"。

乘谷[①]。迷吾兵败，遣使欲降，张纡答允。迷吾遂带领种人到临羌县拜见张纡，张纡宴请羌人，而在酒中施毒，诛杀羌酋豪八百余人；又派兵遍搜山谷间，斩首四百余人，活捉二千余口。眼见自己的亲人被杀的杀、抓的抓，迷吾之子迷唐与烧当种人悲愤万分，对着边塞号哭。迷唐虽然联合烧何、当煎、当阗等种落抗争，但终究在白石（属陇西，今甘肃省临夏回族自治州东南）被打败，只得暂时退回大、小榆谷，图谋再起。《后汉书·邓训传》云：“章和二年（88年），护羌校尉张纡诱诛烧当种羌迷吾等，由是诸羌大怒，谋欲报怨，朝廷忧之。公卿举训代纡为校尉。诸羌激忿，遂相与解仇结婚，交质盟诅，众四万余人，期冰合渡河攻训。先是小月氏胡分居塞内，胜兵者二三千骑，皆勇健富强，每与羌战，常以少制多。虽首施两端，汉亦时收其用。时迷吾子迷唐，别与武威种羌合兵万骑，来至塞下，未敢攻训，先欲胁月氏胡。训拥卫稽故，令不得战。议者咸以羌胡相攻，县官之利，以夷伐夷，不应禁护。训曰：‘不然，今张纡失信，众羌大动，经常屯兵，不下二万，转运之费，空竭府帑，凉州吏人，命悬丝发。原诸胡所以难得意者，皆恩信不厚耳。今因其迫急，以得怀之，庶能有用。’遂令开城及所居园门，悉驱群胡妻子纳之，严兵守卫。羌掠无所得，又不敢逼诸胡，因即解去。由是湟中诸胡皆言：‘唯使君所命。’训遂抚养其中少年勇者数百人，以为义从。”

邓训也仍然不放过大、小榆谷的羌人，进兵攻击迷唐，迷唐“去大、小榆谷，徙居颇岩谷”[②]。和帝永元四年（92年），邓训死后，聂尚代为护羌校尉。聂尚欲加招抚，允许迷唐种落还居大、小榆谷，但羌人对汉官已不信任。羌人或反或降，汉将或攻或抚。迷唐的势力逐渐被削弱，“其余种人不满二千，饥窘不立”[③]。至永元十三年（101年），在汉将的攻击和分

① 《读史方舆纪要》卷六十四《陕西十三》，“三兜谷”条又曰：“盖在临羌西境。”
② 《后汉书·西羌传》，中华书局，第2883页。
③ 《后汉书·西羌传》，中华书局，第2884页。

化下，"迷唐遂弱，其种众不满千人，远逾赐支河首，依发羌居"。这时，"西海及大、小榆谷左右无复羌寇"①。

东汉朝廷以为镇压羌人已经大功告成了，于是，有人建议说："宜及此时，建复西海郡县，规固二榆，广设屯田，隔塞羌胡交关之路，遏绝狂狡窥欲之源。又殖谷富边，省委输之役，国家可以无西方之忧。"这个建议被采纳，屯田之举一时轰轰烈烈，但是，汉廷与西羌的矛盾并没有解决，羌人仍然盼望着有一天能够返回家园，斗争也仍然还要继续下去。

对于东汉时期的所谓"羌患"，范晔在《后汉书》的史论中说：

> 羌戎之患，自三代尚矣。汉世方之匈奴，颇为衰寡，而中兴以后，边难渐大。朝规失绥御之和，戎帅骞然诺之信。其内属者，或倥偬于豪右之手，或屈折于奴仆之勤。塞候时清，则愤怒而思祸；桴革暂动，则属鞬以鸟惊。故永初之间，群种蜂起。遂解仇嫌，结盟诅，招引山豪，转相啸聚，揭木为兵，负柴为械。毂马扬埃，陆梁于三辅；建号称制，恣睢于北地。东犯赵、魏之郊，南入汉、蜀之鄙，塞湟中，断陇道，烧园陵，剽城市，伤败踵系，羽书日闻。并、凉之士，特冲残毙，壮悍则委身于兵场，女妇则徽纆而为虏，发冢露胔，死生涂炭。自西戎作逆，未有陵斥上国若斯其炽也。

范晔对自己所写《传论》颇为自许，谓"皆有精意深旨"②。他指斥汉廷"失绥御之和"，揭露官僚豪右役使内属羌如奴仆，对"羌患"原因做了比较客观的分析。与那种动辄"彼戎狄者，人面兽心"③，视少数民族为

---

① 《后汉书·西羌传》，中华书局，第2885页。
② 《宋书·范晔传》，中华书局，第1830页。
③ 《晋书·刘曜载记》"史臣曰"，中华书局，第2702页。

寇仇的腐朽观念相比较，实不可以道里计！

由于东汉统治者的腐败无能及其错误的民族政策，尤其是不容羌人居住在本属于他们的金城、陇西，剥夺他们的基本生产和生活条件，非欲尽驱之出塞外不可的态度，汉廷与羌人的矛盾日渐突出。为补充兵源与劳动力，统治者迁羌人内属，而又加以摧残、折磨。在羌人进行反抗斗争后，朝廷再一味以屠杀为能事，欲斩尽杀绝而后快，最终激起羌人以及其他少数民族人民更大规模的斗争。在讨伐羌人的战争中，东汉将领们"驰骋东西，奔救首尾，摇动数州之境，日耗千金之资，至于假人增赋，借奉侯王，引金钱缣彩之珍，征粮粟盐铁之积。所以赂遗购赏，转输劳来之费，前后数十巨万。或枭剋酋健，摧破附落，降俘载路，牛羊满山。军书未奏其利害，而离叛之状已言矣。故得不酬劳，功不半劳。暴露师徒，连年而无所胜，官人屈竭，烈士愤丧"。范晔之论实在精彩！

二、东羌与西羌

羌分西、东，其来有自。但《后汉书》仅立《西羌传》，对东羌则语焉不详。《后汉书·西羌传》曰：

> 且冻分遣种人寇武都，烧陇关，掠苑马。（永和）六年（141年）春，马贤将五六千骑击之，到射姑山，贤军败，贤及二子皆战殁。……于是东、西羌遂大合。

《资治通鉴》卷五十二汉顺帝永和六年（141年）：

> 春，正月，丙子，征西将军马贤与且冻羌战于射姑山，贤军

败，贤及二子皆没，东、西羌遂大合。

《资治通鉴》的这个记载显然来源于《后汉书·西羌传》。也就是说，永和六年（141年）是东羌初见于史乘的年代。对此，胡三省注曰：

> 羌居安定、北地、上郡、西河者，谓之东羌；居陇西、汉阳，延及金城塞外者，谓之西羌。

这是胡三省对东、西羌所下的定义，但其关于东羌的定义并未得到今日学界的认同。如黄烈先生说："胡氏把居于陇西、汉阳的羌人于居于安定、北地、上郡的羌人分为东西羌是没有多大道理的，事实上也难于区分。范晔在《西羌传》中，虽没有对东、西羌加以介说，但从其行文叙事来看，西羌仍指原来意义上的西羌，而东羌则系指被内徙的羌人，这样的区分是比较合理的。……所以进入塞内留居的羌人，即所谓东羌。"[①] 马长寿先生在引用胡氏的定义后说："这种区分显然只带有一种地理分布的意义罢了。若论其渊源，'东羌'应分为两部分：一部分是西汉时随匈奴而来的'羌胡'之羌；又一部分是东汉时从金城、陇西迁来的西羌。此外，东汉在三辅之内也有不少羌民，这些羌民是东羌，还是西羌？在文献内不曾指明。大致言之，三辅的羌民，论地区分布，应是'东羌'，但他们是在东汉时多次从金城郡的黄河、湟水、洮河流域迁来的，还有一部分则自陇西、北地、安定诸郡内徙的。简言之，三辅的羌民绝大多数是来自西羌，同安定、北地、上郡、西河四郡的'东羌'有所区别，即'羌胡'之羌占绝对的少数。"[②]

胡、黄、马三种定义，孰是孰非？下面略加辨析。

---

① 黄烈：《中国古代民族史研究》，人民出版社，第87页。
② 马长寿：《氐与羌》，上海人民出版社，第106页。

（一）

黄、马虽然质疑胡氏的定义，但并不否认居于安定、北地、上郡者为东羌，只是认为东羌不局限于此三郡。而这三郡的羌民来自何方？黄认为两汉政府对降附俘虏的羌众，除安置于陇西、金城等外，还将一部分徙置安定、北地、上郡等内地郡县，这也是东羌的来源。但是，在他所列举的二十九条羌人内迁的史料中，却找不到有一条明确的徙往北地、上郡的记载。马的观点则有所不同。他在翔实地分析了西羌六次东徙后指出："上述六次迁徙并不能包括西羌东徙的全部历史。例如北地（治今甘肃省庆阳市西北，后迁富平，今宁夏回族自治区青铜峡南）、上郡（故治今陕西省榆林南）、西河、安定四郡都有西羌，这些羌人何时迁来？"他认为，在北地称天子的先零别部滇零部落，"在陇西郡东部靠近陇山一带，这个部落集团可能是西汉时迁入陇西郡的。在永初元年（107年），他们也趁着诸羌民的反兵役斗争，打败官兵，从陇西迁往北地"。而关于上郡、西河等地的羌人，他认为不是新迁来的西羌，而是早年投降了匈奴的旧羌[①]。因此，他得出了上引东羌渊源来自两个部分的结论。马长寿先生的这一结论虽是推测，但合情合理。

东、西羌之称虽然直到永和六年（141年）才见之于记载，但既然说永和六年"东、西羌遂大合"，那么，也就是说在永和六年前已有东、西羌之别。我们可上溯到安帝永初二年（108年）。时先零别种滇零称天子于北地[②]，滇零"招集武都参狼，上郡、西河诸杂种，众遂大盛"[③]。在《西羌传》中，这是第一次出现在北地、上郡和西河等郡的羌人，其上郡、西河羌人，也就是马长寿先生所说的西汉时随匈奴而来的"羌胡"之羌。他们

---

① 上揭马长寿：《氐与羌》，上海人民出版社，第104-105页。
② 《后汉书·庞参传》迳称"先零羌豪僭号北地"，而不言为先零"别种"。
③ 《后汉书·西羌传》，中华书局，第2886页。

就是东羌，而滇零在北地发动的就是东羌反叛事件。先零种羌则是在滇零称天子时进入北地并转化为东羌的。上郡、西河等郡的羌人，在匈奴衰落后，摆脱了匈奴的奴役，但是他们以种落状态散居各处，不见有实力强大的羌豪。而当滇零自称天子，招兵买马，把他们网罗到麾下。他们拥戴滇零为首领。他们是东羌，故他们的首领滇零及其先零种落当然就被视为东羌了。

永初五年（111年），"羌既转盛，而二千石、令、长多内郡人，并无战守意，皆争上徙郡县以避寇难。朝廷从之，遂移陇西徙襄武，安定徙美阳，北地徙池阳，上郡徙衙。百姓恋土，不乐去旧，遂乃刈其禾稼，发彻室屋，夷营壁，破积聚。时连旱蝗饥荒，而驱蹙劫略，流离分散，随道死亡，或弃捐老弱，或为人仆妾，丧其太半"[1]。陇西、安定、北地、上郡所徙之地，除襄武仍属陇西外，其余都属三辅地。虽然文中谴责当时的太守、令长无战守意，但也反衬出滇零所率东羌在此数郡的势力非常强大，这些太守、令长见大势已去，只好逃之夭夭了。六年（112年），滇零死，其子零昌年尚幼小，由同种狼莫为谋主，以降附东羌的汉人杜季贡为将军，别居北地郡治富平东北的丁奚城（今宁夏回族自治区银川市灵武市南）。据《东观汉记》，滇零在北地的政权虽然简陋，但"羌侯君长"及长史、司马、校、尉等设置一应俱全，一直到元初五年（118年），零昌、狼莫、杜季贡等首领人物先后被暗杀后，这场滇零反乱才逐渐平息下来。史称，"自羌叛十余年间，兵连师老，不暂宁息。军旅之费，转运委输，用二百四十余亿，府帑空竭。延及内郡，边民死者不可胜数，并、凉二州遂至虚耗"[2]。

但事隔不几年，又有上郡沈氏种羌、西河虔人种羌与上郡胡反。至顺帝永建四年（129年）时，虚耗的并、凉二州仍没有缓和过来，东汉对上

---

[1] 《后汉书·西羌传》，中华书局，第2888-2889页。

[2] 《后汉书·西羌传》，中华书局，第2891页。

郡、北地等郡的统治徒有虚名。于时，尚书仆射虞诩上言说："安定、北地、上郡，山川险厄，沃野千里，土宜畜牧，水可溉漕。顷遭元元之灾，众羌内溃，郡县兵荒，二十余年。夫弃沃壤之饶，捐自然之财，不可谓利；离河山之阻，守无险之处，难以为固。今三郡未复，园陵单外，而公卿选懦，容头过身，张解设难，但计所费，不图其安。宜开圣听，考行所长。"① 于是，顺帝诏令恢复原安定、北地、上郡三郡，回迁徙民，使之各归旧县。但这时东汉政权已进入风雨飘摇之时，从东汉末年北地、上郡终沦入羌胡之手的结果看，东汉皇朝对这个地区已经鞭长莫及了。

其实，东羌的渊源还可上推到春秋、战国时代。那时羌人分布很广，进入内地的羌人融汇到华夏族，而北方、西方仍有大量的羌人分布。陇西、金城及以西的羌人后来被称为西羌，北方的羌人归属匈奴，形成羌胡混杂，故有"羌胡"之称。所以，东羌并非匈奴带来，而是当地的原住民，只是在匈奴强盛时役属于匈奴。《后汉书·窦融传弟子固附传》曰："（永平）十五年（72 年）冬，拜为奉车都尉，以骑都尉耿忠为副，谒者仆射耿秉为驸马都尉，秦彭为副，皆置从事、司马，并出屯凉州。明年，固与忠率酒泉、敦煌、张掖甲卒及卢水、羌胡万二千骑出酒泉塞，耿秉、秦彭率武威、陇西、天水募士及羌胡万骑出居延塞，又太仆祭肜、度辽将军吴棠将河东、北地、西河羌胡及南单于兵万一千骑出高阙塞，骑都尉来苗、护乌桓校尉文穆将太原、雁门、代郡、上谷、渔阳、右北平、定襄郡兵及乌桓、鲜卑万一千骑出平城塞。"又《窦融传曾孙宪附传》：和帝永元元年（89 年），"宪与（耿）秉各将四千骑及南匈奴左谷蠡王师子万骑出朔方鸡鹿塞，南单于屯屠何将万骑出满夷谷，度辽将军邓鸿及缘边义从羌胡八千骑，与左贤王安国万骑出稠阳塞，皆会涿邪山"。由此可见，东汉并、凉有大量的"羌胡"兵，当然也就有许多羌、胡部落的存在。所以，

---

① 《资治通鉴》卷五十一，汉顺帝永建四年（129 年），中华书局，第 1654 页。《西羌传》所引大致同，但未及安定。故用《资治通鉴》文。

安定、北地、上郡、西河等郡的羌人，除先零种外，他们之所以被称为东羌，不仅因地处西羌之东，具有地理分布的意义；而且他们非由西羌内迁，与西羌没有直接的渊源关系。

（二）

由于东羌之称出现较晚，有关东羌的资料见于东汉后期伐羌名将皇甫规、张奂、段颎诸人本传，《西羌传》中只有数例。下面以时间为序，一一释读。

（1）《张奂传》：永寿元年（155年），张奂迁安定属国都尉。"初到职，而南匈奴左薁鞬台耆、且渠伯德等七千余人寇美稷，东羌复举种应之，而奂壁唯有二百许人，闻即勒兵而出。军吏以为力不敌，叩头争止之。奂不听，遂进屯长城，收集兵士，遣将王卫招诱东羌，因据龟兹，使南匈奴不得交通东羌。诸豪遂相率与奂和亲，共击薁鞬等，连战破之。……羌豪帅感奂恩德，上马二十匹，先零酋长又遗金镮八枚。奂并受之，而召主簿于诸羌前，以酒酹地曰：'使马如羊，不以入厩；使金如粟，不以入怀。'悉以金马还之。"

早在永和五年（140年）夏，"南匈奴左部句龙王吾斯、车纽等背畔，率三千余骑寇西河，因复招诱右贤王，合七八千骑围美稷，杀朔方、代郡长史。……秋，句龙吾斯等立句龙王车纽为单于。东引乌桓，西收羌戎及诸胡等数万人，攻破京兆虎牙营，杀上郡都尉及军司马，遂寇掠并、凉、幽、冀四州。乃徙西河治离石，上郡治夏阳，朔方治五原"[①]。这次叛乱发生在西河、上郡、朔方等郡。吾斯"西收羌戎"之"羌戎"，也即在此数郡，东汉朝廷只得把这些郡的郡治外迁。关于"虎牙营"，李贤注曰："虎牙营即京兆虎牙都尉也。《西羌传》云：'置虎牙都尉于长安，扶风都尉于

---

① 《后汉书·南匈奴列传》，中华书局，第2960-2962页。

雍。'《汉官仪》曰：'凉州近羌，数犯三辅，京兆虎牙、扶风都尉将兵卫护园陵'也。"①虎牙都尉治虽设于长安，但都尉经常领兵出征。如元初二年（115年）十月，"京兆虎牙都尉耿溥与先零羌战于丁奚城"②。吾斯所攻破的虎牙营即在上郡。而南匈奴左薁鞬台耆等寇美稷，东羌复举种应之。美稷，原西河郡治。东羌就在西河当地。张奂将王卫据龟兹（今陕西省榆林市北）以阻断东羌，那么东羌种落应分布在上郡龟兹偏西地区。联系这两处记载，可见羌戎也就是东羌。

（2）《皇甫规传》："延熹四年（161年）秋，叛羌零吾等与先零别种寇钞关中，护羌校尉段颎坐征。后先零诸种陆梁，覆没营坞。……至冬，羌遂大合，朝廷为忧。三公举规为中郎将，持节监关西兵，讨零吾等，破之，斩首八百级。先零诸种羌慕规威信，相劝降者十余万。明年，规因发其骑共讨陇右，而道路隔绝，军中大疫，死者十三四。规亲入庵庐，巡视将士，三军感悦。东羌遂遣使乞降，凉州复通。"

所谓"羌遂大合"，亦即东、西羌的联合。永和六年（141年），就发生过一次"东西羌遂大合"的事件③。据《段颎传》，参与延熹四年（161年）的"羌遂大合"者，除零吾、先零外，还有上郡沈氏、陇西牢姐、乌吾诸种羌，他们共同劫掠并、凉二州。"颎将湟中义从讨之，凉州刺史郭闳贪共其功，稽固颎军，使不得进。义从役久，恋乡旧，皆悉反叛。郭闳归罪于颎，颎坐征下狱，输作左校。羌遂陆梁，覆没营坞，转相招结，唐突诸郡。"因段颎入狱，皇甫规这才出山。据《西羌传》，"四年（161年），零吾复与先零及上郡沈氏、牢姐诸种并力寇并、凉及三辅。会段颎坐事征，以济南相胡闳代为校尉。闳无威略，羌遂陆梁，覆没营坞，寇患转盛，中郎将皇甫规击破之。五年（162年），沈氏诸种复寇张掖、酒泉，皇

---

① 《后汉书·南匈奴列传》，中华书局，第2962页。
② 《后汉书·安帝纪》，中华书局，第224页。
③ 《后汉书·西羌传》，中华书局，第2896页。

甫规招之，皆降。事已具《规传》"。这个记载更直接证明东羌即指上郡沈氏种等。因东羌进击张掖、酒泉，阻绝河西，而当其降后，则凉州复通。

（3）《张奂传》："（延熹）九年（166年）春……鲜卑闻奂去，其夏，遂招结南匈奴、乌桓数道入塞，诱引东羌与共盟诅。于是上郡沈氏、安定先零诸种共寇武威、张掖，缘边大被其毒。"

当时鲜卑部落军事大联盟首领檀石槐"尽据匈奴故地，东西万四千余里，南北七千余里，网罗山川水泽盐池"[1]。延熹九年（166年），鲜卑数万人进攻缘边九郡，利用羌人盟诅的习俗，与东羌共盟诅，招诱东羌。可知东羌上郡沈氏、安定先零与鲜卑相邻。

（4）《张奂传》："永康元年（167年）春，东羌、先零五六千骑寇关中，围祋祤，掠云阳。夏，复攻没两营，杀千余人。冬，岸尾、摩螫等胁同种复钞三辅。"据《西羌传》："永康元年，东羌岸尾等胁同种连寇三辅，中郎将张奂追破斩之。事已具《奂传》。"

又《段颎传》：永康元年，"西羌于此弭定，而东羌先零等，自覆没征西将军马贤后，朝廷不能讨，遂数寇扰三辅。其后度辽将军皇甫规、中郎将张奂招之连年，既降又叛。桓帝诏问颎曰：'先零东羌造恶反逆，而皇甫规、张奂各拥强众，不时辑定。欲颎移兵东讨，未识其宜，可参思术略。'颎因上言曰：'臣伏见先零东羌虽数叛逆，而降于皇甫规者，已二万许落，善恶既分，余寇无几。……计东种所余三万余落，居近塞内，路无险折，非有燕、齐、秦、赵从横之势，而久乱并、凉，累侵三辅，西河、上郡已各内徙，安定、北地复至单危，自云中、五原，西至汉阳二千余里，匈奴、种羌，并擅其地，是为痈疽伏疾，留滞胁下，如不加诛，转就滋大。'"

上文《张奂传》原文"东羌、先零"中不应加顿号，如《段颎传》中

---

① 《后汉书·鲜卑列传》，中华书局，第2989页。

"东羌先零"或"先零东羌",因先零就是东羌,而东羌即指先零。

《段颎传》为东羌的分布及户口提供了一个有价值的资料。当时,东羌已降者有二万落左右,而未降者还有三万余落,总计五万余落,一落以五口计,共二十五万人以上。他们原分布在西河、上郡、安定、北地,这二十五万人大多因参加反乱离开了西河等四郡,当然不是东羌的全部。据《后汉书·郡国志五》永和五年(140年)的人口统计,并州西河郡有户五千六百九十八,口二万八百三十八;上郡有户五千一百六十九,口二万八千五百九十九;凉州安定有户六千九十四,口二万九千六十;北地有户三千一百二十二,口一万八千六百三十九。四郡总计户二万零八十三,口九万七千一百三十六。上面说到,顺帝永建四年(129年),诏令恢复安定、北地、上郡三郡,文献上也可以看到恢复三郡后派去的太守。三郡恢复十一二年后户口统计(不包括羌胡),尚不足东羌的一半。而且,数年之后,西河郡迁治离石,只保有原西河郡的小部分,上郡又完全丧失了。段颎所说"自云中、五原,西至汉阳二千余里,匈奴、种羌,并擅其地",绝非危言耸听。

(5)《段颎传》:段颎决心剿灭东羌,建宁元年(168年)春与先零诸种战于安定高平逢义山,斩首八千余级,获牛马羊二十八万头。夏,追击至上郡奢延泽,三日三夜一直追到安定泾阳,余众四千余落,散入汉阳山谷间。时中郎将张奂主张招降,上言曰:"东羌虽破,余种难尽,颎性轻果,虑负败难常。宜且以恩降,可无后悔。"朝廷下诏书给段颎,颎复上言曰:"臣本知东羌虽众,而软弱易制,所以比陈愚虑,思为永宁之算。而中郎将张奂,说虏强难破,宜用招降。……又言羌一气所生,不可诛尽,山谷广大,不可空静,血流污野,伤和致灾。臣伏念周秦之际,戎狄为害,中兴以来,羌寇最盛,诛之不尽,虽降复叛。今先零杂种,累以反复,攻没县邑,剽略人物,发冢露尸,祸及生死,上天震怒,假手行诛。"二年(169年),"诏遣谒者冯禅说降汉阳散羌。颎以春农,百姓布野,羌虽暂降，而县官无廪，必当复为盗贼，不如乘虚放兵，势必殄灭。……斩其渠帅以下万九千级，获牛马驴骡毡裘庐帐什物，不可胜数。冯禅等所招降四千人，分置安定、汉阳、陇西三郡，于是东羌悉平"。

由此可见，东汉统治者对待羌人有两种不同的态度。一种比较开明，主张以德怀之，给羌人一条生路。明帝时，烧何羌豪妇人比钳铜，率种人依附郡县。临羌长因其种人犯法，收捕比钳铜，且杀其种人六七百人。明帝下诏说："昔桓公伐戎而无仁惠，故《春秋》贬曰'齐人'。今国家无德，恩不及远，羸弱何辜，而当并命！夫长平之暴，非帝者之功，咎由太守长吏妄加残戮。比钳铜尚生者，所在致医药养视，令招其种人，若欲归故地者，厚遣送之。其小种若束手自诣，欲效功者，皆除其罪。若有逆谋为吏所捕，而狱状未断，悉以赐有功者。"① 如皇甫规说："臣穷居孤危之中，坐观郡将，已数十年矣。自鸟鼠至于东岱，其病一也。力求猛将，不如清平；勤明吴、孙，未若奉法。"规所谓"其病"，就是郡守不能绥抚包括羌人在内的百姓。而张奂认为"羌一气所生，不可诛尽，山谷广大，不可空静，血流污野，伤和致灾"，虽被当世段颎指控，为后世范晔讥为迂腐，却不失为极具识见。

另一种如屠伯段颎，他对羌人一味主张赶尽杀绝，必欲置之死地而后快。建宁二年（169年），除冯禅招降的四千人外，分散在汉阳山区的东羌被段颎一网打尽。在镇压羌乱中，段颎是最大的功臣，后来他官升司隶校尉。窦太后曾下诏褒奖曰："先零东羌历载为患，颎前陈状，欲必扫灭。涉履霜雪，兼行晨夜，身当矢石，感厉吏士。曾未浃日，凶丑奔破，连尸积俘，掠获无算。洗雪百年之逋负，以慰忠将之亡魂。功用显著，朕甚嘉之。须东羌尽定，当并录功勋。今且赐颎钱二十万，以家一人为郎中。"但此人人品不佳，曲意奉承宦官，因增封邑四千户，并位极人臣，两次出

---

① 《后汉书·西羌传》，中华书局，第2880页。

任太尉。段颎最终也没有好下场，宦官王甫被诛，牵连段颎，遂饮鸩死，家属被发配到边地。

以上基本上囊括了有关东羌的记载。从这些记载中，我们就东羌的种落与分布情况可做一小结。

东羌是指分布在安定以东，包括西河、上郡、北地等郡的羌人。胡三省关于东羌的定义的概括是准确的，因为他只是言简意赅地为《资治通鉴》作注，不可能充分加以说明。这些羌人并非西羌东迁，而是春秋战国以来就一直居住在当地。他们同西羌一样，也是以种落的形态存在。因为没有出现强有力的羌豪，各种落之间不相统一。在匈奴统治蒙古草原时，他们从属于匈奴；在匈奴衰落后，东汉朝廷征发他们为骑兵参与作战。直到滇零据北地反叛，他们才因响应滇零而崭露头角，走上历史的前台。见之于史的东羌种落有上郡沈氏种、上郡全无种①、西河虔人种。又有效功种，如元初四年（117年），中郎将任尚募效功种羌号封刺杀滇零子零昌，封号封为羌王。其种在北地，疑为东羌。另文献明确称东羌的岸尾种、摩螯种则不知原居何郡。

先零原是西羌的一个强大的种落，分布在金城郡。东汉初，先零与诸种相结，进攻金城、陇西，为陇西太守马援所败。马援徙置降者于天水、陇西、扶风。先零别种滇零当即由天水、陇西进入北地，发动东羌进行一次大规模的反叛，并于永初二年（108年）在北地称天子，建立第一个羌人政权；同时，先零种也加入了东羌的行列。

罗新的博士论文《十六国时期中国北方的民族形势与社会整合》从曹魏设东羌校尉入手，探讨东、西羌问题，角度很新。他说："《三国志·魏志·邓艾传》载艾领护东羌校尉，其主要活动地区是陇山以西的南安、天水等郡。邓艾征蜀，所部'羌胡健儿'有五千余人，竟占全军总数的四分

---

① 《后汉书·西羌传》：元初五年（118年），"邓遵募上郡全无种羌雕何等刺杀狼莫，赐雕何为羌侯"。

之一强，当多为东羌。史书上涉及东羌，总离不开陇山和六盘山。这是在提示我们，所谓东羌，是很早就与西羌有别的羌人，其居住范围大致以陇山和六盘山为中心。"又说："从渭河谷地等水草丰美的地区被逐出来以后，土著羌族分为东西两个方向，向河谷台地乃至高山地带迁徙，事实上分成了两个大的群落：以河湟地区为中心的西羌和以陇山、六盘山为中心的东羌。传统意义上的东、西羌就是这样划分的。"[1]

但是，他没有注意到东、西羌分布的变化。东羌以陇山、六盘山为中心的分布是曹魏时期的状态，这是东羌参与反叛并被镇压后形成的，并非传统意义上的分布。段颎在汉阳剿灭东羌，冯禅把东羌降众四千人安置在安定、汉阳、陇西。如罗新上文，邓艾领护东羌校尉，主要活动地区是陇山以西的南安、天水等郡。按汉阳是东汉永平十七年（74 年）改天水郡治，至曹魏复名天水；而南安乃东汉末的中平五年（188 年）分汉阳设置的。这也正是段颎消灭东羌与冯禅安置投降东羌之地。所以，这个地区遗留有相当数量的东羌，这就是曹魏设护东羌校尉于此地的缘故。

（三）

马长寿先生在《氐与羌》一书中，曾对羌族部落及其分布做过整理[2]，下面根据我对东、西羌的理解，以《后汉书·西羌传》为主，参用其他记载，按西羌的种落出现先后为序，重新对西羌的种落及分布加以考订。

（1）烧当种。烧当羌可上溯到秦厉公时代的奴隶无弋爰剑。爰剑逃归后与劓女结为夫妇，入黄河、赐支河和湟河之间，被诸羌推举为豪，是为西羌始祖。"河湟间少五谷，多禽兽，以射猎为事，爰剑教之田畜，遂见敬信，庐落种人依之者日益众。"至爰剑孙忍时，迫于强秦威胁，忍叔父卬率其种人附落南迁，其后发展为牦牛种、白马种、参狼种等。忍与弟舞

---

① 罗新：《十六国时期中国北方的民族形势与社会整合》，1995 年，未刊稿，第 16、17 页。
② 上揭《氐与羌》，上海人民出版社，第 107-111 页。

则留湟中，忍生九子为九种，舞生十七子为十七种。忍子研至为豪健，自后以研为种号。十三世至烧当，复豪健，其子孙以烧当为种号。历西汉世，烧当种被逐出湟中，居大允谷（今青海省海南州共和县东南）。至玄孙滇良，种小人贫，而且常被占据大、小榆谷（今青海省黄河南岸海南州贵德县东）的先零、卑湳种欺凌。东汉初，烧当种发愤击败先零、卑湳，夺取大、小榆谷，从而强大起来。而随着种落发展，他们不甘居于大、小榆谷一隅，企图回到湟中。他们的活动范围限于陇西、金城、汉阳。烧当种的种人曾因战败，被徙往三辅、安定、汉阳、陇西等地。

（2）先零种。在西羌中，先零羌是与烧当羌相伯仲的种落。汉武帝初开河西，列置四郡，隔绝羌胡。"时先零羌与封养、牢姐种解仇结盟，与匈奴通，合兵十余万，共攻令居、安故，遂围枹罕。"令居、枹罕，属金城郡；安故，属陇西郡。汉宣帝时，先零以寻求新牧场为由，渡湟水北上。汉廷派义渠安国镇压，羌人怒而攻金城。可见先零种当居于金城郡。汉将赵充国破平之，迁降众于破羌（今青海省海东市乐都区东）、允街（今甘肃省兰州市永登县南），置金城属国处之。东汉初，先零与诸种联合，攻击金城、陇西，为陇西太守马援所败，降众被徙于天水、陇西、扶风。后来先零别种滇零在北地召集东羌反叛，有不少先零种落参与。这时，这部分先零已转化为东羌。

（3）封养种　封养羌在西汉时与先零羌合兵，见于上（2）。亦居金城郡。章帝建初二年（77年），烧当羌迷吾"又与封养种豪布桥等五万余人共寇陇西、汉阳"。这是金城、陇西保塞羌的反叛。所谓保塞羌，就是归降并入居塞内以保边塞的羌人。马防奉命镇压，解除布桥对临洮的包围。在烧当羌皆降后，布桥等二万余人不降，坚持到第二年才率种人万余降[1]。可知，封养羌也是一个比较大的种落。

---

① 《后汉书·马援传子防附传》，中华书局，第855—856页。

（4）牢姐种。西汉同封养羌与先零羌结盟，见上（2）。东汉光武建武中元二年（57年），汉军在进剿羌人时，牢姐羌在白石（金城属县）打败了天水郡兵。和帝永元十三年（101年），护羌校尉周鲔率包括陇西牢姐羌在内的军队镇压烧当迷唐。这时，至少有一部分牢姐羌从金城迁到了陇西。

（5）罕开种。原居湟中。或分为罕、开两种。西汉破罕开，一部分迁天水，置罕开县。或云罕、开本为一种，开，又作"开"或"幵"。《汉书·赵充国传》载：赵充国认为，"疑匈奴使已至羌中，先零、罕、开乃解仇作约"。同传引苏林注曰："罕、开在金城南。"又师古注曰："罕、开，羌之别种也。……其下又云'河南大开、小开'，则罕羌、开羌姓族殊矣。而《地理志》天水有罕开县，盖以赐二种羌来降，处之此地，因以名县也。"[1]马长寿先生认为，"罕和开原系两个氏族，以居地相近，合称为罕开部落"[2]。陈连庆先生认为，"天水罕幵氏，为归汉西羌罕幵种，以种名为氏。……绝无将两种胡姓合并为一姓者，师古此种解释显属牵强"[3]。东汉永和六年（141年），罕种千余攻北地；次年（142年），罕种邑落五千余户降赵冲。这时罕种已走出原居地湟中。

（6）煎巩种。《汉书·赵充国传》：神爵元年（前61年），赵充国上书曰："今先零羌杨玉将骑四千及煎巩骑五千，阻石山木，候便为寇。"同传又载次年（前60年）赵充国奏言："羌本可五万人军，凡斩首七千六百级，降者三万一千二百人，溺河湟饥饿死者五六千人，定计遗脱与煎巩、黄羝俱亡者不过四千人。"又其秋，"诸豪弟泽、阳雕、良儿、靡忘皆帅煎巩、黄羝之属四千余人降汉"。由此可知，煎巩、黄羝种羌颇依附于先零

① 《汉书·赵充国传》，中华书局，第2973-2974页。
② 马长寿本于此称"罕和开原系两个氏族，以居地相近，合称为罕开部落"。又说"除一部分徙天水置罕开县外，还有一部分迁鲜水之阳，即青海湖北岸；一部分迁往黄河南岸"。参见马长寿：《氐与羌》，上海人民出版社，第108页。
③ 陈连庆：《中国古代少数民族姓氏研究》，吉林文史出版社，第264页。

种，降者同被安置在金城属国。

（7）黄羝种。见上（6）。

（8）乡姐种。西汉时居陇西。《汉书·冯奉世传》："永光二年（前42年）秋，陇西羌乡姐旁种反。"而《西羌传》无"旁"字。

（9）卑湳种。原居地不详，始见于（2）先零种条，与先零同居大、小榆谷。东汉章帝建初元年（76年），卑湳羌妇被金城安夷县吏所掠，吏为其夫杀。安夷长宗延追之出塞，又为卑湳种人杀。卑湳遂与勒姐、吾良二种共拒官军。这时的卑湳应居于金城郡。

（10）烧何种。烧何因遭到卢水胡攻击，种豪"比钳铜乃将其众来依郡县。种人颇有犯法者，临羌长收系比钳铜"。烧何因卢水胡的攻击而依附于金城临羌县（今青海省西宁市湟源县东南），寻求保护。其原居地当与临羌相距不远[①]。章帝章和元年（87年），烧当豪迷吾欲降，被护羌校尉张纡设计杀害。其子迷唐与烧何、当煎、当阗等解仇交质，攻陇西塞。和帝永元十三年（101年），降羌六千余口被分徙汉阳、安定、陇西郡；次年（102年），"安定降羌烧何种胁诸羌数百人反叛，郡兵击灭之，悉没入弱口为奴婢"。其种先在金城，后徙安定。

（11）勒姐种。初见于（9）卑湳种条，与卑湳、吾良共拒官军。安帝永初元年（107年），朝廷发金城、陇西、汉阳羌数百千骑征西域，群羌到酒泉发生散叛。"诸郡各发兵傲遮，或覆其庐落。于是勒姐、当煎大豪东岸等愈惊，遂同时奔溃"，三年（109年）春，"当煎、勒姐种攻没金城郡破羌县（今青海省海东市乐都区西）"。安帝元初六年（119年），先零种（或别种）发动的东羌反叛刚被镇压，"勒姐与陇西种羌号良等通谋欲反，马贤逆击之于安故（属陇西郡，今甘肃省定西市临洮县南）"。《读史方舆纪要》卷六十四《陕西十三》"勒姐岭"："在卫东。阚骃曰：'金城安夷县

---

① 马长寿云："初居河西张掖郡的南山，与卢水胡为邻。"上揭《氐与羌》，上海人民出版社，第109页。

东有勒姐河，与金城河合。'勒姐岭，勒姐河所出也。汉时勒姐羌居之。"其种先在金城，后迁陇西。

（12）吾良种。见于（9）卑湳种条，时在金城郡。仅此一见。

（13）当煎种。见于（10）烧何种条、（11）勒姐种条。其种在金城郡。

（14）当阗种。始见于（10）烧何种条。滇零政权将军杜季贡驻北地丁奚城，护羌校尉任尚派当阗种榆鬼等五人刺杀杜季贡。其种先在金城，后迁北地。

（15）累姐种。烧当种迷唐在大、小榆谷被护军校尉贯友所攻，逃往赐支河曲。因"累姐种附汉，迷唐怨之，遂击杀其酋豪"。以此观之，累姐种在赐支河曲。

（16）钟羌种。东汉后期西羌中一重要种落，人数众多。史称，"先零别种滇零与钟羌诸种大为寇掠，断陇道"[①]。但从后来钟羌败邓骘于冀西，又攻没临洮县来看，其活动范围在陇西。阳嘉三年（134年），钟羌酋豪良封攻打陇西、汉阳，前校尉马贤为谒者，前往镇抚诸种。次年（135年），马贤发陇西吏士及羌胡兵击杀良封，复击钟羌酋豪且昌，且昌等率诸种十余万降凉州刺史。

（17）且冻种。永和五年（140年），且冻种与傅难种反，攻金城，与西塞及湟中杂种羌胡进攻三辅。可能原居金城。同年，且冻种分遣种人攻武都，烧陇关、掠苑马。次年（141年），马贤在射姑山北为且冻种所败，并其二子皆殁。

（18）傅难种。同上（17）。

（19）巩唐种。永和六年（141年）巩唐羌始以三千骑进攻陇西，然后入关中。其原居地应在陇西，为西羌。

---

① 《后汉书·西羌传》，中华书局，第2886页。

（20）离湳种。永熹元年（145年），左冯翊太守梁并招诱诸羌，离湳、狐奴等五万余户降，"陇右悉平"①。此二种羌亦应居陇西。

（21）狐奴种。同上（20）。

（22）鸟吾种。延熹五年（162年），"鸟吾种复寇汉阳，陇西、金城诸郡兵共击破之，各还降附"②。其种应即居汉阳。

（23）句就种。中平元年（184年），"时叛羌围护羌校尉夏育于畜官，（盖）勋与州郡合兵救育，至狐槃，为羌所破。……句就种羌滇吾素为勋所厚，乃以兵扞众曰：'盖长史贤人，汝曹杀之者为负天。'"又《读史方舆纪要》卷五十九《陕西八》"狐槃"条曰："汉灵帝光和末③，汉阳长史盖勋以叛羌围夏育于畜官，驰救至狐槃，为羌所败。又秦苻生葬姚弋仲于此。《载记》：'狐槃在天水冀县。'"东汉改天水郡置汉阳郡。句就种羌受汉阳长史盖勋厚待，应在汉阳境内。

总之，东羌、西羌乃学术界聚讼累年、悬而未决的一个问题。其实胡三省为《资治通鉴》所作注解对东、西羌的界定是正确的，只是未加以证明。文献显示，东羌是东汉时分布在朔方、上郡、北地、云中、五原、西河地区的羌人，他们早在先秦时期就移居于此；而西羌则是分布在陇西、汉阳西及金城地区的羌人，即便他们后来迁入关中，也仍为西羌。当然，东羌的历史以及与东羌在一起的匈奴、鲜卑、乌桓的历史还需要我们深入研究，以使能够有一部完整的羌族史，一部内容准确而丰满的匈奴、鲜卑、乌桓与羌族的民族关系史出现，并把它们与魏晋以后的历史更好地衔接起来④。

---

① 《后汉书·西羌传》，中华书局，第2897页。
② 《后汉书·西羌传》，中华书局，第2898页。
③ 《后汉书·盖勋传》系于汉灵帝中平元年（184年），《通鉴》同。而《读史方舆纪要》（第六册）误为"汉灵帝光和末"，中华书局，第2821页。
④ 关于魏晋以后上郡、西河、朔方等地的羌胡，参看本书有关部分。

三、羌人内迁关中

东汉建武十一年（35年），陇西太守马援在降服先零羌后，降羌被徙置天水、陇西、扶风三郡，这是羌人内迁关中之始。东汉末建安二十四年（219年），曹操令雍州刺史张既迁徙武都氐人五万余落至扶风、天水二郡，这是氐人入居关中之始。在东汉期间和东汉之后，由于种种原因，凉州的氐、羌迁入关中的人口越来越多，这是历史大势。西晋元康九年（299年），一位头脑比较清醒的官吏、太子洗马江统作《徙戎论》曰："关中之人，百余万口，率其少多，戎狄居半。"① 这种巨变，极大地改造了关中人口的民族构成，对后来的历史产生了深远的影响。

（一）

西汉神爵二年（前60年），后将军赵充国讨平进攻金城的诸羌，宣帝置金城属国以安置降羌。置属国是汉武帝为妥善安置归降的匈奴浑邪、休屠二部而创设的制度。宣帝置金城属国，是继承了汉武帝的制度。因汉武帝所置属国在"故塞外"，而金城属国可能在金城郡内，而如此处置降羌，又可能出自赵充国的建议，所以后代不敢骂皇帝的人就骂赵充国。如范晔说："先零侵境，赵充国迁之内地；煎当作寇，马文渊（马援，字文渊）徙之三辅。贪其暂安之势，信其驯服之情，计日用之权宜，忘经世之远略，岂夫识微者之为乎？"

东汉有两次徙降羌至三辅。第一次是马援平先零羌后，迁徙人口数史无明文。做出徙羌决定的，也应该是光武帝，而非马援。这种重大决定，岂是一个将领所敢擅自做主的。《后汉书·西羌传》曰："（建武）十一年（35年）夏，先零种复寇临洮，陇西太守马援破降之。后悉归服，徙置天

---

① 《晋书·江统传》，中华书局，第1533页。

水、陇西、扶风三郡。"文中"破降"与"徙置"是分开说的，后一句的主语"朝廷"省略。而同书《马援传》不载此事。第二次是明帝永平元年（58年）时。同上引《西羌传》曰："永平元年，复遣中郎将窦固、马武等击滇吾于西邯，大破之。事已具武传。滇吾远引去，余悉散降，徙七千口置三辅。"徙羌事《马武传》同样不载。因记载只概括地说置三辅，是徙京兆、左冯翊、右扶风的哪一郡，或各郡都有？这些问题则不明确。

此外，和帝永元十三年（101年），金城太守侯霸在允川击败烧当羌，羌种人分散，降者六千余口，被分徙于汉阳、安定和陇西。当时关中的地理概念，包含安定的一部分，故这次徙羌也有一些羌人徙置关中[①]。

东汉徙羌，是西汉武帝徙置附汉匈奴于属国政策的继续，不同的是汉武置之于塞外，而东汉置之于内郡。徙羌首先是为了安置、安抚这些降羌，消弭对立、对抗情绪，通过迁徙，给他们的生产生活提供一定的条件，并让他们成为在地方官府管理下的编户民，维护社会的安定。《西羌传》记载明帝时发生的一个故事：

> 时烧何豪有妇人比铜钳者，年百余岁，多智算，为种人所信向，皆从取计策。时位卢水胡所击，比铜钳乃将其众来依郡县。种人颇有犯法者，临羌长收系比铜钳，而诛杀其种六七百人。显宗（明帝）怜之，乃下诏曰："昔桓公伐戎而无仁惠，故春秋贬曰'齐人'。今国家无德，恩不及远，羸弱何辜，而当并命！夫长平之暴，非帝者之功，咎由太守长吏妄加残戮。比铜钳尚生者，所在致医药养视，令招其种人，若欲归故地者，厚遣送之。其小种若束手自诣，欲效功者，皆除其罪。若有逆谋为吏所捕，而狱状未断，悉以赐有功者。"

---

① 《后汉书·西羌传》，中华书局，第2884页。以散关（在今陕西省宝鸡市西南大散岭上）为关中西界，关中则包括安定的一部分。参见黄烈：《中国古代民族史研究》，人民出版社，第353页。

所谓"齐人"，李贤注曰："《春秋》庄公三十年：'齐人伐山戎。'《公羊传》曰：'此齐侯也。其称人何？贬也。'何休注云：'戎亦天地之所生，乃迫杀之，恶不仁也。'"

在明帝所受的教育中，较为平等的民族观起着作用。所以，他一方面要坚决维护皇朝的统治，不允许羌人"逆谋"；但另一方面他认为伐戎非仁惠，即使犯逆谋之罪，也不要轻易处死，可赐予有功者为奴。对地方官吏滥杀无辜，他严厉谴责，并指示对比铜钳进行救治，厚送她率种人返回故地。这比起后来那些必欲把羌人斩尽杀绝而后快的屠夫如段颎辈不知道要高明多少！此事发生在第二次徙羌至三辅之前，明帝后来采取徙羌的政策正是在这种思想的指导下作出的。

自西汉末年王莽改制到刘秀建立东汉皇朝，战乱相寻、天灾频发，全国人口数量不断下降。关中地区在绿林军三年的掠抢之后，又经赤眉军的洗劫，终于到了长安城中无粮的地步。建武二年（26年），赤眉军们收拾珍宝，纵火焚烧宫室，然后引兵西去，留下一座残破的空城。东汉皇朝之所以弃长安而都洛阳，与长安的破败不无关系。当时，三辅大饥，人相食，白骨蔽野，可知关中人口之锐减。至东汉建武十二年（36年），全国人口跌入谷底，从王莽执政前的六千万降到了三千多万[1]。东汉初年，人口虽有所增长，但所谓"关中自汧、雍以东至河、华，膏壤沃野千里"；汉武帝时，关中"地少人众"[2]，土地贵至"亩一金"[3]，都成了美好的回忆。直到安帝永初四年（110年），庞参在谈到三辅的情况时仍说："三辅旷远，民庶稀疏，故县丘城，可居者多。今宜徙边郡不能自存者，入居诸陵，田戍故县。"[4]这种情况说明，关中地区人少地多，可以安置降羌，如果管理

---

① 参见葛剑雄：《中国人口史》第一卷，复旦大学出版社，第408-411页。
② 《史记·货殖列传》，中华书局，第3261页。
③ 《汉书·东方朔传》，中华书局，第2849页。
④ 《后汉书·庞参传》，中华书局，第1688页。

得当，羌人的迁入将有利于关中经济的恢复和发展。这也许是汉廷徙羌入关中的又一个目的。

徙羌的目的还在于削弱西羌聚居地羌人的势力，其中必有不少羌豪，防止他们闹事。这也是题中应有之义，汉初迁徙汉族豪族到关中亦然。

关于曹操徙氐三辅，《三国志·魏志·张既传》曰：

> 从征张鲁，别从散关入讨叛氐，收其麦以给军食鲁降，既说太祖拔汉中民数万户以充长安及三辅。……是时，太祖徙民以充河北，陇西、天水、南安民相恐动，扰扰不安，既假三郡人为将吏者休课，使治屋宅，作水碓，民心遂安。太祖将拔汉中守，恐刘备北取武都氐以逼关中，问既。既曰："可劝使北出就谷以避贼，前至者厚其宠赏，则先者知利，后必慕之。"乃自到汉中引出诸军，令既之武都，徙氐五万余落出居扶风、天水界。

从武都迁往扶风、天水的氐人有五万余落，一落以五口计，就有二十五万之众。而迁到扶风的，至少也有十万人，其人口数量是多次徙羌所不能比拟的。在魏、蜀双方军事对峙十分紧张的时候，虽然当时关中经济凋敝、人口稀少，比东汉初年严重得多，但曹操徙氐至关中，并不是要补充关中的人口，而是出于军事斗争的需要。

东汉以来，有关氐人活动的记载非常简略。《三国志·魏志·乌丸鲜卑东夷传》注引《魏略·西戎传》说："氐人有王，所从来久矣。自汉开益州，置武都郡，排其种人，分窜山谷间，或在福禄，或在汧、陇左右。"这就是说，氐族的大本营在武都。西汉元封三年（前108年），氐人反叛被打败，武帝徙其一部分于酒泉郡，即福禄（今甘肃省酒泉市）；还有一部分则逃到陇西的山谷间。东汉初，分散的氐人又返回武都及周边。建安年间（196—220年），兴国（今甘肃省天水市秦安县东北）有氐王阿贵，仇池（今甘肃省陇南市成县西）有百顷氏王杨千万，他们各有部落万余，附蜀反曹。"阿贵为夏侯渊所攻灭，千万西南入蜀，其部落不能去，皆降。国家分徙其前后两端者，置扶风美阳，今之安夷、抚夷护军所典是也。"《魏略·西戎传》所记与《张既传》颇有不同。美阳（今陕西省咸阳市武功县西北），扶风属县。如此，则曹操所徙之氐都在扶风，未迁天水。那么，就有二十多万氐人涌入扶风，如果说这为后来关中建立氐族政权奠定了民族基础，也许并不过分。

（二）

凉州的氐、羌除了被官府迫迁外，更多的是在反叛官府时打入关中的。

安帝永初元年（107年）冬，先零羌豪滇零等起兵。第二年（108年）打到关中。《后汉书·西羌传》曰：

> （永初二年）于是滇零等自称天子于北地，招集武都参狼，上郡、西河诸杂种，众遂大盛，东犯赵、魏，南下益州，杀汉中太守董炳，遂寇钞三辅，断陇道。

《资治通鉴》卷四十九汉安帝永初二年（108年）在引用这段记载中删去"东犯赵、魏"四字。因为"东犯赵、魏"，是后来的事。

前文已经交代，西羌曾经于建武十一年（35年）和永平元年（58年）两次被迫迁出凉州到三辅。羌人并不愿意背井离乡，他们两次迁徙三辅都是汉廷为削弱西羌势力采取的强制措施。这一次，表面上是他们主动走出凉州，实质上仍然是被迫的，因为他们在当地已经无法生存了。由于已降的大豪迷吾及酋豪八百多人被护羌校尉张纡设计杀害，烧当羌与汉廷结下深仇大恨。永元元年（89年），烧当羌已经退到大、小榆谷，迷吾从子号吾又领种人投降，但新任的护羌校尉邓训仍不放过他们，再次派兵攻打大、小榆谷，迷吾子迷唐只得逃往颇岩谷。这以后，双方的关系一直十分紧张，迷唐一度回到大、小榆谷，攻金城塞。汉军还以颜色，杀烧当羌人八百余，掠走麦子数万斛。这样较量了几个回合后，彼此互有胜负。永元九年（97年），迷唐与诸种羌联合，以步骑兵三万，气势汹汹地深入陇西。汉廷见形势紧急，派行征西将军刘尚等率中央精兵及边兵羌胡三万人进讨。迷唐不敢，折损千人，引兵逃去；而汉兵死伤也多，并不穷追。次年（98年），官府利用招降术离间诸羌，诸羌颇有降者，迷唐见大势已去，也向朝廷投降，他手下剩余的种人不满二千人，虽入居金城郡，但无以为生。汉和帝令迷唐带着种人返回大、小榆谷，迷唐因黄河上已架了桥，汉兵说来就来，大、小榆谷不可复居，便辞以种人饥饿，不肯远出。但汉廷就是不容，务必赶走而后快。校尉吴祉赐给钱帛，让羌人备办粮食牲畜，一再催促他们出塞。官府的态度引起羌人的惊恐不安，永元十二年（100年），迷唐率烧当种人并胁迫湟中诸胡一起反叛而去。校尉周鲔与金城太守等领兵围剿迷唐，他们的军队包括湟中月氏胡、陇西牢姐羌等义从羌胡兵，合三万人。迷唐大败，种人瓦解，六千人被分徙汉阳、安定、陇西，而迷唐率只剩下不足千人的种众，越过赐支河首，与发羌做伴去了。不久，迷唐病死，他的一个儿子来降，种落只剩下几十户了。烧当种羌凋零了，迷唐从子麻奴随其投降的父亲徙居安定，与诸种羌人都为"吏人豪右"服役，艰难度日。

这时发生的一个事件把已沉寂数年的羌人的情绪又鼓动起来。永初元年（107年）夏，朝廷强征金城、陇西、汉阳郡数百上千羌人当骑兵，"迫促发遣"去攻打西域。羌人不愿为朝廷送命，刚到酒泉很多人就逃散了。官府派兵上门搜捕，或烧毁庐帐，激起诸种羌人纷纷逃亡。于是，先零别种豪滇零和钟羌种率先起事，切断陇道，展开声势浩大的斗争。先零羌自从被烧当羌赶出大、小榆谷后，就与烧当羌结怨，在烧当羌发动的斗争中，从不见先零种的影子。这次领头的虽然是先零的别种，但说明这时先零的处境好于烧当羌。他们与羌人种落种最强大、胜兵十余万的钟羌种结合，从而把羌人的斗争推向最高潮。

滇零与钟羌种登高一呼，应者如云，举木为兵、揭竿为旗，势不可当。"时羌归附既久，无复器甲，或持竹竿木枝以代戈矛，或负板案以为楯，或执铜镜以象兵，郡县畏懦不能制。"①汉廷见大事不妙，立即派车骑将军邓骘率领中外兵五万大军前来镇压。当诸郡兵尚未到达时，钟羌种先在冀（汉阳属县，今甘肃省天水市西）西大败邓骘军，杀死千余人。其后，副帅任尚统领的诸郡兵与滇零数万人战于平襄（汉阳属县，今甘肃省定西市通渭县西），滇零等又重创汉军，杀死敌人多达八千余人。

永初二年（108年），滇零在北地自称天子，而武都、参狼、上郡、西河等地的"诸杂种"都参加进来了。武都、参狼都是西羌，而上郡、西河郡的羌人此前未见记载，他们不是从陇西、金城迁来，而是当地的"东羌"。这次斗争声势浩大，西断陇道而东进三辅，震动了汉廷。

东汉和帝死后，东汉皇朝处在由盛而衰的转折点上。邓太后临朝，其兄邓骘随即被任命为车骑将军、仪同三司。邓骘以外戚居大位，其实并无军事才能。这场突如其来的羌人造反，把他推到讨羌大军的帅位上，虽领有左右羽林、北军五校士精兵，但注定是没有作为的。他刚到汉阳，羌人就给了他一个下马威，两次交手都损失惨重。于是，太后以朝政需要，给他体面的台阶下，让他班师回朝，而留任尚屯汉阳，为诸军节度。"朝廷以太后故，遣五官中郎将迎拜骘为大将军。军到河南，使大鸿胪亲迎，中常侍赍牛酒郊劳，王、主以下候望于道。既至，大会群臣，赐束帛乘马，宠灵显赫，光震都鄙。"②风光固然风光，但羌人反叛的反应是连锁性的，东汉统治危机毕现。如庞参说："方今西州流民扰动，而征发不绝，水潦不休，地力不复。重之以大军，疲之以远戍，农功消于转运，资财竭于征

---

① 《后汉书·西羌传》，中华书局，第2886页。
② 《后汉书·邓寇传孙骘附传》，中华书局，第614页。

发。田畴不得垦辟，禾稼不得收入，搏手困穷，无望来秋。百姓力屈，不复堪命。"[1]

羌众"寇钞三辅"，迫近了西汉皇陵。《后汉书·梁慬传》曰："（梁）慬受诏当屯金城，闻羌转寇三辅，迫近园陵，即引兵赴击之，转战武功、美阳关。（梁）慬临阵被创，不顾，连破走之，尽还得所掠生口，获马畜财物甚众，羌遂奔散。"园陵，即西汉诸帝十一陵，除文帝霸陵在今西安市东郊的霸陵原上，宣帝杜陵在西安市南郊的杜陵原上，其余九陵都在西安市北面渭河北岸的咸阳原上。羌众迫近园陵地区，距西安则已不远。虽然梁慬在武功和美阳关打了胜仗，但奔散的羌众后来仍坚持战斗。

永初三年（109年），羌众分两地作战。一是三辅战场，骑都尉任仁督诸郡救三辅，每战不利，屡屡受挫。二是金城、陇西战场，当煎、勒姐种先后攻下破羌和临洮县，活捉陇西南部都尉。次年（110年），又开辟了汉中战场，滇零进攻褒中（今陕西省汉中市北），汉中太守郑勤出战，大败，死三千余人。金城、三辅战场都屡战屡败，金城郡迁治襄武（属陇西，今甘肃省陇西县东南），护羌校尉移驻张掖。任仁被关入诏狱死。当时朝廷掀起一股放弃凉州的声浪，得到大将军邓骘的支持。邓骘在公卿会上说："譬若衣败，坏一以相补，犹有所完。若不如此，将两无所保。"众人表示赞同，舆论一时一边倒。时任小官中郎的虞诩对太尉李修说："先帝开拓土宇，勤劳后定，而今惮小费，举而弃之。凉州既弃，即以三辅为塞，则园陵单外，此不可之甚也。谚曰：'关西出将，关东出相。'观其习兵壮勇，实过余州。今羌胡所以不敢入据三辅，为腹心之害者，以凉州在后故也。其土人所以推锋执锐，无反顾之心者，为臣属于汉故也。若弃其境域，徙其人庶，安土重迁，必生异志。如使豪雄相聚，席卷而东，虽贲、育为卒，太公为将，犹恐不足当御。议者喻以补衣犹有所完，诩恐其疽食侵淫而无限

———————————
[1] 《后汉书·庞参传》，中华书局，第1687页。

中古北方民族史探

极。弃之非计。"①后来，虞诩的意见在李修召集的会议上占上风，于是，为稳定人心、提高士气，朝廷乃辟凉州豪杰为公府掾属，以牧守长吏子弟为郎。

永初五年（111 年），坐镇指挥的任尚因镇压不力被罢官，而羌人大举涌入河东及河内，引起当地吏民极大恐慌，纷纷南逃，争渡黄河。朝廷派北军中候朱宠统领禁卫军驻屯孟津，赵、魏诸郡都修筑防御工事。但形势并没有好转，群羌更盛，人心惶惶。西州太守、令、长大多是内地人，无意坚守，都上书请求迁徙郡县以避难。朝廷无奈答允，令陇西徙襄武，安定徙美阳（属右扶风，今陕西省宝鸡市扶风县东），北地徙池阳（属左冯翊，今陕西省咸阳市泾阳县），上郡徙衙（属左冯翊，今陕西省渭南市白水县北）。早前，金城已迁襄武，如今陇西与金城共治一城，而其他三郡竟都迁到三辅了。而且，这不仅是官府衙门的搬迁，连同老百姓都背井离乡了。"百姓恋土，不乐去旧，遂乃刈其禾稼，发彻室屋，夷营壁，破积聚。时连旱蝗饥荒，而驱蹙劫略，流离分散，随道死亡，或弃捐老弱，或为人仆妾，丧其太半"②，真正遭难的当然是老百姓了。

同年，任尚重新被起用，授以侍御史之职，让他领兵打羌人。他在上党郡的羊头山（今山西省长治市长子县南）打了一次小胜仗，诱杀降者二百余人。在羌人如火如荼的反抗斗争中，汉阳人杜琦及其弟季贡等与羌通谋，杜琦自称安汉将军，聚众占领上邽（今甘肃省天水市）。朝廷悬赏刺杀杜琦后，杜季贡便率众投奔了滇零。六年（112 年），滇零死，其子零昌代立，因年纪尚幼，由同种的狼莫为他出谋划策。杜季贡被任以将军，别居丁奚城（北地郡治富平东北，今宁夏回族自治区灵武市南）。七年（113 年），汉骑都尉马贤与护羌校尉侯霸袭击安定的零昌别部牢羌，斩首与俘虏了千人，抢掠牲畜二万多头。战争已经持续了五年多，双方在汉

① 《后汉书·虞诩传》，中华书局，第 1866 页。
② 《后汉书·西羌传》，中华书局，第 2888 页。

中、陇西和北地几个战场反复较量。元初元年（114年），当零昌派兵攻打右扶风的雍城（今陕西省宝鸡市凤翔区南）的时候，金城的烧当豪号多与当煎、勒姐大豪分兵攻打武都、汉中。号多等遭到汉兵及巴郡板楯蛮顽强抵御，便退还并切断陇道。烧当与先零积怨甚多，这时大概为了得到零昌的支援，故主动与零昌联络，但零昌似乎没有回应。号多先是在枹罕（陇西属县，今甘肃省临夏回族自治州临夏市）受到汉将马贤、侯霸阻击，死二百余人，接着又在狄道（陇西郡治，今甘肃定西市临洮县）被凉州刺史皮杨打败，死八百余人。次年（115年），号多禁不住护羌校尉庞参的招降，带着八千余众降汉。

这时，庞参打通了河西通道，他也回到驻地令居（今甘肃省兰州市永登县西北）。羌人似乎急于南下，几次冲击汉中。在号多无功而返后，零昌再分兵南攻益州。朝廷遣中郎将尹就领南阳兵出征，尹就又调用益州诸郡屯兵击败零昌种众。接着，朝廷在布置好三辅的防守后，组成一支由行征西将军司马钧督右扶风、安定、北地等郡将领的八千余人军队，同时又命庞参带领羌胡兵七千余人，分道北击零昌。庞参的羌胡兵在勇士（汉阳属县，今甘肃省兰州市榆中县北）东为杜季贡所败，只得引退。而司马钧等孤军独进，攻下丁奚城。杜季贡伪装率众逃跑，司马钧下令收割羌人庄稼。但将领不听指挥，擅自解散部队出城，遭到羌人伏兵阻击。司马钧在城中闻讯，大怒之下竟不派救兵，结果诸将皆殁，死了三千多人。司马钧遁还后，被拘自杀，而庞参亦因贻误战机被罢了官。这时，朝廷命任尚为中郎将，镇守三辅。怀令虞诩为之谋划，认为三州屯兵二十余万，废弃农桑、疲苦徭役，而未有功效，是因为羌人骑马，日行数百，来如风雨、去如绝弦，而以步行追逐，势不相及；不如罢诸郡兵，让各郡出钱数千，以此买马，便可舍甲胄、驰轻兵，以万骑之众，逐数千羌人，大功可立。任尚大喜，奏用其计。于是朝廷派出轻骑直驰丁奚城袭击杜季贡，斩首四百余级，获牲畜数千头。

次年（116年）夏，朝廷集中兵力围剿北地零昌。度辽将军邓遵率领南匈奴兵马万骑，前往灵州（北地属县，今宁夏回族自治区银川市灵武市北）攻打零昌，斩首八百余级。任尚也派兵攻打丁奚城的先零羌。这年秋天，任尚组建敢死队，开赴北地击零昌，杀其妻儿，斩首级七百余，掠得牲畜二万余头，烧毁了他们的庐帐，还缴获了文书印信等物。四年（117年），任尚派降羌为刺客，先后刺杀了杜季贡和零昌。这年冬，任尚领诸郡兵与护羌校尉马贤进军北地击狼莫。马贤在安定青石岸被狼莫击败，而任尚军适抵达安定高平（今宁夏回族自治区固原市），两军并进。狼莫引退，汉军步步紧逼，一直到北地。双方相持了两个多月后，决战于富平河畔，汉军大胜，斩首五千级，救下被狼莫所掠的男女千余人，获牛马驴羊骆驼多达十余万头，但还是让狼莫逃脱了。同年，西河郡有虔人种羌大豪恬狼率万一千人向度辽将军邓遵投降。五年（118年），邓遵利用全无种降羌雕何等刺杀狼莫。

至此，历时十余载，东汉皇朝总算把以滇零为代表的反抗斗争镇压下去了。"自零昌、狼莫死后，诸羌瓦解，三辅、益州无复寇儆。自羌叛十余年间，兵连师老，不暂宁息。军旅之费，转运委输，用二百四十余亿，府帑空竭。延及内部，边民死者不可胜数，并、凉二州遂至虚耗。"[1]

虽然滇零起事之初即自称天子，又有后来任尚缴获的"僭号文书及所没诸将印绶"为证[2]，但文献中并未提供这个羌人政权更多的信息，既没有建国号，也没有设立任何机构，更没有任命官吏，唯一可知的将军职是狼莫为零昌谋主时任命的，而且任命的是一个汉人。羌人仍然维持着他们的种落组织，滇零与他们似乎没有统领与从属的关系，各种落各自为政，自生自灭。尤其是进入河东、河内、赵、魏等地的羌人，最终不知所终。看不出滇零有什么目标、规划或计划；各种落打下一个地方，并没有在当地

---

① 《后汉书·西羌传》，中华书局，第2891页。
② 《后汉书·西羌传》，中华书局，第2890页。

建立统治，完全是流寇式的行动。这不奇怪，这种状态正是由当时羌人社会的发展水平所决定的，我们既不必苛求他们，也没有必要拔高他们的斗争性质。正因为如此，羌人的斗争虽然轰轰烈烈，给东汉统治以一定的打击，但没有动摇其统治根基。

（三）

羌人第二次进攻关中是顺帝永和五年（140年）至永憙元年（145年）。

在所谓"诸羌瓦解"的表象下，新的斗争的暗流涌动着，时刻都有可能爆发。不过以后的较量又回到了凉州地区，因为诸羌在前一阶段元气大伤，而凉州毕竟是他们的家园，也是东汉统治力量最薄弱的地区。元初六年（119年），有人报告勒姐种与烧当种豪号良通谋准备造反[①]，被马贤扑灭于萌芽之中。永宁元年（120年）春，张掖受到上郡沈氏种羌五千余人的攻击，而马贤直到夏天才从金城带兵赴张掖。马贤还在张掖，当煎种大豪饥五便趁虚攻金城。马贤马不停蹄地追当煎种出塞，烧当、烧何又再攻张掖。建光元年（121年）后，烧当羌的世嫡、东号子麻奴出现在金城，受到当煎大豪的拥戴。这里还有降汉的号多所领烧当羌旧部。于是，他们联手进攻金城诸县，马贤率先零种羌与之战于牧苑（在令居[②]），马贤兵败。麻奴又打败在令居的武威、张掖郡兵，然后胁迫先零、沈氏诸种绕山西进攻武威，但被马贤追及，诸羌数千人投降了马贤，麻奴也返回湟中。二年（122年），马贤又追到湟中，麻奴所率种众四散而逃，一部分向凉州刺史投降，他自己孤弱饥困，带三千种众投降汉阳太守。这年，西河的虔

[①] 《后汉书·西羌传》："陇西种羌号良。"中华书局，第2891页。这种以地名作为羌种落名，是因为外人不知号良所属的种落。以"号良"之名判断，应为烧当羌。已知的烧当羌人名有"号吾""号多"，"号多"在《西羌传》中虽未指其所属种落，但在《庞参传》中则明确说是"烧当种羌号多"。

[②] 《读史方舆纪要》卷六十四《陕西十三》"令居城"条："牧苑即令居之闲牧地矣。"中华书局，第3007页。

人种羌与上郡胡人反于两郡交界谷罗城（属西河，今内蒙古自治区鄂尔多斯市准格尔旗西南），被度辽将军耿夔及乌桓骑兵扑灭。这样，凉州地区以烧当羌为主的新一轮斗争仍以失败告终了。至永建元年（126年）才又有陇西钟羌种与马贤在临洮再一次较量，钟羌种一千多人被杀，余者皆降。

在"自是凉州无事"的几年[1]，马贤等护羌校尉加强对金城境内群羌的控制与监视。《西羌传》：

> 马贤以犀苦兄弟数背版，因系质于令居。其（永建四年，129年）冬，贤坐征免，右扶风韩皓代为校尉。明年（130年），犀苦诣皓自言求归故地，皓复不遣。因转湟中屯田，置两河间，以逼群羌。皓复坐征，张掖太守马续代为校尉。两河间羌以屯田近之，恐必见图，乃解仇诅盟，各自儆备。续欲先示恩信，乃上移屯田还湟中，羌意乃安。至阳嘉元年，以湟中地广，更增置屯田五部，并为十部。

犀苦，麻奴之子。麻奴降汉阳太守后，大概与他的种落又被迁徙至金城，由护羌校尉统一管理。麻奴本居安定，永初元年（107年）在汉军追查逃兵时，领种人西出塞。犀苦要求返归故地，或指回到安定。但他却被马贤扣在令居当人质。当时，马贤管辖下的羌人既有烧当，也有先零及其他种落。先零先降，成了马贤下的羌胡兵，刚追随马贤打麻奴及其烧当种众。而受控制、监视的是烧当、沈氏等羌众。从上引文看，马贤、韩皓两任校尉都没有汲取羌人造反的教训，安抚羌族人民，在生产生活上为羌人作出适当的安排，以缓和民族矛盾；相反，他们都变本加厉地对羌人加以压制，因而已经引起羌人"解仇诅盟"了。直到马续接任校尉，才使矛盾

---

① 《后汉书·西羌传》，中华书局，第2893页。

有所缓和。

一波未平，一波又起。阳嘉三年（134年），钟羌良封等攻陇西、汉阳。永和元年（136年），武都塞上白马羌攻破屯官。次年（137年），烧当羌那离攻金城塞。朝廷重新起用马贤，而他一味运用武力镇压。后来，朝廷任用"天性虐刻"的刘秉、来机为凉、并二州刺史，大将军梁商告诫他们："务安羌胡，防其大故，忍其小过。"但他们"到州之日，多所扰发"[①]，遂又闹出大乱子来。

永和五年（140年）夏，羌人一举杀到三辅。这次发难的是且冻、傅难种羌，先攻金城，然后与西塞及湟中杂种羌胡浩浩荡荡地冲向三辅。刘秉、来机被召回去问罪，而马贤却官升三级，拜征西将军，带着中外十万大军开赴汉阳，又在扶风、汉阳、陇道筑坞壁三百多处，但终大败于射姑山（在北地郡，今甘肃省庆阳市北），他及其两个儿子皆殁。

"于是，东、西羌大合。"[②]首先响应且冻、傅难种羌的是巩唐羌，他们以三千骑打陇西，兵锋直捣关中。上次羌人入关中，只是逼近园陵。此次行动更加剧烈，烧园陵、杀长吏，给官府以甚为沉重的打击。武威太守赵冲攻击巩唐羌，获小胜，斩首四百余级，获马、牛、羊、驴一万八千余头，有二千余羌人降，朝廷使之节度河西四郡兵。天水的罕种羌继之而起，打北地，赵冲与北地太守拦击不利。这年秋天，诸种八九千骑打武威，凉州震荡。朝廷一面把安定再次迁往扶风，把北地迁往冯翊；一面派出车骑将军、执金吾张乔领左右羽林、五校士及河内、南阳诸郡兵万五千人镇守三辅。汉安元年（142年），赵充更被委以护羌校尉的重任，他软硬兼施，诱降罕种羌五千余户。赵冲两次接受降羌共二三万人。这时，三千余落的烧何羌在参（峦去山）北界坚持斗争，赵冲与汉阳太守张贡合兵掩袭，斩首一千五百级，又得牛、羊、驴十八万头。这年冬，赵冲又斩诸种

---

① 《后汉书·西羌传》，中华书局，第2895页。
② 《后汉书·西羌传》，中华书局，第2896页。

羌人四千余级，诸种先后三万余户向凉州刺史投降。羌人因屡遭挫折，损耗惨重。

这次动荡一直延续到建康元年（144年）。一位护羌校尉从事马玄投奔了羌人，带领羌众逃亡出塞，领护羌校尉卫瑶追击，斩首八百余，掳获牛、马、羊二十余万头。而赵冲追击叛羌到建威鹯阴河，部队半渡时，军中的降胡六百余人突然叛逃，赵冲率数百人追赶，遭遇羌人伏兵，这位镇压羌人的悍将最终战死。

至永憙元年（145年）[①]，"左冯翊梁并稍移恩信招诱之，于是离湳、狐奴等五万余户诣并降，陇右复平"。五万余户差不多有二十余万，这是羌人进入关中入居冯翊最多也是最准确的一个纪录。

在羌人第二次进攻关中期间，当马贤出兵时，就颇有人预测其必败。马融说："今杂种诸羌转相钞盗，宜及其未并，亟遣深入，破其支党，而马贤等处处留滞。羌胡百里望尘，千里听声，今逃匿避回，漏出其后，则必侵寇三辅，为民大害。"[②]皇甫规"虽在布衣，见贤不恤军事，审其必败，乃上书言状"。而后，当了安定郡小功曹的皇甫规更一针见血地说："羌戎溃叛，不由承平，皆由边将失于绥御。乘常守安，则加侵暴，苟竞小利，则致大害"，"酋豪泣血，惊惧生变"；而"徒见王师之出，不闻振旅之声"，是因为"微胜则虚张首级，军败则隐匿不言。军士劳怨，困于滑吏，进不得快战以徼功，退不得温饱以全命，饿死沟渠，暴骨中原是以安不能久，败则经年"，"（马）贤等拥众四年，未有成功，悬师之费且百亿计，出于平人，回入奸吏"。[③]这是东汉中期内外交困的时期，西北有羌，北边还有匈奴、乌桓，国无宁日；朝中外戚与宦官明争暗斗，宦官擅权使吏治日益腐败。官吏、将领固然贪暴，但他们的宦途甚至生命都掌握在这

---

① 《后汉书·西羌传》误为"永嘉元年"。东汉无永嘉年号，应为"永憙元年"。
② 《后汉书·马融传》，中华书局，第1971页。
③ 《后汉书·皇甫规传》，中华书局，第2129页。

些皇帝"左右"人的手里，因此，马与皇甫的指控不如《西羌传》的分析全面："自永和羌乱，至乎是岁，十余年间，费用八十余亿。诸将多断盗牢禀，私自润入，皆以珍宝货赂左右，上下放纵，不恤军事，士卒不得其死者，相望于野。"①

羌人第三次攻打关中发生在桓帝延熹四年（161年）。《西羌传》曰：延熹二年（159年），"以中郎将段颎代为校尉。时烧当八种寇陇右，颎击大破之。四年，零吾复与先零及上郡沈氏、牢姐诸种并力寇并、凉及三辅。会段颎坐事征，以济南相胡闳代为校尉。闳无威略，羌遂陆梁，覆没营坞，寇患转盛，中郎将皇甫规击破之"。又《后汉书·皇甫规传》说："延熹四年秋，叛羌零吾与先零别种寇钞关中，护羌校尉段颎坐征。后先零诸种陆梁，覆没营坞。规素悉羌事，志自奋劾，乃上疏曰：'……臣穷居孤危之中，坐观郡将，已数十年矣。自鸟鼠至于东岱，其病一也。力求猛将，不如清平；勤明吴、孙，未若奉法。前变未远，臣诚戚之。是以越职，尽其区区。'至冬，羌遂大合，朝廷为忧。三公举规为中郎将，持节监关西兵，讨零吾等，破之，斩首八百级。先零诸种羌慕规威信，相劝降者十余万。"

不夸张地说，在东汉尽是庸吏之中，皇甫规是一位贤吏；在尽是酷吏之时，他是一位良吏；在尽是贪吏之辈，他是一位廉吏。关于他还有一件趣闻，当党锢之祸时，他竟自荐为党人。其本传曰："及党事大起，天下名贤多见染逮，规虽为名将，素誉不高。自以西州豪杰，耻不得豫，乃先自上言：'臣前荐故大司农张奂，是附党也。又臣昔论输左校时，太学生张凤等上书讼臣，是为党人所附也。臣请坐之。'朝廷知而不问，时人以为贤。"范晔在史论中也不吝笔墨称赞他道："孔子称'其言之不怍，则其为之也难'。察皇甫规之言，其心不怍哉！夫其审己则干禄，见贤则委位，故干

① 《后汉书·西羌传》，中华书局，第2896页。

中古北方民族史探

禄不为贪，而委位不求让；称己不疑伐，而让人无惧情。故能功成于戎狄，身全于邦家也。"①皇甫规一次纳降羌十余万人，大概也是安置在关中的。

羌人第四次进入关中是桓帝永康元年（167年）。《西羌传》曰："永康元年，东羌岸尾等胁同种连寇三辅，中郎将张奂追破斩之。事已具奂传。"张奂本传曰：张奂遭党锢四年，经皇甫规七次举荐，复被任命为武威太守，而武威常为诸郡之最。此后张奂又迁度辽将军，幽、并二州得数年平静。延熹九年（166年），"征拜大司农，鲜卑闻奂去，其夏，遂招结南匈奴、乌桓数道入塞，诱引东羌于共盟诅。于是上郡沈氏、安定先零诸种共寇武威、张掖，缘边大被其毒。朝廷以为忧，复拜奂为护匈奴中郎将，以九卿秩督幽、并、凉三州及度辽、乌桓二营，兼察刺史、二千石能否，赏赐甚厚。匈奴、乌桓闻奂至，因相率还降，凡二十万口。奂但诛其首恶，余皆慰纳之。唯鲜卑出塞去。永康元年春，东羌、先零五六千骑寇关中，围祋祤（冯翊属县，今陕西省铜川市耀县东），掠云阳（今陕西省咸阳市泾阳县北）。夏，复攻没两营，杀千余人。冬，羌岸尾、摩螯等胁同种复钞三辅。奂遣司马尹端、董卓并击，大破之，斩其酋豪，首虏万余人，三州清定"。张奂可谓与皇甫规同气相求，不枉皇甫规的推荐。他能比较好地处理民族关系，得到了匈奴、乌桓诸族的信任。他主张招降反羌，认为"羌为一气所生，不可诛尽；山谷广大，不可空静；血流污野，伤和致灾"。而段颎在上奏时指控他"虚欲修文戢武，招降犷敌，诞辞空说，僭而无征"②。范晔在史论中也斥他"是何言之迂乎！"③加之张奂为人耿介，不事宦官，不但有功无赏，而且后来再遭禁锢。这样的官吏得不到信用，东汉皇朝最终内亡于黄巾、外亡于匈奴与羌，固其宜也！

中平二年（185年），东汉时期羌人最后一次进入关中。《西羌传》："中

---

① 《后汉书·皇甫规传论》，中华书局，第2137页。
② 《后汉书·段颎传》，中华书局，第2151页。
③ 《后汉书·西羌传论》，中华书局，第2901页。

平元年（184 年），北地降羌先零种因黄巾大乱，乃与湟中羌、义从胡北宫伯玉等反，寇陇右。事已具董卓传。"董卓本传云：中平元年（184 年），"其冬，北地先零羌及枹罕河关群盗反叛，遂共立湟中义从胡北宫伯玉、李文侯为将军，杀护羌校尉泠徵。伯玉等乃劫致金城人边章、韩遂，使专任军政，共杀金城太守陈懿，攻烧州郡。明年春，将数万骑入寇三辅，侵逼园陵，托诛宦官为名"。本来，朝廷命左车骑将军皇甫嵩镇长安、卫园陵，主持讨伐事，但因他得罪中常侍赵忠、张让辈，被征还，并收回了兵权。当时关中的形势从谏议大夫刘陶的奏疏可见一斑："今西羌逆类，私署将帅，皆多段颎时吏，晓习战阵，识知山川，变诈万端。臣常惧其轻出河东、冯翊，钞西军之后，东之函谷，据陕高望。今果已攻河东，恐遂转更冢突上京。如是则南道断绝，车骑之军孤立，关东破胆，四方动摇。"[1] 这次斗争的声势颇大，而且也攻到河东去，给洛阳造成威胁。由于羌人的活动罩上了边章、韩遂的外衣，往往被误为只是边、韩等所为，而看不到羌人本身了[2]。

　　东汉末年的董卓之乱，又有一批羌胡兵进入了关中。中平六年（189年），汉廷征前将军董卓入为少府，董卓不就，上书称："所将湟中义从及秦胡兵皆……牵挽臣车，使不得行。羌胡敝肠狗态，臣不能禁止。"[3] 可知羌胡兵是其所领军队的主要成分。董卓发动政变，废帝立帝，依靠的就是这支以羌胡为主的军队。后来他又带着这支军队从洛阳撤到长安。董卓死后，其部将李傕、郭汜所统亦为羌胡，《三国志·魏志·贾诩传》注引《献帝纪》："傕时召羌胡数千人，先议御物缯彩与之，又许以宫人妇女，欲令攻郭汜。羌胡数来窥省门，曰：'天子在中邪？李将军许我宫人美女，今皆安在？'帝患之，使诩为之方计。诩乃密呼羌胡大帅饮食之，许以封爵

---

① 《后汉书·刘陶传》，中华书局，第 1850 页。
② 参见马长寿：《氐与羌》，上海人民出版社，第 140-141 页。
③ 《后汉书·董卓传》，中华书局，第 2322 页。

重宝，于是皆引去。"这是一个动荡的岁月，人口变化无常。《后汉书·董卓传》又曰："初，（献）帝入关，三辅户口尚数十万，自催氾相攻，天子东归后，长安城空四十余日，强者四散，羸者相食，二三年间，关中无复人迹。"这些到关中的羌胡兵后来也不知所终。

总之，两汉期间，有大批的羌人、氐人被迫或主动地从陇右、河西地区内迁关中，虽然有不少在战乱中死亡或退回陇右，但仍然有大量的羌人、氐人在关中定居。羌、氐成为关中人口最多的少数民族，这是关中人口的民族格局的最大变化，一直持续到魏晋南北朝。随着羌、氐进入关中的还有陇右、河西的匈奴及民族构成复杂的所谓匈奴"赀虏"。这种情况，使关中的民族分布和民族关系日趋复杂化。

（四）

东汉时期内迁关中的羌、氐已有相当数量。如上所述，从马援起，汉廷三次从陇右强徙降羌到关中：永平元年（58年）窦固、马武等击滇吾于西邯，徙七千口置三辅；其余两次所徙人口没有明确记载。后来，羌人进行反抗斗争，有五次攻入关中，内迁关中的羌人越来越多。仅赵冲招降而安置在关中的羌人就将近三十万。更多的是不见于记载，而滞留关中的羌人。氐人内迁关中稍晚，主要是曹操徙武都氐人到天水、扶风，或者未迁天水，只徙扶风，那么可以说迁三辅之氐有二十万之众。根据这些不完全的统计，内徙关中的羌、氐就在五十万上下。羌、氐而外，还有少量的胡人，如卢水胡内迁关中。

羌、氐人口大量内迁关中的时候，是关中人口主要是汉族人口锐减的时候。据《汉书·地理志》所载，西汉元始二年（2年）有户六十四万七千一百八十，口二百四十三万六千三百六十。其中，京兆，户十九万五千七百二十，口六十八万二千四百六十八；左冯翊，户二十三万五千一百一十，口九十一万七千八百二十二；右扶风，户二十一万六千三百七十七，口八十三万六千七十。然而，经西汉末年社会动荡，关中人口减耗极为严重，仅剩户一十万七千七百四十一，口五十二万三千八百六十。其中，京兆，户五万三千二百九十九，口二十八万五千五百七十四；左冯翊，户三万七千九十，口十四万五千一百九十五；右扶风，户一万七千三百五十二，口九万三千九十一。总计减少户五十三万九千四百三十九，口一百九十一万二千五百。换句话说，东汉永和五年（140年）比西汉元始二年（2年）的人口减少了四分之三还多。对此，葛剑雄先生说："东汉西北与关中的户口比西汉末年减少了五百七十余万，这一方面是由于动乱后人口外迁，动乱中户口失控，另一方面也是由于匈奴、羌等少数民族人口内迁没有列入户籍所致，因此实际减少数量肯定没有那么多。"[1] 但是，汉族人口大量减少，而羌、氐人口大量增加，却是不争的事实。东汉末年，关中再经董卓之乱的劫难，人口尤其是汉族人口进一步减少，"初，（献）帝入关，三辅户口尚数十万，自（李）催、（郭）汜相攻，天子东归后，长安城空四十余日，强者四散，羸者相食，二三年间，关中无复人迹"[2]。而横行关中的董卓、李、郭的军队，主要却是凉州羌胡。

因此，东汉以来少数民族内迁关中最直接的结果，是完全改变了关中人口的民族构成，使这个原先基本上是汉族独居的关中地区形成汉族与羌、氐等族共居的局面。至西晋时，关中之人，百余万口，已经是"戎狄居半"了[3]。

现在我们来看看内迁的羌、氐分布在关中的什么地方。按照江统《徙戎论》所说：

当今之宜，宜及兵威方盛，众事未罢，徙冯翊、北地、新

① 葛剑雄：《中国人口史》，复旦大学出版社，第423页。
② 《后汉书·董卓传》，中华书局，第2341页。
③ 《晋书·江统传》，中华书局，第1533页。

平、安定界内诸羌，著先零、罕开、析支之地，徙扶风、始平、
京兆之氐，出还陇右，著阴平、武都之界。

这是江统作《徙戎论》时羌、氐在关中的分布。羌在雍州北面，而氐
在雍州南面。雍州所统七郡，无不有氐、羌了。

曹操迁氐时，只安置于扶风，数十年后，氐人已经蔓延到始平、京兆
等地。而羌人分布在冯翊、北地、安定当地山区，这是仅从雍州行政区划
而言。实际上，羌人在冯翊、北地、安定以北原汉代的西河、上郡广阔地
区都有分布。而且，这些地区本来就有东羌的存在，魏晋以来他们都不在
国家的户籍统计中。

虽然羌、氐等族大量进入关中，其人口可以比肩汉族，甚而超过汉
族，但是，对关中汉族与少数民族的关系必须有正确的估计。东汉末年以
来，整个关中遭到严重破坏，但破坏最严重的是长安及其附近。长安以
外，程度稍轻。有的大姓豪族在灾难来临时或死或逃，但还有许多留在乡
里，那是他们家族安身立命之地。即使是关中最艰难的岁月，他们还能够
凭借坞壁自保，仍然在政治上拥有强势力量，在经济上拥有优势资源。进
入西晋门阀世族当权的社会后，他们的地位有所上升，享有种种特权。而
内迁的少数民族，则还是生活在社会的底层，处处受到当地汉人大姓豪族
的压抑，政治上没有前途，经济上难得改善，大多只能耕作比较贫瘠的土
地，或进入山区、半山区以求生存。

内迁的羌、氐中，氐人的境遇稍好于羌人。氐人称"编户氐"，而羌
人称"内属羌"。《文选》载西晋潘岳《马汧督诔》曰："初，雍不之内属
羌反，未弭，而编户之氐又肆逆焉。"[1] 我们在前面已说到，曹操迁武都氐

---

[1] 　罗新博士论文《十六国时期中国北方的民族形势与社会整合》（未刊稿）揭示了"内属羌"
与"编户氐"的区别，并说："'内属羌'与'编户之氐'对言，指的是氐羌的身份。氐族较羌族
汉化程度深，也反映在其身份的差异上。"

是以"劝使北出就谷"的名义，并许以"前至者厚其宠赏"。所以内迁的氐人得到比较好的安置，而且也被转化为编户民。而羌人内迁虽早，但都是参加叛乱后投降的，不可能得到妥善的安置，只能以内属的身份自求生路，所以他们的聚居区偏北，是比较穷困的丘陵山区。

魏晋统治者需要氐、羌以补充兵源和劳动力，氐、羌对关中的开发，对关中地区社会经济的发展做出了重要的贡献。但是，由于统治者的民族偏见和歧视政策，最终仍激起关中的氐、羌重新走上反抗斗争的道路。

第三章

蒙古草原的动荡与乌桓、鲜卑

一、乌桓内迁与东、西部乌桓

乌桓是我国北境少数民族之一，原为东胡部落联盟的一个组成部分。匈奴冒顿单于击破东胡，乌桓屯聚于乌桓山（今内蒙古自治区赤峰市阿鲁科尔沁旗附近），因以乌桓（或异译为乌丸）为族称[1]。乌桓人数众多，分布很广，内迁较早，汉化程度较高。

由于乌桓大多处于各不相属的部落状态，也缺乏杰出的代表性人物，从未建立国家，所以往往附庸于汉族或其他民族，尤以"乌桓突骑"著称于世，成为东汉朝廷及后来野心家们的一支重要武装力量。东汉以后，内迁乌桓大致可分为东、西两部，他们已经逐渐走向杂胡化。

（一）

乌桓是北境诸族中最早内迁的民族。汉武帝时，骠骑将军霍去病赶跑匈奴左地的匈奴人，"因徙乌桓于上谷、渔阳、右北平、辽西、辽东五郡塞外，为汉侦察匈奴动静"[2]。乌桓的内迁，不是征服的结果，而是汉廷与乌桓双方的需要。乌桓长期遭受匈奴的奴役，"众遂孤弱"[3]。汉朝击败匈奴，使乌桓获得解脱，他们愿意接受汉廷的保护；而汉朝置之于五郡塞外，让他们侦察匈奴的动静，为边境屏障。为监督、管理附塞乌桓，汉朝设置拥节的护乌桓校尉，驻幽州（今北京市附近），王莽时罢。这时的乌桓毕竟还在塞外，汉朝以羁縻待之。

东汉初，乌桓进一步内迁。这是西汉末年以来汉朝、匈奴、乌桓之间力量对比变化的结果。乌桓虽然内迁，但时而附汉，时而附匈奴，左右摇

---

[1]　文献虽说是族因山为名，其实更可能是山因族为名。

[2]　《后汉书·乌桓列传》，中华书局，第 2981 页。

[3]　同上。

摆不定。乌桓力量渐强后，为雪耻曾挖掉匈奴单于的墓冢；因不甘受王莽欺凌，它又与匈奴合兵寇扰汉边。而汉廷从根本上说也并不信任乌桓，唯恐乌桓坐大，骚扰边郡。史称，"至匈奴壹衍鞮单于时，乌丸转强，发掘匈奴单于冢，将以报冒顿所破之耻。壹衍鞮单于大怒，发二万骑以击乌丸。大将军霍光闻之，遣度辽将军范明友将三万骑出辽东追击匈奴。比明友兵至，匈奴已引去。乌丸新被匈奴兵，乘其衰弊，遂进击乌丸，斩首六千余级，获三王首还。后数复犯塞，明友辄征破之。至王莽末，并与匈奴为寇"①。

东汉建武二十二年（46年），匈奴发生内乱，"乌桓乘弱击破之，匈奴转北徙数千里，漠南地空"。这时，汉光武帝不失时机地"以币帛赂乌桓"，拉拢乌桓大人附汉。于是，"辽西乌桓大人郝旦等九百二十二人率众向化，诣阙朝贡，献奴婢牛马及弓虎豹貂皮。……乌桓或愿留宿卫，于是封其渠帅为侯王君长者八十一人，皆居塞内，布于缘边诸郡，令招来种人，给其衣食，遂为汉侦候，助击匈奴、鲜卑"。所布列的缘边诸郡是辽东属国、辽西、右北平、渔阳、广阳、上谷、代郡、雁门、太原、朔方十郡②。

从此，乌桓族人从塞外迁入塞内，其分布从五郡扩大到十郡。朝廷复置护乌桓校尉于上谷宁城，并领鲜卑、开营府、置官属。

我们知道，乌桓以畜牧为生，随水草放牧，居无常处。虽然人口众多，但不能相一，各邑落保持相对独立的状态。光武帝初起兵时，其军队中就有乌桓突骑。《后汉书·吴汉传》曰：

　　　　光武将发幽州兵，夜召邓禹，问可使行者，禹曰："闲数与

中古北方民族史探

吴汉言，其人勇鸷有智谋，诸将鲜能及者。"即拜汉大将军，持节北发十郡突骑。更始幽州牧苗曾闻之，阴勒兵，敕诸郡不肯应调。汉乃将二十骑驰至无终。曾以汉无备，出迎于路，汉即挥兵骑，收曾斩之，而夺其军。北州震骇，城邑莫不望风弭从。遂悉发其兵，引而南，与光武会清阳。

光武北击群贼，汉常将突骑五千为军锋，数先登陷阵。

旦日，（周）建、（苏）茂出兵围汉，汉选司部精兵黄头吴河等，及乌桓突骑三千余人，齐鼓而进，建军大溃。

以上引文说明西汉已有幽州突骑，以乌桓为主。引文第三段为建武三年（27 年），前两段为建武二年（26 年）前。前两段只言"突骑"，第三段则说"乌桓突骑三千余"。这说明，幽州十郡已皆有突骑建制[1]，不全由乌桓人组成，但从乌桓突骑有三千余而言，则应占突骑的大部分。

当光武帝把乌桓安置到汉缘边十郡后，各邑落本来就缺少联系的乌桓，因地域辽阔而分散，各自谋生，乌桓的整体力量被极大地削弱了。尤其当一部分身强体健者被东汉朝廷留为宿卫，组成汉廷的"乌桓突骑"，乌桓的势力就更进一步被削弱了。

这时，鲜卑逐渐强大起来，乌桓又受到鲜卑的挤压。东汉辽东太守祭肜进而鼓动鲜卑打击乌桓。"初，赤山乌桓数犯上谷，为边害，诏书设购赏，切责州郡，不能禁。肜乃率励（鲜卑大都护）偏何，遣往讨之。永平元年（58 年），偏何击破赤山，斩其魁帅，持首诣肜，塞外震詟。肜之威声，畅于北方，西自武威，东尽玄菟及乐浪，胡夷皆来内附，野无风尘。乃悉罢缘边屯兵。"[2]这个魁首就是渔阳赤山乌桓歆志贲。在汉廷的号召下，

---

① 《后汉书·郡国志五》"幽州"下辖涿郡、广阳、代郡、上谷、渔阳、右北平、辽西、辽东、玄菟、乐浪十郡及辽东属国一。中华书局，第 3505 页。
② 《后汉书·祭肜传》，中华书局，第 745 页。

鲜卑杀乌桓可以到辽东领赏赐。"时渔阳赤山乌桓歆志贲等数寇上谷，永平元年，祭肜复赂偏何击歆志贲，破斩之，于是鲜卑大人皆来归附，并诣辽东受赏赐。青、徐二州给钱岁二亿七千万为常。"[1]

由于鲜卑的崛起，乌桓两头受气，不是附庸于鲜卑，就是附庸于汉廷。但乌桓自身缺乏领袖人物，不可能走上统一和独立的道路。如马长寿先生所说："2世纪以来，乌桓的力量已经分化了，到了最后，塞外的乌桓大部分同化于鲜卑，塞内的乌桓经过较长时间以后都同化于汉族。这便是乌桓族历史发展的总的情况。"[2]当然，无论是同化于鲜卑，还是同化于汉族，乌桓还有很长的路要走。

（二）

内迁的乌桓基本上可以分成两大部分：东部主要为渔阳、右北平、辽西、辽东乌桓，西部为上谷、代郡、雁门、西河、云中、朔方乌桓。东部乌桓的势力稍强大，时而举兵寇扰汉边。安帝永初三年（109年）夏，渔阳乌桓与右北平乌桓千余寇扰代郡、上谷。灵帝时，乌桓形成几个规模稍大的部落：西部的上谷乌桓大人难楼，有众九千余落；东部的辽西乌桓大人丘力居，有众五千余落。这两部大人各称王。又东部辽东乌桓大人苏仆延，有一千余落，自称峭王；右北平乌桓大人乌延，有八百余落，自称汗鲁王。这些部落共有三十余万口，但并没有形成一支统一的力量[3]。

灵帝中平四年（187年），两个东汉的前太守乘乱企图利用东部乌桓军事上的优势造反。《后汉书·刘虞传》：

> 车骑将军张温讨贼边章等，发幽州乌桓三千突骑，而牢禀

① 《后汉书·鲜卑传》，中华书局，第2985-2986页。
② 马长寿：《乌桓与鲜卑》，上海人民出版社，第136页。
③ 马长寿：《乌桓与鲜卑》，上海人民出版社，第139页。

逋悬，皆畔还本国。前中山相张纯私谓前太山太守张举曰："今乌桓既畔，皆愿为乱，凉州贼起，朝廷不能禁。又洛阳人妻生子两头，此汉祚衰尽，天下有两主之征也。子若与吾共率乌桓之众以起兵，庶几可定大业。"举然之。四月，纯等遂与乌桓大人共连盟，攻蓟下，燔烧城郭，虏略百姓。杀护乌桓校尉箕稠、右北平太守刘政。辽东太守阳终等，众至十余万，屯肥如。举称"天子"，纯称"弥天将军、安定王"，移书州郡，云举当代汉，告公卿奉迎。纯又使乌桓峭王等步骑五万，入青冀二州，攻破清河、平原，杀害吏民。

原来各不相属的东部辽东、辽西、右北平三郡乌桓，却叫两个下野的汉朝官僚给统一起来了，并且制造了一场规模不大不小的动乱。

弥天将军、安定王张纯成了三郡乌桓的元帅，其军锋竟从幽州到达青州。但在刘虞的分化瓦解和公孙瓒的军事进攻下，张纯统领的乌桓军队还是被打败了。中平六年（189年），刘虞收买刺客暗杀了张纯。

也许是张纯这次统一的尝试给予乌桓人巨大的启发，不久之后，这里的乌桓出现了统一的趋势。

献帝初平年间（190—193年），辽西部落大人丘力居死后，丘力居"子楼班年少，从子蹋顿有武略，代立"①。蹋顿遂受到其他三郡乌桓的拥护，总摄三部，三部皆听从其教令。《三国志·魏志·乌丸传》注引《魏书》曰：乌丸"常推募勇健能理决斗讼相侵犯者为大人，邑落各有小帅，不世继也"。可知原来乌桓大人乃至邑落小帅都是由部众推举产生的。楼班年少不得继立，蹋顿以从子代之。这反过来就是说，如果楼班年长则可继立，而蹋顿的代立，也与他为丘力居的从子大有关系。这是不是意

---

① 《三国志·魏志·乌丸传》，中华书局，第834页。

第三章　蒙古草原的动荡与乌桓、鲜卑

味着，乌桓大人的继承制正在由推举制向世袭制转变呢？建安三年（198年），袁绍为安定后方、逐鹿中原，假借汉献帝的名义，遣使把三郡乌桓大人统统封为单于，授予一样的单于印绶和安车、华盖、羽旄、黄屋、左纛。大概袁绍不希望三郡乌桓统一起来，因为分则易制，合则难御。袁绍在承制版文中说："乌桓单于都护部众，左右单于受其节度。"似乎有负总责的单于和左、右单于的区分，但版文并未明确谁为单于，谁为左、右单于。然而，三郡乌桓在楼班稍长大后，虽是奉他为单于，但仍以蹋顿为王，对蹋顿言听计从。当然，蹋顿的统一还仅限于三郡乌桓，并非整个乌桓民族的统一。

西部乌桓仍主要聚居在上谷、代郡、雁门诸郡，西及西河、云中、朔方。这里的乌桓在东汉时期曾经颇为活跃。《后汉书·乌桓列传》曰：

> （安帝永初三年，109年）秋，雁门乌桓率众王无何，与鲜卑大人丘伦等，及南匈奴骨都侯，合七千骑寇五原，与太守战于九原高渠谷，汉兵大败，杀郡长吏。乃遣车骑将军何熙、度辽将军梁懂等击，大破之。无何乞降，鲜卑走还塞外。是后乌桓稍复亲附，拜其大人戎朱庼为亲汉都尉。①

这是南匈奴单于联合乌桓、鲜卑的一次反叛行动。《后汉书·梁懂传》曰："三年冬，南单于与乌桓大人俱反。"②同书《南匈奴列传》曰："永初三年夏，汉人韩琮随南单于入朝，既还，说南单于云：'关东水潦，人民饥饿死尽，可击也。'单于信其言，遂起兵反畔，攻中郎将耿种于美稷。"③后来，乌桓大人戎朱庼还跟从东汉乌桓校尉耿晔出塞击鲜卑。同书《鲜卑

---

① 《后汉书·乌桓列传》，中华书局，第2983页。
② 《后汉书·梁懂传》，中华书局，第1592页。
③ 《后汉书·南匈奴列传》，中华书局，第2957页。

列传》曰："阳嘉元年（132年）冬，耿晔遣亲汉都尉戎朱廆率众王、侯咄归等，出塞抄击鲜卑，大斩获而还，赐咄归等已下为率众王、侯、长，赐彩、缯各有差。"①接着，《乌桓列传》曰：

> 顺帝阳嘉四年（135年）冬，乌桓寇云中，遮截道上商贾牛车千余两，度辽将军耿晔率二千余人追击，不利，又战于沙南，斩首五百级。乌桓遂围晔于兰池城，于是发积射士二千人，度辽营千人，配上郡屯，以讨乌桓，乌桓乃退。②

李贤注曰："沙南，县，属云中郡，有兰池城。"这支乌桓或即云中乌桓。

《乌桓列传》又曰：

> 永和五年（140年），乌桓大人阿坚、羌渠等与南匈奴左部句龙吾斯反畔，中郎将张耽击破之，余众悉降。

南匈奴反叛东汉时，与乌桓联兵。《南匈奴列传》曰："秋，句龙吾斯等立句龙王车纽为单于。东引乌桓，西收羌戎及诸胡等数万人。"这些乌桓人当为雁门乌桓，而雁门乌桓与西河乌桓以地域较近所以尚保持着一定的联系③。其冬，汉廷"遣中郎将张耽将幽州乌桓、诸郡营兵，击畔虏车纽等，战于马邑，斩首三千余级，获生口及兵器牛羊甚众。车纽等将诸豪帅骨都侯乞降，而吾斯犹率其部曲与乌桓寇钞"④。

至桓帝世，乌桓与南匈奴又多次合兵：

---

① 《后汉书·鲜卑列传》，中华书局，第2988页。
② 《后汉书·乌桓列传》，中华书局，第2983页。
③ 参见上揭《乌桓与鲜卑》，上海人民出版社，第138页。
④ 《后汉书·南匈奴列传》，中华书局，第2962页。

永寿中，朔方乌桓与休著屠各并畔，中郎将张奂击平之。

延熹九年（166年）夏，乌桓复与鲜卑及南匈奴寇缘边九郡，
俱反，张奂讨之，皆出塞去。[①]

由此可见，西部乌桓在东汉末年与南匈奴的关系甚为密切。这种密切
虽是一时利益上的一致，但当南匈奴南下并州后，西部乌桓与南匈奴在雁
门、新兴进一步混杂，进而出现所谓"乌丸刘虎"。

（三）

曹魏时期，乌桓又进一步内迁。袁绍被灭后，其子袁尚、袁熙投奔蹋
顿，曹操趁机北伐，征服三郡乌桓。

蹋顿在袁、曹之争时站在袁绍的一边。《三国志·魏志·武帝纪》："三
郡乌丸承天下乱，破幽州，略有汉民合十余万户。袁绍立其酋豪为单于，
以家人子为己女，妻焉。辽西单于蹋顿尤强，为绍所厚。"袁绍死后，建
安十年（205年），袁绍两个儿子袁熙、袁尚都投奔三郡乌桓。曹操不能放
任蹋顿包庇袁氏残余势力，不能让袁熙、袁尚借乌桓死灰复燃，于是力排
众议，于建安十二年（207年）八月亲征乌桓。上书关于这次北征之役这
样写道：

秋七月，大水，傍海道不通，田畴请为向导，公从之。引军
出卢龙塞，塞外道绝不通，乃堑山堙谷五百余里，经白檀，历平
冈，涉鲜卑庭，东指柳城，未至二百里，虏乃知之。（袁）尚、
（袁）熙与蹋顿、辽西单于楼班、右北平单于能臣抵之等将数万
骑逆军。八月，登白狼山，卒于虏遇，众甚盛。公车重在后，被

① 《后汉书·乌桓列传》，中华书局，第2983页。

甲者少，左右皆惧。公登高，望虏陈不整，乃纵兵击之，使张辽为先锋，虏众大崩，斩蹋顿及名王以下，胡、汉降者二十余万口。辽东单于速仆丸及辽西、北平诸豪，弃其种人，与尚、熙奔辽东，众尚有数千骑。初，辽东太守公孙康恃远不服。及公破乌丸，或说公遂征之，尚兄弟可禽也。公曰："吾方使康斩送尚、熙首，不烦兵矣。"九月，公引兵自柳城还，康即斩尚、熙及速仆丸等，传其首。

同书《乌丸传》曰：

太祖登高望虏陈，抑军未进，观其小动，乃击破其众，临陈斩蹋顿首，死者被野。速附丸、楼班、乌延等走辽东，辽东悉斩，传送其首。其余遗迸皆降。及幽州、并州（高）柔所统乌丸万余落，悉徙其族居中国，帅从其侯王大人种众与征伐。由是三郡乌丸为天下名骑。

乌桓原来布列北境十郡，曹操所迁徙的是辽东属国、辽西、右北平三郡乌桓和从征的护乌桓校尉阎柔所统的幽、并乌桓万余落。

三郡乌桓中有一部分人北逃，后依附于公孙渊，直到魏明帝景初元年（237年）毌丘俭攻打辽东时他们才投降了曹魏。同上书《明帝纪》：景初元年七月，"右北平乌丸单于寇娄敦、辽西乌丸都督王护留等居辽东，率部众随俭内附"。又《乌丸传》注引《魏略》记之较详，曰："景初元年秋，遣幽州刺史毌丘俭率众军讨辽东。右北平乌丸单于寇娄敦、辽西乌丸都督率众王护留叶，昔随袁尚奔辽西，闻俭军至，率众五千余人降。寇娄敦遣弟阿罗槃等诣阙朝贡，封其渠帅三十余为王，赐舆马缯采各有差。"

内迁的乌桓组成的突骑是曹魏的一支精兵，故号为"天下名骑"。东汉灵帝时,三郡乌桓的人口有七八千落,加上高柔所统万余落,共两万落左右,内迁的应少于这个数字。这些乌桓人实际上成了曹魏的兵家,丈夫为突骑,妻子留作人质。《三国志·魏志·梁习传》:"(建安)二十二年(217年),太祖拔汉中,诸军还到长安,因留骑督太原乌丸王鲁昔,使屯池阳(今陕西省咸阳市泾阳县西北),以备卢水。昔有爱妻,住在晋阳(今山西省太原市)。昔既思之,又恐遂不得归,乃以其部五百骑叛还并州。留其余骑置山谷间,而单骑独入晋阳盗取其妻。已出城,州郡发觉。吏民又畏昔善射,不敢追。"鲁昔远征汉中,留屯池阳,他原是乌桓部落大人,且已经担任曹魏的骑督,但他的妻子还是必须留在晋阳为质。

关于曹操内迁的乌桓只限于三郡乌桓,陈国灿《魏晋间的乌丸与"护乌丸校尉"》一文有所论列[1]。这里还可以再补充一点材料。建安二十一年(216年),时为曹操北征乌桓后九年,"代郡大乱,以(裴)潜为代郡太守。乌丸王及其大人,凡三人,各自称单于,专制郡事"[2]。裴潜平息代郡乌桓之乱,但离开不久,乌桓复叛。《三国志·魏志·武帝纪》:"(建安二十三年,218年)四月,代郡、上谷乌丸无臣氏等叛,遣鄢陵侯(曹)彰讨破之。"同书《任城王彰传》:"(曹)彰北征,入涿郡界叛胡数千骑卒至。……战过半日,彰铠中数箭,意气益厉,乘胜逐北,至于桑乾,去代二百余里。……一日夜与虏相及,大破之,斩首获生以千数。彰乃倍常科大赐将士,将士无不悦喜。时鲜卑大人轲比能将数万骑观望强弱,见彰力战,所向皆破,乃请服。"同书《鲜卑传》:"后代郡乌丸能臣氏等叛,求属扶罗韩,扶罗韩将万余骑迎之。到桑乾,氏等议,以为扶罗韩部威禁宽缓,恐不见济,更遣人呼轲比能。"桑乾,指代郡境的桑乾水。曹彰出

---

[1] 陈国灿在《魏晋间的乌丸与"护乌丸校尉"》一文中提出异议,他指出:"曹操内迁的仅仅是三郡乌丸,并非十郡乌丸都被迁往内地了。三郡以外的各郡乌丸,仍在他们所在的郡内活动。《三国志·乌丸传》关于'悉徙其族居中国'的记述,前后抵牾,至少是不确切的。"文载武汉大学历史系魏晋南北朝隋唐史研究室编:《魏晋南北朝隋唐史资料》第1期,1979年5月。

[2] 《三国志·魏志·裴潜传》,裴潜出任代郡太守时间据《通鉴》纪年。

兵至涿郡，就遭遇乌丸；而乌丸主力则在桑乾水附近。又《三国志·魏志·鲜卑传》曰："明年（黄初三年，222年），（轲）比能帅部落大人小子、代郡乌丸修武卢等三千余骑，驱牛马七万余口交市。"[1]可见，代郡、上谷的乌桓不仅没有内迁，还势力颇盛。而这个地区也是鲜卑诸部聚居的地区，乌桓与鲜卑唇齿相依。

也就是说，西部乌桓依然居于代郡、雁门、太原等地区。上书《牵招传》：

> 出为雁门太守。郡在边陲，虽有候望之备，而寇钞不断。招既教民战陈，又表复乌丸五百余家租调，使备鞍马，远遣侦候。……鲜卑大人步度根、泄归泥与轲比能为隙，将部落三万余家诣郡附塞。敕令还击比能，杀比能弟苴罗侯，及叛乌丸归义侯王同、王寄等，大结怨仇。

雁门太守牵招表复乌桓五百家租调，乌桓本须纳租调，且以"家"而非以"落"计，可见这些乌桓已经成为定居的农耕家庭。但其归义侯王同、王寄等人是否还保有部落，是否仍为部落大人则未详；或者他们仍保持部落组织，并与鲜卑部建立联盟关系亦未可知。

建安二十年（215年），雁门西邻云中、定襄、五原及迤西的朔方数郡俱废省。废省的数郡与雁门原本布列着内迁的南匈奴，其中的朔方和雁门也是内迁乌桓分布地区。在南匈奴南下后，日益强大的鲜卑势力遍布这个地区，与乌桓族人错居杂处。当然，也还有少数南匈奴人滞留在此，所以这里的民族构成甚为复杂。

---

[1] 《三国志·魏志·鲜卑传》，中华书局，第838页。

（四）

西晋时，东、西部乌桓都卷入了"八王之乱"。《晋书·刘元海载记》：

> 并州刺史东瀛公腾、安北将军王浚，起兵伐颖，元海说颖曰："今二镇跋扈，众余十万，恐非宿卫及近都士庶所能御之，请为殿下还说五部，以赴国难。"颖曰："五部之众可保发已不？纵能发之，鲜卑、乌丸劲速如风云，何易可当邪？吾欲奉乘舆还洛阳，避其锋锐，徐传檄天下，以逆顺制之。君意何如？"[1]

这是一则非常有价值的资料。在"八王之乱"中，与成都王司马颖敌对的幽州刺史王浚与东瀛公、并州刺史司马腾，正好分别任职于东、西部乌桓的所在地。所谓"鲜卑、乌丸劲速如风云"，指的就是他们率领的军队。

与这则资料具有异曲同工之妙的另一则资料见于《晋书·石勒载记上》：

> 勒纂兵戒期，将袭浚，而惧刘琨及鲜卑、乌丸为其后患，沈吟未发。[2]

石勒将要袭击幽州的王浚，而惧怕鲜卑、乌桓为其后患。这两则资料都证明幽、并二州都有乌桓兵，说明乌桓仍然居住在这两地。

我们先看西部乌桓。司马腾的军队是否有乌桓呢？《晋书·东海王越传》曰："初东瀛公之镇邺也，携并州将田甄、甄弟兰、任祉、祁济、李恽、薄盛等部众万余人至邺，遣就谷冀州，号为乞活。"[3] 司马腾所带领州

---

[1] 《晋书·刘元海载记》，中华书局，第 2648 页。
[2] 《晋书·石勒载记上》，中华书局，第 2722 页。
[3] 《晋书·东海王越传》，中华书局，第 1624 页。

将，即并州将领中的薄盛，就是乌桓人。这由同书《石勒载记》所说"乌丸薄盛"可以得到证明[1]。祁济，亦当是乌桓人。当时，"东嬴公腾自晋阳镇邺，并土饥荒，百姓随腾南下，余户不满二万"[2]。也就是说，并州饥荒极为严重，百姓无以存活，几乎有近一半的人为了活命随司马腾南下，去乞食活命。并州多有鲜卑、乌桓和匈奴，逃命的不会都是汉人，他们在这近一半人口中肯定占相当数量。这个薄盛转战冀、兖、青州，后来投降了石勒。不仅薄盛、祁济本人，其所率部众亦必多为乌桓[3]。同《载记》又云："徙平原乌丸展广、刘哆等部落三万余户于襄国。"他们大概也是从并州迁徙来的"乞活"[4]。

这个时期位于盛乐（今内蒙古自治区呼和浩特和林格尔县西北）的鲜卑拓跋力微部内，亦有不少乌桓。史称，"乌丸王库贤，亲近任势，先受卫瓘之货，故欲沮动诸部，因在庭中砺钺斧，诸大人问欲何为，答曰：'上恨汝曹谗杀太子，今欲尽收诸大人长子杀之。'大人皆信，各各散走"[5]。所谓乌桓王，就是乌桓部落酋长。这说明有依附于拓跋鲜卑的乌桓部落。拓跋猗卢末年，"六修之逆，国内大乱，新旧猜嫌，迭相诛戮。（卫）雄、澹并为群情所附，谋欲南归，言于众曰：'闻诸旧人忌新人悍战，欲尽杀之，吾等不早为计，恐无种矣。'晋人及乌丸惊惧，皆曰：'死生随二将军。'于是雄、澹与刘琨任子遵率乌丸、晋人数万而叛"[6]。卫雄"谋欲南归"，说明包括乌桓在内的他们原来就是从并州迁来的。

特别有意思的是，在雁门、新兴的屠各刘虎家族因"胡父、鲜卑母"被称为"铁弗"，而铁弗刘虎又因成为乌桓首领，更被叫作"乌丸刘虎"。

---

① 《晋书·石勒载记上》，中华书局，第2719页。

② 《晋书·刘琨传》，中华书局，第1681页。

③ 参见陈连庆：《中国古代少数民族姓氏研究》，吉林文史出版社，第148-149页。

④ 参见唐长孺：《魏晋南北朝史论丛》，生活·读书·新知三联书店，第432页。

⑤ 《魏书·序纪》，中华书局，第5页。

⑥ 《魏书·卫操传从子雄附传》，中华书局，第602-603页。

田余庆先生所揭示出来的这个现象对我们理解民族融合问题极具启发意义[1]。不过，我这里要强调的是，刘虎最终变成了乌桓，正说明当地乌桓势力之大和人数之众。

虽然并州的乌桓有不少被司马腾带到了冀州，但"在并州北面的云中、五原、朔方一带，魏晋时是一个民族杂居的地区，尽管拓跋鲜卑占主要地位，然乌丸人也不少"[2]。东汉复置护乌桓校尉于上谷宁城（今河北省张家口市万全县）。至前秦时，苻坚为加强对乌桓的管理，以"大鸿胪韩胤领护赤沙中郎将，移乌丸府于代郡之平城"[3]。

我们再看东部乌桓。幽州是乌桓突骑的故乡，西晋继承了曹魏的政治遗产，也继承了幽州的乌桓突骑。《晋书·王沈传子浚附传》曰："东海王越将迎大驾，浚遣祁弘率乌丸突骑为先驱。"同传又曰："（司马）颖表请幽州刺史石堪为右司马，以右司马和演代堪，密使演杀浚，并其众。演与乌丸单于审登谋之……值天暴雨，兵器沾湿，不果而还。单于……乃以谋告浚。浚密严兵，与单于围演。演持白幡诣浚降，遂斩之，自领幽州。"据田余庆先生考证，祁弘应该是乌桓[4]。《刘元海载记》云："王浚使将军祁弘率鲜卑攻邺，颖败。"王浚的军队的确是既有鲜卑又有乌桓的。王浚在幽州为扩大自己的势力，极力结好鲜卑，以一女妻鲜卑务勿尘，又以一女妻苏恕延，把后起的鲜卑段氏也招揽进来了。王浚本传所称"苏恕延"，亦作"素怒延"，胡三省注曰："宇文国有别帅曰素奴延。"其中的"恕""奴""怒"，乃讹写所致，但肯定是一个人。可知王浚同时与段部、宇文部交结。同传又曰："永嘉中，石勒寇冀州，浚遣鲜卑文鸯讨勒，勒走南阳。"文鸯即务勿尘之子。例子尚多，不必赘举。

---

① 参见田余庆：《拓跋史探》，生活·读书·新知三联书店，第149—150页。
② 前揭陈国灿：《魏晋间的乌丸与"护乌丸校尉"》一文，见《魏晋南北朝隋唐史资料》第1期，1979年5月。
③ 《晋书·苻坚载记上》，中华书局，第2903页。
④ 前揭田余庆：《拓跋史探》，生活·读书·新知三联书店，第129页。

北魏初年，拓跋部内仍有不少乌桓，曾经发生"北部大人叔孙普洛节及诸乌丸亡奔卫辰"的事件。刘显之子刘亢埿被慕容垂任命为乌丸王，"以抚其众"①。而这个刘亢埿在慕容宝时还兼任广宁太守，拓跋珪讨斩亢埿，"徙亢埿部落于平城"②。广宁是乌桓聚居之地，而刘亢埿又是乌桓王，他的部落大多当是乌桓，这大概就是符坚移乌丸府于平城的原因了。

东部乌桓在十六国时期也南下到了冀州。慕容鲜卑占领幽州全境，理所当然地拥有了乌桓部民和乌桓突骑。前燕灭亡后，乌桓民众散居在冀州各地。前秦末年，慕容垂起兵复国，其子慕容农到列人（今河北省邯郸市肥乡区东北）招集旧部，其中即以乌桓人为主。其时，"慕容农之奔列人也，止于乌桓鲁利家。……农谓利曰：'吾欲集兵列人，以图兴复，卿能从我乎？'利曰：'死生唯郎是从。'农乃诣乌桓张骧，说之曰：'家王已举大事，翟斌咸相推奉，远近响应，故来相告耳。'骧再拜曰：'得旧主而奉之，敢不尽死！'于是农驱列人居民为士卒，斩桑榆为兵，裂襦裳为旗"③。

符坚还把乌桓迁徙到关西，灭前燕时，他"处乌丸杂类于冯翊、北地"。慕容垂反秦复国时，"引丁零、乌丸之众二十余万，为飞梯地道以攻邺城"。这些乌桓不知原为东、西部，当是十六国时已迁到冀州了。符坚迁乌桓到关西，至后秦时，乌桓竟进入西北陇右的歌谣中了："起兵如流沙，死者如乱麻，戎马悠悠会陇头，鲜卑、乌丸居不安！"④

田余庆先生指出："乌桓人没有强大的部落凝聚力，虽然以悍战闻名，但都是供人驱使。库贤能瓦解力微诸部，却不能团聚诸部已取代拓跋部的地位。同理，卫操、卫雄兄弟能率领乌桓人为桓、穆转战并州，却不能靠

① 《通鉴》卷一〇七，东晋孝武帝太元十二年（387年）八月，中华书局，第3379页。

② 《魏书·莫含传》，中华书局，第604页。

③ 《通鉴》卷一〇五，东晋孝武帝太元九年（384年）正月，中华书局，第3321页。

④ 《晋书·姚兴载记上》，中华书局，第2986页。

乌桓形成独立力量，以致在拓跋内乱中无所适从，终至溃散。"[1]也许正因为这样，所以乌桓的历史缺失太多，我们只能期待来日考古发掘和更深入的研究了。

二、蒙古草原的动荡与鲜卑的兴起

鲜卑原来也是东胡的一部，役属于匈奴。北匈奴西遁、南匈奴附汉后，蒙古大草原出现了大动荡的局面。草原上的鲜卑、匈奴、丁零和西域人关系错综复杂，其间的迁徙与扩张、摩擦与对抗、战争与征服、同化与融合，天苍苍、野茫茫下的刀光剑影，金戈铁马伴着风吹草低见牛羊，一定非常紧张剧烈、跌宕起伏，也一定非常生动和丰富多彩。遗憾的是，历史丧失了太多的记忆，我们已经所知不多，但鲜卑族的兴起，却是不争的事实。

这是鲜卑史上重要的一页，我们希望通过钩稽史料、拾遗补阙，对这一主题有所贡献。

（一）

在北境的少数民族中，鲜卑的内迁算是姗姗来迟了。鲜卑在乌桓的北面，因隔着乌桓，与汉朝没有发生直接的联系。东汉初，北境匈奴、乌桓、鲜卑"三虏联合"，鲜卑才以骚扰汉朝边郡的方式与东汉发生接触。《后汉书·鲜卑列传》："光武初，匈奴强盛，率鲜卑与乌桓寇抄北边，杀略吏人，无有宁岁。"[2]至乌桓内迁的建武二十五年（49年），鲜卑正式和东汉通译使。当时，东汉利用鲜卑打击北匈奴，鲜卑大人偏何出击北匈奴左伊育訾部，斩首二千余级。其后，偏何年年出击匈奴，持首级到辽东领

---

① 前揭田余庆：《拓跋史探》，生活·读书·新知三联书店，第148页。
② 《后汉书·鲜卑列传》，中华书局，第2985页。

受赏赐。建武三十年（54年），鲜卑大人於仇贲、满头等率种人诣阙朝贺，成为内属的鲜卑人，他们分别被东汉朝廷封为王、侯。后来，渔阳乌桓大人歆志贲反叛，辽东太守祭肜又招募偏何攻歆志贲，于是，鲜卑大人皆来归附，都到辽东领赏赐，青、徐二州为此每年拨款二亿七千万。

公元1世纪后半叶，是蒙古草原大动荡的时代。元和二年（85年），北匈奴四面受敌，党众叛离，"南（匈奴）部攻其前，丁零寇其后，鲜卑击其左，西域侵其右，不复自立，乃远引而去"。章和元年（87年），"鲜卑入左地击北匈奴，大破之，斩优留单于，取其匈奴皮而还。北庭大乱"。这是对北匈奴一次沉重的打击。次年（88年），南单于向朝廷报告："北单于创刘南兵，又畏丁令、鲜卑，遁逃远去。"[①]北匈奴的统治崩溃了，参与攻打北匈奴的鲜卑、丁零（高车）和来自西域的民族都以胜利者的姿态涌进了蒙古草原。

北匈奴远遁后，有十余万落的匈奴人仍滞留在蒙古草原上，对此，《后汉书》与《三国志》的记载稍有不同。《后汉书·鲜卑列传》曰：

> 和帝永元（89—104年）中，大将军窦宪遣右校尉耿夔击破匈奴，北单于逃走，鲜卑因此转徙其地。匈奴余种留者尚有十余万落，皆自号鲜卑，鲜卑由此渐盛。[②]

《三国志·魏志·鲜卑传》注引王沈《魏书》则曰：

> 匈奴及北单于遁逃后，余种十余万落，诣辽东杂处，皆自号鲜卑兵。[③]

---

① 《后汉书·南匈奴列传》，中华书局，第2950—2952页。
② 《后汉书·鲜卑列传》，中华书局，第2986页。
③ 《三国志·魏志·鲜卑传》注引王沈《魏书》，中华书局，第837页。

无论匈奴史或在鲜卑史上，兹事体大，不可不辨。

其一，事件发生的时间。《后汉书·鲜卑列传》说是和帝永元（89—104年）中，正是北单于遁逃之后。而王沈《魏书》不记时间，依《魏书》行文顺序，在"乌丸校尉耿晔将率众王出塞击鲜卑"之后。查《后汉书·顺帝纪》和同书《鲜卑列传》，耿晔出击鲜卑在顺帝永建二年（127年）。那么，就是在永建二年之后了。这时距离北单于远遁已有40年。不过，王沈《魏书》的这段文字虽置于耿晔出兵后面，但并不说明事件是这时发生的。这里是否可以理解为，匈奴在草原上的余众是经历了数十年才逐渐认同于鲜卑，而自号鲜卑兵的。曹永年曾论及这个问题，他认为，"《后汉书·鲜卑传》所谓匈奴'北单于逃走，鲜卑因此转徙据其地。匈奴余众留者尚有十余万落，皆自号鲜卑'云云，只是反映檀石槐时期的客观事实。这数十万匈奴遗民，从'自号鲜卑'到真正地鲜卑化，其实经历了一个相当长的历史时期，并且还出现过反复"①。此说甚是。十余万落，每落以五口计，至少有五六十万人的匈奴人。这五六十万人游牧因逐水草而居，分散在草原各地；而且民族认同并非像一支投降的军队易帜那么简单，其认同鲜卑的确应该有一个相当长的历史过程。《魏书·蠕蠕传》曰："社崘远遁漠北，侵高车，深入其地，遂并诸部，凶势益张。北徙弱洛水（今土拉河）……其西北有匈奴，国尤富强，部帅曰拔也稽，举兵击社崘，社崘逆战于颉根河（今鄂尔浑河），大破之。"时为北魏道武帝皇始年间（396—397年），距北匈奴的大迁徙已有三个世纪，而在漠北地区仍有强大的匈奴部落的存在②。弱洛水西北的这支匈奴人，也应该是当年遗落在草原上的匈奴余众的一部分，而他们一直没有融入其他民族。

其二，这十余万落的匈奴余种，到底是就地投降鲜卑，还是到辽东投

---

① 曹永年：《拓跋力微卒后"诸部离散，国内纷扰"考》，载《内蒙古师大学报》1988年第2期。
② 参见段连勤：《丁零、高车与铁勒》，上海人民出版社，第118页。

降鲜卑？段连勤在他的研究中说："当时丁零人连续从南西伯利亚的贝加尔湖地区出击蒙古草原腹地的匈奴人，北单于虽率有匈奴主力军也阻挡不住丁零人的进攻，被迫向鄂尔浑河以西逃命。北单于逃走后，残留下来的匈奴人虽仍有十余万落，但已群龙无首，对丁零的进攻显然已无任何抵抗能力了，他们只好从蒙古草原逃出来，'诣辽东'与鲜卑人'杂处'，后来又投降了那里的鲜卑人。王沈的说法无疑是正确的。很明显，十余万落匈奴人如果没有丁零人在背后的武力驱赶，是决不会自动离开蒙古草原的，他们跋涉二千余里到辽东去投奔鲜卑人，完全是为了逃命，是不得已而为之的。"① 仔细推敲，段说不无道理，但推论的成分居多。关于匈奴余众自号鲜卑，文献上所见，似乎仅有宇文部一个例证，而他们原居阴山，是后来才迁往辽西的。田余庆先生说："以《（魏书）序纪》《北史·宇文莫槐传》以及《周书·文帝纪》参读，可知宇文部本属匈奴，原驻牧阴山，与拓跋部为邻。公元3世纪下半期，约当拓跋力微死后，宇文莫槐率部东迁辽西。"② 况且，宇文部虽自号鲜卑，但独立为部，并未融入辽西的鲜卑中去。在辽东的鲜卑部落中，也从来未见匈奴降众的影子。因此，匈奴余种十余万落到辽东投降鲜卑人一说难以成立。

更值得注意的是，在西晋泰始（265—274年）年间，蒙古草原冒出许许多多的内迁匈奴。这个问题的资料，我在《西晋内迁杂胡与杂胡化趋

① 段连勤：《丁零、高车与敕勒》，上海人民出版社，第115页。他又说："至今出版的通史和民族史方面的著作，就我所知都未对十余万落匈奴余众，究竟是在蒙古草原上还是'诣辽东'投降鲜卑的问题，加以辨究。引证王沈《魏书》的，也未对十余万落匈奴余众为何要'诣辽东杂处'给予解释。这个问题如不同丁零人攻占蒙古草原腹地联系起来，也确实难以解释。"同上书，第145页注④。
② 田余庆：《拓跋史探》，生活·读书·新知三联书店，第125页。

势》一节征引甚详①。这些内迁的匈奴杂胡都来自草原而非辽东②，他们应当就是当年的匈奴余众。也就是说，经历了一个多世纪，这些匈奴余众并未到辽东去，而仍然滞留在草原上的"匈奴故地"。当檀石槐在草原上统一鲜卑各部时，他们应当归属于鲜卑部落大联盟，"自号鲜卑兵"，但又保留着自己的部落。当檀石槐的大联盟瓦解后，鲜卑拓跋诘汾"始居匈奴之故地"，并且逐渐地成为匈奴故地的新主人。至拓跋力微三十九年即曹魏甘露三年（258年），"迁于定襄之盛乐（今内蒙古自治区呼和浩特市和林格尔县）。夏四月，祭天，诸部君长皆来助祭，唯白部大人观望不至，于是征而戮之，远近肃然，莫不震慑"③。这时的匈奴及匈奴别部的部落当归属于拓跋部重新建立的联盟。直到拓跋部发生内乱，"诸部叛离，国内纷扰"，他们便纷纷内迁了。

其三，认为滞留在草原上的匈奴人统统投降鲜卑，也过于简单化了。进入草原的不只是鲜卑人，还有丁零人和西域人，匈奴不仅融合于鲜卑，也融合于丁零人与西域人，其间关系错综复杂、过程曲折漫长。我们从高车、拓跋鲜卑民族形成的神话传说中，应该可以得到一些启示。且看丁零人与匈奴有着千丝万缕的联系。《魏书·高车传》曰：

> 高车，盖古赤狄之余种也，初号为狄历，北方以为敕勒，诸夏以为高车、丁零。其语与匈奴同而时有小异，或云其先匈奴之甥也。……俗云，匈奴单于生二女，姿容甚美，国人皆以为神。

① 参见本书第41—68页。
② 上揭田余庆《拓跋史探》说："近读曹永年教授《拓跋力微卒后'诸部离叛国内纷扰'考》一文，颇有启发。《序纪》于278年'诸部离叛'以下九年之内，均无任何史实记载，这显然是拓跋部落联盟因为乌桓王库贤使谗与力微之死而瓦解了。平帝拓跋绰立，286年始记'威德复举'，但只是恢复的开始。曹文钩稽西晋塞外匈奴、鲜卑、杂虏降晋史实八条，除一条年份含糊外，其余的都在上述九年之内，此后又再无此类记载。所以曹文判定这诸多史料当即力微死后'诸部叛离'拓跋而降晋的证据。"如此，则内迁匈奴杂胡均来自草原无疑。生活·读书·新知三联书店，第136页。
③ 《魏书·序纪》，中华书局，第2—3页。

单于曰："吾有此女，安可配人，将诣与天。"乃于国北无人之地，筑高台，置二女其上，曰："请天自迎之。"经三年，其母欲迎之，单于曰："不可，未彻之间耳。"复一年，乃有一老狼昼夜守台嗥呼，因穿台下为空穴，经时不去。其小女曰："吾父处我于此，欲以与天，而今狼来，或是神物，天使之然。"将下就之。其姐大惊曰："此是畜生，无乃辱父母也！"妹不从，下为狼妻而产子，后遂滋繁成国，故其人好引声长歌，又似狼嗥。[①]

以汉族人的眼光去看，这是一个荒诞不经的神话；但对以狼为图腾的民族，又另当别论，这里且不说。我们要说的是，这个故事实际上蕴含着高车起源于丁零与匈奴融合的意义[②]。所以文献上说"或云其先匈奴之甥"，绝非空穴来风。

拓跋鲜卑的到来，是这个时期蒙古草原发生的最重大的事件之一。《魏书·序纪》始祖神元皇帝力微前的记载是拓跋鲜卑的历史传说，其记迁入蒙古草原的传说云：

> 圣武皇帝讳诘汾。（其父）献帝命南移，山谷高深，九难八阻，于是欲止。有神兽，其形似马，其声类牛，先行导引，历年乃出。始居匈奴故地。其迁徙策略，多出宣、献二帝，故人并号曰"推寅"，盖俗云"钻研"之义。初，圣武帝尝率数万骑田于山泽，欻见辎軿自天而下。既至，见美妇人，侍卫甚盛。帝异而问之，对曰："我，天女也，受命相偶。"遂同寝宿。旦，请还，曰："明年周时，复会此处。"言终而别，去如风雨。及期，帝至先所田处，果复相见。天女以所生男授帝曰："此君之子也，善

---

① 《魏书·高车传》，中华书局，第2307页。
② 参见段连勤：《丁零、高车与铁勒》，上海人民出版社，第122页。

养视之。子孙相承，当世为帝王。"语迄而去。子即始祖也。故
时人谚曰："诘汾皇帝无妇家，力微皇帝无舅家。"

这无疑又是一个异族通婚的故事，但与丁零的传说有所不同：一是通婚的对象不明确；二是人与天女的通婚。这则故事显然是经过改造与美化了的。自崔浩国史之狱，北魏史事中"备而不典"的内容早被删削殆尽[1]。

拓跋鲜卑凡两迁：先由宣皇帝推寅南迁大泽，即今呼伦贝尔湖；再由献帝即第二推寅再次南迁，至匈奴故地。马长寿先生《乌桓与鲜卑》一书叙述拓跋鲜卑这段迁徙史说：这次迁徙是先迁往今蒙古科尔多以东之地，"呼伦贝尔湖区在蒙古的东部，科布多在蒙古西部，由东而西相距数千里，其间又有匈奴、丁零、高车诸族的牧地。鲜卑部落集团这段迁徙过程是最辽远而最艰巨的。按《序纪》所记其间经过六世约一百年以上，中间的六位酋长当不能谓属于子虚"[2]。那么，拓跋鲜卑的婚姻对象可能是匈奴或丁零。

《魏书·官氏志》曰："初，安帝统国，诸部有九十九姓。至献帝时七分国人使诸兄弟各摄领之，乃分其氏。……献帝以兄为纥骨氏，后改为胡氏。次兄为普氏，后改为周氏。次兄为拔拔氏，后改为长孙氏。弟为达奚氏，后改为奚氏。次弟为伊娄氏，后改为伊氏。次弟为丘敦氏，后改为丘氏。次弟为侯亥氏。七族之兴，自此始也。又命叔父之胤曰乙旃氏，后改为叔孙氏。又命疏属曰车焜氏，后改为车氏。凡与帝室为十姓，百世不通婚。"[3]据姚薇元《北朝胡姓考》考订，此帝室十姓中，纥骨氏与乙旃氏是丁零姓氏。献帝率领拓跋部从呼伦贝尔湖迁往科布多时有丁零牧地，其

---

① 参见周一良《魏晋南北朝史札记》之《崔浩国史之狱》一文，中华书局，第342—345页。
② 马长寿：《乌桓与鲜卑》，上海人民出版社，第243页。
③ 拔拔氏原文为"拓跋氏"、侯亥氏为"侯氏"，此据中华书局版《魏书》校勘记径改。中华书局，第3005—3006页。

间发生了拓跋部与异族的通婚，而后献帝所分帝室十姓中有两姓是丁零姓氏。可见，拓跋鲜卑是在迁徙途中融合了丁零人而逐渐壮大起来的；至"匈奴故地"后，则建立了包括丁零及匈奴余众在内的部落联盟。

其实，融合的过程首先是征服、兼并的过程，而并非两族和睦相处、友好合作。鲜卑征服了匈奴，所以匈奴才会自号为鲜卑。同样，丁零征服了匈奴，匈奴才会成为丁零的一部分。拓跋鲜卑征服了丁零，丁零竟成为拓跋帝室十姓的组成部分；征服了匈奴余众，故所谓内入诸姓中有匈奴贺赖氏、独孤氏等。征服者与被征服者结成部落联盟，联盟的领导权理所当然地属于征服者。丁零融入拓跋鲜卑，而率领他们的是拓跋氏献帝的"诸兄弟"。不过，被征服者仍保留其氏族名称，因此匈奴中有许多氏族，究其根底，是属于其他民族；东部鲜卑有匈奴姓氏的宇文氏，而拓跋鲜卑中有更多其他民族的氏族。

由于史料缺乏，我们对北匈奴西遁后半个世纪蒙古草原所发生的事情了解非常有限。但继匈奴之后，鲜卑族在蒙古草原的崛起，的确是一个不可逆转的趋势。

（二）

公元 1 世纪末 2 世纪上半叶，强盛起来的鲜卑频频光顾东汉北境郡县。和帝永元九年（97 年），辽东鲜卑攻肥如县，太守祭参坐沮败，下狱死。十三年（101 年），鲜卑复寇右北平，并进入渔阳，渔阳太守击破之。延平元年（106 年），鲜卑再攻渔阳，太守张显出塞追击时遭遇伏兵，战死。安帝永初（107—113 年）中，鲜卑大人燕荔阳到京城朝贺，邓太后赐予王印绶，并允许他们"止乌桓校尉所居宁城下，通胡市，因筑南北两部质馆。鲜卑邑落百二十部，各遣入质"。但是，鲜卑大人们并不满意在宁城举行的边境贸易，通过掳掠获得财富总是更容易些。据《后汉书·鲜卑列传》的记载统计，历安、顺两朝的 40 多年，鲜卑入寇 14 次，辽东、辽西、渔阳、上谷、代郡、云中、雁门、定襄、太原、朔方等北境诸边郡无不深受其害。此外，鲜卑还两次进攻南匈奴，南匈奴薁鞬日逐王战死，渐将王被杀。

东汉桓帝时期（147—167年），鲜卑民族走上新的发展阶段，鲜卑社会出现了一位统一各部的杰出人物——檀石槐。《三国志·魏志·乌丸传》注引《魏书》曰：

> 投鹿侯从匈奴军三年，其妻在家，有子。投鹿侯归，怪欲杀之。妻言："尝昼行闻雷震，仰天视而雷入其口，因吞之，遂妊身，十月而产，此子必有奇异，且长之。"投鹿侯固不信。妻乃语家，令收养焉，号檀石槐，长大勇健，智略绝众。年十四五，异部大人卜贲邑钞取其外家牛羊，檀石槐策骑追击，所向无前，悉还得所亡。由是部落畏服，施法禁，平曲直，莫敢犯者，遂推以为大人。檀石槐既立，乃为庭于高柳北三百余里弹汗山、啜仇水上，东西大人皆归焉。兵马甚盛，南钞汉边，北拒丁令，东却扶余，西击乌孙，尽据匈奴故地，东西万二千余里，南北七千余里，网罗山川、水泽、盐池甚广。……乃分其地为中、东、西三部。从右北平以东至辽东，接夫余、濊貊为东部，二十余邑，其大人曰弥加、阙机、素利、槐头。从右北平以西至上谷为中部，十余邑，其大人曰柯最、阙居、慕容，为大帅。从上谷以西至敦煌，西接乌孙为西部，二十余邑，其大人曰置鞬落罗、日律、推演、宴荔游等，皆为大帅，而制属檀石槐。……檀石槐年四十五死，子和连代立。……自檀石槐死后，诸大人遂世相袭也。

这是蒙古草原进入了鲜卑族世纪的标志。高柳（今山西省大同市阳高县），东汉代郡郡治所在地。高柳北三百余里的弹汗山、啜仇水（今内蒙古自治区乌兰察布市察哈尔右翼前旗境内）在东汉幽州代郡的政区之外，与其南的代郡高柳和其东的上谷宁城距离相若。

檀石槐时代是早期鲜卑史的英雄时代，檀石槐的部众热爱他、崇拜他，所以他的故事得以流传。但这个故事不是传奇，也不是神话，而是以写实的笔触记录了他的出生、成长过程。这个故事说明：第一，这时鲜卑氏族之间的关系是平等的，专擅部落权力的氏族尚未形成，部落大人由各氏族共同推举产生。勇敢、睿智、公正，又具有善于处理部落公共事务能力的男性氏族成员——檀石槐具备这些条件——就有可能获得拥戴而被推举为部落大人。这与乌桓"常推募勇健能理决斗讼相侵犯者为大人"相似。第二，鲜卑的妻族即舅家对夫族的后嗣拥有很大的权力。《后汉书·乌丸列传》讲乌丸的习俗说："贵少贱老，其性悍塞，怒则杀父兄，而终不害其母，以母有族类，父兄无相仇报故也。"同属于东胡的鲜卑，习俗应同于乌桓，所以投鹿侯虽不相信其妻吞雷的神话，不喜欢这个来历不明的孩子，但听任妻子把孩子交给妻族养育。第三，檀石槐当部落大人后，很快完成了统一鲜卑各部的功业，建立东接夫余、西接乌孙，包括中、东、西三部分的鲜卑军事大联盟[①]。虽然史书没有记载这次统一的过程，但不管是使用武力还是非武力方式，都表明檀石槐具有强大的实力和过人的智慧，他的部落具有强大的凝聚力，他本人具有使人信服的魅力。因此，他是鲜卑史划时代的人物，是把鲜卑族统一起来的英雄。据研究，东部的槐头，即鲜卑宇文部；中部的慕容，即鲜卑慕容部；西部的推演，即鲜卑拓跋部。第四，由于檀石槐对鲜卑族发展的贡献，他受到全族尊崇与爱戴，所以，在他之后，鲜卑部落大人由推举演变为世袭。檀石槐的儿子不再由鲜卑各氏族推选而是直接继位，开启了部落大人世袭的新制度，这无疑是鲜卑历史的一个进步。但由于史料的限制，我们对檀石槐建立的军事大联

---

① 军事大联盟系马长寿在《乌桓与鲜卑》一书中所用的名称。上海人民出版社，第182页。

盟的了解还不多，如中、东、西部似只是区域的划分，三部内部落林立，各有大人，不相统属；檀石槐也似无名号，他与各大人之间的关系如何，在政治上、经济上各自有什么样的权利和义务；檀石槐所建的"庭"是否与南匈奴单于庭类似，有没有如左、右贤王等建制？可能这个军事大联盟还比较简单、初级、松散，本质上还是一个部落联盟，只是规模很大就是了。

檀石槐联合乌桓、南匈奴对东汉北境诸州发动一次又一次的猛烈攻击。朝廷曾遣使欲封他为王，还许诺与之和亲，但都被他拒绝了。时值灵帝时期（168—189年），东汉皇朝的腐朽统治已经走到穷途末路了。皇帝卖官、宦官擅权，无官不贪、民不聊生。如光和元年（178年），"初开西邸卖官，自关内侯、虎贲、羽林，入钱各有差。私令左右卖公卿，公千万，卿五百万"[①]。太尉段颎、司徒崔烈、太尉樊陵、司徒张温等，都是用五百万乃至上千万买来的；曹嵩"灵帝时货赂中官及输西园钱一亿万，故位至太尉"[②]。宦官实行高压暴政，良善之辈忍气吞声；宦官子弟、亲信布列州郡，如狼似虎吞噬百姓。天灾人祸、饥馑疾疫频发，以致出现"河内人妇食夫，河南人夫食妇"的惨剧[③]。为征讨西羌，朝廷曾日耗千金之资，而羌反稍歇，鲜卑又起。鲜卑虽然只是攻击北方缘边诸郡，但仍要耗费已奄奄一息的东汉皇朝本已不多的人力、物力，还没有什么效果。

史称，"灵帝立，幽、并、凉三州缘边诸郡无岁不被鲜卑寇抄，杀略不可胜数"[④]。以下罗列《后汉书·灵帝纪》逐年记载：

建宁元年（168年）十二月，"鲜卑及濊貊寇幽、并二州"。

建宁二年（169年）十一月，"鲜卑寇并州"。

---

① 《后汉书·灵帝纪》，光和元年（178年），中华书局，第342页。
② 《后汉书·宦者列传》，中华书局，第2519页。
③ 《后汉书·灵帝纪》，建宁三年（170年），中华书局，第331页。
④ 《后汉书·乌桓鲜卑列传》，中华书局，第2990页。

中古北方民族史探

建宁四年（171年）冬，"鲜卑寇并州"。

熹平元年（172年）十二月，"鲜卑寇并州"。

熹平二年（173年）十二月，"鲜卑寇幽、并二州"。

熹平三年（174年）十二月，"鲜卑寇北地，北地太守夏育追击破之。鲜卑又寇并州"。

熹平四年（175年）五月，"鲜卑寇幽州"。

熹平五年（176年），"是岁，鲜卑寇幽州"。

熹平六年（177年）四月，"鲜卑寇三边"。李贤注曰："谓东、西与北边。"《后汉书·乌桓鲜卑列传》："秋，夏育上言：'鲜卑寇边，自春以来，三十余发，请征幽州诸郡兵出塞击之，一冬二春，必能禽灭。'"八月，"遣破鲜卑中郎将田晏出云中，使匈奴中郎将臧旻与南单于出雁门，护乌丸校尉夏育出高柳，并伐鲜卑，晏等大败"。十一月，"鲜卑寇辽西"。《三国志·魏志·乌丸鲜卑东夷传》注引《魏书》称：夏育等"三道并进，径三千余里征之。檀石槐帅部众逆击，旻等败走，兵马还者什一而已"。

光和元年（178年），"是岁，鲜卑寇酒泉"。

光和二年（179年）十二月，"鲜卑寇幽、并二州"。

光和三年（180年）冬闰月，"鲜卑寇幽、并二州"。

光和四年（181年）十月，"鲜卑寇幽、并二州"。

中平二年（185年）十一月，"鲜卑寇幽、并二州"。

中平三年（186年）十二月，"鲜卑寇幽、并二州"。

中平四年（187年）六月，"渔阳人张纯与同郡张举举兵叛，攻杀右北平太守刘政、辽东太守杨终、护乌桓校尉公綦稠等"。《后汉书·南匈奴列传》称："中平四年，前中山太守张纯反畔，遂率鲜卑寇边郡。"

上面列举的前后二十年间，鲜卑曾十六次对东汉缘边州郡发动攻击。檀石槐死于光和（178—183年）中，这些攻击大多是他在位时发动的。上引夏育言，仅熹平六年（177年）春、夏，鲜卑就发兵三十余次，则鲜卑的攻击无以计数。其进攻东自辽西，西至酒泉，主要目标是幽、并二州，与当时鲜卑的分布相合。这时是这个部落大联盟最强盛的时期。檀石槐死后，联盟很快瓦解。史称，"檀石槐年四十五死，子和连代立。和连材力不及父，而贪淫，断法不平，众叛者半。灵帝末年数为寇钞，攻北地，北地庶人善射者射中和连，和连即死。其子骞曼小，兄子魁头代立。魁头既立后，骞曼长大，与魁头争国，众遂离散"①。由于子弟争位，这个本来就松散、不稳固的军事大联盟很快便瓦解了。

在鲜卑连年进攻中，汉军疲于奔命。熹平六年（177年），议郎蔡邕主张弃缘边障塞之外，他说："自匈奴遁逃，鲜卑强盛，据其故地，称兵十万，才力劲健，意智益生。加以关塞不严，禁网多漏，精金良铁，皆为贼有。汉人逋逃，为之谋主，兵利马疾，过于匈奴。昔段颎良将，习兵善战，有事西羌，犹十余年。今育、晏才策，未必过颎，鲜卑种众，不弱曩时。而虚计二岁，自许有成，若祸结兵连，岂得中休？当复征发众人，转运无已，是为耗竭诸夏，并力蛮夷。夫边陲之患，手足至蚧搔；中国之困，胸背之癜疽。方今郡县盗贼尚不能禁，况此丑虏而可伏乎！……夫恤民救急，虽成郡列县，尚犹弃之，况障塞之外，未尝为民居者乎！"蔡邕阻止出兵的意见没有被采纳，结果汉军再次惨败而归。

檀石槐虽然建庭于幽州代郡辖区之外，但他的军事大联盟的各部落已经广泛分布在东汉北境从幽州到凉州的诸州郡。这是鲜卑内迁之始。曹魏时，檀石槐之孙、和连兄子步度根继任檀石槐本部的部落大人，步度根兄扶罗韩则另外拉起数万人自立为大人，原来的东部鲜卑大人弥加、阙机、素利仍然在辽西、渔阳、右北平塞外。

建安（196—220年）中，在原来的鲜卑部落格局之外，代郡、上谷近塞地区又突然崛起了一个鲜卑部落，其首领叫轲比能。轲比能出身"小

---

① 《三国志·魏志·乌丸鲜卑东夷传》注引《魏书》，中华书局，第838页。

种鲜卑"。"种",部落也①;"小种",就是小部落。他的部落靠近边塞,许多逃难的汉人去投奔他,教他制作兵器、铠盾并使用汉字,所以他学汉人建立旌麾,以鼓节指挥部众。他通过护乌丸校尉阎柔向朝廷贡献方物,还率领三千骑兵随从阎柔击破河间田银的叛乱。延康元年(220年),轲比能遣使献马,被魏文帝封为附义王。为了向朝廷表示诚意,轲比能接连遣送鲜卑中的汉人五百家回代郡,千余家回上谷;又带领部落大人和部民及代郡乌桓修武卢等三千骑,驱赶牛马七万余口通关市。

"文帝初,北狄强盛,侵扰边塞……自高柳以东,濊貊以西,鲜卑数十部,比能、弥加、素利割地统御,各有分界。"②起初,轲比能与步度根不睦,互相攻击。上文说到,建安二十三年(218年)代郡乌桓能臣氏反叛时,曹彰领兵讨伐。能臣氏向扶罗韩求援,愿归属扶罗韩,可当扶罗韩率万余骑兵来援,能臣氏又转而向轲比能求援。轲比能一到,就与能臣氏共盟誓,并在会上杀扶罗韩,兼并其部众。扶罗韩虽然脱离步度根自立,但终究是他的兄长。轲比能杀了扶罗韩,步度根当然不能忍受,于是与轲比能结怨,更相攻击。但步度根势力不敌轲比能,只得带领部众万余落退避到太原、雁门。黄初五年(224年)步度根到朝廷朝见,也得到魏文帝丰厚的赏赐。《三国志·魏志·文帝纪》:"(黄初)六年(225年),并州刺史梁习讨鲜卑轲比能,大破之。"梁习本传未载此事,其实这是并州下属雁门郡太守牵招所为。同书《牵招传》:"招自出,率将归泥等讨比能于云中故郡,大破之。招通河西鲜卑附头等十余万家,缮治陉北故上馆城,置屯戍以镇内外,夷虏大小,莫不归心,诸叛亡虽亲戚不敢藏匿,咸悉收送。于是野居晏闭,寇贼静息。招乃简选有才识者,诣太学受业,还相授教,数年中庠序大兴。"

---

① 《晋书·北狄匈奴传》:"北狄以部落为类,其入居塞者有屠各种、鲜支种……"可知"种"即部落。

② 《三国志·魏志·田豫传》。

此后，轲比能又与东部大人弥加、素利发生争斗。时弥加、素利等有十余万落①，本与轲比能盟誓：皆不得以马匹与中国互市。曹魏护乌桓校尉田豫加以离间，素利违背盟约出马千匹给朝廷，轲比能遂攻素利，田豫助素利进讨轲比能。轲比能不服，利用自己粗懂汉字的便利，写信给辅国将军鲜于辅喊冤，说："我夷狄虽不知礼义，兄弟子孙受天子印绶，牛马尚知美水草，况我有人心邪！"曹魏对各部族之间的争斗一贯采取绥和政策，平息纷争，得到鲜于辅的报告后，责令田豫安抚轲比能。至魏明帝太和年间（227—233年），轲比能拥有骑兵十余万，他统一鲜卑诸部的目标在一定程度上得到实现②。史称，轲比能"尽收匈奴故地，自云中、五原以东抵辽水，皆为鲜卑庭。数犯塞寇边，幽、并苦之"③。但观其规模、实力依然远比不上檀石槐。

青龙元年（233年），轲比能以和亲诱引步度根叛并州，亲率万骑到陉北迎接。这样，已经内迁到雁门、太原的鲜卑又北撤了。当然，也不可能所有的鲜卑人都走。不久后，轲比能杀步度根，兼并了他的部众。青龙三年（235年）曹魏幽州刺史、领护乌桓校尉王雄派遣刺客刺杀了轲比能，使这个鲜卑部落联盟很快又瓦解了，"然后种落离散，互相侵伐，强者远遁，弱者请服。由是边陲差安，漠南少事，虽时颇钞盗，不能复相扇动矣"。

当时东汉皇朝已经没有回天之力了，不论蔡邕放弃障塞外土地的主张是对是错，他预见"中国之困，胸背之癥疽"，是有见地的。实际上东汉朝廷放弃的不只是障塞外之地，而是北境数郡之地。《晋书·地理志上》并州条曰："灵帝末，羌胡大扰，定襄、云中、五原、朔方、上郡等五郡并流徙分散。建安十八年（213年），省入冀州。二十年（215年），始集塞

---

① 《三国志·魏志·牵招传》。
② 参见马长寿：《乌桓与鲜卑》，上海人民出版社，第189页。
③ 《三国志·魏志·乌丸鲜卑东夷传》"总序"。

下荒地立新兴郡。后又分上党立乐平郡。魏黄初元年（220年），复置并州，自陉岭以北并弃之，至晋因而不改。"还需说明的是，除上述五郡外，西河郡大部分也丢弃了，原来十三个县级单位仅剩下四个。果然，鲜卑的攻击停止了，而暴风骤雨般的黄巾起义爆发了，东汉皇朝再也没有能够挺过去！

（三）

3世纪的前六十余年，即曹魏到西晋时，蒙古草原上占据统治地位的仍是鲜卑部落，东汉建安年间（196—219年）涌现出新的鲜卑酋长轲比能，拥有控弦十余万骑，而东部、西部各有鲜卑部落，不能相一。在这广阔的地带，混杂着匈奴、乌桓和丁零，因为远离政治中心，所以各族的情况并不明晰。至拓跋鲜卑的崛起，蒙古草原进入了一个新的发展时期。

蒙古草原的动荡，直接影响到草原上的各民族，也影响着中原皇朝的缘边州郡，形成连锁反应。从上述东汉末年六郡民众流徙分散后，不止此六郡，还有一些缘边郡县，都有各族的迁入。

曹魏时，邓艾纳鲜卑降者，并置其于雍、凉之间，这是鲜卑进入陇右之始。《晋书·傅玄传》称：泰始四年（268年），傅玄上疏曰：

> 臣以为胡夷兽心，不与华同，鲜卑最甚。本邓艾苟欲取一时之利，不虑后患，使鲜卑数万散居人间，此必为害之势也。秦州刺史胡烈素有恩信于西方，今烈往，诸胡虽已无恶，必且消弭，然兽心难保，不必其可久安也。若后有动衅，烈计能制之。惟恐胡虏适困于讨击，便能东入安定，西赴武威，外名为降，可动复动。此二郡非胡烈所制，则恶胡东西有窟穴浮游之地，故复为患，无以禁之也。宜更置一郡于高平川，因安定西州都尉募乐徙民，重其复除以充之，以通北道，渐以实边。详议此二郡及新置郡，皆使并属秦州，令烈得专御边之宜。

同书《武帝纪》与《地理志》均记秦州置于西晋泰始五年（269年），《傅玄传》纪年或有误，故《资治通鉴》系之于泰始五年（269年），曰："分雍、凉、梁州，置秦州，以胡烈为刺史。先是，邓艾纳鲜卑降者数万，置于雍、凉之间，与民杂居，朝廷恐其久而为患，以烈素著名于西方，故使镇抚之。"

关于邓艾纳鲜卑降者数万置于雍、凉之间事，《三国志》邓艾本传不载。邓艾多次任职陇右，早年为南安太守，稍后迁安西将军、假节、护东羌校尉。曹魏甘露元年（256年），他出任镇西将军、都督陇右诸军事，纳鲜卑降众应在这个时期。奇怪的是，邓艾是"徙戎论"最早的主张者，明确反对"羌胡与民同处"[1]，后来竟然纳鲜卑与民杂居。这些鲜卑依胡三省注，为"河西鲜卑"[2]。或即秃发氏。《晋书·秃发乌孤载记》云：

> 秃发乌孤，河西鲜卑人也。其先与后魏同出。八世祖匹孤率其部自塞北迁于河西，其地东至麦田、牵屯，西至湿罗，南至浇河，北接大漠。……孙树机能立，壮果多谋略。泰始中，杀秦州刺史胡烈于万斛堆，败凉州刺史苏愉于金山，尽有凉州之地。

秃发乃拓跋的异译，秃发氏是拓跋鲜卑迁往河西的一支。麦田城，今甘肃靖远北、宁夏中卫南；牵屯山，今甘肃平凉西北；湿罗，今青海湖东；大漠，即今腾格里沙漠、巴丹吉林沙漠[3]。这个地区正是东可入安定、西可赴武威、东北为高平川，与傅玄所述鲜卑的方位相合。因此，邓艾当年所纳降的鲜卑正是秃发鲜卑，亦即河西鲜卑。

这个地区恰巧东邻原东汉安定属国胡人的住地。《读史方舆纪要》卷

---

① 《三国志·魏志·邓艾传》，中华书局，第776页。
② 《资治通鉴》卷七十九，晋武帝泰始五年（269年）。中华书局，第2509页。
③ 参见周伟洲：《南凉与西秦》，陕西人民出版社，第9页。

五十八《陕西七》"三水城"条："汉置三水县，属安定郡，属国都尉治焉。后汉仍属安定郡。刘昭曰：'县有左谷，即卢芳所居。'晋废。《水经注》：'肥水出牵屯山，东北流注高平川。'"

秃发鲜卑与拓跋鲜卑分道扬镳，据《元和姓纂》卷十说，拓跋鲜卑"圣武帝诘汾长子匹孤，神元（力微）时率部众徙河西"。显然，这是拓跋鲜卑内部纷争的结果。

高平的地位很值得重视。史称，"高平险固，山川沃饶"[①]，故高平与高平川成为北境内迁的少数民族的目的地或途经地。乞伏鲜卑内迁的第一站就是高平川。《晋书·乞伏国仁载记》云：

> 乞伏国仁，陇西鲜卑人也。在昔有如弗[与]斯[引]、出连、叱卢三部，自漠北南出大阴山，遇一巨虫于路，状若神龟，大如陵阜，乃杀马而祭之……俄而不见，乃有一小儿在焉。时又有乞伏部有老父无子者，请养为子，众咸许之。老父欣然自以有所依凭，字之曰纥干。纥干者，夏言依倚也。年十岁，骁勇善骑射，弯弓五百斤。四部服其雄武，推为统主，号之曰乞伏可汗托铎莫何。托铎者，言非神非人之称也。其后有祐邻者，即国仁五世祖也。泰始初，率户五千迁于夏缘，部落稍盛。鲜卑鹿结七万屯于高平川，与祐邻迭相攻击。鹿结败，南奔略阳，祐邻尽并其众，因居高平川。[②]

乞伏氏的南迁神话，类似于拓跋鲜卑南迁神话，故陈寅恪先生曾指出："拓跋、乞伏都有南迁的历史，同属于西部鲜卑。"[③]

---

① 《晋书·赫连勃勃载记》，中华书局，第 3203 页。
② 方括号中的字原无，此据中华书局版《晋书》卷一二五校勘记补。
③ 万绳楠：《陈寅恪魏晋南北朝史讲演录》，黄山书社，第 91 页。

与高车混血融合，是西部鲜卑的特色。拓跋鲜卑如此，乞伏鲜卑亦是一个充盈着高车血统的鲜卑部落。其部落名乞伏与叱卢为高车著名种姓[①]。由此可见，西部鲜卑既有迁往"匈奴故地"者，也有许多迁到陇右、河西地区。

这一支鲜卑人是由漠北迁到大阴山，再迁到陇西的。《太平御览》一二七引《十六国春秋·西秦录》曰："五世祖拓邻，晋太始初，率户五万迁于高平川。""拓""祐"，形近而讹；而有众"五万"，当是在兼并鲜卑鹿结之后，故言迁高平川。乞伏鲜卑于西晋泰始年间（265—274年）到达夏缘。夏缘地虽不可考，但可以肯定在高平川左近，亦即在秃发鲜卑左近[②]。比之秃发鲜卑，乞伏氏的内迁晚不到十年。如上所述，秃发氏的内迁是因为拓跋部内争，而乞伏氏内迁的泰始初，正是一批批北狄内迁的时候，大概都是因为拓跋力微死后"诸部叛离"[③]。所需注意的还有，当时居于高平川的是鲜卑鹿结部，有众七万余落之多。我们不知鹿结鲜卑何时、从何地迁来，竟不敌仅五千户的乞伏氏？乞伏氏兼并鹿结鲜卑后，并未在高平川长久定居，祐邻之子结权再徙牵屯，与秃发鲜卑的东境相接。结权子利那时，"击鲜卑吐赖于乌树山，讨尉迟渴权于大非川，收众三万余落"[④]。

其后，乞伏氏又三迁：一迁苑川，二迁度坚山，三迁勇士川。在这个过程中，乞伏氏先后降伏鲜卑莫侯部二万余落与鲜卑勃寒部，因不敌前秦

---

① 《魏书·高车传》："其种有狄氏、袁纥氏、斛律氏、解批氏、护骨氏、异奇斤氏。……高车之族，又有十二姓：一曰泣伏利氏，二曰吐卢氏，三曰乙旃氏……"中华书局，第2307、2310页。据考证，"泣伏利氏"与"乞伏氏"为同音异译；而"吐卢氏"为"叱卢氏"之讹。参见陈连庆：《中国古代少数民族姓氏研究》，吉林文史出版社，第178-180页。
② 周伟洲在所著《南凉与西秦》中说："《晋书》中祐邻'迁于夏缘部众稍盛'一句，有两种断法，一如上断自'夏'，一断自'夏缘'，且将'夏缘'作为一个地名。按'夏缘'一地在何处？从未见过史籍记载。如断自'夏'，则可释为汉朔方之地，赫连勃勃曾于此地建夏国。"其实，"缘"可释为边，不一定把"夏缘"二字断开。
③ 曹永年：《拓跋力微卒后"诸部叛离国内纷扰"考》，载《内蒙古师范大学学报》1988年第2期。
④ 《晋书·乞伏国仁载记》，中华书局，第3113页。

而降于苻坚。前秦亡后，乞伏国仁建立西秦政权。乞伏国仁时，鲜卑匹兰部来降。他又"率骑三万袭鲜卑大人密贵、裕苟、提伦等三部于六泉（在高平）。高平鲜卑没奕于、东胡金熙连兵来袭，相遇于渴浑川（在勇士县东北），大战败之，斩级三千，获马五千匹。没奕于及熙奔还，三部震惧，率众迎降"。稍后，又"讨鲜卑越质叱黎于平襄，大坡之，获其子诘归、弟子复半及部落五千余人而还"[1]。

以上所述，仅乞伏氏早期，东自高平川、西至牵屯山、南抵勇士川之地，就有如此之多的鲜卑部落。这些鲜卑部落大者七万余落，小者也有几千人。他们的迁徙情况现在已经难以考实，但展现在我们面前的，是西晋前后北境少数民族络绎于道，内迁河西、陇右的情景。其实，鲜卑入河西、陇右的问题，早已有学者关注了。如林干先生说：居于河西一带的鲜卑，不只河西鲜卑、陇西鲜卑，"还有居于西海（今青海省）的乙弗鲜卑、居于廉川（今青海省海东市乐都区东北）的折掘鲜卑，居于广武（今甘肃省金昌市永昌县东南）附近的意云鲜卑，居于显美（今甘肃省武威市西北）的车盖鲜卑，及居于麦田（今甘肃省白银市靖远县东北）和居于北山（今甘肃省张掖市的北大山）的鲜卑部落（亦称'麦田鲜卑'和'北山鲜卑'）"[2]。

值得思考的是，这个时期内迁并、雍地区者是匈奴与匈奴别部，而内迁河西、陇右者都是鲜卑。我们尚不能解释其缘由，姑志于此。

鲜卑等北境民族除迁入河西、陇右外，还有进入高平川与三城等地者，其中比较大的部落有破多兰氏与薛干氏。

《魏书·高车传破多兰部附传》曰：

> 牵屯山鲜卑别种破多兰部世传主部落，至木易干有武力壮
> 勇，劫掠左右，西及金城，东侵安定，数年间诸种患之。天兴四

---

① 《晋书·乞伏国仁载记》，中华书局，第3115页。
② 林干、再思：《东胡乌桓鲜卑研究与附论》，内蒙古大学出版社，第83-84页。

年（401 年），遣常山王遵讨之于高平，木易干将数千骑弃国遁
走，尽徙其人于京师。余种分迸，其后为赫连屈丐所灭。

破多兰亦作"破多罗"[1]；木易干，"干"为"于"之讹，更多的文献记
为"没奕于"。

没奕于始见于文献，是与乌丸独孤率众数万降于苻坚。苻坚本想处之
塞内，苻融谏曰："匈奴为患，其兴自古。比虏马不敢南首者，畏威故也。
今处之内地，见其弱矣，方当窥兵郡县，为北边之害。不如徙之塞外，以
存荒服之义。"苻坚从之[2]。可知前秦以前，没奕于所率破多兰部仍在塞
外，以其与乌丸独孤即刘卫辰部同降前秦，可能与刘卫辰同在朔方境。前
秦末，苻丕任以安定北部都尉，没奕于这才进入陇右。"安定北部都尉鲜
卑没奕于率鄯善王胡员吒、护羌中郎将梁苟奴等，与（姚）苌左将军姚方
成、镇远强京战于孙丘谷，大败之。"[3]苻登时，没奕于进为骠骑将军。前
秦灭后，没奕于附于后秦吕光，为秦州刺史。姚苌率军赴安定击没奕于，
"没奕于率户六千降，拜使持节、车骑将军、高平公"[4]。

这时，没奕于镇高平（今宁夏回族自治区固原市），将女儿许配给来
投奔的刘勃勃，后却被勃勃所杀。《晋书·赫连勃勃载记》曰：

> 河西鲜卑杜崘献马八千匹于姚兴，济河，至大城，勃勃留
> 之，召其众三万余人伪猎高平川，袭杀没奕于而并其众。

所谓河西鲜卑杜崘，其实是柔然可汗社崘。《通鉴》记云："柔然可汗

---

① 《魏书·官氏志》：内入诸姓"破多罗氏，后改为潘氏"。中华书局，第 3013 页。
② 《晋书·苻坚载记上》，中华书局，第 2887 页。
③ 《晋书·苻丕载记》，中华书局，第 2946 页。
④ 《晋书·姚苌载记》，中华书局，第 2971 页。

社崘献马八千匹于秦，至大城，勃勃取之，悉集其众三万余人伪畋于高平川，因袭杀没奕于而并其众。"①顺便说一下，以"社崘"为"杜崘"，是形似而讹；但以柔然为河西鲜卑，则是因蒙古草原上民族混杂引起的误会。

薛干部"常屯聚于三城之间"②。薛干或作"叱干"。《晋书·赫连勃勃载记》曰："魏人乘胜济河，克代来，执（卫）辰杀之。勃勃乃奔于叱干部。叱干他斗伏送勃勃于魏，他斗伏兄子阿利先成大洛川，闻将送勃勃，驰谏曰：'鸟雀投人，尚宜济免，况勃勃国破家亡，归命于我？纵不能容，宜任其所奔。今执而送之，深非仁者之举。'他斗伏惧为魏所责，弗从。阿利潜遣劲勇篡勃勃于路，送于姚兴高平公没奕于，奕于以女妻之。"三城（今陕西省延安市东）有洛水，大洛川即在此。其西即秦置北地郡（治义渠，今甘肃省庆阳市西南），"以隔阂匈奴，汉人所谓缘边诸郡也。其地山川险阻，风俗劲勇，汉武拓境开边，北地良家子奏功尝最。晋弃其地，关辅日以多事。及氐、羌运终，赫连奋臂，冯陵之祸，多在斯土，岂非以岭塞高卬，下临三辅，有建瓴之势欤？"③而其西为高平、其南为安定，更见其地理位置的重要，故后来成为赫连勃勃起家之地。

拓跋珪因他斗伏（《魏书》作"太悉伏"）不送勃勃，率军讨伐三城，但因他斗伏先已出击匈奴曹覆（《魏书》作"曹覆寅"），乃屠城徙民以归。直到夏龙升元年（407年），赫连勃勃才征服鲜卑薛干等三部。

自古以来，长城内外既对立又互动，关系密切，难以分割，汉魏之后鲜卑族的历史充分地证明了这一点。对此，还有待我们更深入地研究和探索。

关于慕容、宇文、段部鲜卑的内迁，后文将另有论述。

---

① 《通鉴》卷一百一十四，东晋安帝义熙三年（407年）五月，中华书局，第3597页。

② 《魏书·高车传薛干部附传》，中华书局，第2312页。

③ 顾祖禹：《读史方舆纪要》卷五十七《陕西六》"庆阳府"，中华书局，第2755页。

04

第四章

十六国时期的人口争夺与民族分布

一、第一阶段：永嘉以后至后赵之亡（311—350年）

十六国时期的历史以"胡亡、氐乱"为标志[1]，可分为三个阶段。"胡亡"，即后赵灭亡；"氐乱"，指淝水之战后北方再次陷入混乱。这三个阶段是：第一阶段（311—350年），自永嘉之乱到后赵灭亡；第二阶段（350—383年），从后赵之亡至淝水之战；第三阶段（383—439年），从淝水之战后北方重新陷入混乱至北魏统一北方。

空前剧烈的人口争夺与强迫人口迁徙，是十六国历史的一大特点。而包括各少数民族在内的人口频繁流动，不断改变各地人口的民族构成，也就是说，民族分布时刻发生着变化。

下面，我们首先论述第一阶段的人口争夺情况，并借以观察各民族分布的变迁。

从刘渊、石勒起兵开始，各国统治者为建立和维持国家机器，特别是维持庞大的军队，需要雄厚的财政支持。在人口锐减、经济凋敝、土地荒芜的时代，人口比土地更为重要，因为只有人口才能变为生产力和战斗力。人口的争夺由此而起。每一次战争，战胜者不仅掳掠财富，还要掳掠对方的人户，将其驱赶回自己的统治区。有时是几百上千，有时是几万、十几万，甚至是数十万，百姓困厄于道路，转死于沟壑。

战争暴力也冲击了民族界限的藩篱。人口频繁流动打破了各族聚族而居的状态，破坏了各族原来的社会结构，为民族融合创造了条件。当然，各族人民也为此付出了高昂的代价。

---

[1] 《宋书·州郡志三》雍州刺史条："胡亡氐乱，雍、秦流民多南出樊、沔，晋孝武始于襄阳侨立雍州，并立侨郡县。"中华书局，第1135页。田余庆先生即以"胡亡氐乱"作为划分十六国民族斗争和民族融合历史为三个阶段的标志。见田余庆：《东晋门阀政治》，北京大学出版社，第238—239页。

（一）

西晋永兴元年（304 年），刘渊在离石左国城建国，国号汉，自称汉王。他的军队主要由五部匈奴和所谓"宜阳诸胡"组成。后者是西晋初年内迁的匈奴和匈奴别部，人口不少于五部。次年（305 年），因离石大饥，刘渊迁于黎亭。其后进据河东，攻陷蒲坂、平阳，遂入都蒲子。汉永凤元年（西晋永嘉二年，308 年），刘渊即皇帝位，迁都平阳。刘渊凡三迁，但都不是他理想的都城，他的理想都城是长安或洛阳，然而进攻洛阳却接连失利。至永凤三年（西晋永嘉四年，310 年）刘渊死，汉国都没有迁徙人口的记载。

当时，西晋洛阳城内饥困日甚，而外无救兵。太傅司马越以讨伐石勒为名，率领大军逃出洛阳，"朝贤素望，选为佐吏；名将劲卒，充于己府"[①]，把晋惠帝扔在孤城里，宫省无人守卫，殿内死人交横。汉嘉平元年（西晋永嘉五年，311 年），继位的汉帝刘聪调兵遣将，大举进攻洛阳。汉卫尉呼延晏先入，"掠王公已下子女二百余人而去"。刘曜复至，纵兵大掠，悉收宫人、珍宝，"害诸王公及百官已下三万余人"[②]。而在一个多月前，石勒在苦县（治今河南省周口市鹿邑县东）追及护送司马越灵柩的晋军，纵骑围而射之，晋将士十余万人无一幸免。这么多惨遭杀害的人，绝大多数都是普通士卒与无辜百姓，说明刘曜、石勒都尚无徙民的意识。

同年，汉军大举西进，西晋镇守关中的司马模败死，刘聪任刘曜为雍州牧，入长安。刘曜西攻池阳（扶风郡治，今陕西省咸阳市泾阳县西北），"掠万余人归于长安"。这是十六国最早的一条争夺人口、强迫徙民的记载。刘曜镇长安后，大概滋生了发展个人势力的野心，徙民长安即其表现。但当时西晋关中残余势力还很强大，安定太守贾疋被推为平西将军，

---

① 《晋书·东海王司马越传》，中华书局，第 1625 页。
② 《晋书·刘聪载记》，中华书局，第 2658、2659 页。

包围长安数月，"刘曜连战败绩，乃驱掠士女八万余口退还平阳，因攻司徒傅祗于三渚，使其右将军刘参攻郭默于怀城（河内郡属县，今河南省焦作市武陟县西南）。祗病卒，城陷，迁祗孙纯、粹并其二万余户于平阳"①。

刘聪在位时，我们看到平阳氏、羌、巴、羯甚众。刘粲与皇太弟、领大单于刘乂争夺继承权时，刘粲诬刘乂造反，因大单于主六夷事，故捕氏、羌酋长十余人，"悬首高格，烧铁灼目"，使其自诬与刘乂谋反，然后"坑士众万五千余人，平阳街巷为之空，氏、羌叛者十余万落"②。汉麟嘉三年（东晋大兴元年，318 年），刘聪死后，刘粲继位，靳准发动政变。刘曜和石勒都出兵讨靳准。石勒"据襄陵北原，羌、羯降者四万余落。……巴帅及诸羌、羯降者十余万落"③。另有"平阳士女万五千归于曜"④。

刘渊起兵，有羯人参与，又氏酋大单征率众来降。而刘渊军中的羌、巴是从哪儿迁来的呢？刘曜从长安所迁的"士女八万余口"与怀城所迁"二万余户"，不知其中是否有羌、巴，又有多少？即便都是羌、巴人，也远远不及十余万落。马长寿先生曾经讲到，东汉时就有羌人徙入河东。他在引用袁宏《后汉纪》"（建初）二年（77 年），夏四月，徙羌降者于河东"时指出：《后汉书》卷三《章帝纪》及卷八七《西羌传》于此年皆无徙降羌事。以此知徙往河东郡者，乃三辅之降羌。"⑤这就是说，早在东汉章帝时，就有羌人从三辅迁入河东。胡三省注《通鉴》时也注意到这个问题，他说："巴，巴氏也。魏武平汉中，迁巴氏于关中，其后种类滋蔓，河东、平阳皆有之。"⑥此外，我们还注意到汉末黄巾起义至三国鼎立时期、西晋

---

① 《晋书·刘聪载记》，中华书局，第 2662 页。而《通鉴》卷八十八，晋怀帝永嘉六年（312 年）五月曰："汉主聪贬刘曜为龙骧大将军，行大司马。聪使河内王粲攻傅祗于三渚，右将军刘参攻郭默于怀。会祗病薨，城陷，粲迁祗子孙并其士民二万余户于平阳。"

② 《晋书·刘聪载记》，中华书局，第 2675 页。

③ 《晋书·石勒载记上》，中华书局，第 2728 页。

④ 《晋书·刘曜载记》，中华书局，第 2684 页。

⑤ 马长寿：《氏与羌》，上海人民出版社，第 104 页注①。

⑥ 《通鉴》卷九十，东晋元帝大兴元年（318 年）十月胡注。

永嘉之乱时期，关中有两次人口向外的大迁移，比较显著的是向巴蜀和南阳方向的移民，其中是否也有一部分羌、巴人迁到河东地区呢？因未见到直接的证据，志疑于此。

刘曜在平定靳准之乱时即皇帝位于长安，建元光初，次年（东晋大兴二年，319 年）改国号为赵，是为前赵。同年，石勒宣告与刘曜决裂，在襄国（今河北省邢台市西南）自称赵王，是为后赵。于是，形成了前、后赵对峙的局面。

自氐、羌从凉州、陇右东迁，雍、秦地区的氐、羌日益增多。所以，在争夺雍、秦的统治权中，谁想站稳脚跟、有所作为，就必须处理好与氐、羌的关系。光初二年（319 年），刘曜杀掉谋反的巴酋句徐、库彭等五十余人，曝尸十日，投之水中。"于是巴氐尽叛，推巴归善王句渠知为主，四山羌、氐、巴、羯应之者三十余万。"关中大乱，城门昼闭，局面几乎失控。光禄大夫游子远固谏，主张"莫若赦诸逆人之家老弱没奚官者，使迭相抚育，听其复业，大赦与之更始"。刘曜大悦，以游子远为都督雍秦征讨诸军事，大赦境内。"子远次于雍城（时属扶风郡，今陕西省宝鸡市凤翔区南），降者十余万。进军安定，氐、羌悉下，惟句氏宗党五千余家保于阴密，进攻平之，遂振旅陇右。"①接着，刘曜又降服了长久以来据险盘踞于上郡的氐、羌。此部氐、羌酋大虚除权渠自号秦王，其子伊余，恃勇而骄。游子远趁其不备，在清晨雾气的掩护下发动突然袭击，"生擒伊余，悉俘其众。权渠大惧，被发割面而降。子远启曜以权渠为征西将军、西戎公，分伊余兄弟及其部落二十余万口于长安。西戎之中，权渠部最强，皆禀其而为寇暴，权渠既降，莫不归附"②。

是后，后赵又有两次徙民长安之举。光初五年（322 年），刘曜西征自称左贤王的氐酋杨难敌，杨难敌退守武都仇池。"仇池诸氐、羌多降于曜。

---

① 《晋书·刘曜载记》，中华书局，第 2686、2687 页。

② 《晋书·刘曜载记》，中华书局，第 2687 页。

曜后复西讨杨韬于南安，韬惧，与陇西太守梁勋等降于曜，皆封列侯。使侍中乔豫率甲士五千，迁韬及陇右万余户于长安。"翌年（323年），刘曜平定陈安之叛，陈安部下以陇城（今甘肃省天水市张家川县）、上邽（今甘肃省天水市）降，刘曜"徙秦州大姓杨、姜诸族二千余户于长安，氐、羌悉下，并送质任"①。杨，氐姓；姜，羌姓。光初十一年（328年），刘曜派兵三万袭击仇池杨难敌，掠三千户而归。这样，刘曜终于稳定了他的雍、秦的统治。

当时，后赵军队已以氐、羌为主力，而非本族匈奴人了。刘曜征服陇西氐、羌之后，企图乘势征伐前凉，史称，"曜自陇长驱至西河，戎卒二十八万五千，临河列营，百余里中，钟鼓之声沸河动地，自古军旅之盛未有斯比。（张）茂临河诸戍皆望风奔退。扬声欲百道俱渡，直至姑臧，凉州大怖，人无固志"。然而，刘曜与凉州的有识之士，对这支貌似强盛的军队都有客观的评价。刘曜说："吾军旅虽盛，不逾魏武之东也。畏威而来者，三有二焉。中军宿卫已皆疲老，不可用也。"②他所说的畏威而来的三分之二就是氐、羌族人。而所谓"中军宿卫已皆疲老"，指充任中军宿卫的匈奴人年岁已大了。前凉张茂参军陈珍说："曜虽乘威怙众，恩德未结于下，又其关东离贰，内患未除，精卒寡少，多是氐、羌乌合之众，终不能近舍关东之难，增陇上之戍，旷日持久与我争衡也。"③陈珍则一针见血指出刘曜军中大多是氐、羌的乌合之众。

汉与前赵的徙民，主要集中在两个地点。一是平阳。平阳氐（包括巴氐）、羌、羯数量虽然达十余万落，但大多是自东汉以后逐渐由三辅地区渗透过去的，只有刘曜直接从长安与怀城往平阳迁徙过近二十万人，其中有多少氐、羌却难以估计。二是长安。关中自匈奴郝度元、氐帅齐万年

---

① 《晋书·刘曜载记》，中华书局，第 2691、2694 页。
② 《晋书·刘曜载记》，中华书局，第 2694-2695 页。
③ 《晋书·张轨传子茂附传》，中华书局，第 2231-2232 页。

起兵，又经历历年战乱、饥荒疾疫，人口流失殆尽。长安屡为战场，遭受严重破坏。刘曜都长安以后，从上郡、秦陇地区往长安迁徙了大量的氐、羌，仅虚除权渠一支就有二十余万口。由此一来，氐、羌人口成为前赵国家及军队的重要成分。刘曜晚年，始置单于台于渭城，拜大单于，置左右贤王以下，但也不是由屠各匈奴来包揽一切，而是"皆以胡、羯、鲜卑、氐、羌为之"，这说明前赵国家的民族构成的变化引起了其统治集团成分的变化，民族隔阂的坚冰正在被融化。

（二）

现在我们转而来观察后赵徙民情况。

石勒曾经踌躇满志，企图雄踞江汉、消灭东晋。在权衡双方力量对比后，他听从谋士张宾的建议，回兵冀州，建襄国为根据地，从此全力经营襄国。汉嘉平四年（西晋愍帝建兴二年，314年）之后，石勒迁徙乌桓、乞活四批人到襄国。

一是审广、渐裳、郝袭等乌桓部人。石勒灭西晋幽、冀二州刺史王浚前，王浚部乌桓审广、渐裳、郝袭曾秘密遣使来降。石勒灭王浚后，迁审广等到襄国。

二是石勒将逯明破东燕、酸枣，徙降人二万余户于襄国。

三是徙平原乌桓展广、刘哆等部落三万余户于襄国。

四是徙乞活陈川部众五千余户于襄国 [①]。

乌桓构成西晋末幽州王浚和并州司马腾军队的主力。幽州有乌桓突骑，王浚率乌桓、鲜卑军参与"八王之乱" [②]，上述乌桓审广诸人应当是幽州乌桓突骑的将领。并州乌桓将领随从司马腾就谷冀州，而号为乞活。上

---

① 关于徙陈川部众事，周一良先生《乞活考》一文考证陈川部众徙襄国非徙广宗甚明，可从。见《魏晋南北朝史论集》，北京大学出版社，第22—23页。
② 参见田余庆先生《拓跋史探》之《代北地区拓跋与乌桓的共生关系 ——〈魏书·序纪〉有关史实解析》一文。关于祁济族属考证亦见此。生活·读书·新知三联书店，第129页。

述二、三、四条应均为并州来的乞活，包括乌桓将领。《通鉴》卷八十六晋怀帝永嘉元年（307 年）曰："刘琨至上党，东燕王（司马）腾即自井陉东下。时并州饥馑，数为胡寇所掠，郡县不能自保。州将田甄、甄弟兰、任祉、祁济、李恽、薄盛等，及吏民万余人，悉随腾就谷冀州，号为'乞活'。"乞活帅薄盛即是乌桓，《石勒载记上》明确指称"乌丸薄盛"，而祁济也应是乌桓人，田余庆先生有翔实考证。平原是乞活活动的地区，《晋书·石勒载记上》称："（汲）桑、（石）勒攻幽州刺史石尟于乐陵，尟死之。乞活田禋帅众五万救鲜，勒逆战，败禋，与（苟）晞等相持于平原、阳平间数月，大小三十余战，互有胜负。越惧，次于官渡，为晞声援。桑、勒为晞所败，死者万余人，乃收余众，将奔刘元海。冀州刺史丁绍要之于赤桥，又大败之。桑奔马牧，勒奔乐平。王师斩桑于平原。"因此，平原乌桓展广等应是乞活中的乌桓人。东燕、酸枣也有许多乞活部众。《读史方舆纪要》卷四十九《河南四》"东燕城"条："光熙元年（306 年）进东嬴公腾爵为东燕国，盖置于此城。永嘉二年（308 年）石勒寇邺，诏车骑将军王堪屯东燕以拒勒，既而为刘渊将刘景败于延津。大兴二年（319 年）石勒将桃豹屯陈川，为祖逖将韩潜所逼，退保东燕。"故东燕、酸枣所徙民户也应是乞活部众。石勒是从并州被司马腾掠卖到冀州的羯人之一，与腾有深仇；乞活是司马腾从并州带到冀州的军队，是拥戴司马腾的力量。入冀的乞活与石勒、汲桑是死对头。经过多次较量，石勒把这些敌对势力都迁到自己控制的襄国。

此外，这个时期石勒还攻陷青州东武城，徙其众万余于襄国；攻刘琨并州，琨逃奔段匹磾，迁阳曲、乐平人户于襄国。

时刘聪在位，石勒名义上隶属于汉国，但在实际上却对汉采取蚕食的政策。他趁河东发生蝗灾，平阳大饥，遣将石越屯并州招纳流民，汉"司隶部人奔于冀州二十万户"[1]。刘聪责备他，他只当耳旁风。靳准之乱时，

---

[1] 《晋书·刘聪载记》，中华书局，第 2673 页。

石勒兵临平阳，接受降众。但是，他接受了多少降众，徙之于何地，《晋书》与《通鉴》的记载有所不同。

《晋书·石勒载记上》曰："聪死，其子粲袭伪位，其大将军靳准杀粲于平阳，勒命张敬率骑五千为前锋以讨准，勒统精锐五万继之，据襄陵北原，羌、羯降者四万余落。准数挑战，勒坚壁以挫之。刘曜自长安屯于蒲坂，曜复僭号，署勒大司马、大将军，加九锡，增封十郡，并前十三郡，晋爵赵公。勒攻准于平阳小城，平阳大尹周置等率杂户六千降于勒。巴帅及诸羌、羯降者十余万落，徙之司州诸县。"而《通鉴》曰："勒进攻准于平阳，巴及羌、羯降者十余万落，勒皆徙之于所部郡县。"①《载记》说徙民于司州诸县，可是当时司州不是他的势力范围，他岂能将投降自己的巴氐、羌、羯拱手送人？故《通鉴》改石勒"徙之于所部郡县"为是。

这时，石勒的势力大为增强。河西鲜卑日六延叛，石勒派石虎追讨至朔方，"斩首二万级，俘三万余人，获牛马十余万。孔苌讨平幽州诸郡。时段匹磾部众饥散，弃其妻子，匹磾奔邵续。曹嶷遣使来聘，献其方物，请以河为断。桃豹至蓬关，祖逖退如淮南"②。

在前、后赵对峙前期，刘曜重心放在雍、秦，而石勒自东晋名将祖逖死后则南向争青、徐、兖、豫。前赵光初七年（324年），因石勒将石生攻杀刘曜河内太守尹平，"克垒壁十余，降掠五千余户而归。自是，刘、石祸结，兵戈日交，河东、弘农间百姓无聊矣"③。这个时期后赵没有大的徙民活动。光初八年（325年），刘曜将刘岳等东来，进围石生于洛阳北金墉城。后赵又派石虎参战，刘曜则亲自上阵。刘曜军大败，退屯渑池。石虎擒获刘岳及将佐八十余人，并氐、羌三千余人，送往襄国。至光初十一年（328年），双方决战洛阳，刘曜先胜而骄，全军大溃，昏醉中当了石勒

① 《通鉴》卷九十，东晋大兴元年（318年）十月，中华书局，第2863页。
② 《晋书·石勒载记上》，中华书局，第2729页。
③ 《晋书·石勒载记下》，中华书局，第2741页。

的俘虏。刘曜两个儿子太子刘熙与刘胤欲西保秦州，遂带领百官逃命上邽（今甘肃省天水市）。石勒命石虎乘胜追击，一举攻克上邽，杀死熙、胤及将相诸王卿校公侯以下三千余人，"徙其台省文武、关东流人、秦雍大族九千余人于襄国"①，又"徙氐、羌十五万落于司、冀州"②。这一仗，后赵还坑杀了在洛阳的原并州五郡匈奴屠各五千余人。前赵之亡，也是东汉末年南下并州的南匈奴的灭顶之灾！

灭前赵后，拓跋翳槐（烈帝）遣使向石勒求和，以什翼犍为质，内迁拓跋部五千余落。

是后，后赵还有三次逼迁秦、雍州氐、羌之举。

后赵建平元年（330年），秦州休屠匈奴人王羌反叛，氐、羌响应，陇右大扰。石生奉命进据陇城，利用休屠内部矛盾，与王羌兄子王擢掎击之，王羌逃奔凉州，遂徙秦州夷豪五千余户于雍州。所谓秦州夷豪，当包括汉族和氐、羌、休屠匈奴在内。

建平四年（333年），石勒死，太子石弘继位。这一年的徙民是氐酋蒲洪出的主意。洪"说季龙宜徙关中豪杰及羌戎内实京师。季龙从之，以洪为龙骧将军、流人都督，处于枋头"③。于是，石虎"徙秦、雍民及氐、羌十余万户于关东"④。

次年（334年），石生因反石虎失败被杀，其部将郭权据上邽降东晋，被任以雍州刺史⑤。关中的京兆、新平、扶风、冯翊、北地诸郡都翕然响

① 《晋书·刘曜载记》，中华书局，第2702页。
② 《晋书·石勒载记下》，中华书局，第2745页。
③ 《晋书·苻洪载记》，中华书局，第2867页。
④ 《通鉴》卷九十五，东晋成帝咸和八年（333年）十月，中华书局，第2989页。亦见《晋书·石勒载记下》，而《通鉴》文义更确切。
⑤ 《晋书·石勒载记下》记为"秦州刺史"。中华书局，第2755页。同书《成帝纪》为"雍州刺史"，但《校勘记》（十四）以为应为"秦州"。中华书局，第178、188页。《通鉴》则书"雍州"，以响应郭权者为雍州诸郡，似应以雍州为是。中华书局，第2992页。

应，但上邽豪族杀权以降。石弘遂"徙秦州三万余户于青、并二州"[①]。

延熙二年（东晋咸康元年，335年），石虎废弘自立，称摄赵天王。不久后迁都于邺（今河北省邯郸市临漳县西南）。这时后赵已拥有原汉、前赵全部疆域，国力颇为强盛。

（三）

后赵在向北方拓展时，相继与拓跋鲜卑、段氏鲜卑及慕容鲜卑发生关系，相互争夺人口。

建武二年（336年），北方索头部（拓跋鲜卑）郁鞠率众三万人来降后赵，后赵署鞠等十三人为亲赵王及列侯，散其部众于冀、青等六州。

当时，慕容鲜卑因段氏鲜卑屡为边患，称藩于石虎，乞师讨段辽。建武四年（338年），石虎发动讨伐鲜卑段辽之战。他进屯金台，命将支雄长驱入蓟，段辽所置渔阳、代郡、北平、上谷守相等四十余城率众投降。石虎"乃迁其户二万于雍、司、兖、豫四州之地"[②]。石虎因慕容皝违约不同时出兵攻辽，"进军击之，至于棘城，戎卒数十万，四面进攻，郡县诸部叛应季龙者三十六城"[③]。但由于慕容皝的顽强抵抗，后赵诸军弃甲溃逃。建武六年（340年），石虎准备大举征讨慕容皝，在司、冀、青、徐、幽、并等州五丁取三、四丁取二，组成五十万大军及船只万艘；同时，徙辽西、北平、渔阳万户于兖、豫、雍、洛四州。然而，慕容皝出其不意，反掠幽、冀三万余户而去。

这时，后赵与拓跋鲜卑还有一段不太为人们注意的关系。《魏书·序纪》曰：

---

① 《晋书·石勒载记下》，中华书局，第2755页。
② 《晋书·石季龙载记上》，中华书局，第2767—2768页。
③ 《晋书·慕容皝载记》，中华书局，第2818页。

烈帝讳翳槐立，平文之长子也。以（炀皇帝纥那）五年为元年（东晋咸和三年，328 年）。石勒遣使求和，帝遣弟昭成皇帝如襄国，从者五千家。

二年（东晋咸和四年，329 年），石勒僭立，自称大赵王。

五年（东晋咸和七年，332 年），勒死，子大雅僭立。……

七年（东晋咸康元年，335 年），蔼头不修臣职，召而戮之，国人复贰。炀帝自宇文补还入，诸部大人复奉之。

炀皇帝复立，以七年为后元年。烈帝出居于邺，石虎奉第宅、伎妾、奴婢、什物。三年（东晋咸康三年，337 年），石虎遣将李穆率骑五千纳烈帝于大宁，国人六千余落叛炀帝，炀帝出居于慕容部。

而《晋书·石季龙载记上》曰：

先是，北单于乙回为鲜卑敦那所逐，既平辽西，遣其将李穆际那破之，复立乙回而还。

两文译名不同，前之"翳槐""纥那"即后之"乙回""敦那"。而"大雅"乃石勒太子石弘的字。前文所谓石勒"求和"表达的是《魏书》作者的立场，可以理解。

由上文可知，后赵太和二年（东晋咸和四年，329 年）拓跋翳槐曾经以其弟拓跋什翼犍（昭成皇帝）为人质于后赵以求和，而后赵迁徙拓跋部众五千落（家）到襄国①。炀帝之"后元年"是后赵建武元年（东晋咸康元

① 田余庆：《代北地区的拓跋与乌桓的共生关系——〈魏书·序纪〉有关史实解析》一文对"石勒遣使求和"一段的解释说："按：石勒求和是饰词，《资治通鉴》作'翳槐遣其弟什翼犍质于后赵以请和'是实。只是'从者五千余家'似另有目的。"上揭《拓跋史探》，生活·读书·新知三联书店，第 122 页。

年，335年），而"烈帝出居于邺"，应在第二年，即建武二年（东晋咸康二年，336年）翳槐因拓跋部内乱而投靠石虎于邺。就是这一年，有索头郁鞠降后赵。《晋书·石季龙载记上》曰：

> 索头郁鞠率众三万降于季龙，署鞠等一十三人亲通赵王，皆
>
> 封列侯，散其部众于冀、青等六州。

这段文字之前段纪年为"咸康二年"，《通鉴》卷九十五亦纪之于东晋咸康二年（336年）曰："索头郁鞠帅众三万降于赵，赵拜郁鞠等十三人为亲汉王，散其部众于冀、青等六州。"只是封号去掉"通"字。

"索头"专指拓跋鲜卑[①]，年份又复相同。建武元年（东晋咸康元年，335年）之前，石虎已迁都邺。因此，我认为"郁鞠"就是"翳槐"。两年后，石虎在战胜段辽之后，放翳槐回大宁，至于他所带的部众，大概不可能或大部分不可能随他回到代北了。后来，石虎又"遣征北张举自雁门讨索头郁鞠，克之"[②]。这正是说，这个郁鞠是回到代北了，是"郁鞠"即"翳槐"的又一证据。

石虎后期，还有两次徙民。建武五年（339年），后赵进攻东晋，石虎命夔安进军荆、扬北部，"遂掠汉东，拥七千余户迁于幽、冀"[③]。但双方处于胶着状态，没有进一步的动作。建武十二年（346年），后赵将军王擢进攻前凉，"徙七千余户于雍州"[④]。

骄奢淫逸、穷兵黩武的石虎种下了内乱的种子。建武十五年（349年）

---

① 《通鉴》卷九十三，东晋明帝太宁三年（325年）二月："后赵王勒加宇文乞得归官爵，使之击慕容廆。廆遣世子皝、索头、段国共击之。"胡注曰："索头，即拓跋氏。"
② 《晋书·石季龙载记上》，中华书局，第2773页。
③ 《通鉴》卷九十六，东晋成帝咸康五年（339年）九月，中华书局，第3035页。《晋书·石季龙载记上》谓"安于是掠七万户而还"。
④ 《晋书·石季龙载记下》，中华书局，第2781页。

他在兄弟争权、子孙争国中死去，而内乱继续扩大，从宫廷波及全国，终于酿成一场规模空前的血腥大屠杀、大动荡——冉闵之乱。冉闵，父瞻，汉人，石虎的养子，改姓石。石闵屡建战功，深受信用，时任都督中外诸军事，趁乱控制朝政。他挑动民族仇恨，滥杀胡人，"无贵贱男女少长皆斩之，死者二十余万，尸诸城外，悉为野犬豺狼所食。屯据四方者，所在承闵书诛之，于时高鼻多须至有滥死者半"。这次大动乱造成了极为严重的后果，"青、雍、幽、荆州徙户及诸氐、羌、胡、蛮数百余万，各还本土，道路交错，互相杀掠，且饥疫死亡，其能达者十有二三。诸夏纷乱，无复农者"①。

后赵石勒时人口主要是迁徙到襄国。当初石勒的谋士张宾说："邯郸、襄国，赵之旧都，依山凭险，形胜之国，可择此二邑而都之。"②其实，襄国人口寡少③，经济基础薄弱。所以石勒建都襄国后，仅上述与乞活、乌桓有关的徙民就有六万余户迁往襄国。随着后赵国力增强和国土扩大，除襄国仍容纳一部分徙民外，更多的徙民是安置到各州了。徙民中有汉、氐、羌、乌桓、匈奴、鲜卑等各种民族，鲜卑中还包括有慕容氏、段氏、宇文氏及拓跋氏各部。这些民族在各地的分布情况如何，史无明言，可能还各自保持部落形态，呈现小聚居、大混居的格局，这是内迁民族走向融合的一个重要步骤。

---

① 《晋书·石季龙载记下》，中华书局，第 2792、2795 页。
② 《晋书·石勒载记上》，中华书局，第 2717 页。
③ 《晋书·地理志上》：西晋襄国属司州广平郡，广平辖十五县，户三万五千二百。每县平均二千三百余户。

二、第二阶段：后赵之亡至淝水之战（350—383年）

第二阶段是十六国时期相对稳定的阶段。前燕在关东、前秦在关中，都建立了甚为强大的专制皇权。尤其是前秦在苻坚的治理下，政治比较清明，经济有所恢复和发展，社会秩序比较安定，国家迅速强盛起来，并终于实现北方的统一。正因为这个阶段政权强大和社会稳定，人口的争夺也有所和缓。

（一）

在后赵走向衰微的时候，慕容氏的前燕与苻氏的前秦正在崛起。

从莫护跋、木延、涉归到慕容廆，鲜卑慕容部经四代人的奋斗，已经形成了父死子继的传承制度，建立起稳固而日渐强大的部落组织。慕容部始居棘城以北（今大凌河流域），继而据有辽东。西晋太康十年（289年），慕容廆率部迁徙何之青山（今辽宁省锦州市义县境内）。元康四年（294年），再迁棘城（今辽宁省锦州市附近）①。

慕容部原来也是游牧民族，一方面因辽东、辽西有大量从事农耕的汉族居民；另一方面因当地地理条件适于农业生产，所以慕容部逐渐从游牧走向农耕。由于慕容廆的大力提倡，慕容部的农业生产更有长足的进步。

慕容氏在辽西的时候，争夺人口与徙民的特点是容留和吸引中原流民。永嘉之乱爆发时，慕容廆乘机自称鲜卑大单于。当中原大批逃难的流民涌入幽州时，历史给予慕容部一个千载难逢的发展机遇，而慕容廆敏锐地抓住了这个机遇。这些流民由中原大姓豪族带领，本是要投奔幽州刺史王浚的，但王浚"不能存抚，又政法不立，士民往往复去之"。他们往北

---

① 关于徒何、棘城今址，或曰徒何地在今锦州、棘城地在今义县，此从马长寿先生之考证。见马长寿：《乌桓与鲜卑》，上海人民出版社，第200页注②。

走，到了辽西鲜卑段部，可是"段氏兄弟专尚武勇，不礼士大夫"。于是又往东到了辽东，这才发现"唯慕容廆政事修明，爱重人物，故士民多归之"①。当时，归附慕容廆的中原流民有数万家②，而慕容廆极为聪明、合理地利用了这个政治和人力资源。《晋书·慕容廆载记》曰：

> 时二京倾覆，幽、冀沦陷，廆刑政修明，虚怀引纳，流亡士庶多襁负归之。廆乃立郡以统流人，冀州人为冀阳郡，豫州人为成周郡，青州人为营丘郡，并州人为唐国郡。于是推举贤人，委以庶政，以河东裴嶷、代郡鲁昌、北平阳耽为谋主；北海逢羡、广平游邃、北平西方虔、渤海封抽、西河宋奭、河东裴开为股肱；渤海封奕、平原宋该、安定皇甫岌、兰陵缪恺以文章才儁任居枢要；会稽朱左车、泰山胡毋翼、鲁国孔纂以旧德清重引为宾友；平原刘赞儒学该通，引为东庠祭酒，其世子皝率国胄束脩受业焉。廆览政之暇，亲临听之，于是路有颂声，礼让兴矣。

正是在汉人大姓士人的帮助下，慕容廆采取和实行了立侨郡以处流民及举办学校等措施，从而使大姓豪族各得其所，流民百姓各有归宿，奠定了慕容氏统治的根基，建立起慕容氏政权的雏形。

当然，对于地处边裔的慕容氏来说，力量的积聚并非一朝一夕，前面的路还很长，而各种敌对势力则想把它扼杀于摇篮之中。

大兴二年（319年），王浚的妻舅、平州刺史、东夷校尉崔毖自以为是南州士望，而流亡者却去投奔慕容廆，心生不忿，于是阴结高句丽、宇文鲜卑和段氏鲜卑攻伐慕容廆。宇文悉独官率士卒数十万，连营四十里攻城，为廆所败，"悉独官仅以身免，廆尽俘其众"。次年（320年），慕容

① 《通鉴》卷八十八，晋愍帝建兴元年（313年）四月，中华书局，第2797页。
② 《通鉴》卷八十九，晋愍帝建兴二年（314年）三月，中华书局，第2814页。

廆遣使渡海到建邺向司马睿的临时朝廷献捷，司马睿拜慕容廆为监平州诸军事、平州刺史。太宁三年（325年），石勒曾遣使向慕容廆示好，廆缚其使者送东晋。石勒大怒，派宇文乞得归进攻慕容廆。慕容廆联合拓跋部与段部抗击，"进入其国城，使轻兵追乞得归，过其国三百余里而还，尽获其国重器，畜产以百万计，民之降附者数万"[①]。

当时，中原已经被匈奴刘渊和羯人石勒所瓜分。刘、石公开反晋，对广大汉族人民实行民族压迫，民族矛盾十分尖锐，北方大族大多持不合作的态度。慕容廆反刘、石之道而行之，他奉晋朝为正朔，打起拥晋的旗号，优容汉族人士，缓和民族对立的情绪，争取汉族大族的支持，这为慕容部的继续发展铺平了道路。

咸和八年（333年）慕容廆死，其子慕容皝继为平州刺史。咸康三年（337年）慕容皝建燕称王，是为前燕。虽然曾因继位发生兄弟内争，庶长兄慕容翰投奔段部的段辽；胞弟慕容仁据平郭（今辽宁省营口市盖州市西南）反抗慕容皝。他们都得到宇文部和段部的支持。但是，慕容皝正是在与宇文部、段部的反复较量中，吞并对方以壮大自己。

咸康四年（338年），慕容皝出兵攻击段部令支（今河北省唐山市迁安市）以北诸城，段辽出兵追击，被前燕伏兵所破。前燕"斩首数千级，掠五千户及畜产万计以归"[②]。本来，慕容皝乞师石勒，以夹击段部，而赵兵未出，前燕已掠令支以北诸城。石勒后至，虽占领令支，掠走段部二万多户，但对慕容皝非常不满，出兵进逼棘城，慕容皝派其子慕容恪击败赵军。段辽诈降石赵，请石虎接应，当赵将麻秋来迎时，"（慕容）恪伏精骑七千于密云山（在今北京市密云区），大败之，获其司马阳裕。将军鲜于亮，拥段辽及其部众而归"。接着，前燕前军统帅慕容评在辽西打败赵将石成，"掠千余户以归"①；又从蓟城进破武遂津，"入高阳，所至焚烧积聚，略三万余家而去"②。

咸康七年（341年），慕容皝迁至柳城，改名龙城。这一年，慕容皝亲自领兵四万伐高句丽，攻进丸都（今吉林省通化市东南），"掠男女五万余口，焚其宫室，毁丸都而归"③。建元二年（344年），慕容皝又亲征宇文部，宇文乞得归遣将涉夜干迎战，前燕阵斩涉夜干，宇文部不战而溃，前燕军乘胜克其都城。"皝悉收其畜产、资货，徙其部众五千余落于昌黎，辟地千余里"④，乞得归走死漠北，宇文部从此湮灭。

前燕还发兵进攻高句丽及夫余。永和三年（347年），世子慕容儁东袭夫余，"虏其王及部众五万余口以还"⑤。

在人口争夺与民族迁徙的过程中，慕容鲜卑统治地区人口快速增长，增加了许多段部、宇文部的人口，而增加最多的是汉族人口。人口快速增长，极大地改变了当地人口的民族构成。汉族流民不仅给当地增加大批的劳动力，带去生产技术和经验，而且输入了封建经济制度。当时，前燕无地的贫困农民使用官牛、耕作官田者，官收八成，私人只得二成。此制来源于西晋屯田制的分成田租。西晋傅玄说："又旧兵持官牛者，官得六分，士得四分；自持私牛者，与官中分，施行来久，众心安之。今一朝减持官牛者，官得八分，士得二分；持私牛及无牛者，官得七分，士得三分，人失其所，必不欢乐。"⑥也就是说，魏晋的屯田制被移植到慕容统治地区，而且因人多地少所以实行的是二八分成，屯田民生活艰难。前燕记室参军封裕为减轻农民沉重的租税负担上疏说："自永嘉丧乱，百姓流

---

① 《晋书·慕容皝载记》，中华书局，第2818页。
② 《通鉴》卷九十六，东晋成帝咸康六年（340年）十月，中华书局，第3040页。
③ 《晋书·慕容皝载记》，中华书局，第2822页。
④ 《通鉴》卷九十七，东晋康帝建元二年（344年）正月，中华书局，第3058页
⑤ 《晋书·慕容皝载记》，中华书局，第2826页。
⑥ 《晋书·傅玄传》，中华书局，第1321页。

亡，中原萧条，千里无烟，饥寒流陨，相继沟壑。先王以神武圣略，保全一方，威以殄奸，德以怀远，故九州之人，塞表殊类，襁负万里，若赤子之归慈父，流人多旧土十倍有余，人殷地狭，故无田者十有四焉。殿下以英圣之资，克广先业，南摧强赵，东灭句丽，开境三千，户增十万，继武阐广之功，有高西伯。宜省罢诸苑，以业流人。人至而无资产者，赐之以牧牛。……且魏晋虽道消之世，犹削百姓不至于七八，持官牛田者官得六分，百姓得四分，私牛而官田者与官中分，百姓安之，人皆悦乐。"慕容皝采纳了封裕的意见，令"苑囿悉可罢之，以给百姓无田业者。贫者全无资产，不能自存，各赐牧牛一头。若私有余力，乐取官牛垦田者，其依魏晋旧法"①。封裕的疏中虽对统治者多有溢美之词，但基本上能反映出慕容部的地域扩张、人口大增及迅速的封建化等情形。

（二）

永和五年（349 年），慕容儁继其父皝为燕王。恰巧在这一年，石虎死去，后赵爆发了冉闵之乱。这又是慕容氏的一个大好机遇，一个由边裔入主中原的大好机遇。前燕许多官吏看到进攻中原的机会来了，建议进取。慕容儁却因新遭大丧，不愿出兵。平狄将军慕容霸疾驰回龙城，谏曰："难得易失者，时也。万一石氏衰而复兴，或有英雄据此成资，岂惟失此大利，亦恐更为后患。"慕容儁不知兵将安出，一时举棋不定，将军封奕提出"先取蓟城，次指邺都"的建议②，慕容儁遂定进兵之计。次年（350年），中原陷入空前的混乱。冉闵即皇帝位，建国号"魏"。但冉闵大杀胡人，引起各地强烈的反抗。不久之后，后赵新兴王石祗在襄国另立后赵朝廷，与氐、羌帅苻洪、姚弋仲联兵。

在冉闵称帝后，前燕分三路出兵伐赵。前燕军势如破竹，很快攻占蓟

① 《晋书·慕容皝载记》，中华书局，第 2823、2825 页。
② 《通鉴》卷九十八，东晋穆帝永和五年（349 年）五月，中华书局，第 3092、3093 页。

城，慕容儁入都于蓟。前燕军再攻范阳，后赵范阳太守李产率八城令、长出降。因代郡人赵槛率三百余家叛，慕容儁"徙广宁、上谷人于徐无（今河北省遵化市东），代郡人于凡城（今河北省秦皇岛市昌黎县西南）而还"[①]。接着，慕容儁率军南下冀州，取章武（今河北省廊坊市大城县）、河间（今河北省沧州市献县东南）。永和七年（351年），冉闵围攻襄国百余日，为石祗所败，死者十余万人，冉闵逃回邺城。石祗派刘显率七万众攻邺，冉闵悉众出战，大破显军，显以刺杀石祗为条件，密降冉闵。刘显杀石祗后，竟也在襄国称帝，复攻冉闵。本作壁上观的慕容儁出来坐收渔利了，他派兵分别攻打中山、鲁口。慕容评入中山，"迁其将帅、土豪数十家诣蓟"[②]。永和八年（352年），冉闵击败刘显，追至襄国，杀显及其公卿，"焚襄国宫室，迁其民于邺"。后赵汝阴王石琨带着妻妾投奔东晋，被斩于建康，"石氏遂绝"[③]。冉闵攻克襄国后，前燕立即向冉闵发动进攻，追至常山（今河北省石家庄市正定县南），经过激战，终于擒获冉闵。

永和八年（352年），慕容儁即皇帝位，年号元玺。在冉闵之乱初起时，有一支尚存的段部鲜卑由段龛率领南走。段龛，段辽之孙，屯于广固（今山东省潍坊市青州市东），自称齐王，称臣东晋。慕容儁称帝后，段龛上书非议其称帝。元玺四年（355年），慕容儁命慕容恪出兵击龛。慕容恪进围广固，城中断粮，段龛出降，"徙鲜卑、胡、羯三千余户于蓟"[④]。后来，慕容儁杀段龛，坑其部下三千余人。前燕光寿元年（357年），前燕为巩固北部边境，出兵八万进攻漠北的敕勒，俘斩十余万，掠得马十三万匹、牛羊一百四十余万头。稍后，匈奴贺赖头率部落三万五千口来降，前燕将他们安置在代郡平舒城（今山西省大同市广灵县）。光寿二年（358年），苻

---

① 《晋书·慕容儁载记》，中华书局，第2832页。"凡城"，《读史方舆纪要》卷十八，北直九："凡城"，"在营州西南，慕容氏所置城也"。

② 《通鉴》卷九十九，东晋穆帝永和七年（351年）八月，中华书局，第3118页。

③ 《通鉴》卷九十九，东晋穆帝永和八年（352年）正月，中华书局，第3122页。

④ 《晋书·慕容儁载记》，中华书局，第2837页。

坚讨伐占据并州的叛将张平，张平逃往平阳。慕容恪进据上党，"并州垒壁降者百余所，以尚书右仆射悦绾为安西将军、领护匈奴中郎将、并州刺史以抚之。平所署征西诸葛骧、镇北苏象、宁东乔庶、镇南石贤等率垒壁百三十八降于儁，儁大悦，皆复其官爵"[①]。

慕容儁在位时，前燕从北部边裔大举南下，一步步攻下幽州、冀州，消灭了冉闵及其残余势力；又北讨敕勒，称雄漠北；南渡黄河，占领了许昌、颍川、谯、沛诸城。在前秦与前燕夹缝中求生存的并州豪强及其壁垒也被降服，关东地区遂全部为前燕所有了。前燕的都城也由龙城迁到蓟城，再迁到邺城。一个边裔民族终于成长为关东的新统治者了。慕容儁称帝时，恰好有东晋使者到达。原来一直接受东晋封号的慕容儁，这时傲然对使者说："汝还白天子，我承人乏，为中国所推，已为帝矣！"[②]

光寿四年（360 年），慕容儁死，其子慕容暐继立。时主少国疑，内外不安。太宰慕容恪主持朝政，镇之以静，稳定了局面。但慕容恪为政尚宽，任由慕容鲜卑的王公贵族荫占私附，汉族地主也乐得效尤，任意瓜分国家人口赋税，造成朝廷户口少于私家，国库空竭，财政困难。

前燕河内太守吕护据野王（今河南省驻马店市沁阳市），私通东晋，被委以冀州刺史，企图引晋兵偷袭邺城。慕容恪率五万兵马、冠军将军皇甫真率万人进讨。慕容恪围困孤城数月，吕护粮尽突围，扔下妻、子逃往东晋的荥阳城。慕容恪抚恤降附，赈济百姓，徙士人、将士回邺城。不久，吕护又叛晋奔还前燕，前燕给他一个空头的广州刺史。

前燕开始向黄河以南寻求发展。这是东晋桓温第二次北伐之后，许昌、洛阳等地归属于东晋。当时，桓温多次请求朝廷还都洛阳，并将永嘉之乱后流亡到江南的民众都迁回北方。东晋朝廷对收复北方、统一全国缺乏信心，岂愿冒险迁回洛阳？东晋的大族官僚在江南已有殷实的产业，悠

① 《晋书·慕容儁载记》，中华书局，第 2840 页。
② 《通鉴》卷九十九，东晋穆帝永和八年（352 年）十一月，中华书局，第 3131 页。

中古北方民族史探

闲自在、乐而忘蜀，哪能想象再回洛阳过提心吊胆的日子！当然，桓温还都之议，意在给东晋朝廷出难题，并非真有迁都的打算。东晋朝廷如此离心离德，黄河以南也就没有派出精兵强将把守，所以给前燕以可乘之机。前燕先是派慕容忠攻占荥阳，接着又派慕容尘攻打长平（今河南省周口市西华县东北），派慕容评攻打许昌、悬瓠（今河南省驻马店市汝南县）、陈城（今河南省周口市淮阳县），先后夺取这些城池，"遂略汝南诸郡，徙万余户于幽、冀"[①]。

建熙五年（364年），前燕豫州刺史孙兴上疏，请以五千步卒攻洛阳。慕容暐派太宰司马悦希屯军盟津（今河南省洛阳市孟津区东北），孙兴分戍成皋（今河南省郑州市荥阳市汜水镇）。次年（365年），慕容恪、慕容垂领兵攻取洛阳。其实，当时东晋洛阳守将陈祐的部众不足二千人。洛阳粮尽援绝之后，陈祐以救许昌为名，率众而去，只留五百人给长史沈劲。沈劲抱定必死的决心，城破被俘后，不屈而死。前燕悦希"引兵略河南诸城，尽取之"[②]。前燕又略地至崤、函，关中为之震动。不过，当时关中为前秦所有，正值苻坚上台之时，国势如日中天，不容前燕染指。

建熙十年（369年），东晋桓温又大举北伐，前燕前军吃了败仗，晋军进抵枋头（今河南省鹤壁市浚县西南淇门渡）。慕容暐大惧，以割虎牢（今河南省郑州市荥阳市汜水镇）以西之地为条件，向前秦请求救兵。在前秦的配合下，慕容垂率领前燕军出战，终于打败晋军。不过前燕事后食言，推说割地是使者的口误，这件事成了前秦进攻前燕的口实。

宗室诸王互相猜忌一直困扰着前燕政局。慕容恪死前，推荐慕容垂接任军国大政，但遭到慕容评的阻挠。慕容垂功劳越大，越受到慕容评的妒忌，处境越困难。皇后可足浑氏与慕容评密谋杀掉慕容垂，慕容垂走投无路，无奈出走，逃到长安归附前秦苻坚。这年年底，当前燕的统治者还在

---

① 《晋书·慕容暐载记》，中华书局，第2849页。
② 《通鉴》卷一〇一，东晋哀帝兴宁二年（364年）七月，中华书局，第3196页。

做着燕、秦友好的美梦时，前秦由王猛统率的三万大军已经兵临洛阳城下了。次年初（370年），前秦攻陷洛阳，接着又攻取壶关、挺进晋阳（今山西省太原市）。慕容评屯兵潞川（今山西省潞城市北），不敢北上。王猛占领晋阳后，进兵潞川，与慕容评决战。在秦军猛烈打击下，燕军全线崩溃，慕容评单骑落荒而逃，侥幸回到邺城。前秦军乘胜追击，苻坚亲率精锐十万奔赴前线。前燕军一鼓作气，很快攻下燕都邺城，慕容暐来不及逃跑，当了俘虏。前燕遂亡。

慕容氏从龙城走出来后，一步步占领了关东，占领了土地，也就占有了人口，故迁徙的人口不多。所迁人口，主要是边境上的：如代郡发生叛乱，前燕迁徙幽州边境上的广宁、上谷、代郡人口，可能与这次叛乱有关；降服段龛迁其民、攻下河南诸郡迁其民，都是与东晋争夺人口；边境上的迁民，还有征伐敕勒所掠及来降的匈奴贺赖头；在与冉闵、刘显的较量中，也迁徙其部分部众，但数量都不大。在冉闵之乱中，关东地区的胡、羯人大量被杀、被逐，或逃亡时死于非命，但仍有一定数量的胡、羯人。冉闵与石祗争斗时，曾以降胡一千配给其子太原王冉胤。他改变方针，由诛灭诸胡变为抚纳诸胡，给胡、羯人一线生机。关东的氐、羌人数量大减，一大部分氐人在大乱时随着氐帅苻洪西迁，而羌人随羌帅姚弋仲、姚襄辗转南北。鲜卑在关东不仅政治上居于统治地位，数量上也占优势。这是关东人口、民族构成的重大变化。

（三）

我们再来看前秦苻氏的情况。

氐族豪酋苻氏，本姓蒲。蒲洪，略阳临渭（今甘肃省天水市东北）人，世为氐族酋长。永嘉之乱时，蒲洪被宗人推为盟主。先后入主关中的前赵刘曜、后赵石虎都很重视蒲洪拥有的这股氐人势力。刘曜拜他为宁西将军、率义侯，把他们迁到长安附近的高陆（今陕西省西安市高陵区）。

中古北方民族史探

前赵灭亡，蒲洪西保陇山。石虎将要攻上邽（今甘肃省天水市），蒲洪自知不敌，赶忙请降，被任为冠军将军、监六夷军事。石勒死时，蒲洪以为后赵内难将兴，便附于前凉，自称雍州刺史。然而，石虎很快控制局面，派将来讨，蒲洪立即投降。为表示自己的忠心，他特地到长安向石虎提议迁徙关中豪强与氐、羌民众。于是，石虎以蒲洪为龙骧将军、流人都督，把他和他的族众迁往关东枋头（今河南省鹤壁市浚县西南淇门渡）。

蒲洪在枋头十八年，人口大有增加，除自然增殖外，还吸引了许多胡汉流民①，发展为一股后赵不敢轻视的势力。蒲洪为后赵屡建战功，拜都督六夷诸军事、车骑将军、封西平郡公。他的部下被赐关内侯爵者有二十人②，他则为关内侯领侯将。

后赵太宁元年（349年），后赵梁犊等东宫卫士万余人被贬谪到凉州，反于雍城，蒲洪参与镇压有功，被擢升为雍州刺史，但来不及赴任，石虎病死，后赵朝廷竟收回成命。蒲洪忿怼已极，又不敢轻举妄动。

这一年，冉闵之乱爆发，"秦、雍流民相帅西归，路由枋头，共推蒲洪为主，众至十余万"③。蒲洪之子蒲健也从邺城斩关回到枋头。蒲洪以谶文有"艸付应王"的字样，遂改姓为苻氏。这时，朝廷对近在肘腋的苻洪很不放心，授以都督关中诸军事、征西大将军、雍州牧、领秦州刺史。苻洪仍未能回归关中。军师将军麻秋在宴会上下毒，苻洪临终时嘱咐苻健道："中州非汝兄弟所能办，我死，汝急入关！"为避人耳目，苻健佯装接受石祇给予的兖州刺史的任命，命令部下种植小麦。在人们不经意间，尽众西进，击败以雍州刺史自称的杜洪，迅速占领长安。于是，"秦雍夷

① 其中有大量西域胡人，当是西晋时内迁的杂胡。至苻生世，有太师、录尚书事、广宁公鱼遵，他应该是在枋头归依蒲洪的。鱼遵西域人，《元和姓纂》卷二十九日："鱼姓，冯翊下邽。苻秦有鱼遵。"其实鱼遵是蒲洪部下，后随蒲健入关，才有可能为前秦高官。入关后，鱼氏这才落籍于冯翊。
② 《晋书·苻洪载记》书为"其部下赐爵关内侯者二千余人"，疑误。中华书局，第2867页。
③ 《通鉴》卷九十八，东晋穆帝永和五年（349年）十一月，中华书局，第3098页。

夏皆附之"①。第二年（东晋永和七年，351年），苻健在长安效石氏称天王、大单于，国号大秦，是为前秦；建元皇始，大封宗室，任命百官。皇始二年（352年），苻健即皇帝位，以太子苻苌为大单于。

苻健在位，逐渐巩固前秦在关中的统治。他首先消灭了逃往司竹（今陕西省西安市周至县）的杜洪的残余势力，继而徙民关中，在俘获冉闵豫州牧张遇后，"徙陈、颍、许、洛之民五万余户于关中"②，这是前秦第一次大规模的徙民。但关中远未安定下来，张遇在内，阴结关中豪强；陇西的后赵旧将休屠种王擢不降，投奔前凉，又率众攻上邽。而孔持起池阳、刘珍、夏侯显起鄠，乔秉起雍，胡阳赤起司竹，呼延毒起灞城，众数万人，皆以附晋反秦为号召。这些人之中有不少胡人，如刘、乔、呼延诸人，可能都是前、后赵留在关中的匈奴人。苻健先后灭孔持，克司竹，斩刘珍、夏侯显。

更大的威胁来自东晋。这时是东晋永和年间（345—356年），正是东晋门阀大族代表人物桓温控制内外大权的时期。他居东晋西藩，手握强兵，出兵巴蜀、消灭成汉，威名大振。东晋朝廷原想以扬州刺史殷浩抑制桓温，但清谈家殷浩志大才疏，北伐连连败北。石虎死后，桓温便一再上疏请兵北伐。直到永和十年（354年），朝廷不得不同意桓温北伐。正因为东晋的政争，前秦赢得了喘息的机会。即便如此，桓温北伐仍势如破竹，直指关中。在尧柳城（今陕西省西安市蓝田县），桓温打败苻苌五万前秦军的抵抗，尽管苻雄在白鹿原击败晋将桓冲，又奔袭子午道的司马勋，但已不能挽回败局。于是，前秦退避长安，不再接战。桓温进抵长安东面的灞上，三辅郡县皆降，"民争持牛酒迎劳，男女夹路观之，耆老有垂泣者，曰：'不图今日复睹官军！'"也许桓温本可乘胜攻入长安，但他却按兵不动。关中的汉族士人王猛去谒见他，他问王猛说："吾奉天子之命，率锐

<hr>

① 《通鉴》卷九十八，东晋穆帝永和六年（350年）十一月，中华书局，第3110页。
② 《通鉴》卷九十九，东晋穆帝永和八年（352年）七月，中华书局，第3128页。

师十万，仗义讨逆，为百姓除残贼，而三秦豪杰未有至者，何也？"王猛反问他说："公不远数千里，深入敌境，长安咫尺而不渡灞水，百姓未见公心故也。"因前秦清野以待，晋军又收不到朝廷补给的粮草，桓温只得撤兵。这次桓温北伐，固然有朝廷掣肘的一面，但也有桓温把北伐作为政争筹码的一面。总之，又是东晋的政争，使得前秦免遭灭顶之灾。

皇始五年（355 年），苻健死，因太子苻苌与桓温作战时中流矢身亡，另立太子苻生。苻生继位后，为巩固君主专制的中央集权，大开杀戒，屠戮大臣，"宗室、勋旧、亲戚、忠良杀害略尽，王公在位者悉以疾告归，人情危骇，道路以目"①。羌人丞相雷弱儿因不驯服被杀，株连九子、二十七孙，激起诸羌反叛。太师、录尚书事鱼遵权力过大，连同七子、十孙被杀。寿光三年（357 年），苻雄子苻坚发动政变，处死苻生，即位称大秦天王，改元永兴。

苻坚即位之初的永兴二年（358 年），亲自领兵讨伐叛将张平。追至河东，张平降，"（苻）坚徙张平部民三千余户于长安"②。这时，前秦的疆域为关中及弘农、河东、平阳等地。它的东面有前燕，平阳以上、黄河以东为前燕所有；东南有东晋，洛阳仍在东晋手中；西有前凉、仇池；北面朔方散居着匈奴、鲜卑等族部落。

苻坚雄才大略，是十六国时期杰出的政治家。有人把不愿追随桓温南下的王猛推荐给他，他"一见便若平生，语及废兴大事，异符同契，若玄德之遇孔明也"③。在王猛竭尽全力的辅佐下，苻坚打击氐族酋帅土豪，整顿国家政治秩序，发展经济和文化教育事业，很快取得显著的成效。史称，"自永嘉之乱，庠序无闻，及坚之僭……学校渐兴，关陇清晏，百姓丰乐，自长安至于诸州，皆夹路树槐柳，二十里一亭，四十里一驿，旅行

---

① 《晋书·苻生载记》，中华书局，第 2879 页。
② 《通鉴》卷一百，东晋穆帝升平二年（358 年）三月，中华书局，第 3168 页。
③ 《晋书·苻坚载记下王猛附传》，中华书局，第 2930 页。

者取给于途，工商贸贩于道"①。这真是一个难得的清明时期，这与氐人明君苻坚、汉人贤相王猛的英明睿智是分不开的。

前秦民族关系复杂，关中和陇右以氐、羌为主，前、后赵也留下了许多匈奴、羯人。在处理民族关系的问题上，苻坚采取比较平等的民族政策，重用汉人士族，抚绥被征服民族人民，还尽量优容他们的统治阶层人物②。

甘露二年（360年），居于朔方的匈奴左贤王刘卫辰遣使降于坚，"请田内地，春来秋去"。苻坚同意了。刘卫辰娶拓跋什翼犍之女，但与拓跋部关系时好时坏，或战或和。前秦云中护军贾雍却出骑兵袭击刘卫辰，苻坚怒斥贾雍以小利忘大信，干扰了他的"和戎"策略，令其返还所掠资产。于是，刘卫辰率部入居塞内。又云，乌桓独孤、鲜卑没奕于各率数万众来降，苻坚本来也要置之塞内，后担心出乱子，让他们处于塞外③。

刘卫辰对前秦也是又降又叛。建元元年（365年），匈奴右贤王曹毂、左贤王刘卫辰举兵叛，率众二万攻杏城以南郡县，屯兵马兰山。索头乌延（乌延即乌桓）等也叛坚而通于辰、毂。苻坚率中外精锐以讨之，以前将军杨安、镇军毛盛等为前锋都督。曹毂遣弟曹活距战于铜官川，杨安迎战，斩活并四千余级，曹毂降。苻坚"徙其酋豪六千余户于长安"，又进击乌延，斩之。邓羌讨刘卫辰，擒之于木根山。苻坚自骢马城到朔方，巡抚夷狄，以刘卫辰为夏阳公以统其众。建元三年（367年），曹毂作为前秦的使者到前燕吊唁慕容恪。不久，曹毂死，苻坚"分其部落，贰城已西二万余落封其长子玺为骆川侯，贰城已东二万余落封其小子寅为力川侯，

---

① 《晋书·苻坚载记上》，中华书局，第2895页。
② 参见田余庆：《东晋门阀政治》，北京大学出版社，第238页。
③ 田余庆先生《代北地区拓跋与乌桓的共生关系 ——〈魏书·序纪〉有关史实解析》一文中说："雁门乌桓就是'乌桓刘虎'，也就是铁弗刘虎或屠各刘虎。"见《拓跋史探》，生活·读书·新知三联书店，第152页。而《晋书·苻坚载记上》所载，前有刘卫辰（刘虎孙），后有乌桓独孤。是否重复记载？不能断定。

故号东、西曹"①。

马长寿先生在《碑铭所见前秦至隋初的关中部族》一书中，曾综述前秦关中的民族分布：

总上《邓太尉祠碑》及《广武将军□产碑》所述，结合《晋书·载记》等文献记载，大致可以看出，当前秦时期，即公元四世纪七十年代苻坚灭前燕以前（370年以前），关中少数部族的分布：氐族集中屯聚在三原、九嵕、汧、雍一带，在长安的西北偏，正当泾水以西南的汧水流域。关中羌族的分布主要在冯翊郡。前秦时冯翊郡领县八，护军四，大致都有羌族。在诸县和护军之内，冯翊护军和郿城等县的羌族最多。简言之，即在长安的东北偏，今渭河以北至洛河中下游之地为羌族分布的中心所在。在中部县的西北有贰城，贰城的东西为屠各匈奴的分布所在，各二万多落，史称之为"东、西曹"。在贰县的西境有彭沛谷堡，彭氏为卢水胡大姓。新平（邠州）西南有胡空堡，其东为姚奴、帛蒲二堡，前秦末年并为屠各帅所据。此外，还有新平羌雷恶地。以此知泾河以东北，卢水胡、屠各、西羌皆分堡而居，情况颇为复杂。北地、冯翊二郡间的马兰山，部族种类亦多。有马兰羌，亦称北羌，即《邓太尉祠碑》所云之黑白羌。有屠各胡，亦

---

① 《晋书·苻坚载记上》，中华书局，第8289页。这里也有费解之处：其一，刘、曹分别为左、右贤王，应为一体。可在《魏书·铁弗刘虎传孙卫辰附传》中，却对曹毂事不着一字。其二，刘卫辰本传称，"卫辰潜通苻坚，坚以为左贤王"。而《晋书·苻坚载记上》则称，"时左贤王卫辰遣使降于坚"。到底刘卫辰的左贤王是自封，还是苻坚所封？其三，《苻坚载记上》曰："匈奴右贤王曹毂、左贤王卫辰举兵叛，率众二万攻其贰城已南郡县。"而《通鉴》卷一百一东晋哀帝兴宁三年（365年）七月载："匈奴右贤王曹毂、左贤王卫辰皆叛秦。毂率众二万寇杏城。"是一起攻杏城，还是只有曹毂攻杏城？我们已知匈奴单于及左、右贤王都改姓为刘，刘猛叛出塞后，其后代的名字或用匈奴名，不冠姓氏。如刘虎，另名乌路孤、虎子名务桓、务桓子悉勿祈等。如冠姓氏，则仍为刘氏。而曹毂乃西晋初内迁并州的杂胡，这时杂胡与匈奴贵族已能平起平坐了。

称"定阳、贰城胡"。又有卢水胡，晋元康六年以郝度元为首所领导的各族起义，卢水胡当为其中主要部族之一。

这只是两个护军所统辖的民族状况。其中，《邓太尉祠碑》说的冯翊护军统有屠各、黑白羌、西羌、卢水胡、白虏、支胡、粟特等，而《广武将军□产碑》说的佚名护军统羌、氐和龟兹（西域）胡人[1]。在很大程度上，这种状况是人口争夺引起的民族迁徙的结果。

建元五年（369年）桓温再次北伐时，前秦派出援兵救燕，秦、燕联合击退了晋军。战后，慕容垂因避难，带着子侄投降前秦。苻坚大喜，亲自到郊外欢迎。王猛认为慕容垂父子不可信任，建议苻坚不如早除之。苻坚却以"方收揽英雄以清四海"为由，重用慕容垂、慕容楷为将军并封侯。

这年底，秦、燕战争终于爆发了。前秦谴责前燕不履行割让虎牢以西土地的诺言，派王猛、梁成、邓羌为将，统三万大军伐燕。王猛请慕容垂长子慕容令为向导，直趋洛阳。王猛写信给前燕洛阳守将慕容筑促降，慕容筑惧，举城降秦。次年（370年）初，前秦开始对前燕发动大规模的进攻。王猛督杨安、张蚝、邓羌等将领率步骑六万出征，攻取壶关，继占晋阳。前秦军在潞川与前燕主帅慕容评决战中以少胜多。慕容评单骑走邺，秦兵长驱而东。前秦兵临邺城之下，城内人心溃散。燕散骑侍郎余蔚领着人质五百人造反，夜开城门接应秦军。前燕君臣争相逃命，慕容暐、慕容评都被抓回。

关东诸州郡牧守及六夷渠帅尽降于秦，前燕灭亡。苻坚入邺宫，披阅迁燕户籍，凡右郡一百五十七，县一千五百七十九，户二百四十五万八千九百六十五，口九百九十八万七千九百三十五。苻坚"迁慕容暐及燕后妃、王公、百官并鲜卑四万余户于长安"，封授有差；又"徙关东豪杰及

---

① 据马长寿先生考，《广武将军□产碑》的碑主□产应为护军。见所著《碑铭所见前秦至隋初的关中部族》，上海人民出版社，第27页。

中古北方民族史探

210

杂夷十五万户于关中,处乌桓于冯翊、北地,丁零翟斌于新安、渑池。诸因乱流移,欲还旧业者,悉听之"①。

苻坚迁慕容鲜卑四万户到长安,其上层被委以中央或地方的各种官职。在中央任职者如前燕帝慕容暐封新兴侯,署为尚书;慕容宝为太子洗马、万年令。在地方任职如慕容纳,广武太守;慕容德(后改名备德),张掖太守。史称,"初,南燕主备德仕秦为张掖太守,其兄纳与母公孙氏居于张掖。备德之从秦王坚寇淮南也,留金刀与其母别。备德与燕王垂举兵于山东,张掖太守收纳及备德诸子,皆诛之,公孙氏易老获免,纳妻段氏方娠,未决。狱吏呼延平,备德之故吏也,窃以公孙氏及段氏逃于羌中"②。由此可以看到慕容鲜卑、匈奴呼延氏被前秦迁往凉州,又因难入羌中。呼延氏原为匈奴贵族,而在前燕役于慕容贵族府中。这种社会地位的分化、分布区域的变化,体现了十六国时期民族问题的复杂性。在前秦,慕容上层贵族分子同样也有生活沦落者,如慕容永,"徙于长安,家贫,夫妻常卖靴于市"③。

仇池虽小,但氐酋杨氏非常顽强,世称氐王,是前秦西进的障碍。建元七年(371年),前秦命将苻雅等进攻仇池,仇池公杨纂面缚出降。既克仇池,苻坚遣使入前凉。前凉主张天锡谢罪称藩,苻坚拜他为凉州刺史、西平公。建元十二年(376年),前秦遣使征张天锡入朝。张天锡杀使者,秦兵至姑臧(今甘肃省武威市),前凉亡,前秦"徙豪右七千余户于关中"④。灭凉后,在议论讨伐西部边塞的氐、羌时,苻坚认为"彼种落杂居,不相统一,不能为中国大患",所以"宜先抚谕,征其租税,若

① 《通鉴》卷一〇二,东晋海西公太和五年(370年)十二月,中华书局,第3239页。《苻坚载记上》不载徙鲜卑"四万",徙关东豪杰及杂夷则云"十万"。而"徙陈留、东阿万户以实青州",则《通鉴》无。

② 《通鉴》卷一〇一十四,东晋安帝义熙元年(405年)四月,中华书局,第3583页。

③ 《魏书·徒何慕容廆传》,中华书局,第2063页。

④ 《通鉴》卷一〇四,东晋孝武帝太元元年(376年)九月,中华书局,第3276页。

不从命，然后讨之"。但随行将军曷飞却违命，纵兵攻击，大掠而归。苻坚鞭其二百，斩前锋督护储安向氐、羌谢罪。"氐、羌大悦，降附贡献者八万三千余落。雍州士族先因乱流寓河西者，皆听还本。"①

同一年，刘卫辰充当前秦向导，引领前秦大军进攻拓跋什翼犍所建代国，"代王什翼犍使白部、独孤部南御秦兵，皆不胜，又使南部大人刘库仁将十万骑御之。库仁者，卫辰之族，什翼犍之甥也，与秦兵战于石子岭，库仁大败"②。苻坚灭代后，迁什翼犍少子窟咄于长安，分其民为两部：自河以东统于刘库仁；自河以西统于刘卫辰。二刘同族，俱是独孤部，但素有深仇，故苻坚分之而制拓跋两部。后来，苻坚晋刘库仁为广武将军，给幢麾鼓盖，仪比诸侯。刘卫辰不甘心处在刘库仁之下，叛前秦而攻刘库仁，却为其所败。刘卫辰无奈再降前秦，苻坚以之为西单于，督摄河西杂类，屯代来城（今内蒙古自治区鄂尔多斯市杭锦旗东）。

前秦后期，在王猛死后，苻坚变得刚愎自用，在决策上一再出现失误。他不满足于称雄半壁江山，要当统一天下的皇帝，于建元十四年（378年）开始发动对东晋的进攻，派出三路大军会攻襄阳。很快他又开辟东部战场，攻击彭城、淮阴、盱眙。由于晋军奋力抵抗，战事进展并不顺利。建元十六年（380年），宗室有人造反，平息之后，他做出一个决定："分三原、九嵕、武都、汧、雍氐十五万户，使诸宗亲各领之，散居方镇，如古诸侯。"③这意味着原来强大的氐人武装被肢解、分割了。对于像前秦这样的少数民族政权来说，政权主要是由本民族的武装支撑起来的。本民族武装力量相对集中，才能显示出他们的军事优势；而把本民族武装力量分散了，实际上就陷入被统治民族的汪洋大海的包围之中。

一场淝水之战，使"平燕定蜀，擒代吞凉，跨三分之二，居九州之

---

① 《通鉴》卷一〇四，东晋孝武帝太元元年（376年）十二月，中华书局，第3280-3281页。
② 《通鉴》卷一〇四，东晋孝武帝太元元年（376年）十一月，中华书局，第3278页。
③ 《通鉴》卷一〇四，东晋孝武帝太元五年（380年）七月，中华书局，第3295页。

七""虽五胡之盛，莫之比也"的前秦濒临瓦解①。其实，东晋收复寿阳后，并没有乘胜北伐。建立在军事统治基础上的前秦王朝，一旦它的军事力量被摧毁，王朝也就崩溃了。

三、第三阶段上：淝水之战至北魏统一北方（383—439年）

淝水之战后，蛰伏在前秦内部的各族贵族乘机而起，各树旗号，统一的北方顷刻支离破碎，陷入空前的分裂局面。这是比"胡亡"之后更为混乱的时代，人口争夺更加剧烈，人口迁徙更加频繁，各族建立的政权如走马灯般地转换变化。这个阶段，关东出现了鲜卑慕容氏的后燕、南燕和汉人冯氏的北燕，关中出现慕容氏的西燕、羌人姚氏的后秦，关中北面出现匈奴独孤氏的夏，河西陇右出现氐人的后凉、鲜卑乞伏氏的西秦、鲜卑秃发氏的南凉、卢水胡沮渠氏的北凉及汉人段业的西凉。在战乱中，各族混杂的进程加快了，各民族融合的条件逐渐成熟了。当拓跋氏的北魏南下再度统一北方后，北方各民族的融合经历了千辛万苦、千回百转，终于水到渠成了。

第三阶段的时间长，情况也比较复杂，故分上、下两部分叙述。

（一）

淝水之战时，慕容垂奉命别击郧城，所领三万众分毫未损。苻坚败后，只率残部千余骑投奔慕容垂，慕容垂悉数将兵众交还苻坚。到渑池时，慕容垂以安抚北境与祭祀陵庙请求北上邺城，苻坚许之。正如左仆射权翼所预料的："关东之乱，自此始矣！"

---

① 《晋书》卷一○，十五史臣语，中华书局，第2956页。

当时，丁零酋豪翟斌已在新安（今河南省洛阳市新安县）起兵反秦，邺城守将、苻坚庶长子苻丕命慕容垂南下镇压翟斌，配兵二千，并遣将领苻飞龙率氐骑一千充当慕容垂的副手。慕容垂至河北，袭杀苻飞龙，悉诛氐兵，宣告复兴燕国的决心。

慕容垂之子慕容农本被留在邺城，得到消息后便潜往列人招募兵众，《通鉴》卷一○五有一段的记载很值得回味：

> 慕容农之奔列人也，止于乌桓鲁利家，利为之置馔，农笑而不食。利谓其妻曰："恶奴，郎贵人，家贫无以馔之，奈何？"妻曰："郎有雄才大志，今无故而至，必将有异，非为饮食来也。君亟出，远望以备非常。"利从之。农谓利曰："吾欲集兵列人以图兴复，卿能从我乎？"利曰："死生唯郎是从。"农乃诣乌桓张骧，说之曰："家王已举大事，翟斌等咸相推奉，远近响应，故来相告耳。"骧再拜曰："得旧主而奉之，敢不尽死！"于是农驱列人居民为士卒，斩桑榆为兵，裂襜裳为旗，使赵秋说屠各毕聪。聪与屠各卜胜、张延、李石、郭超及东夷余和、敕勃、易阳乌桓刘大，各帅众数千赴之。农假张骧辅国将军，刘大安远将军，鲁利建威将军。[1]

列人，今河北肥乡东北。这里聚居着众多的乌桓人。乌桓鲁利称慕容垂为"家王"，慕容农为"郎"。胡注曰："今世俗多呼其主为郎主，又呼其子之子为郎君。"可见鲁利是前燕时慕容垂的部曲。这里的乌桓还与屠各、高句丽等混居，慕容农把他们重新武装起来。除慕容农外，慕容垂的诸子侄也都潜往各地招兵买马。《晋书·慕容垂载记》曰："初，垂之发邺

---

① 《通鉴》卷一○五，东晋孝武帝太元九年（384 年）正月，中华书局，第 3321 页。

中，子农及兄子楷、绍，弟子宙，为苻丕所留。及诛飞龙，遣田生密告农等，使起兵赵魏以相应。于是农、宙奔列人，楷、绍奔辟阳，众咸应之。农西招库辱官伟于上党，东引乞特归于东阿，各率众数万赴之，众至十余万。"库辱（"辱"或为"傉"）官氏亦是乌桓。吐谷浑有乞氏，名乞宿、乞佛；吐谷浑乃慕容氏西迁者，慕容鲜卑中或许也有乞氏，如此乞特归耶？[1]

一个多月后，慕容垂便在荥阳称燕王，是为后燕。这一年是前秦建元二十年（384 年），慕容垂改元为后燕燕元元年。

新安、渑池的丁零是苻坚从关东迁徙来的，慕容垂起兵后，翟斌愿奉慕容垂为盟主，慕容垂将这支丁零军队纳入麾下。因此，后燕的军队除本族外，主要是由乌桓、丁零组成。慕容垂欲取邺城为都，"引丁零、乌桓之众二十余万众飞梯地道以攻邺，不拔"[2]。史称，"燕王垂攻邺，拔其外郭，长乐公丕退守中城。关东六州郡县多送任请降于燕"；又说："东胡王晏据馆陶，为邺中声援，鲜卑、乌桓及郡县民据坞壁不从者尚众。"所谓东胡王晏，应为乌桓王氏。后慕容绍劝降东胡王晏，"于是鲜卑、乌桓及坞民降者数十万口"[3]。

丁零翟斌居功自傲，求取无厌。见邺城久攻不下，翟斌心生异志。他让其党羽为其求尚书令之位，不成，竟暗地里与苻丕通谋。事情泄露后，慕容垂杀翟斌，翟斌的侄子翟真逃往邯郸。

当慕容垂围攻邺城时，关中的慕容鲜卑贵族也积极从事复国活动。北地长史慕容泓收集鲜卑人数千，屯兵华阴。而其弟平阳太守慕容冲也以平阳二万众起兵，进攻蒲坂。慕容泓准备率众驰赴关东，慕容冲兵败后率八千骑前来投奔，军队增至十余万。慕容泓自称济北王，建元燕兴。不久，

---

① 陈连庆：《中国古代少数民族姓氏研究》，吉林文史出版社，第 83 页。
② 《通鉴》卷一○五，东晋孝武帝太元九年（384 年）二月，中华书局，第 3325 页。
③ 《通鉴》卷一○五，东晋孝武帝太元九年（384 年）二月，中华书局，第 3326 页。

慕容泓部下以泓德望不如冲，杀泓，立慕容冲为皇太弟，承制行事。慕容冲掉转方向，西逼长安。当时长安城中还有鲜卑千余人，苻坚以慕容暐阴谋作乱，不仅杀尽慕容暐宗族，而且城内鲜卑无论男女老少都未能幸免。

建元二十一年（385年），慕容冲在阿房即皇帝位，改元更始，是为西燕。慕容冲的军队主要是鲜卑人。因三辅汉人垒壁不附西燕，在前秦尚书韦钟被西燕俘虏后，西燕便用其子韦谦为风衣太守，让他招集三辅民众。冯翊垒主邵安民等责备他说："君雍州望族，今乃从贼，与之为不忠不义，何面目以行于世乎！"韦钟因此自杀，韦谦逃往东晋。《通鉴》载："西燕主冲攻长安，秦王坚身自督战，飞矢满体，流血淋漓。冲纵兵暴掠，关中士民流散，道路断绝，千里无烟。有堡壁三十余，推平远将军赵敖为主，相与结盟，冒难遣兵粮助坚，多为西燕所杀。"① 苻坚在长安的攻防战中虽然也有小胜，但长安断粮，防守越来越艰难。在这种形势下，他听信谶书"帝出五将久长得"及所谓"坚入五将山长得"之类的谣言②，留太子苻宏守长安，自己率骑数百奔五将山③。苻宏不能守，将数千骑西逃下辨。于是，慕容冲入长安，纵兵大掠，死者不可胜计。

关中的慕容部众都渴望东归，但慕容冲留恋长安，又惧惮跨据关东的慕容垂，于是课农筑室，作长久之计，但这引发了部众的怨恨。不久，慕容冲被部将攻杀，他们另立段随为燕王。西燕仆射慕容恒、尚书慕容永又袭杀段随，领着四十万鲜卑男女撤离长安东去。

而此时慕容垂仍攻不下邺城，双方处于相持状态。后燕南有东晋刘牢之及丁零之患，北方的老巢又告急，高句丽吞没了辽东、玄菟，而建节将军徐岩在武邑叛变，掳掠四千余人，乘胜入蓟再掠千余户而去，占据令支

---

① 《通鉴》卷一〇六，东晋孝武帝太元十年（385年）五月，中华书局，第3345页。
② 《晋书·苻坚载记下》，中华书局，第2928页。
③ 《通鉴》卷一〇六，东晋孝武帝太元十年（385年）六月，胡三省注"五将山"曰："《新唐书·地理志》：'京兆醴泉县有武将山。'《水经注》：'扶风杜阳县有五将山。'又按唐杜祐，凤翔府歧山县有五将山。"中华书局，第3346页。

（今河北省唐山市迁安市西）。燕元二年（385年），慕容农受命北征，攻克令支，进伐高句丽，收复辽东、玄菟，还屯龙城（今辽宁省朝阳市）。"农于是创立法制，事从宽简，清刑狱，省赋役，劝课农桑，居民富赡，四方流民前后至者数万口。先是幽、冀流民多入高句丽，农以骠骑司马范阳庞渊为辽东太守，招抚之。"[1]

这一年，史称，"邺中饥甚，长乐公（苻）丕帅众就晋谷枋头"；"燕秦相持经年，幽、冀大饥，人相食，邑落萧条。燕之军士多饿死"[2]。正当苻丕进退维谷的时候，前秦的幽州刺史王永、平州刺史苻冲率三万众败逃壶关，遣使相招。苻丕遂率男女六万余口弃邺西进潞川（今山西省长治市潞城市北），接着又被前秦的骠骑将军张蚝与并州刺史王腾迎入晋阳（今山西省太原市）。这时传来苻坚的死讯，苻丕便登上皇帝位，改元太安。在王永的鼓噪下，关东、关西拥戴者似乎不少，其实三心二意者居多。

燕元三年（386年），慕容垂宣布称帝，定都中山。西燕四十余万鲜卑男女这时从长安蜂拥东来，慕容贵族内部经过了几番厮杀，立慕容泓子慕容忠为帝。他们听说慕容垂已称尊号，不敢再进，在河东筑燕熙城居之[3]。不久，慕容忠又为部下所杀，慕容永放低姿态，权称大单于、录尚书事、河东王，向慕容垂称臣。苻丕企图扩展势力，进屯平阳，威胁慕容永。慕容永请求假道东归，苻丕不许。但两军一对阵，苻丕当即大败，王永等战死。苻丕南奔东垣，为东晋将领所杀，其残部数万人由苻纂率领西逃，渡过黄河至杏城。慕容永取胜后，进据长子（今山西省长治市），也称起皇帝来。后来，他还残忍地将在长子的慕容儁、慕容垂的子孙无论男女统统杀光了。

---

① 《通鉴》卷一〇六，东晋孝武帝太元十年（385年）十一月，中华书局，第3356页。
② 《通鉴》卷一〇六，东晋孝武帝太元十年（385年）四月，中华书局，第3344页。
③ 燕熙城地不详。慕容忠即位，慕容永被封为河东公，后为河东王，称藩于慕容垂。可见燕熙城在河东。

苻纂虽然带着数万人西逃了，但关东仍有许多氐人。慕容垂招降了前秦冀州牧苻定、幽州牧苻谟、镇东苻绍、镇北苻亮等，幽、冀地区终于安定下来。于是，慕容垂开始对河南用兵。他先取历城，青、兖、徐州各郡县的壁垒多降；继而南征丁零翟辽。丁零的聚居地原在中山、常山，其部众大多是从燕、赵驱掠来的汉人。他们不愿为丁零卖命，纷纷投降。翟辽大惧，遣使求降，得到慕容垂的优抚。后燕建兴六年（391年），在翟辽死后，其子翟钊竟又起兵攻逼邺城，慕容垂再不手软，"尽擒其众，钊单骑奔长子，钊所统七郡户三万八千安堵如故。徙徐州流人七千余户于黎阳"①。

　　卧榻之侧，岂容他人鼾睡。建兴八年（393年），慕容垂不能容忍慕容永"僭举位号，惑民视听"，终于对慕容永动手了②。他发兵七万，以慕容瓒出井陉，攻晋阳；以平规攻邺城西南的沙亭。他赴邺城坐镇指挥。其后，又遣慕容楷出滏口，慕容农出壶关，他也亲自出沙亭。平规、慕容农连战皆捷，西燕将领震怖，率众归降。后燕诸军四面俱进，慕容永逃回长子，向东晋与拓跋魏求救。晋、魏兵尚未到来，西燕兵将便开城门纳后燕军。"垂进军入城，永奔北门，为前驱所获，于是数而戮之，并其所署公卿刁云等三十余人。永所统新旧八郡户七万六千八百及乘舆、服御、伎乐、珍宝悉获之。"③至此，后燕基本上恢复了前燕统治时的规模。

　　淝水之战后，苻坚自顾不暇，代北的拓跋鲜卑乘机崛起。苻坚最初分拓跋鲜卑的代国为两部，分属独孤氏刘库仁和刘卫辰。后刘卫辰获罪，屯代来城（今内蒙古自治区鄂尔多斯市杭锦旗东）。后燕燕元元年（384年），关东燕、秦之争方炽，刘库仁出兵援秦，因所征发的雁门、上谷、代郡兵不乐远征，当时在部内避难的慕容部慕舆文乘机作乱，杀掉了刘库仁。代北各部鲜卑乃推举拓跋什翼犍之孙拓跋珪为部落联盟共主。拓跋珪在牛川

① 《晋书·慕容垂载记》，中华书局，第3088页。
② 《通鉴》卷一〇八，东晋孝武帝太元十八年（393年）十月，中华书局，第3411页。
③ 《晋书·慕容垂载记》，中华书局，第3089页。

部落联盟大会上即代王位，改元登国元年（386 年）。不久，拓跋珪徙居定襄之盛乐（今内蒙古自治区呼和浩特市和林格尔县西北），改称魏王。

鲜卑慕容氏与拓跋氏早年间因中间隔着宇文部和段部，接触较少。但《魏书·序纪》记载：拓跋氏昭帝禄官十三年（307 年），"昭帝崩，徒何大单于慕容廆遣使朝贡"。又炀帝三年（337 年），"国人六千余落叛炀帝，炀帝出居于慕容部"。拓跋氏炀帝之所以出居慕容部，是因为这时宇文部已为慕容部所并[1]。慕容与拓跋之间世为婚姻，什翼犍两娶慕容氏之女，皆早卒。前燕建熙三年（362 年），什翼犍纳女于燕，燕又以女妻之[2]。《魏书·皇后列传·昭成皇后慕容氏传》："昭成皇后慕容氏，元真之女也。初，帝纳元真妹为妃，未几而崩。元真复请继好，遣大人长孙秩逆后，元真送于境上。后至，有宠，生献明帝及秦明王。后性聪敏多知，沉厚善决断，专理内事，每事多从。"元真，即慕容皝。

当后燕占有关东全境，而拓跋魏也求发展之时，他们的矛盾与冲突就不可避免了。

后燕建兴十年（395 年）燕、魏之间爆发了参合陂之战。《通鉴》叙述此战曰：

> 魏军晨夜兼行，乙酉，暮，至参合陂西。燕军在陂东，营于蟠羊山南水上。魏主夜部分诸将，掩覆燕军，士卒衔枚束马口潜进。丙戌，日出，魏军登山，下临燕营。燕军将东引，顾见之，士卒大惊扰乱。（拓跋）珪纵兵击之，燕兵走赴水，人马相腾蹂，压溺死者以万数。略阳公（拓跋）遵以兵邀其前，燕兵四五万人，一时放仗敛手就擒，其遗迸去者不过数千人，太子（慕容）

① 田余庆：《拓跋史探》，生活·读书·新知三联书店，第 123 页。
② 《通鉴》卷一〇八，东晋孝武帝太元二十年（395 年）五月："魏与燕世为婚姻。"及胡注。中华书局，第 3421 页。

宝等皆单骑仅免。杀燕右仆射陈留悼王（慕容）绍，生擒鲁阳王倭奴、桂林王道成、济阴公尹国等文武将吏数千人，兵甲粮货以钜万计。[1]

战后，拓跋珪竟将俘获的后燕四五万人全部坑杀，其惨烈情状不可言说。

慕容宝耻于参合陂之败，请求慕容垂再发兵击魏，慕容垂之弟范阳王慕容德也极力主张不可留下后患。建兴十一年（396年），慕容垂亲领大军，秘密进发，越过险峻的青岭，经由壁立刺天的天门，凿山开道，直指平城（今山西省大同市东北）。趁镇守平城的北魏拓跋虔不备，燕军突然进攻。拓跋虔出战败死，燕军尽收其部落，徙三万余众而还。慕容垂回师经参合陂时，"见往年战处积骸如山，设吊祭之礼，死者父兄一时号哭，军中皆恸。垂惭愤欧血，因而寝疾，乘马舆而进，过平城三十里疾笃，筑燕昌城而还"[2]。到达上谷沮阳（今河北省张家口市怀来县南），慕容垂便病死了。

太子慕容宝继位为帝后，后燕很快就败落了。当年并州早霜，百姓缺粮。新任并州牧慕容农赴任晋阳，又带去部曲数万口，加剧了粮荒。而他又派诸部护军分监诸胡，因此胡、汉俱怨，潜引魏军。北魏拓跋珪率领步骑四十余万，鼓行而进。慕容农出战，大败而走，被魏军追及。燕军尽没，受伤的慕容农只带着三骑逃归中山。并州沦陷后，慕容宝束手无策，"修城聚粮"，不敢出兵。接着，北魏攻占常山（今河北省石家庄市正定县南），"自常山以东，守宰或走或降，诸郡县皆附于魏，惟中山、邺、信都三城为燕守"。后燕永康二年（397年）二月，听说魏有内难，慕容宝发全部兵力——步兵十二万、骑兵三万七千出战。燕军夜袭魏营，魏军大乱，

---

[1]《通鉴》卷一〇八，东晋孝武帝太元二十年（395年）十一月，中华书局，第3422页。
[2]《晋书·慕容垂载记》，中华书局，第3050页。

拓跋珪弃营跣走。可是，燕军突然无故自惊，互相砍杀，终至于大败。"燕军夺气，宝引还中山，魏兵随而击之，燕兵屡败。宝惧，弃大军，帅骑二万奔还，时大风雪，冻死者相枕。宝恐为魏军所及，命士卒皆弃袍仗、兵器数十万，寸刃不返，燕之朝臣将卒降魏及为魏所系虏者甚众。"①是时，中山城中将卒皆参合陂之战牺牲者的父兄，群情踊跃，欲与魏战，但执政者都畏敌如虎。三月，慕容宝带着一万余骑，趁夜色朦胧逃出中山。

外有强魏，又起内讧。慕容麟谋反不成逃往丁零，军众甚盛；慕容宝子慕容会镇幽州，手握戎狄强兵，幽、平之士怀会威德。慕容宝要平定慕容麟，就必须依靠慕容会。慕容会未被立为太子，心有不满。慕容宝受左右蛊惑，始终疑忌慕容会。这错综复杂的宗室矛盾导致了内乱。慕容宝决心要除去慕容会，慕容会出奔，派人袭重臣慕容农和慕容隆，慕容隆被杀。慕容宝奔入龙城，慕容会围攻失败，回中山后为慕容详所杀。慕容详在中山称帝，慕容麟率丁零攻入中山杀慕容详，也自称皇帝。拓跋珪乘虚攻中山，慕容麟奔往邺城，"魏克中山，燕公卿、尚书、将吏、士卒降者二万余人"②。

永康三年（398 年），慕容宝不顾兵疲师老，执意出兵南伐。长上段速骨等利用众人的厌战情绪作乱③；慕容垂之舅、顿丘王兰汗与段速骨通谋，发动攻城，众皆奔散。慕容宝与慕容盛等如惊弓之鸟，一下子逃到了黎阳（今河南省鹤壁市浚县东），不知哪儿才是安全之地，最后还是中了兰汗的圈套回到龙城，为兰汗所杀。自称大将军、大单于、昌黎王的兰汗又被慕容宝之子、兰汗之婿慕容盛杀死。"（慕容）盛既诛汗，命（兰）奇罢兵，奇遂与丁零严生、乌丸王龙之阻兵叛盛，引军至横沟，去龙城十里。盛出

---

① 《通鉴》卷一○九，东晋安帝隆安元年（397 年）二月，中华书局，第 3440 页。
② 《通鉴》卷一○九，东晋安帝隆安元年（397 年）十月，中华书局，第 3459 页。
③ 《通鉴》卷一○一十，东晋安帝隆安二年（398 年）二月，胡注："凡卫兵皆更番迭上，长上者，不番代也。唐官职，怀化执戟长上，归德执戟长上，皆武散阶，九品。长上之官尚矣。"中华书局，第 3459 页。

兵击败之，执奇而还，斩龙、生等百余人。"①兰氏，匈奴贵族"四姓"之一。兰氏与鲜卑拓跋氏、慕容氏都有姻亲关系。兰汗不仅是慕容氏的姻亲，而且在燕国封王，执掌大权，他的部众应该有一部分是他的族人。我们看到，这个时期，关东的少数民族固然以鲜卑为多，但乌桓、丁零、匈奴等也非常活跃②。在持续的动乱中，军队已经没有纯粹的民族部落兵了，一支军队中往往有各个民族成分；而原来的民族部落聚居的形态也被打破了，出现了越来越多各民族的混居。

慕容盛及其后继者慕容熙局促于辽西地区，土地狭小、士卒寡弱，无力与生机勃勃的北魏争锋。慕容盛曾"率众三万伐高句骊，袭其新城、南苏，皆克之，散其积聚，徙其五千余户于辽西"。后又讨库莫奚，"大虏获而还"③。慕容熙时，高句丽攻燕郡，杀掠百余人。慕容熙也有过讨伐契丹和高句丽之举。后燕建始元年（407年），冯跋等人因"赋役繁数，人不堪命"谋反，杀慕容熙，而推高云为主。后燕亡。

（二）

慕容德，后燕范阳王，慕容皝之少子。慕容宝即位时，任命他为冀州牧，镇邺城。慕容宝放弃都城中山出走，北魏大军入中山，邺城的形势变得严峻。赵王慕容麟来邺，劝慕容德南迁滑台。永康三年（398年），慕容

---

① 《晋书·慕容盛载记》，中华书局，第3099-3100页。

② 上面说到，慕容农在列人动员乌桓、屠各起兵时，假乌桓张骧为辅国将军。这个张骧一直在后燕为将，直到北魏皇始二年（397年），北魏围攻信阳，"宝辅国将军张骧、护军将军徐超率将吏已下举城降"。次年（398年），"乌丸张骧子超，收合亡命，聚党三千余家，据勃海之南皮（今河北省沧州市南皮县北），自号征东大将军、乌丸王，抄掠诸郡。诏将军庾岳讨之"。此外，还有如下记载：天兴元年（398年）三月，离石胡呼延铁、西河胡帅张崇等聚众数千人叛。四月，鄗城屠各董羌、杏城卢水胡郝奴、河东蜀薛榆、氐帅苻兴，各率其种内附。他们有的来自关中，但当时在关东。七月，渔阳乌丸库傉官韬复聚众为寇。二年（399年）八月，西河胡帅护诸于、丁零帅翟同、蜀帅薛眷，相率内附。五年（402年）二月，丁零鲜于次保聚党常山之行唐。等等。以上均见《魏书·太祖纪》，中华书局，第28-40页。

③ 《晋书·慕容盛载记》，中华书局，第3103、3104页。

德从邺城带领四万户南徙滑台（今河南省安阳市滑县东），又接受慕容麟所上尊号，称燕王，改永康三年为元年，是为南燕。这年夏天，北魏将领匈奴人贺赖卢率众来附。

慕容宝因兰汗之乱南逃黎阳（今河南省鹤壁市浚县东），滑台就在对岸，他本到这儿避难，而慕容德不仅拒绝，还派人追杀，只是慕容宝已经先走了。

当初，秦王苻登之弟苻广率众三千来投靠南燕，后反叛而自称秦王，击破南燕北地王慕容钟。由于南燕孤弱，地狭人少，慕容钟之败引起依附者的疑虑。慕容德亲自率众讨伐苻广，斩之。慕容德出征时，南燕内部出了大乱子：鲁阳王慕容和的长史李辩举滑台降北魏行台尚书和跋。慕容德击和跋，反被和跋打败。和跋又破南燕将慕容镇，俘获千余人。陈郡、颍川民众慑于魏军声势，多降附之。这时，在滑台的南燕右卫将军慕容云斩杀李辩，带着将士家属二万多口冲出来。尚书潘聪建议移都广固（今山东省潍坊市青州市西北），因为"青州沃野二千里，精兵十余万，左右负海之饶，右有山河之固，广固城曹嶷所筑，地形阻峻，足为帝王之都"[1]。坏事变成好事。慕容德引师南进，向广固进发。兖州北部诸郡都闻风而降了，但齐郡太守辟闾浑据城不降。慕容德"进据琅邪，徐、兖州之士附者十余万，自琅邪而北，迎者四万余人"[2]，辟闾浑的部属也纷纷出降。辟闾浑带着妻儿企图逃往北魏，被南燕军追上杀掉了。慕容钟进攻青州的檄文中说："孤以不才，忝荷先驱，都督元戎一十二万，皆乌丸突骑、三河猛士，奋剑与夕火争光，挥戈与秋月竞色。以此攻城，何城不克！"檄文或有夸大的成分，但慕容钟说自己的军队中有乌丸突骑与三河猛士，应当是可信的。"乌丸突骑"自东汉末年来便是天下名骑，这时的骑兵可能不纯粹是乌丸人；而"三河猛士"则以汉人为主。青、徐地区少数民族本不

---

① 《通鉴》卷一〇一十一，东晋安帝隆安三年（399年）三月，中华书局，第3490页。
② 《晋书·慕容德载记》，中华书局，第3166页。

多，慕容德南下广固带来了鲜卑、乌桓和匈奴族人。

南燕二年（399年），慕容德定都广固，即皇帝位，改元建平。冀州大族、后燕吏部尚书封孚因兰汗之乱南奔辟闾浑，被任为渤海太守，这时出降慕容德。慕容德大喜说："孤得青州不为喜，喜得卿耳！"

东晋桓玄当政时，诛杀异己。冀州刺史刘轨、襄城太守司马休之、征虏将军刘敬宣、广陵相高雅之、江都长张诞等北奔南燕。慕容德举行南伐东晋的阅兵，"步兵三十七万，车一万七千乘，铁骑五万三千，周亘山泽，旌旗弥漫，钲鼓之声，振动天地"[1]。小小南燕，当时竟拥有四十多万军队，这就是十六国国家军事化的特点。

慕容德来不及南伐即病死，继承人是从长安回来的慕容纳之子慕容超。慕容超"引所亲公孙五楼为腹心"[2]，官至侍中、尚书、领左卫将军，专总朝政。其兄公孙归为冠军、常山公，叔父公孙颓为武卫、兴乐公。公孙五楼的宗亲皆夹辅左右，王公内外无不惮之。这个公孙五楼可能是慕容氏的姻亲，又是慕容超从长安带回来的，可能是胡族[3]。

南燕数次进攻东晋边郡，掳掠人口。一次是由斛谷提、公孙归等率骑攻陷宿豫，俘获阳平、济阴太守，大掠而去。慕容超曾献太乐伎一百二十人给后秦，所以从掳掠的人口中挑选了二千五百人，进行太乐伎的培训，以补充宫廷的太乐伎。可见掳掠的人口数量颇大。另一次是由公孙归等率骑三千人进攻济南，掠男女千余人而去。

南燕太上六年（东晋义熙六年，410年），东晋刘裕北伐南燕，攻取广固。"裕忿广国久不下，欲尽坑之，以妻女赏将士。韩范谏曰：'……彼皆衣冠旧族，先帝遗民，今王师吊伐而尽坑之，使安所归乎！窃恐西北之

---

① 《晋书·慕容德载记》，中华书局，第3172页。
② 《通鉴》卷一○一十四，东晋安帝义熙元年（405年）九月，中华书局，第3587页。
③ 慕容德母，也是慕容超的祖母为公孙氏。公孙这个姓源于义渠胡族，秦灭义渠，公孙氏内迁，早已汉化。与慕容氏通婚的公孙氏是否胡族中义渠人？关于公孙氏，参见陈连庆：《中国古代少数民族姓氏研究》，吉林文史出版社，第2页。

人无复来苏之望矣。'裕改容谢之，然犹斩王公以下三千人，没入家口万余，夷其城隍，送超诣建康，斩之。"①南燕亡。

后燕光始七年（407年）冯跋与其弟冯素弗杀慕容熙，推高云为主，高云即天王位，改元正始，以冯跋为都督中外诸军事、录尚书事。冯氏兄弟均居军政要职。两年后（409年），高云被宠臣离班等刺杀，冯跋杀离班，自立为天王，仍号曰燕，史称北燕。

冯跋，原籍长乐信都（今河北省衡水市冀州区），西晋永嘉之乱，其祖父为避难迁上党（今山西省长治市长子县西）。其父冯安在慕容永时为将军，西燕灭，举家被徙昌黎（治今辽宁省锦州市义县）。永嘉之乱前，羯族已内迁上党；永嘉之乱后，上党到处都是羯、匈奴和乌桓。冯家是汉人，而生活在民族杂处的环境中，"既家昌黎，遂同夷俗"②，故其子弟多起胡名。如冯跋，字乞直伐；其弟名素弗，从兄名万呢，从兄子名乳陈，等等；又其从兄买、从弟睹，疑亦为胡名。此外，北燕昌黎尹孙伯仁有弟叱支、乙拔，同样是胡名。这是汉人在胡族聚居区被胡化的表现之一。

当时，柔然勇斛律遣使求娶冯跋之女乐浪公主。冯素弗等人主张："前代旧事，皆以宗女妻六夷，宜许以妃嫔之女，乐浪公主不宜下降非类。"这就是说，许配六夷为妻的只能是宗室或妃嫔之女，而公主不能出嫁六夷。但冯跋说："女生从夫，千里岂远？朕方崇信殊俗，奈何欺之！"③这虽然是一桩政治婚姻，用于加强与柔然的友好关系，但也说明冯跋比较能平等对待"殊俗"即少数民族。

北燕是只拥有后燕后期疆域的小国，注重于劝课农桑、轻徭薄赋，无意亦无力对外扩张、争夺人口与土地。冯跋在位时，北魏派兵来伐，北燕亦发兵与其对抗，北魏见北燕有所准备，乃引兵退去。北燕太平二十二年

---

① 《通鉴》卷一〇一十五，东晋义熙六年（410年）正月，中华书局，第3627页。
② 《魏书·冯跋传》，中华书局，第3126页。
③ 《晋书·冯跋载记》，中华书局，第3130页。

（430年），冯跋死，弟冯弘继位。两年后（432年），北魏开始大举进攻北燕，燕石城太守李崇等十郡降魏。北魏太武帝拓跋焘兵临和龙城下，"发其民三万人穿围堑以守之"，"徙营丘、成周、辽东、乐浪、带方、玄菟六郡民三万家于幽州"①。太兴五年（北魏太延元年，435年），北魏骠骑大将军拓跋丕又伐燕，"至于和龙，徙男女六千余口而还"②。次年（436年），冯弘放弃和龙，逃往高丽。北燕亡。

（三）

淝水之战后，当关中前秦与慕容氏相争时，坐山观虎斗的是羌人豪酋姚弋仲之子姚苌。

羌人姚氏是秦州南安赤亭（今甘肃省定西市陇西县西）人。西晋永嘉六年（312年），姚弋仲率族众东迁榆眉（今陕西省宝鸡市千阳县东），随之东迁的有"戎、夏"数万人③，其中当以羌人为主，也包括氐族、其他陇右的少数民族和汉族。后赵时，他任行安西将军、六夷左都督。一个羌族豪酋而领六夷，说明其所部包含多种民族成分。石虎东迁氐、羌，姚部数万人被迁到清河（今河北省邢台市清河县），姚弋仲官为西羌大都督。在清河滠头（今河北省衡水市枣强县东北）十余年，如同蒲洪在枋头一样，他的势力得到发展，子弟们都走上汉化道路。东晋永和八年（352年），姚弋仲死，其子姚襄率众归附东晋。史称，"送其五弟为质，诏襄屯谯城。襄单骑渡淮，见谢尚于寿春。尚闻其名，命去仗卫，幅巾待之，欢若平生。襄博学，善谈论，江东人士皆重之"④。如果文献不夸张的话，姚襄简直有清谈玄学人士的风采了。姚襄虽然降附东晋，但东晋朝廷对他并不信任；

① 《魏书·世祖纪上》，中华书局，第81页。
② 《魏书·世祖纪上》，中华书局，第85页。
③ 《晋书·姚弋仲载记》，中华书局，第2959页。
④ 《通鉴》卷九十九，东晋穆帝永和八年（352年）三月，中华书局，第3124页。

他也在盱眙积聚力量，"招掠流民，众至七万，分置守宰，劝课农桑"①，有一天终究是要返回北方的。

永和十一年（355年），姚襄北返，自称大将军、大单于，进据许昌，将经河东以图关右。东晋桓温北上讨伐姚襄，"战于伊水北，（姚襄）为温所败，率麾下数千骑奔于北山。其夜，百姓弃妻子随襄者五千余人，屯据阳乡，赴者又四千余户。襄前后败丧数矣，众知襄所在，辄扶老携幼奔驰而赴之，时或传襄创重不济，温军所得士女莫不北望挥涕。其得物情如此"②。升平元年（357年），姚襄从北屈（今山西省临汾市西）进屯杏城（今陕西省延安市黄陵县西南），在鄜城、北地招集部众，"羌、胡及秦民归之者五万余户"③。杏城在马兰山北，这是一个羌、胡等民族混居的地区。但没有等到姚襄站稳脚跟，立即遭到前秦的大举进攻。他寡不敌众，被秦兵擒而斩之，其弟姚苌遂率众投降前秦。

姚苌在前秦甚受苻坚信任，也屡建大功，历左卫将军及多任地方太守、刺史。淝水战后，他以司马之职随苻叡去镇压慕容泓叛乱。苻叡败死，姚苌惧怕苻坚问罪，逃往渭北马牧。《晋书·姚苌载记》曰："西州豪族尹详、赵曜、王钦卢、牛双、狄广、张乾等率五万余家，咸推苌为盟主。"④而《通鉴》曰："天水尹纬、尹详、南安庞演等，纠扇羌豪，帅其户口归苌者五万余家，推苌为盟主。"⑤后者说"纠扇羌豪，帅其户口"，对尹详等纠集的这支军队以羌族为主说得更加明确。这时，姚苌自称大将军、大单于、万年秦王，改元白雀。是为后秦。

姚苌一直在羌人比较集中的地区发展。他进屯北地，苻坚原先徙于敷陆的晋人李详等数千户来降；接着，秦华阴、北地、新平、安定等地羌、

① 《通鉴》卷九十九，东晋穆帝永和九年（353年）九月、十二月，中华书局，第3133、3136页。
② 《晋书·姚襄载记》，中华书局，第2964页。
③ 《通鉴》卷一〇，东晋穆帝升平元年（357年）四月，中华书局，第3161页。
④ 《晋书·姚苌载记》，中华书局，第2965页。
⑤ 《通鉴》卷一〇五，东晋孝武帝太元九年（384年）四月，中华书局，第3327页。

胡降之者十余万户①。苻坚自领二万步骑征姚苌，但因慕容冲兵逼长安，他赶忙退兵。姚苌部下也有人提议先取长安，建立根本。姚苌却决定"移屯岭北，广收资实"，静观秦燕相争，待秦亡燕去，然后拱手取之。

姚苌十分重视岭北。所谓岭北，"谓九嵕之北，凡新平、北地、安定之地皆是也"②。虽然已有十余万户来降，但他更想取新平、安定为根据地。后秦白雀二年（385年），姚苌出兵进攻新平、安定。他攻新平，前秦新平太守苟辅"凭城固守，苌为土山地道，辅亦为之。或战山峰，苌众死者万有余人。辅乃诈降，苌将入，觉之，引众而退。辅驰出击之，斩获万计。至是，粮竭失尽，外救不至，苌遣吏谓辅曰：'吾方以义取天下，岂仇忠臣乎？卿但率见众男女还长安，吾须此城置镇。'辅以为然，率男女万五千口出城，苌围而坑之，男女无遗"③。可见，新平之战非常惨烈，姚苌几至覆灭。占领新平后，他继而略地至安定，岭北诸城尽降。后来，慕容冲也来争新平，其大将高盖率五万众来伐，却大败而逃，数千人主动投降。

鲜卑东去，趁长安空虚之际，一个卢水胡人郝奴竟然在长安称帝。可见，关中的卢水胡有一定的数量和实力。不过，他毕竟不是姚苌的对手，姚苌终于在秦亡燕去之时轻而易举地夺取了长安。次年（386年），姚苌在五将山俘获并缢杀苻坚，便在长安即皇帝位，把长安改名常安。为充实常安户口，他从安定迁来五千余户。稍后，他又出兵安定，大破平凉休屠胡金熙和鲜卑破多罗没奕于；又进平秦州，"徙秦州豪杰三万户于安定"。正如胡三省所说："去年苌徙安定民以实长安，今又徙秦州豪杰以实安定。盖苌起兵以安定为根本，而欲都长安，故因道里远近为次以渐徙之。"④

关中慕容鲜卑大量东去，而稍后有关东苻纂带氏人西迁。表面上看，

① 《晋书·姚苌载记》中无"华阴"。中华书局，第2966页。而《通鉴》卷一〇五，东晋孝武帝太元九年（384年）五月中无"户"字。中华书局，第3329页。
② 《通鉴》卷一〇五，东晋孝武帝太元九年（384年）十月胡注，中华书局，第3336页。
③ 《晋书·苻坚载记下》，中华书局，第2926页。
④ 《通鉴》卷一〇七，东晋孝武帝太元十二年（387年）正月，中华书局，第3375页。

经过了一番周折，前燕亡后进入关中的慕容鲜卑东归，而苻坚派出镇守关东的氐人也西还了。其实，他们的队伍已经不是纯粹的鲜卑人或氐人部众了；而在长期的分离聚合、联合冲突中，他们中的鲜卑人和氐人也不是原来意义上的鲜卑人和氐人了。

姚苌以岭北地区为根据地，占领了长安，但关中及周边地区远未稳定下来。当苻纂从并州西撤到杏城时，又一个前秦残余政权在南安（今甘肃省定西市陇西县东南）出现，登上帝位的是苻坚的族孙苻登。他在枹罕诸氐人的支持下，称南安王，继而称帝，改元太初元年（386年）。

战争非常残酷，而苻登极其残忍，让军人吃死人肉。"是时岁旱众饥，道殣相望。登每战杀贼，名为熟食，谓军人曰：'汝等朝战，暮便饱肉，何忧于饥！'士众从之，啖死人肉，辄饱健能斗。"[1]

苻纂受命为都督中外诸军事、领大司马等职。杏城周围是各族杂居的地区，当地卢水胡彭沛谷、屠各董成、张龙世、新平羌雷恶地等皆附于苻纂，其部众遂增加到十余万人。苻纂之弟苻师奴唆使纂自立称帝，纂不从，师奴杀纂。对后秦来说，苻纂所部的这股势力是心腹之患。趁其兄弟阋于墙的机会，姚苌出兵伐之，苻师奴大败，"后秦尽收其众，屠各董成等皆降"[2]。

苻登进据胡空堡，"戎夏归之者十有余万"[3]。姚苌与苻登相持年余，关西豪杰因苌败多胜少，多弃苌附登。但关中之地，后秦十有其八，无军粮之忧；而苻登军中乏食，只能采摘桑葚充饥。两相比较，实际上是姚强苻弱。后秦建初四年（389年），苻登攻克后秦平凉，继而进逼安定。姚苌趁夜奔袭大界的苻登辎重，"擒名将数十人，驱掠男女五万口而还"[4]。苻登收拾残部，回到胡空堡。姚苌徙安定千余家于阴密。

---

① 《晋书·苻登载记》，中华书局，第2948页。
② 《通鉴》卷一〇七，东晋孝武帝太元十二年（387年）九月，中华书局，第3380页。
③ 《晋书·苻登载记》，中华书局版，第2950页。
④ 《通鉴》卷一〇七，东晋孝武帝太元十四年（389年）八月，中华书局，第3389页。

前秦在关中根基深厚，各地都有支持者，姚苌难以速胜。原前秦镇东将军魏揭飞自称冲天王，率氐、胡众攻后秦杏城。雷恶地也反叛了后秦、响应魏揭飞，攻李润堡。他们两人有众数万，投奔而至的氐、胡人络绎不绝。冯翊人郭质起兵广乡支援苻登，移檄三辅说：“姚苌凶虐，毒被神人。吾属世蒙先帝尧、舜之仁，非常伯、纳言之子，即卿校、牧守之孙也。与其含耻而存，孰若蹈道而死。”于是三辅壁垒起而响应。只有郑县人苟曜聚众数千附于后秦①，后来却又暗中勾结苻登。因此，终姚苌之世，后秦未能消灭苻登的势力。

建初八年（393年），姚苌死，子姚兴继位。次年（394年），姚兴大举讨伐苻登。将领尹纬据废桥，苻登军争水不能得，渴死者十有二三。尹纬遂强攻，大获全胜。苻登单骑奔雍城，原守城者闻败，弃城而逃。苻登无家可归，乃远走平凉，入马毛山。后来，姚兴在马毛山南斩苻登，解散其部众使归农。这一年，姚兴徙阴密三万户于长安。

在消灭前秦的残余势力之后，有两股鲜卑族渗入后秦。一是鲜卑薛干部。《魏书·高车传薛干部附传》曰：

> 薛干部，常屯聚于三城之间。及灭卫辰后，其部帅太悉伏望军归顺，太祖抚安之。车驾还，卫辰子屈丐奔其部。太祖闻之，使使诏太悉伏执送之。太悉伏出屈丐以示使者曰：“今穷而见投，宁与俱亡，何忍送之。”遂不遣。太祖大怒，车驾亲讨之。会太悉伏先出击曹覆寅，官军乘虚，遂屠其城，获太悉伏妻子珍宝，徙其人而还。太悉伏来赴不及，遂奔姚兴，未几亡归岭北。上郡以西鲜卑、杂胡闻而皆应之。天赐五年（408年），屈丐尽劫掠总服之。及平统万，薛干种类皆得为编户矣。

① 《通鉴》卷一〇七，东晋孝武帝太元十五年（390年）七月，中华书局，第3396页。

屈丐,《魏书·铁弗刘虎传》作屈子,即后来的赫连勃勃。北魏登国六年(391年),拓跋珪反击刘卫辰,追至悦跋城(代来城)。刘卫辰父子逃走,不久后刘卫辰被部下杀害。魏军"获卫辰尸,斩以徇,遂灭之"[①]。卫辰子屈丐投奔屯聚于三城(今陕西省延安市东南)的太悉伏。薛干太悉伏,《魏书·太祖纪》作"薛干太悉佛",而《晋书·赫连勃勃载记》则作"叱干他斗伏"。太悉伏出击的曹覆寅,即前秦时匈奴右贤王曹毂之子,被苻坚封为力川侯、居贰城以东的曹寅。姚苌时,"贰城胡曹寅、王达献马三千匹。以寅为镇北将军、并州刺史,达镇远将军、金城太守"[②]。而太悉伏在归附姚兴后,又亡归岭北,上郡(今陕西省榆林市南)以西的鲜卑、杂胡应之。关于屈丐与太悉伏、太悉伏降姚兴事,《晋书·姚兴载记》不载。

二是鲜卑薛勃部。《姚兴载记上》曰:

> 鲜卑薛勃于贰城为魏军所伐,遣使请救,使姚崇赴救。魏师既还,薛勃复叛,崇伐而执之,大收其士马而还。
>
> 鲜卑薛勃叛奔岭北,上郡、贰川杂胡皆应之,遂围安远将军姚崇于金城。遣姚崇、尹纬讨之。勃自三交趣金城,崇列营掎之……兴率步骑二万亲讨之,勃惧,弃其众奔于高平公没奕于,于执而送之。

薛勃部居于贰城(今陕西省延安市黄陵县西),亦受北魏攻击而附后秦,不久叛去,上郡、贰川杂胡应之。此条与上条都说到上郡及其西边地区的鲜卑、杂胡,可见这里是其聚居地。薛勃甚至自朔方西的三交城远征金城[③]。

---

① 《魏书·太祖纪》,中华书局,第24页。
② 《晋书·姚苌载记》,中华书局,第2970页。
③ 《通鉴》卷九十七,东晋康帝建元二年(344年)四月胡注曰:"三交城在朔方之西。"中华书局,第3059页。

后来，后秦加强对岭北至朔方广阔地区的控制。弘始四年（402年），后秦准备发兵伐北魏时，建忠将军王多等率杏城及岭北突骑从和、宁戎出发，姚详率朔方骑兵集结于平望，与姚兴会师[1]。当然这个地区的民族构成十分复杂，原来以羌、氐、匈奴、卢水胡等为主，鲜卑是后来者。后来，姚兴重用屈丐，配以五部鲜卑及杂虏二万余落，使其镇朔方，这其实是养虎遗患。

在内部威胁解除后，姚兴留心政事、广纳人才、放免奴婢、宽简刑狱，后秦出现一个社会比较安定、政治比较清明的时期。东、西边境上只有一些小战事。皇初四年（397年），姚兴率众攻湖城，东晋弘农、华山两太守皆降，又攻陷上洛；"遣姚崇寇洛阳，晋河南太守夏侯宗之固守金墉，崇攻之不克，乃陷柏谷，徙流人西河严彦、河东裴岐、韩袭等二万余户而还"。武都地区发生氐人屠飞、啖铁叛乱，"兴遣姚绍等讨之，斩飞、铁，遣狄伯支迎流人曹会、牛寿万余户于汉中"[2]。还有京兆韦华、谯郡夏侯轨、始平庞眺等率襄阳流民一万叛晋，投奔后秦。

弘始三年（401年），姚兴对后凉用兵，大将姚硕德率六万大军直趋姑臧，生擒后凉将领吕邈，斩俘万计。将领吕他率众二万五千，以姑臧东苑降后秦。这一仗震荡了河西："先是，秃发利鹿孤据西平，沮渠蒙逊据张掖，李玄盛据敦煌，与吕隆相持。至是，皆遣使降。"姚兴从河西迁徙豪右万余户到长安[3]。次年（402年），姚兴拒绝北魏拓跋珪的求婚，又因北魏进攻鲜卑没奕于、黜弗、素古延等后秦属部，秦魏关系破裂。双方战于汾水东岸的柴壁，秦兵被围，秦将姚平突围无望，部众多赴水死，二万余人当了俘虏。"兴坐视其穷，力不能救，举军恸哭，声震山谷。"[4]因柔然

① 《晋书·姚兴载记》，中华书局，第2982页。
② 《晋书·姚兴载记上》，中华书局，第2978页。
③ 《晋书·姚兴载记上》，中华书局，第2982页。
④ 《通鉴》卷一百一十二，东晋安帝元兴元年（402年）十月，中华书局，第3544页。

犯边，拓跋珪才退兵而去。弘始五年（403年），后凉在南、北凉的夹缝中无以自存，遂降后秦。姚兴派尚书左仆射齐难前往受降，"难以司马王尚行凉州刺史，配兵三千镇姑臧，以将军阎松为仓松太守，郭将为番禾太守，分成二城，徙（吕）隆宗族、僚属及民万户于长安"[①]。弘始七年（405年），后秦将领姚硕德、敛俱分别攻仇池与汉中，仇池杨盛请降，后秦于是徙成固流民三千余家于关中。

这时，东晋权臣刘裕遣使通好，并求南乡诸郡地。刘裕刚刚镇压孙恩、卢循起事，又诛灭篡晋称帝的桓玄，尽管群臣反对，姚兴却对刘裕十分欣赏，说："天下之善一也，刘裕拔萃起微，匡辅晋室，吾何惜数郡而不成其美乎！"遂割南乡、顺阳、新野、舞阴等十二郡地给东晋。不仅这样，当秃发傉檀求凉州地时，姚兴又因其献马、羊而以为傉檀忠于自己，竟也让出凉州。这大片疆土来之非易，为什么他却弃之敝履？是为了换取与邻国的友好、改善与邻国的关系，还是仅仅为了表示自己大度、显示自己强盛？

不管怎样，后秦恰恰就是从此由鼎盛走向衰落的，而且衰落是以加速度出现的。弘始十年（408年），在把凉州给了傉檀两年后，姚兴不听劝谏，决定兴兵讨伐傉檀，结果大败于姑臧城外，死七千余人。败于傉檀后，姚兴又兴兵讨伐赫连勃勃，这次败得更惨，主将齐难与将士一万三千人都成了俘虏。岭北夷、夏叛者数万，后秦在这儿的统治大为削弱了。此后，后秦为勃勃所逼，节节败退。姚兴亲自将兵赴贰城（今陕西省延安市黄陵县西）讨勃勃，勃勃大军突然到来，姚兴仓促应战，秦兵大败，姚兴只得退还长安。勃勃连克数城，掠走大量人口。勃勃又遣胡将金纂率万骑攻平凉[②]，姚

---

① 《通鉴》卷一百一十三，东晋安帝元兴元年（402年）八月，中华书局，第3551页。
② 《晋书·姚兴载记下》："赫连勃勃遣其将胡金纂"，其标点显示是胡人金纂。《通鉴》卷一百一十五，东晋安帝义熙六年（410年）三月："夏王勃勃遣尚书胡金纂"，其标点显示胡为姓，名金纂。金为休屠匈奴大姓，故应为胡人金纂。

兴击杀金纂。但是小胜之后是连败。勃勃接着攻陷定阳，俘秦将姚广都。秦将曹炽、曹云、王肆佛等各率数千人弃守内徙。勃勃攻陇右，破白崖堡，进军清水。太守姚寿都又弃略阳奔秦州，勃勃收其众而归。姚详镇杏城，受勃勃逼迫，军队无粮，南逃大苏，途中遭勃勃阻击，兵众散走，姚详被俘。勃勃南攻安定，破秦尚书杨佛嵩，又攻下东乡。

外部的敌人一天天在蚕食后秦的土地、抢夺后秦的人口，而内部的反叛也接踵而来。贰县的羌人起来反叛，姚兴派遣姚绍、姚弼率禁卫军去加强对岭北的控制。辽东侯、羌弥姐亭地率部人入阴密，劫掠百姓。以道教为号召，化名李弘者在贰原造反，"李弘应王"的谶言已在氐人中流行[1]，故贰原氐仇常起兵相应。氐、羌是后秦政权的基础，他们也起来反对姚兴了。这时，宗室争夺皇位的明争暗斗一天天加剧，而姚兴的病也一天天在加重。这一切，都使姚兴心力交瘁。弘始十八年（416年），姚兴在宗室的相互算计中死去。

姚兴长子姚泓是在东晋刘裕与夏赫连勃勃的南北夹攻中登上帝位的。

姚兴一死，原迁安定李润堡的三千羌户叛，被镇压下去，后秦徙其豪酋数百户于长安，余皆遣返李润堡。平阳发生数万落并州胡的反叛，匈奴曹毂后裔曹弘被推为大单于，这时的后秦还有力量对其镇压，徙其豪右一万五千落于雍州。但是，赫连勃勃不断进攻，袭上邽、攻阴密、克安定、占雍城、掠郿城，搅得后秦政权岌岌可危。紧接着的是刘裕大举北伐，而后秦宗室诸王却都蠢蠢欲动。洛阳已经沦陷，镇守蒲坂（今山西省永济市西）的并州刺史姚泓弟姚懿却欲夺取长安，镇守安定（治今甘肃省平凉市泾川县北）的姚泓从弟姚恢亦南趋长安，都要来抢皇帝的位子。因此，东晋刘裕大军几乎没有遇到像样的抵抗，便长驱入关，于后秦永和二年（东晋义熙十三年，417年）攻破长安。后秦亡。

---

① 参见唐长孺:《史籍与道经中所见的李弘》，载《魏晋南北朝史论拾遗》，中华书局，第310页。

四、第三阶段下：淝水之战至北魏统一北方（383—439年）

西晋永嘉之乱时，凉州由于远离动乱中心，经济上所受影响不大，社会秩序比较稳定，"既为中州人士避难之地，复是流民移徙之区"[1]。除汉人大量迁徙凉州外，这个时期还有一批批的鲜卑、匈奴、高车人从蒙古草原迁入凉州。

然而，在十六国时期的第三阶段，安定的凉州与关东、关中一起被卷入社会大动荡之中，政局纷纭，战祸不息[2]。前秦太安元年（385年），鲜卑乞伏国仁自称大单于，筑勇士城（今甘肃省兰州市榆中县东北）为都，是为西秦。次年（386年），从西域班师的吕光据有凉州，是为后凉。后凉神鼎三年（403年），后凉主吕隆降于后秦，其地三分，李暠建号于敦煌，为西凉；秃发乌孤建号于乐都，为南凉；沮渠蒙逊建号于张掖，为北凉。

（一）

前秦建元十八年（382年），淝水之战的前一年，符坚决定进军西域。他选择的统帅是氐族豪酋出身的大将吕光。次年（383年）一月，都督西讨诸军事吕光，率领兵七万、铁骑五千，从长安出发，踏上遥远的征程。

西征非常顺利，秦兵从高昌度过三百里沙漠，进至焉耆，其王泥流率属国请降。龟兹国王帛纯自恃大国，负隅顽抗。敌众我寡，且"胡便弓马，善矛矟，铠如连锁，射不可入，以革索为羂，策马掷人，多有中者，众甚惮之"。但吕光更长于战术，"迁营相接阵，为勾锁之法，精骑为游军，弥缝其阙"。两军战于城西，吕光大胜，斩首万余级，帛纯收拾珍宝而逃，王侯降者三十余国。吕光恩威并用，抚宁西域，据说西域地区的胡王不远

---

[1] 陈寅恪：《隋唐制度渊源略论稿·唐代政治史述论稿》，生活·读书·新知三联书店，第30页。
[2] 田余庆：《东晋门阀政治》，北京大学出版社，第239页。

万里皆来归附。

太安元年（386年），吕光举全胜之师从西域班师入凉州境，听说淝水大败、长安危殆，而凉州刺史梁熙竟然闭关拒绝吕光入境。吕光传檄凉州，"责熙无赴难之诚，数其遏归师之罪"。时"四山胡夷皆来款附"[1]，于是，他挥师杀入姑臧，自领凉州刺史、护羌校尉。不久，吕光得到了苻坚死讯，三军缟素，为其举哀，然后自称大将军、凉州牧、酒泉公。四年（389年）后，则称三河王，改元麟嘉。麟嘉八年（396年），自立为大凉天王。是为后凉。

在前凉时期，张氏重用培育河西大族，而大族拥戴支持张氏政权是一个传统。因此，河西走廊的大族势力不可低估。吕光倚仗一支以氐人为骨干的军队作为统治基础，但河西走廊不是氐人的聚居区，他要在河西扎下根来，就必须做到内和外睦：对内团结自己的亲信将领；对外笼络各族上层人物尤其是河西大族。参军段业进谏吕光说："明公用法太峻。"又说："岂此州士女所望于明公哉！"这是河西大族对吕光的规劝，也是对他的警告。而吕光恰恰在这两方面处置失当：立足未稳，宠任奸佞主簿尉祐，先杀"南安姚皓、天水尹景等名士十余人，远近颇以此离贰"[2]；又因妒忌杀有勇有谋的功臣杜进。于是，内外敌对势力蜂起：鲜卑秃发氏支持的前凉残余张大豫、王穆进逼姑臧，大豫败死，王穆奔建康（今酒泉市东南）；吕光所置西平太守康宁自称匈奴王并反叛，吕光屡讨不下；其将徐炅与张掖太守彭晃谋叛，东结康宁、西通王反穆。由此可见，鲜卑、匈奴势力也很活跃，康宁之所以自称匈奴王，其部众当以匈奴为主。

凉州各政权之间互相攻伐是不可避免的。麟嘉四年（392年），西秦将羌人彭奚念攻入凉境，而吕光派其弟右将军吕宝攻金城的乞伏乾归，派其子吕纂击彭奚念，都被西秦打败。吕光乃亲自领兵迎击彭奚念，攻克枹

---

① 《晋书·吕光载记》，中华书局，第3056页。
② 《晋书·吕光载记》，中华书局，第3056页。

罕，奚念单骑逃走。麟嘉七年（395年），后凉与西秦再启战端，吕光率众十万讨伐西秦。西秦左辅密贵周、左卫将军莫者羖羝劝乾归向后凉称藩，以子敕勃为质，吕光遂退军。后来乾归悔之，杀周及羖羝。龙飞二年（397年），乾归从弟轲弹因兄弟不和来降，吕光以乾归反复无常，而兄弟不和是可乘之机，便大举出兵讨伐西秦。吕纂破金城，乾归救之不及。接着，吕延等又攻克临洮、武始、河关等处。不想乾归反间，假称逃往成纪，吕延以轻兵追击，遇伏战死。又有秃发乌孤攻克后凉金城，吕光派兵讨伐，亦大败。

军败将死后，吕光听信谗言，处死了随从征讨西秦的尚书沮渠罗仇和其弟三河太守沮渠麹粥，从而与卢水胡的上层结下深仇。

一波未平，一波又起。同一年，善天文术数、号称圣人的太常郭黁与仆射王详又反。郭黁与详议曰："田胡王气乞机部众最强，二苑之人多骑故众。吾今与公唱义，推机为主，则二苑之众尽我有也。"[1]田胡，是胡人的一个种类，可能是鲜卑秃发氏的别部，他们在后凉京城的军队中人多势众。姑臧东、西苑，大概有大量驻军[2]。郭黁起兵时，"民间皆言圣人举兵，事无不成，从之者甚众"[3]。这时，凉州人张捷、宋生也招集戎、夏三千人反于休屠城。为壮大势力，他们推出后将军、氐人杨轨当盟主。

郭黁、杨轨之乱虽然很快平息，但吕光亦一蹶不振。相继而起的北凉、南凉和西秦已经逐渐羽翼丰满，对后凉形成了三面包围之势。承康元年（399年），吕光病死。吕光一死，一场同室操戈的惨剧就在后凉发生，

① 《晋书·吕光载记》，中华书局，第3062页。
② 《通鉴》卷一○九，东晋安帝隆安元年（397年）八月，胡注曰："田胡，胡之一种也。"又曰："凉州治姑臧，有东、西苑城。"中华书局，第3456页。《通鉴》卷一百一十，东晋安帝隆安二年（398年）九月："杨轨屯廉川，收集夷、夏，众至万余。王乞基谓轨曰：'秃发氏才高而兵盛，且乞基之主也，不如归之。'"王乞基（《晋书·吕光载记》之王气乞机）称乌孤为其主，则王应为秃发之一部。
③ 《通鉴》卷一○九，东晋安帝隆安元年（397年）八月，中华书局，第3456页。

内讧导致后凉迅速地走向覆亡。

吕光后虽又传吕纂、吕隆二王，但只有四年多。这四年里，连兵积岁、资储内尽、强敌外逼。神鼎二年（402年），姑臧大饥，"谷价踊贵，斗直钱五千文，人相食，饿死者十余万口。城门昼闭，樵采路绝，百姓请出城乞为夷虏奴婢者日有数百。（吕）隆惧沮动人情，尽坑之，于是积尸盈于衢路"①。次年（403年），后凉亡于后秦。

（二）

乞伏部原为前秦将领，镇守勇士川（苑川，今甘肃省兰州市榆中县大营川地区）。淝水之役，乞伏国仁被任命为前将军、领先锋骑出征。因其叔父乞伏步颓突然在陇西举兵叛乱，他奉命返回讨伐，遂与步颓沆瀣一气。苻坚败后，他"招集诸部，有不附者，讨而并之，众至十余万"②。苻丕太安元年（385年），乞伏国仁占据了秦、河二州，自称大都督、大单于，领秦、河二州牧，建元建义。建义三年（387年），他接受苻登所署都督杂夷诸军事、大将军的官职及苑川王的封号。

当时，在秦陇的安定、高平至陇西间有许多鲜卑部落。先是鲜卑匹兰率众五千投降了国仁；其后，国仁出兵高平（今宁夏回族自治区固原市）六泉，征服鲜卑密贵、裕苟和提伦三部。"高平鲜卑没奕于、东胡金熙来袭，相遇于渴浑川。"稍后，又"讨鲜卑越质叱黎于平襄（今甘肃省定西市通渭县西北），大破之，获其子诘归、弟子复半及部落五千余人而还"③。

次年（388年），国仁死，其弟乞伏乾归继之，称大都督、大单于、河南王。乞伏乾归收服了许多少数民族部落，《晋书·乞伏乾归载记》曰：

---

① 《晋书·吕隆载记》，中华书局，第3071页。
② 《晋书·乞伏国仁载记》，中华书局，第3114页。
③ 《晋书·乞伏国仁载记》，中华书局，第3115-3116页。

南羌独如率众七千降之。休官阿敦、俟年二部各拥五千余落，据牵屯山（在今宁夏回族自治区固原市泾源县北），为其边害。乾归讨破之，悉降其众，于是声振边服。……鲜卑豆留（左革右奇）、叱豆浑及南丘鹿结并休官曷呼奴、卢水尉地跋并率众降于乾归，皆署其官爵。

符登将没奕于遣使结好，以二子为质，请讨鲜卑大兜国。乾归乃与没奕于攻大兜于安阳城，大兜退固鸣蝉堡，乾归攻陷之，遂还金城。

除鲜卑外，这里还涉及休屠、南羌、休官、卢水胡等民族。所谓"东胡金熙"之"东胡"，乃文献误植。金熙是休屠部匈奴入塞后居于平凉的大姓，绝非东胡。羌自东汉末年有东、西羌之名，这时见南羌之名，则不知据何而定。《晋书·吕光载记》云："南羌彭奚念入攻白土。"[1]可是在《晋书·姚兴载记下》则称"西羌彭奚念"[2]。休官，据唐长孺先生考证是氐族[3]。

由以上可见，秦陇地区各民族的杂居程度不比关中低，甚至更高些。羌、氐是这个地区最早的居民，汉代从武威、张掖迁入的有匈奴休屠部人、卢水胡人；而魏晋以后，更有多批的鲜卑、匈奴人从蒙古草原、河西走廊迁入。乞伏鲜卑自身的人口有限，所以它在建立政权时必须大量地吸纳其他民族的成分。符登授予乞伏国仁"都督杂夷诸军事"的官职，正是反映了秦陇民族杂居的状况。

西秦太初七年（394年），氐王杨定来攻，为西秦所灭，乞伏乾归始得秦州。不久后，鲜卑秃发如苟率户二万来附，而鲜卑越质诘归率户二万叛

---

① 《晋书·吕光载记》，中华书局，第3059页。
② 《晋书·姚兴载记》，中华书局，第2992页。
③ 唐长孺：《魏晋南北史论丛》，生活·读书·新知三联书店，第391页。《通鉴》卷一〇八，东晋孝武帝太元十七年（392年）十二月，胡注曰："休官，杂夷部落之名。"

降后秦。太初十一年（398年），西秦攻克后凉金城郡的支阳、鹯武、允吾三城，俘获万余人而去。又有鲜卑叠掘河内率户五千，自北魏来降。

太初十三年（400年），后秦征西大将军姚硕德领五万大军伐西秦，姚兴又以潜师在后。乞伏乾归不仅部署了六万中外大军抵挡，自己还率领轻骑数千观察秦军阵势。适大风浓雾，他的轻骑与中军相失，被敌骑追逼，误入外军。天明，两秦军决战，乾归大败，逃归苑川，而他的部众三万六千人都投降了后秦。乾归为保全宗族，把所部酋豪留下，让他们投降后秦，自己则奔往金城，去投靠姻亲南凉秃发氏。但秃发利鹿孤疑心太重，乾归唯恐自己不为其所容，遂再南逃枹罕（今甘肃省临夏市东北），降于后秦。

乾归到长安，姚兴署为都督河南诸军事、河州刺史，封归义侯。次年（401年），派他还镇苑川，使领旧部。后秦弘始九年（407年），姚兴终究还是不放心，因乾归朝觐，把他留在长安任主客尚书，而以其子乞伏炽磐归苑川、监部众。炽磐乘机招结诸部，率二万余人在苑川西南的嵘嵓山筑城据之。后来，他攻占枹罕，乾归乃奔还。乾归留炽磐镇守枹罕，自己则收其众二万，徙都度坚山①。这一年为后秦弘始十一年（409年），乾归又再称秦王，改元更始。

此后，乾归征战频频，一再徙民苑川：炽磐率先讨羌酋薄地延，徙其部落于苑川②；再攻后秦别将姚龙等，徙户四千于苑川、三千于谭郊；讨鲜卑越质屈机等十余部，降其众二万五千，徙于苑川；攻克后秦略阳、南安、陇西诸郡，徙二万五千户于苑川、枹罕；又有鲜卑仆浑、羌句岂、输报、邓若等率户二万降③，徙鲜卑仆浑部于度坚城，徙羌句岂部众五千余

---

① 《晋书·乞伏乾归载记》谓"收众三万"，中华书局，第3121页。此从《通鉴》卷一百一十五，东晋安帝义熙五年（409年）四月，中华书局，第3614页。
② 薄地延的族属，史无明文。石勒时有羌王薄句大，薄地延当为其同族。《晋书·乞伏乾归载记》，中华书局，第3122页。
③ 《通鉴》卷一百一十五，东晋安帝义熙六年（410年）七月、十月，中华书局，第3636、3639页。

户于叠兰城；征羌彭利发，收羌户一万三千；击吐谷浑阿若干于赤水，使其降。

更始四年（412年），乾归遇刺身亡，炽磐继位。炽磐同样不遗余力地攻战、徙民：

永康二年（413年），讨吐谷浑树洛干于浇河，虏三千余户而还。讨破休官权小郎、吕破胡于白石川，虏男女万余口，进据白石城，休官降者万余人。后休官权小成等叛，攻白坑，斩小成，陇右休官悉降。又讨吐谷浑别统支旁于长柳川、掘达于泣勤川，前后俘获男女二万八千。[①]

永康三年（414年），乘秃发傉檀西征鲜卑乙弗部之时，率步骑二万袭南凉乐都，一旬而克，灭南凉，徙文武及百姓万余户于枹罕。

永康四年（415年），破后秦黄石、大羌二戍，徙五千余户于枹罕。击乙弗窟乾，降其三千户而归。击南羌弥姐、康薄于赤水，降之。[②]

永康六年（417年）破吐谷浑树洛干弟阿柴于尧扞川，俘获五千余口而还。

永康七年（418年），乙弗鲜卑乌地延率户二万降。徙上邽民五千余户于枹罕。[③]

永康八年（419年），讨吐谷浑觅地于弱水南，觅地率众六千降，署为弱水护军。又讨彭利和于湟川，徙羌豪三千户于枹罕，湟川羌三万余户安堵如故。

---

① 本条及以下凡几条出自《晋书·乞伏炽磐载记》第3124—3125页者不再加注，中华书局。
② 《通鉴》卷一百一十七，东晋安帝义熙十一年（415年）十一月，中华书局，第3683页。
③ 《通鉴》卷一百一十八，东晋安帝义熙十四年（418年）十二月，中华书局，第3723页。

这时，西秦已经占有了今青海湖以东一带，其所徙的民族主要是吐谷浑、鲜卑、羌、休官等。

史称，乞伏炽磐"叱咤风云，见机而动，牢笼俊杰，决胜多奇。故能命将掩浇河之酋，临戎袭乐都之地，不盈数载，遂隆伪业"①。其实，西秦疆域狭小，虽置十二郡，实际上仅今甘肃兰州至陇西之间的地区②。永弘三年（430年），西秦主乞伏暮末为北凉所逼，请降于北魏，北魏许以平凉、安定。暮末乃焚城邑、毁宝器，率户万五千，东走上邽，但为夏兵所阻。暮末留保南安，其地皆入于吐谷浑。次年（431年）降于夏，西秦亡。

（三）

南凉创立者秃发乌孤出身于鲜卑秃发部酋豪。西晋泰始六年（270年），乌孤的先祖树机能曾在秦、凉地区发动叛乱③，持续近十年，直到咸宁五年（279年）方被平定。其父思复鞬立，"部众稍盛"。他嗣位后，虽所部"士众不少"④，但还不足以自立。后凉麟嘉六年（394年），乌孤接受了后凉吕光授予的冠军大将军、河西鲜卑大都统职位。次年（395年），乌孤降服鲜卑乙弗、折掘诸部，在湟水流域筑廉川堡（今青海省海东市乐都区东）以居。当时，有鲜卑卢陵、契汗等归附秃发部，乌孤继而大破附近诸部及意云鲜卑，俨然是湟水流域的小霸主了。龙飞元年（396年），吕光又派使者来，拜乌孤为征南大将军、益州牧、左贤王，竟被乌孤严词拒绝。

龙飞二年（397年），秃发乌孤自称大都督、大单于、西平王，年号太初。是为南凉。是时，"河南鲜卑吐秖等十二部大人皆附于秃发乌孤"⑤。

---

① 《晋书·乞伏炽磐载记》，中华书局，第3126页。
② 葛剑雄：《中国移民史》第二卷，福建人民出版社，第294页。
③ 祝总斌：《评晋武帝的民族政策》，载《魏晋南北朝史研究》，四川社会科学院出版社，第204页。
④ 《晋书·秃发乌孤载记》，中华书局，第3141页。
⑤ 《通鉴》卷一〇九，东晋安帝隆安元年（397年）十月，中华书局，第3460页。

乌孤攻下金城，吕光派兵来伐，被乌孤败于街亭。杨轨和王气乞机反后凉，屯于廉川，有夷、夏众万余，遣使求降，但为羌酋梁饥所败。杨轨西奔僇海，袭占乙弗鲜卑之地，后率数户千归于乌孤。梁饥欲占西平，乌孤攻梁饥，遂降服乐都、湟河、浇河三郡，岭南羌、胡数万落皆附于乌孤。时姑臧南有洪池岭，岭南即洪池岭之南①。这一年，乌孤更称武威王。次年（398年），乌孤徙都于乐都（今青海省海东市乐都区），并署弟西平公秃发利鹿孤为骠骑大将军，镇安夷（今青海省西宁市东）；弟广武公秃发傉檀为车骑大将军，镇西平（今青海省西宁市）。史称，"以杨轨为宾客。金石生、时连珍，四夷之豪俊；阴训、郭倖、西州之德望；杨统、杨贞、卫殷、麹丞明、郭黄、郭奋、史暠、鹿嵩，文武之秀杰；梁昶、韩疋、张昶、郭韶，中州之令才；金树、薛翘、赵振、王忠、赵晁、苏霸，秦雍之世门，皆内居显位，外宰郡县。官方授才，咸得其所"②。由此可见，在笼络西州大姓及少数民族上层人物方面，乌孤与吕光形成鲜明对比。

南凉太初三年（399年），乌孤意外跌落马下，伤重而亡。临终前，他以世子年幼，遗命以其弟秃发利鹿孤继位。其实，这种继承方式与游牧民族的传统习俗也有一定关系。

秃发利鹿孤建和元年（400年），后凉发兵袭北凉，秃发傉檀趁姑臧空虚，进兵围城，"掠八千余户而去"。后凉广武镇将吕方降后秦，"广武民三千余户奔武威王利鹿孤"③。次年（401年），利鹿孤伐后凉，大破吕隆，"徙二千户而归"④。利鹿孤命群臣极言得失，祠部郎中史暠说："古之王者，行师以全军为上，破国次之。拯溺救焚，东征西怨。今不以绥宁为先，惟以徙户为务，安土重迁，故有离叛，所以斩将克城，土不加广。"⑤

① 《通鉴》卷一百一十，东晋安帝隆安二年（398年）九月胡注，中华书局，第3480页。
② 《晋书·秃发乌孤载记》，中华书局，第3143页。
③ 《通鉴》卷一百一十一，东晋安帝隆安四年（400年）六月、九月，中华书局，第3512、3513页。
④ 《通鉴》卷一百一十二，东晋安帝隆安五年（401年）三月，中华书局，第3521页。
⑤ 《晋书·秃发利鹿孤载记》，中华书局，第3146页。

利鹿孤称善。

在整个十六国期间，"惟以徙户为务"是一个普遍存在的问题。因为争夺民户，就是争夺人力、物力资源，在一定意义上比争夺土地更为重要。只不过徙户以陇右为著，故史曷有是言。这是由这个区域的特殊性决定的。陇右本数郡之地，而统治者为壮其声威、酬其功臣，遂割郡裂土，多设郡县，因此徙民就显得更加急迫了。利鹿孤虽然称善，但他并不能扭转这个局面，民户照徙不误：

> 建和二年（401 年），利鹿孤以北凉沮渠蒙逊不遣其弟挐入
> 质，发兵袭蒙逊，"执蒙逊从弟鄯善苟子，虏其民六千余户"[①]。后
> 蒙逊许以挐为质，利鹿孤归还所掠。
>
> 永安二年（402 年），傉檀攻克后凉显美，"徙显美、丽靬
> 二千余户而归"[②]。
>
> 同年，傉檀徙凉泽段冢民五百余户而还。凉泽，在武威县
> 东，亦称休屠泽。又焦朗兄弟据魏安，潜通后秦，利鹿孤遣傉檀
> 讨之，"徙其民于乐都"[③]。

利鹿孤在位三年，遗令由弟秃发傉檀继位，改元弘昌元年（402 年）。

傉檀即位后，念念不忘吞并"形胜之地，河西一都之会"的姑臧，想借此称霸凉州。自南凉的弘昌二年（403 年）后秦灭后凉后，姑臧已入后秦版图，傉檀不惜对后秦卑辞厚币、称臣纳贡，甚而取消弘昌年号，表示

---

① 《通鉴》卷一百一十二，东晋安帝隆安五年（401 年）十月，中华书局，第 3529 页。对"鄯善苟子"，胡三省注曰："康曰：'鄯善，复姓，其先西域人，以国为姓，苟子其名。'余据《纪》文，以鄯善苟子为蒙逊从弟，则鄯善非姓也明矣。"也许胡氏的说法不无道理，但康氏的观点也可聊备一说。如康氏言，则秃发部与西域民族有着复杂的关系。

② 《晋书·秃发利鹿孤载记》，中华书局，第 3147 页。

③ 《通鉴》卷一百一十二，东晋安帝元兴元年（402 年）二月，并参胡注，中华书局，第 3529 页。

诚敬之意，以求接管凉州、进驻姑臧。后秦皇始八年（406年），傉檀献给姚兴马三千匹、羊三万只，姚兴终于署傉檀为都督河右诸军事、凉州刺史，镇姑臧。不过，偌大凉州当时只剩下三千家了。

取得凉州后，秃发傉檀野心膨胀，把南凉推上穷兵黩武的道路。他接连打了四场大战。

均石之战。就在占领凉州这一年（407年），他"袭徙西平、湟河诸羌三万户于武兴、番禾、武威、昌松四郡"[①]，征集戎夏之兵五万余人，在方亭举行大阅兵；然后率军入西陕，讨伐沮渠蒙逊。蒙逊领兵抵抗，双方战于均石（今甘肃省张掖市东），傉檀败北，蒙逊攻陷西郡。

阳武之战。均石战后次年（408年），夏王赫连勃勃请求与傉檀联姻，被傉檀拒绝。勃勃恼羞成怒，率骑二万击傉檀。勃勃已退，傉檀追之，两军战于阳武，勃勃军杀伤傉檀军万计。傉檀与数骑奔南山，几乎为追兵所获。傉檀唯恐敌人东、西两面进攻，迁姑臧三百里内百姓入城，屠各人成七儿趁乱起事，引发一场动荡。

姑臧之战。皇始十年（408年），姚兴以南凉内外多难，派姚弼等率三万步骑袭傉檀。弼等长驱至姑臧，傉檀婴城固守，故意遍野漫撒牛羊。秦军纵兵抄掠，傉檀出奇兵袭击，秦兵大败，被斩首七千余级。

穷泉之战。姑臧获胜，傉檀又骄傲起来，派兵向北凉挑衅，掠临松千余户而还。蒙逊也还以颜色，徙显美数千户。南凉嘉平三年（410年），傉檀亲自率领五万骑伐蒙逊，战于穷泉，大败而归。蒙逊进围姑臧，夷、夏万余户降，遂徙八千余户而去。傉檀为蒙逊所逼，乃迁于乐都。

傉檀失去姑臧后，仍不甘心，次年（411年）又兴兵，五道俱进，至番禾、苕藋，掠五千户而还。半道上，蒙逊趁昏雾风雨突袭，傉檀狼狈败走。与此同时，北凉军进围乐都，傉檀纳质请和，蒙逊乃退。

---

① 《晋书·秃发傉檀载记》，中华书局，第3150页。

自傉檀即位以后，南凉无岁不战，且败多胜少，国内生产遭到严重破坏，连年不收、上下饥弊，百姓骚动、人心不稳。然而，傉檀并没有从好大喜功、穷兵黩武的狂热中清醒过来。穷泉败后，他再次出兵攻北凉，又一次遭到惨败。这时，河西地区乞伏炽磐的势力有所恢复，并与北凉联合，对南凉形成夹攻之势。

南凉嘉平七年（414年），傉檀企图通过西征鲜卑乙弗部，掠取军资、提高士气，说"今不种多年，内外俱窘，事宜西行，以拯此弊"[①]。他不听劝谏，坚持率军西进，果然大胜乙弗，获牛、马、羊四十余万。可是，他刚刚离开，西秦便发兵来袭。不过一旬，乐都就陷落了，他竟落到无家可归的地步，只得向西秦乞降。南凉至此灭亡。

（四）

沮渠氏，张掖临松卢水胡人。《宋书·氐胡传》曰：

> 世居卢水为酋豪，蒙逊高祖晖仲归，曾祖遮，皆雄健有勇名。祖祁复延，封狄地王。父法弘袭爵，苻氏以为中田护军。[②]

从东汉就进入张掖地区的卢水胡人，至此有三百余年了。从沮渠蒙逊父祖的履历看，沮渠氏早已演化为河西大族，有"贵门"之称[③]。史云，罗仇弟子沮渠蒙逊"博涉群史，颇晓天文，雄杰有英略，滑稽善权变"。当时，参加沮渠罗仇、麹粥会葬的"宗姻诸部"有万余人。沮渠蒙逊哭诉道："昔汉祚中微，吾之乃祖翼奖窦融，保宁河右。吕王昏耄，荒虐无道，岂

---

① 《晋书·秃发傉檀载记》，中华书局，第3155页。
② 《宋书·氐胡传》，中华书局，第2412页。"狄地王"，《十六国辑补·北凉录》作"北地王"。
③ 段业临被杀时说："孤单飘一己，为贵门所推。"此"贵门"即指秃发氏。《晋书·沮渠蒙逊载记》，中华书局，第3192页。

可不上继先祖安时之志，使二父有恨黄泉！"①这个沮渠氏似是部落，又似是宗族。而蒙逊这个卢水胡的大族子弟就如同汉族大族子弟一样，从小接受了汉族传统文化的教育。

吕光杀沮渠罗仇与沮渠麴粥，沮渠蒙逊以两位伯父的葬礼为契机，杀后凉中田护军及临松令，举行反凉盟誓，聚众万余人，屯于金山。"蒙逊从兄男成先为将军，守晋昌，闻蒙逊起兵，逃奔赀虏，扇动诸夷，众至数千，进攻禄福、建安。"②沮渠男成发动"赀虏"、诸夷，也就是说，有所谓大胡、丁零或羌人参加进来③。他们共举建康太守段业为凉州牧、建康公，改后凉龙飞二年为神玺元年（397年）。是为北凉。

蒙逊文韬武略、骁勇善战，很快就显示出杰出的才能。神玺二年（398年），他领兵攻西郡，擒获吕光之侄吕纯，打通了通向张掖的道路。吕光子吕弘弃张掖东逃，段业将要出兵追击，蒙逊谏曰："归师勿遏，穷寇勿追，此兵家之戒也。"段业不听，大败而还。段业筑城西安，任命臧莫孩为太守，蒙逊说："莫孩勇而无谋，知进忘退，所谓为之筑冢，非筑城也。"段业又不从，不久，莫孩果然为吕纂所败。而段业一介儒生，博涉史传，却无权略，威禁不行、群下擅命。神玺五年（401年），蒙逊发动兵变，杀段业自立，称大都督、凉州牧、张掖公，改元永安。

蒙逊初起时，队伍近氐池，部众就超过一万，羌、胡多起兵响应。他的武装的主力是羌、胡人。他称张掖公后，在永安十年（410年）前，两次出兵攻打"北虏"：一次是遣辅国将军臧莫孩袭击北虏，大破之；另一次是亲自率骑二万东征，次于丹岭，北虏大人思盘率部落三千降之。丹

① 《晋书·沮渠蒙逊载记》，中华书局，第3187页。
② 《晋书·吕光载记》，中华书局，第3061页。
③ 《三国志·魏志·乌丸鲜卑东夷传》注引《魏略·西戎传》曰："赀虏，本匈奴也。匈奴名奴婢为赀。始建武时，匈奴衰，分去其奴婢，亡匿在金城、武威、酒泉北黑水、西河东西，畜牧逐水草，钞盗凉州，部落稍多，有数万，不与东部鲜卑同也。其种非一，有大胡，有丁零，或颇有羌杂处，由本亡奴婢故也。"中华书局，第859页。

岭，即当时番禾县界的焉支山，亦曰删丹岭①。"北房"指鲜卑，前凉时"番禾太守吕超擅击鲜卑思盘"②。这样，沮渠蒙逊便把丹岭地区的鲜卑部落也纳入自己的统治之下。

稍后，蒙逊又有一次攻打狄洛磐和两次攻打卑和、乌啼的记录。永安四年（404年），蒙逊攻打狄洛磐于番禾，不克，迁其五百户而还。狄洛磐的族属不明，与北房思盘同在番禾境，不知是否同族，两次攻打卑和、乌啼，一次是玄始二年（413年），"蒙逊西如苕藋，遣冠军伏恩率骑一万袭卑和、乌啼二房，大破之，俘二千余落而还"；另一次是玄始六年（417年），"蒙逊西祀金山，遣沮渠广宗率骑一万袭乌啼房，大捷而还。蒙逊西至苕藋，遣前将军沮渠成都将骑五千袭卑和房，蒙逊率中军三万继之，卑和房率众迎降。遂循海而西，至盐池，祀西王母寺"③。胡三省说："乌啼房居张掖删丹县金山之西"，而"卑和房居西海"④。又说："汉有卑和羌，居鲜水海（西海）。"⑤金山，横亘于番禾、删丹两县间（今甘肃省张掖市山丹县境）。西海，即青海湖。则乌啼与卑和两部不在一处，相去甚远。而据《读史方舆纪要》卷六十三《陕西十二》金山条曰："义熙十三年（417年）沮渠蒙逊遣其将袭乌啼部，大破之。乌啼部盖在金山之西。"又同卷苕藋戍条曰："在汉张掖郡番禾县界。……（义熙）九年（413年）沮渠蒙逊自姑臧西如苕藋，遣兵袭卑和等部是也。"顾祖禹之考言之有理，故卑和与乌啼两部居地相近。胡氏因"循海而西"之文，加上汉有卑和羌居于鲜水海，故误判"卑和房居西海"。卑和、乌啼两部的族属亦不明，汉有卑湳羌，而未见卑和羌，不知胡氏的根据是什么。

---

① 顾祖禹：《读史方舆纪要》卷六十三《陕西十二》焉支山条：在番禾县界。汉元狩二年（前121年）霍去病击匈奴，过焉支山千余里。一名删丹山，亦曰删丹岭，又名丹岭。

② 《通鉴》卷一百一十二，东晋安帝隆安五年（401年）二月，中华书局，第3519页。

③ 《晋书·沮渠蒙逊载记》，中华书局，第3196、3197页。

④ 《通鉴》卷一百一十八，东晋安帝义熙十三年（417年）二月胡注，中华书局，第3700页。

⑤ 《通鉴》卷一百一十六，东晋安帝义熙九年（413年）四月胡注，中华书局，第3660页。

为争夺人口、土地和财富，河西的诸政权无不卷入大混战。在四邻国家中，北凉的矛头首先指向后凉。这时的后凉内忧外患、气息奄奄，而蒙逊与吕氏有着不共戴天的杀亲之仇。永安初年，蒙逊接连两次出兵攻击后凉，给对方以重创。但由于后秦姚兴插手河西，他无力抗衡，不得不与后秦将领齐难结盟而退。不久，南凉秃发傉檀从后秦手中索得姑臧，于是南、北凉的关系骤然紧张起来。

　　永安七年（407年），秃发傉檀率军五万讨伐北凉。双方战于均石，傉檀大败。蒙逊进而降服傉檀西郡太守杨统。永安十年（410年），傉檀掠蒙逊临松千户；蒙逊伐南凉，至显美，徙数千户而还。接着，双方在穷泉大战，蒙逊一鼓作气，乘胜进入了姑臧，夷、夏降者数千户。傉檀只得以子伷及其司隶校尉敬归为质请和，蒙逊许之。敬归到胡坑逃走，秃发伷则被追兵抓回，蒙逊徙其众八千而去。傉檀畏北凉之逼，乃迁于乐都。次年（411年），蒙逊攻打姑臧。永安十二年（412年），蒙逊迁都姑臧，称西河王，改元玄始。占领姑臧后，蒙逊又两次发兵进攻乐都。这时南凉已经走到了穷途末路，西秦乘虚而入，灭了南凉。

　　这时，西凉主李歆竟陡生觊觎北凉之心。西凉公府从事中郎张显在规谏李歆时曾说："沮渠蒙逊，胡夷之杰。内修政事，外礼英贤；攻战之际，身均士卒；百姓怀之，乐为之用。"[1]而他不自量力，于西凉嘉兴四年（420年）以步骑三万东出。蒙逊引兵击之，李歆大败被杀，蒙逊遂占领酒泉。西凉亡。

　　晚年的沮渠蒙逊，骄态毕露、耽于享受，群下苦之。正所谓生于忧患，死于安乐。北凉义和三年（433年），蒙逊病逝，北凉很快就衰落了。早在北凉玄始十五年（北魏太武帝始光三年，426年），蒙逊就称臣于北魏，后接受北魏授予的都督凉州及西域羌戎诸军事、行征西大将军、凉州

_____

① 《通鉴》卷一百一十八，东晋安帝元熙元年（419年）五月，中华书局，第3728页。

牧、凉王的官职及封号，成了北魏的附庸。蒙逊子继位后，北魏改封其为河西王。

北凉永和七年（北魏太延五年，439年），北魏太武帝拓跋焘亲征姑臧，牧犍面缚请降，北凉亡。而这时的姑臧城内竟然还有"户口二十余万，仓库珍宝不可胜计"[①]，在当时的北方，也算得上一个人口众多的大城市。

（五）

北凉天玺二年（400年），段业任李暠为敦煌太守，又提拔他为都督凉兴以西诸军事、镇西将军，领护西夷校尉。同一年，晋昌太守唐瑶推李暠为大都督、大将军、凉公，领秦、凉二州牧、护羌校尉。于是，李暠建元庚子，是为西凉。

我们知道，汉武帝时抗御匈奴，打通西域，移民实边，建河西四郡。四郡最初的居民大多是汉人。西晋永嘉之乱后，"避难之士唯凉土耳""中州避难来者日月相继"[②]，张轨乃焚武威置武兴郡以居之。这是凉州的汉族人口大增的时期，同时也有许多少数民族进入河西地区。张轨入凉时，不仅是管理凉州的刺史，还是管理当地羌人的护羌校尉。前凉政权是一个汉人政权，张轨的僚佐及地方官吏大都来自河西的汉人大族，但其军队及百姓中有不少羌、胡。如张轨准备派兵驰援关中时，传檄中说："今遣前锋督护宋配步骑二万，径至长安，翼卫乘舆，折冲左右。西中郎寔中军三万，武威太守张琠胡骑二万，络绎继发，仲秋中旬会于临晋。"[③]张茂时，刘曜进攻前凉，张茂参军陈珍"募发氐、羌之众，击曜走之，克复南安"[④]。张骏时，他曾派遣武兴太守辛岩等人攻讨秦州诸郡。辛岩说："我

---

① 《通鉴》卷一百二十三，宋文帝元嘉十六年（439年）九月，中华书局，第3874页。

② 《晋书·张轨传》，中华书局，第2224、2225页。

③ 《晋书·张轨传》，中华书局，第2225页。

④ 《晋书·张轨传子茂附传》，中华书局，第2232页。

握众数万，借氐、羌之锐，宜速战以灭之，不可以久。"[①]至张重华时，有"石季龙西中郎将王擢屯结陇上，为苻雄所破，奔重华。重华厚宠之，以为征虏将军、秦州刺史"。这个王擢是休屠匈奴人，而且是大族化的休屠人，他的部众是他的族人[②]。如果说以往只是以羌胡为兵，那么，休屠王擢已经进入前凉政权的上层了。

在河西四郡中，敦煌的汉人比例是最高的。除汉代移民实边和永嘉之乱时避乱河西入敦煌的汉人外，后来进入敦煌的汉人还有，"苻坚建元之末，徙江汉之人万余户于敦煌，中州之人有田畴不辟者，亦徙七千余户。郭黁之寇武威，武威、张掖已东人西奔敦煌、晋昌者数千户。及玄盛东迁，皆徙之于酒泉，分南人五千户置会稽郡，中州人五千户置广夏郡，余万三千户分置武威、武兴、张掖三郡，筑城于敦煌南子亭，以威南虏"[③]。

西凉是继前凉之后河西又一个汉人政权。李暠，字玄盛，陇西狄道人，世为西州大姓。他的僚属都是汉人。据研究者说："唐以前敦煌人的姓氏状况缺乏系统材料可以统计。在零散的敦煌汉简材料中，可看到五十个到六十个姓氏，基本上是汉姓，以来自关东、河东、河北及关中长安附近地区的为主。"又说："汉简材料显示，汉晋时期，敦煌居民以汉族为主。晋南北朝以后，情况有了变化，出现胡、汉杂居的情况。但各时期又有不同。"在其《汉唐敦煌姓氏分布简表》"晋十六国（西凉）"一栏中，有张、索、王、李、氾、阴、曹、宋、令狐、赵、刘、马、梁、高、杨、唐、陈、吕、尹、苏、任、裴、段、阚、黄、随、表、宗，共二十八姓[④]。以上是研究者根据敦煌藏经洞出土的户籍、手实资料统计出来的，用它和文献记载相对照，基本上是契合的。根据上述统计或文献记载，基本上很

---

① 《晋书·张轨传孙骏附传》，中华书局，第 2234 页。
② 参见本书第一篇《休屠、屠各与刘渊族姓》。
③ 《晋书·凉武昭王李玄盛传》，中华书局，第 2263 页。
④ 杨际平等《五—十世纪敦煌的家庭与家族关系》，岳麓书社，第 5—11 页。

难找出西凉的非汉姓。当然,这并不是说西凉只有汉族没有其他民族,只是汉族多且占据统治地位,非汉姓没有政治地位,或不是从事农业生产的兵户、游牧民,因而现存的文献和出土的户籍资料都没有留下他们的印记。

西凉初都于敦煌,后凉吕隆降于后秦时,"酒泉、凉宁二郡叛降李玄盛"①,西凉这才迁都酒泉。后凉治下的酒泉、凉宁二郡,民众中当然不乏羌、胡。所以李暠在建初四年(408年)给东晋朝廷的奏表上说:"臣以其岁进师酒泉,戒戎广平,庶攘茨秽,而黠虏恣睢,未率威教,凭守巢穴,阻臣前路。窃以诸事草创,仓帑未盈,故息兵按甲,务农养士。时移节迈,荏苒三年,抚剑叹愤,以日成岁。今资储已足,器械已充,西招城郭之兵,北引丁零之众,冀凭国威,席卷河陇,扬旌秦川。"②文中的"丁零",实际上是泛指。又《晋书·凉武昭王李玄盛传子士业附传》载李歆的主簿氾称疏曰:"愿殿下亲仁善邻,养威观衅,罢宫室之务,止游畋之娱。后宫嫔妃、诸夷子女,躬受分田,身勤蚕绩。"这些零星的资料,证明西凉社会中确实存在着胡、夷等民族。

在河西诸政权中,西凉人口少,兵力薄弱。李暠守境自保,尽量不加入混战。所谓"西招城郭之兵,北引丁零之众,冀凭国威,席卷河陇,扬旌秦川"之类的话是说给东晋朝廷听的;而"蒙逊每年侵寇不止,玄盛志在以德抚其境内,但与通和立盟,弗之校也"③,才是李暠方针的真实写照。《通鉴》中记述了这么一件逸闻趣事:

> 凉司马索承明上书劝凉公暠伐河西王蒙逊,暠引见,谓之
> 曰:"蒙逊为百姓患,孤岂忘之!顾势力未能除耳。卿有必擒之

---

① 《晋书·沮渠蒙逊载记》,中华书局,第3192页。
② 《晋书·凉武昭王李玄盛传》,中华书局,第2263-2264页。
③ 《晋书·凉武昭王李玄盛传》,中华书局,第2264页。

策，当为孤陈之。直唱大言，使孤东讨，此与言'石虎小竖，宜肆之市朝'者何异！"承明惭惧而退。

李暠量力而行，不妄动干戈去争夺人口、土地，尽量保持睦邻关系，但也不是一味地退让。其本传说：

> 初，玄盛之西也，留女敬爱养于外祖尹文。文既东迁，玄盛从姑梁褒之母养之。后秃发傉檀假道于北山，鲜卑遣褒送敬爱于酒泉，并通和好。玄盛遣使报聘，赠以方物。玄盛亲率骑二万，略地至于建东，鄯善前部王遣使贡其方物。且渠蒙逊来侵，至于建康，掠三千余户而归。玄盛大怒，率骑追之，及于安弥，大败之，尽收所掠之户。

所以，尽管蒙逊对西凉时有进犯，然终未能取胜。直到西凉庚子十八年（417年）李暠病死，蒙逊以为有机可乘，突然出兵，也同样落得个损兵折将的下场。

与其父相反，继位的李歆野心勃勃、不自量力。嘉兴四年（420年），他准备攻北凉张掖城。大臣宋繇、张体顺切谏，李歆不听。太后尹氏劝道："汝新造之国，地狭民稀，自守犹惧不足，何暇伐人。先王临终，殷勤戒汝，深慎用兵，保境宁民，以俟天时。言犹在耳，奈何弃之！蒙逊善用兵，非汝之敌，数年以来，常有兼并之志。汝国虽小，足为善政，修德养民，静以待之。彼若昏暴，民将归汝；若其休明，汝将事之。岂得轻为举动，侥冀非望。以吾观之，非但丧师，殆将亡国！"[1] 李歆仍听不进去。他率三万步骑向张掖进发，入了蒙逊的包围圈，大败之后恼羞成怒，勒兵

---

[1]《通鉴》卷一百一十九，宋武帝永初元年（420年）七月，中华书局，第3737页。

再战，终败死于蓼泉（今甘肃省张掖市临泽县境）。次年（421年），蒙逊占领西凉全境，西凉亡。

（六）

东汉以后，由于魏、晋皇朝放弃朔方、上郡、云中、五原及西河的大部分，这一片广袤土地的社会历史变得扑朔迷离，文献中只留下一些蛛丝马迹。但通过这些蛛丝马迹，我们可以确定的是，这里一直活跃着为数不少的匈奴、鲜卑和高车（敕勒）、柔然部落，他们之间相互依赖、相互合作，也相互矛盾、相互冲突，并由于种种原因不断地迁徙着。从这里生长起来的拓跋鲜卑后来在代北形成强大的部落联盟。从这里内迁的许多鲜卑、匈奴、高车部落，或西入河西走廊；或南下入高平川，再西进秦、凉；还有一些则依附于刘卫辰。他们在十六国时期的第二、第三阶段，都主动或被动地卷入了各政权的纷争混战，有的建立了自己的政权，更多的却被掳掠到各地。

正因为刘卫辰"督摄河西诸虏"①，有朔方等地的匈奴、柔然作为支撑②，所以他虽屡遭前秦、刘库仁部和拓跋部的打击，仍能驰骋、称雄于朔方地区。而他的儿子勃勃，在整个部落遭灭顶之灾后竟能卷土重来，成为夏国的开国之君，也正是得益于来自朔方等地区少数民族的强大后援。

勃勃"耻姓铁弗"，大概也耻于刘氏的汉姓，在称大夏天王后，"自云徽赫与天连"，改姓赫连氏。"又号其支庶为铁伐氏，云其宗族刚锐如铁，

---

① 《晋书·赫连勃勃载记》，中华书局，第3201页。《魏书·铁弗刘虎传孙卫辰附传》称"督摄河西杂类"。中华书局，第2055页。

② 《通鉴》卷一〇七，东晋孝武帝太元十六年（391年）九月："秦王坚灭代，柔然附于刘卫辰。"中华书局，第3401页。《读史方舆纪要》卷六十一《陕西十》榆林镇曰："及汉顺帝永建初，陇西羌乱，西河、上郡、朔方皆残破。……自魏晋以降，中原多故，其地遂沦为异域。及刘卫辰据之，亦雄长河西。赫连勃勃复起于此，兼有关、陇。"中华书局，第2904页。

皆堪伐人。"①北魏登国六年（391年），拓跋珪出师讨伐刘卫辰，攻克悦跋城（代来城，今内蒙古自治区鄂尔多斯市杭锦旗东），卫辰父子逃走。魏军一直追到木根山（今宁夏回族自治区吴忠市盐池县、长城以北），擒卫辰之子直力鞮，而卫辰为其部下所杀。史称，"珪军于盐池，诛卫辰宗党五千余人，皆投尸于河，自河以南诸部悉降，获马三十余万匹，牛羊四百余万头，国用由是遂饶"②。勃勃，是刘卫辰之子，仓皇逃到薛干部，薛干太悉伏将他送到高平（今宁夏回族自治区固原市）后秦的骠骑将军、鲜卑破多罗没奕于处。没奕于以女妻之，后秦主姚兴更是十分器重他：

> 兴见而奇之，深加礼敬，拜骁骑将军，加奉车都尉，常参军国大议，宠遇逾于勋旧。兴弟邕言于兴曰："勃勃天性不仁，难以亲近。陛下宠遇太甚，臣窃惑之。"兴曰："勃勃有济世之才，吾方收其艺用，与之共平天下，有何不可！"乃以勃勃为安远将军，封阳川侯，使助没奕于镇高平，以三城、朔方杂夷及卫辰部众三万配之，使为伐魏侦候。姚邕固谏以为不可。……兴乃止。顷之，以勃勃为持节、安北将军、五原公，配以三交五部鲜卑及杂虏二万余落，镇朔方。③

三城，《通鉴》胡注曰："魏收《地形志》，偏城郡广武县有三城。唐延州丰林县，古广武县地。"④其地在今甘肃永登东南。三交城，胡注曰："三交城在朔方之西，宋白曰：'三交土堠在绥州东北七十五里。'"⑤《读史方舆纪要》卷六十一《陕西十》三交城条引王氏曰："朔方西有三交城，

① 《魏书·铁弗刘虎传孙卫辰附传》，中华书局，第 2056 页。
② 《通鉴》卷一〇七，东晋孝武帝太元十六年（391年）十一月，中华书局，第 3402 页。
③ 《晋书·赫连勃勃载记》，中华书局，第 3202 页。
④ 《通鉴》卷一百一十四，东晋安帝义熙三年（407年）五月，中华书局，第 3597 页。
⑤ 《通鉴》卷九十七，东晋康帝建元二年（344年）四月，中华书局，第 3059 页。

以旁有三交谷而名。"朔方，今内蒙古鄂尔多斯市杭锦旗北，三交其地当在杭锦旗北偏西。由此我们大致可以知道赫连勃勃起家的区域。姚兴所谓"配以三交五部鲜卑"恐怕也只是个名义。对于地处僻远的朔方，后秦政权其实鞭长莫及。勃勃因此可合法地招兵买马了。

后秦弘始九年（407 年），勃勃在大城（今内蒙古自治区鄂尔多斯市杭锦旗东南）劫取柔然可汗社崙向后秦所献马八千匹；接着，他集众三万余伴为出猎高平川，趁机袭杀没奕于，吞并了这支鲜卑部众。他称匈奴乃夏后氏之苗裔，建国号夏，自称天王、大单于，改元龙升。

夏的主要对手是后秦，双方争夺的区域主要是岭北（今陕西省咸阳市礼泉县九嵕山以北地）广阔地区。我们经常可以看到的如大城（今内蒙古自治区鄂尔多斯市杭锦旗东南）、贰城（今陕西省延安市黄陵县西）、三城（今陕西省延安市东南）、杏城（今陕西省延安市黄陵县西南）等地名即是。勃勃首先要扫清其活动地区的周围。就在称王的这一年，勃勃出兵破薛干等三部，薛干就是聚居于岭北至三城一带的鲜卑部落[1]，夏降其众一万数千；进而讨后秦在三城以北诸军事据点，斩秦将杨丕、姚石生等人。为防止姚兴集中兵力来攻，他不立都城，骁骑风驰、出敌不意，救前则击后，救后则击前。他说："使彼疲于奔命，我则游食自若。不及十年，岭北、河东尽我有也。待姚兴死后，徐取长安。"由于夏军侵掠不休，后秦岭北诸城的城门白天都不敢打开。

其间，夏因秃发傉檀拒婚而出兵攻南凉。勃勃求婚不成，大怒，率骑远征枝阳，杀伤万余人，驱掠二万七千口、牛羊数十万而还。傉檀不甘示弱，追至阳武。勃勃在下峡口凿冰、埋车堵塞道路，大破南凉军，杀伤数以万计，斩大将十余人。为夸耀战功，他以敌军尸骨筑"京观"，号称"骷髅台"。

---

[1]《魏书·高车传薛干部附传》，中华书局，第 2312 页。

夏与后秦为争夺岭北的控制权，战事不断。龙升二年（408年），后秦来攻，勃勃连胜其将领张佛生、齐难，在俘获齐难部队七千余人后，复追击并擒获齐难，俘将士一万三千，而岭北夷夏降附者以万数。次年（409年），勃勃出击后秦，掠平凉（今甘肃省平凉市东北）杂胡七千余户，进而入驻依力川。姚兴只得亲自出马，进军贰城。勃勃先声夺人，在后秦诸军尚未集齐之时，他发动突然袭击。秦军大败，姚兴退还长安。勃勃连拔敕奇堡、黄石固和我罗城，徙七千余口于大城。龙升四年（410年），勃勃遣将西攻平凉，东攻定阳（今陕西省延安市宜川县西北），又寇陇右。秦略阳太守弃城逃走，夏徙其民一万六千户于大城。

稍后，屯驻杏城的后秦将领姚详为勃勃所逼，南奔大苏，勃勃遣将邀击，尽俘其众。勃勃又攻安定（治今甘肃省平凉市泾川县北），破后秦将领杨佛嵩于青石北原，降其众四万五千；再进攻东乡，徙三千余户于贰城。

凤翔三年（415年），勃勃再克杏城，坑杀后秦战士二万人；继而又率骑四万袭上邽（今甘肃省天水市），杀后秦将士五千人。至此，自岭北至高平川、贰城、三城、大城等地区皆为勃勃所有了。他把掳掠的民众统统迁往这个地区。

东晋刘裕北伐军灭掉后秦，不久便退回江南。勃勃终于等来了"徐取长安"的机会。他秣马厉兵，一听到刘裕东还的消息，立即率大军驰赴长安，一鼓作气夺取了长安，而关中郡县望风而降。凤翔六年（418年），勃勃在长安坝上即皇帝位，并改元昌武。

早在凤翔元年（413年），勃勃征发岭北夷、夏十万人，在朔方水北、黑水南修筑都城，以"方统一天下，君临万邦"之意，把这个都城命名为统万（今内蒙古自治区鄂尔多斯市乌审旗南白城子）。攻占长安后，他唯恐北魏威胁统万，便只在长安设置南台，以太子赫连璝镇长安。

赫连勃勃刻石颂功，自诩"控弦之众百有余万"，其初起时部下主要是匈奴、鲜卑、高车及杂胡等民族，后来在与后秦的战争中掳掠大量的羌、氐人口，其疆域也扩大到关中。但是，由于他穷兵黩武、凶暴好杀，国内"夷夏嚣然，人无生赖"①。昌武九年（425年），勃勃死。次年（426年），北魏就攻取长安；再一年（427年），攻占统万。夏的残余势力虽然苟延残喘，赫连定在胜光四年（431年）还趁机灭了西秦，但最终还是在西迁河西途中被吐谷浑消灭。

---

① 《晋书·赫连勃勃载记》，中华书局，第3210页。

第五章

汉及前后赵、诸燕国、前秦政治制度

一、汉、前赵：汉化政治制度的先驱

西晋永兴元年（304 年）八月，刘渊在离石左国城称大单于。他否定南匈奴贵族刘宣等"兴我邦族，复呼韩邪之业"的主张后，提出了"上可成汉高之业，下不失为魏氏"的目标，制定了以汉室兄弟的名义承继汉皇朝之业的策略。十月，他建国号汉，即汉王位。永嘉二年（308 年），即皇帝位。

汉国接受了秦、汉以来制度文明的成果，杂采秦、汉、魏、晋政治制度，进行君主专制政权的建设。直到刘渊临终之前，汉国才象征性地设置了单于台。其后，刘聪及前赵刘曜时期，君主专制的各项制度有所发展变化。在十六国历史上，汉及前赵的政治制度具有开创性的意义。

（一）

东汉末年，缘边八郡的南匈奴南下并州，走上了汉化的历程。

南下的南匈奴实际上分成了於扶罗部、离石左部和新兴刘豹部三股势力[①]。於扶罗为南单于羌渠之子，羌渠在内讧中被杀，於扶罗继立为单于。但反叛者势力强大，於扶罗被迫出走。於扶罗率领部众南下后，本希望通过获得朝廷承认来取得单于位，但东汉风雨飘摇，朝廷自身难保，他无依无靠，沦为流寇，在平阳、黎阳、封丘一带游荡。兴平二年（195 年），於扶罗死，弟呼厨泉继立。直至建安二十一年（216 年）七月，"匈奴南单于呼厨泉将其名王来朝，待以客礼，遂留魏，使右贤王去卑监其国"[②]。这是南匈奴单于呼厨泉正式向曹魏俯首称臣，也是曹魏正式承认呼厨泉的南单于地位。呼厨泉投靠曹操，是为了得到一个合法的单于身份；曹操接纳呼

---

① 参见本书《南匈奴南迁的前后》篇。
② 《三国志·魏志·武帝纪》，中华书局，第 47 页。

厨泉，是为"诱质呼厨泉"①，以控制南匈奴。从此，南下南匈奴的三股势力至少在名义上合二为一了。

我们知道，曹操在呼厨泉俯首称臣时，把内迁的南匈奴分为五部。《晋书·北狄匈奴传》云："分其众为五部，部立其中贵者为帅，选汉人为司马以监督之。"所谓"贵者"，就是南单于一系的匈奴贵族，他们集中居住在新兴郡，为首的是於扶罗之子刘豹。《晋书·刘元海载记》曰："魏武分其众为五部，以豹为左部帅，其余部帅皆以刘氏为之。……刘氏虽分居五部，然皆居于晋阳汾涧之滨。"这就是说，匈奴贵族刘氏被任命为五部帅，而他们都出自晋阳汾涧之滨。

刘渊是於扶罗孙、刘豹之子，生于曹魏嘉平（249—253 年）中，这时距东汉末年南匈奴从西河、五原等边郡南迁已经有六十余年了。魏晋之际，在梁习任曹魏并州刺史，讨伐不从命的胡狄时，曾称"单于恭顺，名王稽颡"②；到了嘉平元年（249 年），"并州右贤王刘豹并为一部"。并州南匈奴的这种异动，引起了有识之士的忧虑，如邓艾上言说："今单于之尊日疏，外土之威浸重，则胡虏不可不深备也。闻刘豹部有叛胡，可因叛割为二国，以分其势。"③所谓"外土之威浸重"，就是指右贤王刘豹的势力日益强大，甚至把并州五部匈奴合并为一部，说明当时朝廷对南匈奴的控制有所松动。刘渊正是这个时候生于新兴，这就是刘渊小时候生活、生长的背景。

生于并州南匈奴右贤王之家的刘渊，物质生活肯定是富足的，也有条件与汉族豪族子弟一样接受良好的教育。《刘元海载记》云："幼好学，师事上党崔游，习《毛诗》《京氏易》《马氏尚书》，尤好《春秋左氏传》《孙吴兵法》，略皆诵之，《史》《汉》、诸子，无不综览。常谓同门生朱纪、范

---

① 《晋书·江统传》，中华书局，第 1534 页。
② 《三国志·魏志·梁习传》，中华书局，第 469 页。
③ 《三国志·魏志·邓艾传》，中华书局，第 776 页。

隆曰：'吾每观书传，常鄙随、陆无武，绛、灌无文。道由人弘，一物之不知者，固君子之所耻也。二生遇高皇而不能建封侯之业，两公属太宗而不能开庠序之美，惜哉！'于是遂学武事，妙绝于众，猿臂善射，膂力过人。"这些记载的细节可以质疑，溢美之词在所难免，但他接受汉传统文化教育的真实性无可怀疑。

汉传统文化的教育是内迁少数民族汉化的最有效的方式，尤其像刘渊这样从小接受汉文化教育。他们犹如一张白纸，求知欲旺盛，无胡、汉歧见，不仅学会了汉族的语言文字，而且从传统经学、文学、史学、哲学中汲取汉族人民数千年积淀下来的思想智慧、价值观念。汉传统文化融化为他们的文化素养，后来刘渊自觉不自觉地冒充刘邦后裔、建国号为"汉"与此不无关系①。在南匈奴中，不但刘渊这样的匈奴贵族子弟接受汉传统文化教育，而且，匈奴平民陈元达，虽"少而孤贫，常躬耕兼诵书，乐道行咏，忻忻如也"②。所以不必怀疑有条件的匈奴人接受汉文化教育的可能性，更不可低估这种教育的力量。对于史书里有关刘聪、刘曜、刘宣等从小读书的记载，亦应作如是观。

南匈奴贵族不仅入学读书识字，而且走进汉人大族的社交圈。自魏至晋，南单于呼厨泉虽然一直作为人质被留在京城，但其地位相当于列侯，子孙传袭其号③。黄初元年（220年），曹丕代汉时，南匈奴单于与公卿、列侯、诸将、四夷朝者数万人陪位参加盛典。接着，曹丕"更授匈奴南单于呼厨泉魏玺绶，赐青盖车、乘舆、宝剑、玉玦"④。四十五年以后，即西晋泰始元年（265年），当司马氏代魏时，南匈奴单于再一次在禅让大典上陪位。西晋《咸宁仪注》规定"元会"中，"掌礼郎赞'皇帝延太尉等'，

① 祝总斌：《评晋武帝的民族政策——兼评匈奴刘猛、鲜卑树机能反晋之性质》，载《魏晋南北朝史研究》，四川省社会科学院出版社，第185页。

② 《晋书·刘聪载记陈元达附传》，中华书局，第2679页。

③ 《十六国春秋》卷一《前赵录·刘渊》。

④ 《三国志·魏志·文帝纪》及注引《献帝传》，中华书局，第75页。

于是，公、特进、匈奴南单于、金紫将军当大鸿胪西，中二千石、千石、六百石当大行令西，皆北面伏"[①]。而刘豹先后为左部帅、都尉等职；在南匈奴中，则先后为右贤王、左贤王。南匈奴在并州扎下根来，刘豹一族在并州特别是太原的影响日益增大，俨然太原大族。但他们还需要得到当地大族的认可与提携，借大族的声望来抬高自己；而当地的大族如太原王氏、上党李氏也不敢得罪南匈奴贵族，希望能与他们和睦相处。双方都有需要，所以一拍即合。《刘元海载记》曰：

> 有屯留崔懿之、襄陵公师彧等，皆善相人，及见元海，惊而相谓曰："此人形貌非常，吾所未见也。"于是深相崇敬，推分结恩。太原王浑虚襟友之，命子济拜焉。咸熙（264—265年）中，为任子在洛阳，文帝深待之。泰始（265—274年）之后，浑又屡言之于武帝。帝召与语，大悦之，谓王济曰："刘元海容仪机鉴，虽由余、日磾无以加也。"济对曰："元海容仪机鉴，实如圣旨，然其文武才干贤于二子远矣。陛下若任以东南之事，吴会不足平也。"帝称善。

又曰：

> 后秦凉覆没，帝畴咨将帅，上党李熹曰："陛下诚能发五部匈奴之众，假元海一将军之号，鼓行而西，可指期而定。"孔恂曰："李公之言，未尽殄患之理也。"熹勃然曰："以匈奴之劲悍，元海之晓兵，奉宣圣威，何不尽之有！"恂曰："元海若能平凉州，斩树机能，恐凉州方有难耳。蛟龙得云雨，非复池中物也。"帝乃止。后王弥从洛阳东归，元海饯弥于九曲之滨，泣谓弥曰：

---

① 《晋书·礼志下》，中华书局，第650页。

"王浑、李熹以乡曲见知，每相称达，谗间因之而进，深非吾愿，适足为害。吾本无宦情，惟足下明知。恐死洛阳，永与子别。"因慷慨歔欷，纵酒长啸，声调亮然，坐者为之流涕。齐王攸时在九曲，比闻而驰遣视之，见元海在焉，言于帝曰："陛下不除刘元海，臣恐并州不得久宁。"王浑进曰："元海长者，浑为君王保明之。且大晋方表信殊俗，怀远以德，如之何以无萌之疑杀人侍子，以示晋德不弘。"帝曰："浑言是也。"

这些记载未必事事皆为实录，也未必全出于虚构，刘渊与太原王氏、上党李氏的"乡曲"关系在情理之中。

刘渊在洛阳为质数年，父刘豹死，他被朝廷委为左部帅。太康（280—289年）年间，转北部都尉，"明刑法，禁奸邪，轻财好施，推诚接物，五部俊杰无不至者。幽冀名儒，后门秀士，不远千里，亦皆游焉"。太熙元年（290年），惠帝初即位，刘渊任建威将军、五部大都督，封汉光乡侯。如果不是晋室内乱、八王逐鹿，刘渊的后来或许是另一种前景、另一种结局。当然，历史不能假设。

刘渊子聪，"弱冠游于京师，名士莫不交结，乐广、张华尤异之也。新兴太守郭颐辟为主簿，举良将，入为骁骑别部司马，累迁右部都尉，善于抚接，五部豪右无不归之。河间王颙表为赤沙中郎将"[①]。刘聪善交际，为本郡所辟举，走的是魏晋之际大族子弟入仕的正途。

我之所以不厌其烦地论述刘氏一族和刘渊本人的逐渐汉化，是因为分布在并州及司隶、河东等地的南匈奴仍保有部落组织。尽管有的匈奴人成了汉人大族的佃客，有的甚至被掠卖为奴隶，但大多数部民还要听命于左右贤王、部落大人（或部帅、都尉、五部大都督）。也就是说，看南匈奴

①《晋书·刘聪载记》，中华书局，第 2657 页。

的整体汉化程度，首先要看这些匈奴贵族的汉化程度。

内迁三百年的南匈奴由于顺应历史发展的趋势，逐渐改变了本民族的面貌，汉化程度不断提高。自曹魏分内迁南匈奴为五部，"部立其中贵者为帅"。这"贵者"，就是匈奴单于刘氏家族。对此，《晋书·刘元海载记》进一步解释道："魏武分其众为五部，以（刘）豹为左部帅，其余部帅皆以刘氏为之。"而刘氏家族的权力又逐步地集中到刘豹一系。当左贤王刘豹任左部帅的时候，南匈奴无单于，而代替单于之子留质朝廷的是刘豹之子刘渊，而且历魏、晋二朝二十余年。所以刘豹名为左贤王，实即代单于。刘豹死后，刘渊立刻被晋廷委任，继其父为左部帅，部帅改称都尉时即为北部都尉。史称他"明刑法，禁奸邪，轻财好施，推诚接物，五部俊杰无不至者。幽冀名儒，后门秀士，不远千里，亦皆游焉。杨骏辅政，以元海为建威将军、五部大都督，封汉光乡侯。元康末，坐部人叛出塞免官。成都王颖镇邺，表元海行宁朔将军、监五部军事"。这时南匈奴的左贤王乃刘渊从祖刘宣，而刘渊在朝廷的支持下，实际上是凌驾于刘宣的无单于之名的单于、五部最高的军事统帅了。刘渊子刘聪，这时也走上政治舞台了，"五部豪右无不归之。河间王颙表为赤沙中郎将。聪以元海在邺，惧为成都王所害，乃亡奔成都王，拜积弩将军，参前锋军事"。刘氏家族权力集中到刘豹一系，这为刘渊建立君主专制奠定了社会基础。

以君主专制代替单于制，是南匈奴政治制度的一项根本性的变革。刘渊建立汉国，标志着这项根本性的变革走出了关键的一步。

为建立和巩固君主专制，汉、前赵主要采取了以下一系列的措施。

第一，举行隆重的南郊大典。黄初元年（220年）十月，曹丕为代汉筑坛举行大典，"魏王登坛受禅，公卿、列侯、诸将、匈奴单于、四夷朝者数万人陪位，燎祭天地、五岳、四渎"[①]。参加盛典的匈奴单于就是南单

---

① 《三国志·魏志·文帝纪》注引《献帝传》，中华书局，第75页。

于呼厨泉。魏元帝咸熙二年（265年）十二月，司马炎代魏时，也同样举行了一次大典。"甲子，使持节、侍中、太保郑冲，兼太尉、司隶校尉李憙奉皇帝玺绶、策书，禅位于晋。丙寅，武皇帝设坛于南郊，柴燎告类于上帝。"[①]虽然文献未记载这次大典的陪位者，但当时作为南匈奴侍子在洛阳的刘渊肯定参与了此盛典。南郊，本是帝王常规的祭天地典礼。而这两次郊祭则都是改朝换代的典礼，宣告一个新皇朝的建立，表明新朝帝王受命于天的正统身份。刘渊亲历的魏晋禅代的南郊，无疑给他留下极其深刻的印象，所以他在即汉王位时所做的第一件事就是举行南郊大典，宣示自己汉王合法地位的权威。

第二，立社稷，建宗庙。称汉王后，刘渊又立社稷，建宗庙，追尊刘禅为孝怀皇帝，立汉高祖以下三祖五宗神主而祭之。他下令道："昔我太祖高皇帝以神武应期，廓开大业。太宗孝文皇帝重以明德，升平汉道。世宗孝武皇帝拓土攘夷，地过唐日。中宗孝宣皇帝搜扬俊乂，多士盈朝。是我祖宗道迈三王，功过五帝，故卜年倍于夏商，卜世过于姬氏。……我世祖光武皇帝诞资圣武，恢复鸿基，祀汉配天，不失旧物，俾三光晦而复明，神器幽而复显。显宗孝明皇帝、肃宗孝章皇帝累叶重晖，炎光再阐。……黄巾海沸于九州，群阉毒流于四海。董卓因之肆其猖勃，曹操父子凶逆相寻。故孝愍委弃万国，昭烈播越岷蜀，冀否终有泰，旋轸旧京。何图天未悔祸，后帝窘辱。自社稷沦丧，宗庙之不血食四十年于兹矣。今天诱其衷，悔祸皇汉，使司马氏父子兄弟迭相残灭。黎庶涂炭，靡所控告。孤今猥为群公所推，绍修三祖之业。顾兹尪暗，战惶靡厝。但以大耻未雪，社稷无主，衔胆栖冰，勉从群议。"[②]在这儿，刘渊不再讲"兄亡弟绍"，而直呼"我太祖""我世祖"，以汉朝嫡宗自居了。这样做，当然也

---

① 《晋书·礼志上》，中华书局，第583页。
② 《晋书·刘元海载记》，中华书局，第2649-2650页。

是为表示自己的正统地位[①]。

光初二年（319年），刘曜迁都长安，改国号为赵。他修缮宗庙、社稷，并以冒顿配天，元海配上帝，举行南、北郊。《十六国春秋》卷五《前赵录·刘曜上》载其令曰："我皇家之先，出自夏后，居于北夷，世跨燕朔。光文以汉有天下日久，恩德结于庶民，故立汉祖宗之庙，以怀民望。昭武因循，遂未悛革。今欲除宗庙、改国号，御以大单于位太祖。"汉历二帝，刘曜觉得已不再需要打着汉的旗号了，但是他还是打着夏后氏的旗号呢！

第三，分封宗室，诸王领兵。刘渊称帝时，"以其大将军刘和为大司马，封梁王；尚书令刘欢乐为大司徒，封陈留王；御史大夫呼延翼为大司空，封雁门公。宗室以亲疏为等，悉封郡县王；异姓以勋谋为差，皆封郡县公侯"[②]。当时的兵权始终掌握在刘氏宗室手中。《晋书·刘元海载记和附传》："元海死，（其子）和嗣伪位。其卫尉西昌王刘锐、宗正呼延攸恨不参顾命也，说和曰：'先帝不惟轻重之计，而使三王总强兵于内，大司马握十万劲卒居于近郊，陛下今便为寄座耳。'"刘聪不仅封诸子为王，而且把诸王领兵制度化，"置辅汉，都护，中军，上军，辅军，镇、卫京，前、后、左、右、上、下军，辅国，冠军，龙骧，武牙大将军，营各配兵二千，皆以诸子为之"[③]。当时，皇太弟刘乂的东宫有"四卫精兵不减五千"，然而"年齿尚幼"的诸王各有其营兵[④]。刘曜亦封诸子为王，又"征诸宗室皆进封郡王"[⑤]。大封宗室，以诸王领兵，西晋已开先河，且弊病万端，造成严重后果。这其实是刘渊所亲见的。但汉、前赵依然如此，这也是时代使然，如唐长孺先生所论："人所共知，当时高踞于政权上层的是门阀贵族，西晋政权结构是以皇室司马氏为首的门阀贵族联合统治。皇

---

① 参见罗新博士论文《十六国时期中国北方的民族形势与社会整合》（未刊稿），第27页。
② 《晋书·刘元海载记》，中华书局，第2651页。
③ 《晋书·刘聪载记》，中华书局，第2665页。
④ 《晋书·刘聪载记》，中华书局，第2667页。
⑤ 《晋书·刘曜载记》，中华书局，第2685页。

室作为一个家族凌驾于其他家族之上，皇帝是这个第一家族的代表以君临天下，因而其家族成员有资格也有必要取得更大权势以保持其优越地位。"① 而对于南匈奴刘氏家族来说，分封宗室，以诸王领兵，是加强君主专制的一大措施。

第四，确立皇位继承制度。兄终弟及的匈奴单于传承制被彻底抛弃，嫡长子继承制的皇位继承制度确立了。汉、前赵皇帝都在生前立皇太子，刘渊以氏酋单征女单氏为皇后，立嫡长子刘和为皇太子。刘和继位后死于宫廷内争，为刘聪所杀。刘聪即位后，立和弟乂为皇太弟，许以继承皇位。然而乂终为刘聪子粲所杀，刘聪乃立粲为太子。粲嗣位后，立嫡长子元为太子。刘曜是在平定靳准之乱后登上皇位的，他也立嫡长子熙为太子。

（二）

中国古代制度文明源远流长，从秦、汉的三公制到隋、唐的三省制，逐渐形成比较成熟的中央行政系统。汉承秦制，汉初的三公是丞相、御史大夫和太尉。其中由丞相府与御史大夫府组成决策中枢，太尉大多虚设其位；三公下设九卿为行政机构。西汉后期，三公更名，改丞相为大司徒、御史大夫为大司空、太尉为大司马，三公分职而同为宰相。为限制宰相事权，西汉中期出现侍中、左右曹等中朝官，内侍皇帝，辅助决策，掣肘外朝宰相。而本以纳奏出令为职的尚书台的地位也日趋显要，三公须得领尚书事才是实际宰相。东汉以后，三公事权进一步向尚书台、侍中寺转移；至曹魏成立中书省支持草拟诏令，尚书、中书、门下三省制度已具备雏形。

处于由三公制向三省制过渡期的十六国政治制度，上承两汉，下采

---

① 唐长孺：《魏晋南北朝史论拾遗》，中华书局，第 140 页。

魏、晋之制，虽不完备，但亦有可观之处。

第一，三公制。刘渊称汉王，采用汉制，"置百官，以刘宣为丞相，崔游为御史大夫，刘宏为太尉，其余拜授各有差"[①]。即皇帝位后，他将三公改称大司徒、大司空、大司马。临终前，他又杂用晋制，设上公太傅、太保等官，与三公一同受遗诏辅政。刘聪时，以丞相、太尉与太师等上公、大司徒等三公并置，"自大司马以上七公，位皆上公"[②]；又置相国，初为有德死者的褒赠，稍后以其子刘粲为相国，总百揆，而省丞相之职。当时，皇太弟刘乂与粲正在争夺皇位的继承权，刘乂"以访其太师卢志、太傅崔玮、太保许遐。志等曰：'主上往以殿下为太弟者，盖以安众望也。志在晋王久矣。王公以下莫不希旨归之。相国之位，自魏武已来，非复人臣之官，主上本发明诏，置之为赠官，今忽以晋王居之，羽仪位尊逾于东宫，万机之事无不由之，置太宰、大将军及诸王之营以为羽翼，此事势去矣，殿下不得立明也'"。[③]可见，官制与政治斗争密切相关。

此外，汉赵还依汉、晋之制设置位从公的职位开府仪同三司、特进、光禄大夫等。刘曜时，巴酋句徐、库彭等谋反，曜囚库彭等五十余人，准备尽杀之。光禄大夫游子远固谏入狱，曜怒甚，叱左右速杀子远。这时，大司徒刘雅、太傅朱纪、太保呼延晏等人谏曰："陛下纵不能用，奈何杀之！若子远朝诛，臣等亦暮死，以彰陛下过差之咎。天下之人皆当去陛下蹈西海而死耳，陛下复与谁居乎！"[④]刘曜遂赦免了游子远。

第二，录尚书事与三省。汉代的"领尚书事"至曹魏时称"录尚书事"。司马懿首膺此任，以太尉，加侍中，录尚书事；司马师、司马昭，以左将军，加侍中，都督中外诸军事，录尚书事。三公须领、录尚书事才

---

① 《晋书·刘元海载记》，中华书局，第2650页。
② 《晋书·刘聪载记》，中华书局，第2665页。
③ 《晋书·刘聪载记》，中华书局，第2667页。
④ 《晋书·刘曜载记》，中华书局，第2686页。

是真宰相，而领、录尚书事之人则必须是三公。刘渊时未置录尚书事。刘聪以其子粲为丞相，领大将军，录尚书事；以刘延年录尚书六条事。"录尚书六条事"之名始于此①。刘聪死前，置多人并录尚书事，"征刘曜为丞相，录尚书，辅政，固辞乃止。仍以刘景为太宰，刘骥为大司马，刘顗为太师，朱纪为太傅，呼延晏为太保，并录尚书事；范隆守尚书令、仪同三司，靳准为大司空，领司隶校尉，皆迭决尚书奏事"②。录尚书事之滥至于此，甚至因争权而引起一场屠杀。刘聪是个昏君，史载，曾"不复受朝贺，军国之事，一决于粲，唯发中旨杀生除授"。太宰刘易等上书谏曰："愿陛下割靳凶丑与政之流，引尚书、御史朝省万机，相国与公卿五日一入，会议政事，使大臣得极其言，忠臣得逞其意。"③虽然刘聪并没有采纳，但这种中枢制度显然承自汉制。刘粲即位后，靳准谋作乱，谗间诸公，于是粲杀太宰、太师、大司马、大司徒等，太傅朱纪和太尉范隆逃亡长安。刘粲竟"以靳准为大将军、录尚书事。粲荒耽酒色，游宴后庭，军国之事一决于准"④。刘曜时权不外假，虽偶置录尚书事，也仅用于尊崇亲贵，而军国大政均出于己。可见录尚书事之作用，亦视君主是否放权。

汉、前赵三省的资料非常零碎。尚书省有尚书令、左右二仆射为长官。诸曹尚书仅见吏部尚书，因吏部关乎选官，位重权大，故刘聪曾"省吏部，置左、右选曹尚书"。这也是刘聪的独创了⑤。尚书省还有尚书丞、尚书郎等职。中书省置中书监、中书令为长官，下有中书侍郎。门下省的长官为侍中，颇多见，有专职与加官。省中还有散骑常侍、给事黄门侍郎、散骑侍郎、给事中等官。三省的关系及运行机制不得详考，但其基本

---

① 《晋书·张华传》：华"以司空，中书监，加侍中，经关尚书七条事"。

② 《晋书·刘聪载记》，中华书局，第 2677 页。

③ 《晋书·刘聪载记》，中华书局，第 2672 页。

④ 《晋书·刘聪载记附粲传》，中华书局，第 2678 页。

⑤ 《晋书·刘聪载记》，中华书局，第 2665 页。南朝刘宋孝武帝大明二年（458 年）置二吏部尚书，亦分权之举。"选曹"，后来北魏前期曾采用此名。

职掌当与魏、晋无异。

第三，将军与禁卫系统。西汉置将军领兵打仗，随事而设，事毕即罢，将军数量不多。自东汉末大乱，豪强割据，曹魏时将军遂成常设，并形成自二品至五品的系列。汉、前赵以军事立国，因不断的征战而盛衰。军队是其国家政权最重要的支柱，国家政权呈现出军事化的特点。汉、前赵实际上都是北方的割据政权，国土局促，军力受限，但将军名号繁多，级别之高超越前代。大将军外，还有骠骑、车骑、上军、卫、镇、抚军、"四征"（征东、征西、征南、征北）、"四镇"、"四安"、"四平"、都护、龙骧、武牙、冠军等，这些魏、晋以来所置的将军，这时动辄加称大将军，以宠贵之。西晋制，自骠骑至冠军将军等三品将军，如加"大"，开府，则位从公，仪同三司，为第一品。这样，真是满朝皆为一品了。此外，还有许多杂号将军，如平晋、平虏、辅汉、征虏、讨虏、荡晋、振威、辅威、平羌、安国，等等。

以上是普通将军系统，而统领禁卫军则另有禁卫将军系统，其上为"都督中外诸军事"。曹魏权臣司马氏以"都督中外诸军事"之名，作为中央禁卫军（中军）与中央派出外地军队（外军）的最高统帅。《晋书·刘曜载记》说刘曜在"元海世频历显职，后拜相国，都督中外诸军事、开府仪同三司，镇长安。靳准之难，自长安赴之"。其实，刘曜镇长安是在刘聪嘉平元年（西晋永嘉五年，311年）①。是年，刘聪署刘曜为车骑大将军、开府仪同三司、雍州牧，并改封中山王，使之镇长安。而刘聪即位当年即光兴元年（310年）已任命其子粲为抚军大将军、都督中外诸军事。且《刘元海载记》无刘曜为相国、都督中外诸军事的记载，故刘渊世是否置都督中外诸军事尚是疑问。刘粲任都督中外诸军事的时间很长，直到刘聪末年蠡斯则百堂发生火灾，烧死刘聪二十一个儿子，不知因为刘聪怪罪刘

---

① 据《通鉴》系年，卷八十七晋怀帝永嘉五年（311年）八月，中华书局，第2767页。

綮，还是因为别的，另以刘骥为大将军、都督中外诸军事。刘曜世则不置都督中外诸军事之职。

中央军负责京城戍卫的部分，就是禁卫（或称宿卫）军。曹魏禁卫军将领为中领军、中护军、武卫将军等。刘渊在称汉王后不久，其下有护军马景。刘和继位后，决定清除刘聪等政敌，参与其事的有领军刘盛、护军马景、武卫刘钦和刘璿等，说明皇帝直接掌握的禁卫军已颇为健全了。此外，禁卫军的将领还有左、右卫将军，前、后、左、右将军等。西晋时中军将军为禁卫军统帅，汉、前赵亦置中军将军，但职责是否与西晋同，因记载过于简略，难以判断。

由于汉、前赵禁卫军的组成以匈奴人为主，所以至刘曜时，有"中军宿卫已皆疲老，不可用也"之叹。不过，前赵后期与后赵对抗时，刘曜派刘岳进攻洛阳，犹"配以近郡甲士五千，宿卫精卒一万"。宿卫精卒一万，当然只是前赵禁卫军的一部分，可见前赵禁卫军仍保有相当的数量，仍是国家军队中的精华和支柱。

（三）

汉、前赵的单于台和左、右司隶问题是一个很引人注目的问题，本节专门来讨论这两个问题。

汉、前赵的单于台可分为三个阶段来加以观察。

第一阶段，单于制的兴废。刘宣等南匈奴贵族经商议，决定推举刘渊为大单于。此前，文献中仅见左贤王刘宣。刘渊从邺城返回离石前，司马颖拜他为"北单于，参丞相军事"。这是呼厨泉单于之后南匈奴再次出现的单于称号。刘渊随即以同在邺城的子刘聪为右贤王，二人同返离石左国城。刚刚回到左国城的刘渊，便接受刘宣等上大单于之号，其时虽只见刘聪更拜鹿蠡王和右于陆王刘景、左独鹿王刘延年，但可以肯定匈奴单于制恢复了。然而，事隔两月，刘渊自称汉王，置汉制的百官。刘渊麾下只有三公、九卿、尚书、侍中等官，而再也见不到匈奴官号了。这当然不是文献阙载，而是汉官制完全取代了单于制。

第二阶段，单于台的重建。河瑞二年（310年），刘渊晚年卧病时，"将为顾托之计，以欢乐为太宰，洋为太傅，延年为太保，聪为大司马，大单于，并录尚书事，置单于台于平阳西"①。为什么刘渊在临死前决定恢复单于制、重建单于台呢？这里有个权力重新分配的问题。遵循嫡长子继承制的原则，刘渊立呼延皇后所生嫡长子刘和为皇太子继承皇位，但刘聪虽非嫡子，却是屡出征战、手握强兵的皇子，他的十万劲卒就居于近郊，气势咄咄逼人。显然，刘聪的存在，对刘和的继位构成很大的威胁。刘渊既不想改变嫡长子继承制，又不能不考虑身后刘和安危、国家治乱，便重建单于台以安抚刘聪。

但是，刘和与刘聪的矛盾终于不可调和，刘聪杀刘和登上帝位，改元光兴元年（310年）。刘聪当皇帝后，也出于安抚刘乂的目的而拜刘乂为皇太弟，领大单于、大司徒。刘乂是刘渊晚年与皇后单氏之子，刘和死后是有继位资格的，刘聪也曾假惺惺地表示让位给刘乂，再以"乂与公卿泣涕固请"为由，许诺以乂为继承人，"待乂年长，复子明辟"②。

嘉平四年（314年），刘聪"大定百官"，并决定"置左右司隶，各领户二十余万，万户置一内史，凡内史四十三。单于左右辅，各主六夷十万落，万落置一都尉"③。

刘渊虽建单于台，但单于台大单于有什么职权、如何行使职权，直到单于左、右辅的设立似乎才有了着落。单于左、右辅辅佐大单于，各主六夷十万落，共二十万落，分别统于二十个都尉。这时所谓"六夷"，胡注

---

① 《晋书·刘元海载记》，中华书局，第2652页。

② 《晋书·刘聪载记》，中华书局，第2658页。

③ 《晋书·刘聪载记》，中华书局，第2665页。

曰："六夷，盖胡、羯、鲜卑、氐、羌、巴蛮；或曰乌丸，非巴蛮也。"[①]
胡、羯自不必说。刘渊称汉王时，有"上郡四部鲜卑陆逐延、氐酋大单征"等来降[②]。单征即刘乂外祖父。而羌人乃刘曜从长安驱掠而来，有一次就驱掠士女八万余口退还平阳，其中多数应即羌人。并州也有乌丸分布，如有众千人、壁于乐平的乌丸张伏利度。平阳也有巴氐。靳准之乱时，石勒"攻准于平阳小城，平阳大尹周置等率杂户六千降于勒。巴帅及诸羌降者十余万落"[③]。《通鉴》卷九十晋元帝大兴元年（318 年）胡注曰："巴，巴氐也。魏武平汉中，迁巴氐于关中，其后种类滋蔓，河东、平阳皆有之。"所以，所谓"六夷"，已成泛指之义。

由于大单于权力甚大，刘粲与刘乂的权力之争加剧。麟嘉元年（316年），刘粲陷害刘乂谋反，"收氐、羌酋长十余人，穷问之，皆悬首高格，烧铁灼目，乃自诬与乂造逆谋"，刘聪遂废乂为北部王，粲又派靳准杀之，激起了"氐、羌叛者十余万落"[④]。这一年，刘粲终于登上大单于之位[⑤]。

第三阶段，刘曜置单于台。刘曜于东晋大兴元年（318 年）即帝位，改元光初。而直到光初九年（东晋咸和元年，326 年），"曜署刘胤为大司马，进封南阳王，以汉阳诸郡十三为国；置单于台于渭城，拜大单于，置左右贤王已下，皆以胡、羯、鲜卑、氐、羌为之"[⑥]。这时距离前赵灭亡只有三年了。刘曜在选择皇位继承人上曾陷入两难：刘胤是前妻匈奴贵族卜氏所生，已立为藩国世子，不料在靳准之难时丢失；刘曜当皇帝第二年，便立所宠皇后羊氏子刘熙为太子。后来刘胤从黑匿郁鞠部归来，刘曜以熙

① 《通鉴》卷八十九，晋愍帝建兴二年（314 年）正月，中华书局，第 2809 页。
② 《晋书·刘元海载记》，原文为"氐酋大单于征"，"于"为衍文。中华书局，第 2650 页。
③ 《晋书·石勒载记上》，中华书局，第 2728 页。
④ 《晋书·刘聪载记》，中华书局，第 2675 页。
⑤ 《通鉴》卷八十九误系刘粲代刘乂为大单于在晋愍帝建兴二年（汉嘉平四年，314 年）。中华书局，第 2817 页。
⑥ 《晋书·刘曜载记》，中华书局，第 2698 页。

"冲幼儒谨"、胤"风骨俊茂，爽朗卓然"[1]，有意以胤代熙。因为大臣反对，也因为熙乃羊氏所生，刘曜不忍废，于是封胤为永安王，署侍中、卫大将军、都督二宫禁卫诸军事、开府仪同三司、录尚书事，领太子太傅，号曰皇子。大概刘曜觉得仍不足以补偿刘胤，故再授予大单于。如果说刘聪设单于左、右辅和都尉，不过是恢复到五部南匈奴的旧规；那么，刘曜置左、右贤王以下，在恢复匈奴单于制方面似乎走得更远了。然而，这恐怕也只是徒有虚名罢了，匈奴单于旧制毕竟已成历史遗迹。

以下我们再看刘聪所设左、右司隶。

刘渊建汉，仍沿袭汉晋以来州郡县的地方行政制度。《晋书·地理志上》并州条曰："及永兴元年（304年），刘元海僭号于平阳，称汉，于是并州之地皆为元海所有。元海乃以雍州刺史镇平阳，幽州刺史镇离石。"嘉平二年（晋永嘉六年，312年），刘聪分别置并、荆、豫州刺史。其他可详见《十六国疆域志》。虽然有的刺史有名无实，但所实行、所坚持的都是州郡县地方行政制度。

关于左、右司隶的来历，《十六国疆域志》卷一《前赵》荆州条曰："《晋书·地理志》永嘉之后，司州沦没刘聪，刘聪以洛阳为荆州。案，《晋地志》司州统郡十二，渊已平阳为雍州，聪复以洛阳为荆州。聪又分置左右司隶部，则左司隶盖部司州平阳诸郡，右司隶盖部荆州河南诸郡也。"[2]我们不知洪亮吉氏对左、右司隶部的划分的文献依据是什么，抑或只是一种推测？不过他在原来西晋司州的基础上所做的推测是有道理的。

《晋书·地理志上》司州条说："以司隶校尉统之，统郡一十二，县一百，户四十七万五千七百。"司州是永嘉之乱的重灾区，"至于永嘉，丧乱弥甚。雍州以东，人多饥乏，更相鬻卖，奔迸流移，不可胜数。幽、并、司、冀、秦、雍六州大蝗，草木及牛马毛皆尽。又大疾疫，兼以饥

---

① 《晋书·刘曜载记》，中华书局，第2696页。
② 《二十五史补编》第三册，中华书局，第4084页。

馑，百姓又为寇贼所杀，流尸满河，白骨蔽野"[1]。但它毕竟是西晋时人口最密集的地区，也是比较富庶的地区。刘聪占领司州后，外流的人口又陆续返回[2]。汉都城平阳本也是司州属郡，这时刘聪将原司隶校尉一分为二，分置左、右司隶。《刘聪载记》所载司隶部人的资料有两条：其一是"河东大蝗，唯不食黍豆。靳准率所部人收而埋之，哭声闻于十余里，后乃钻上飞出，复食黍豆。平阳饥甚，司隶部人奔于冀州二十余万，石超招之故也"。其二是"赵固、郭默攻其河东，至于绛邑，右司隶部人盗牧马负妻子奔者三万余骑"。这两条中的司隶部人活动范围也都是在司州范围内的。至于左、右司隶各领户二十余万，恐怕有夸张的成分。

左、右司隶的机构都在平阳。据《刘聪载记》："聪宫中鬼夜哭，三日而声向右司隶寺，乃止。"[3]则右司隶寺机构就在平阳。又说："犬与豕交于相国府门，又交于宫门，又交于司隶、御史门。"则不仅右司隶寺，左司隶寺也同在汉都城平阳。

因此，左、右司隶制只是原来州郡县制的一个变种，在行政职能上与州郡县并无二致。如果说胡汉分治的话，西晋并州南匈奴本来就是单独建制，那么那时的郡县与五部匈奴早就是胡汉分治了。

二、后赵：加强君权，重视选官，兼顾文教

刘汉汉昌二年（319年），靳准之乱后，刘曜在长安即帝位，改国号为赵。同年，石勒摆脱附庸地位，也在襄国建立独立政权，国号亦称赵。刘曜所建史称前赵，石勒所建则史称后赵。太和二年（329年）后赵灭前赵，次

---

① 《晋书·食货志》，中华书局，第791页。
② 葛剑雄：《中国移民史》，福建人民出版社，第312-313页。
③ 冯君实《十六国官制初探》，载《东北师大学报》1984年第4期。

年（330年）二月，石勒才改称赵天王、行皇帝事；九月，即皇帝位。

石勒进据襄国后，及时调整政策，重视和重用汉族士人。在汉族士人的帮助下，后赵建立起具有自身特色的政治制度。后赵政治制度的特点，总体上说是：加强君权，集中军权；三公虚位，三省执政；重视选官，兼顾文教，法律制度的建设也非常突出。

在十六国时期，虽然战争频仍，但后赵在政治制度的建设上还是取得了相当的成就。

（一）

石勒起初在山东招集"十八骑"起兵，或为"群盗"，或依附于某武装集团；后来兵败投靠刘渊，从此隶属于刘渊汉国政权，刘渊以为辅汉将军，封平晋王。汉元熙四年（307年），石勒被任命为督山东征讨诸军事，加征讨都督，攻壶关（今山西省长治市黎城县东北）入冀州，驰骋黄河南北。石勒名义上辖于刘渊，实际上独立性极强，独立决策、独立扩充军队、独立作战、独立任用部属，汉国朝廷鞭长莫及，只是届时给予加官晋爵：刘渊称帝，授予使持节、平东大将军，累迁安东大将军、开府，置左、右长史，司马，从事中郎；又授其镇东大将军，再封汲郡公，王如故；后任之为征东大将军、并州刺史。刘聪在位期间，又累迁其为幽州牧、督并、幽二州诸军事、领并州刺史，等等。对刘汉政权来说，石勒已呈尾大不掉之势了。

石勒出身低微，羯族内迁也晚，他当然没有机会像南匈奴贵族刘渊、刘聪那样有接受汉传统文化教育的机会；但是他具有军事天赋和组织才能，既聪明、睿智又善于学习，这在相当大的程度上弥补了先天的缺陷。史称，"勒雅好文学，虽在军旅，常令儒生读史书而听之，每以其意论古今帝王善恶，朝贤儒士听者莫不归美焉。尝使人读《汉书》，闻郦食其劝立六国后，大惊曰：'此法当失，何得遂成天下！'至留侯谏，乃曰：'赖有此耳.' 其天资英达如此"①。这是一个大家熟知的例子。未曾念过书，而能有此史识，的确难能可贵。早在汉河瑞元年（309年），石勒攻陷冀州郡县时，就表现出对汉族士人的特别重视，将他们集中起来。当时，"众至十余万，其衣冠人物集为君子营"②。也许将这些衣冠人物集中在一起，有强迫之嫌；但既称君子，还是一种礼遇。建立君子营以安抚汉族士人，是因为石勒看到了他们的价值，不外乎是要这些士人为其所用。对此，胡三省评论说："石勒起于胡羯饿隶而能如此，此其所以能跨有中原也。"③

石勒对汉族士人在政策上作出大幅度的调整，是在进据襄国尤其在建立政权后。汉嘉平二年（312年），石勒接受张宾建议，结束无根据地的流窜作战，回到冀州，都襄国以图王业。但是，十六国初期的民族矛盾还是比较尖锐的。战争异常残酷，民族仇视、民族报复不可避免。如石勒为报复掠卖他为奴的西晋并州刺史、东嬴公司马腾，不仅杀了司马腾，还杀邺城万余人，掠妇女、珍宝而去。尤其是永嘉五年（311年）在陈郡苦县宁平城的大屠杀，石勒对王衍所率奉东海王司马越丧的晋军，"纵骑围而射之，将士十余万人相践如山，无一人得免者"④，王公卿士死者亦甚众。因此，北方汉族士人对胡、羯政权疑虑重重，士人的志节观念也很难转过弯来。《晋书·石勒载记上》讲了一个故事：

> 勒谓张宾曰："邺，魏之旧都，吾将营建。既风俗殷杂，须贤望矣绥之，谁可任也？"宾曰："晋故东莱太守南阳赵彭忠亮笃敏，有佐时良干，将军若任之，必能允副神规。"勒于是征彭，署为魏郡太守。彭至，入泣而辞曰："臣往策名晋室，食其禄矣。犬马恋主，切不敢忘。诚知晋之宗庙鞠为茂草，亦犹洪川东

① 《晋书·石勒载记下》，中华书局，第2741页。
② 《晋书·石勒载记上》，中华书局，第2711页。
③ 《通鉴》卷八十七，西晋怀帝永嘉三年（309年）夏，中华书局，第2743页。
④ 《通鉴》卷八十七，西晋怀帝永嘉五年（311年）四月，中华书局，第2761页。

逝，往而不还。明公应符受命，可谓攀龙之会。但受人之荣，复事二姓，臣志所不为，恐亦明公之所不许。若赐臣余年、全臣一介之愿者，明公大造之惠也。"勒默然。张宾进曰："自将军神旗所经，衣冠之士靡不变节，未有能以大义进退者。至如此贤，以将军为高祖，自拟为四公，所谓君臣相知，此亦足成将军不世之高，何必吏之。"勒大悦，曰："右侯之言得孤心矣。"于是赐安车驷马，养以卿禄，辟其子明为参军。[1]

此故事发生在汉嘉平三年（313年），距石勒进据襄国不久。张宾所谓"衣冠之士靡不变节"，大概是为了迎合石勒。如赵彭被石勒强征，不能不来，但他还是婉辞不就。更多的汉族士人则远走他乡，采取不与异族政权合作的态度。

在这种情况下，为笼络汉族士人，石勒调整政策，实行一系列措施：其一，在称赵王前，石勒就在襄国四门置宣文、宣教、崇儒、崇训等十余小学，挑选将佐、豪右子弟百余人为第一批学生。将佐、豪右当然不限于汉人士族，但包括汉人士族，而执教的一定是汉士人。石勒还"亲临小学，考诸学生经义，尤高者赏帛有差"[2]。其二，石勒二年（320年），徙朝臣掾属已上士族者三百户于襄国崇仁里，置公族大夫以领之。这是当初集冀州衣冠人物为君子营的发展。而里名"崇仁"，当亦表示对这些士人的尊重。其三，也是石勒二年（320年），实行清定五品，以张宾领选，后续定九品。以张班为左执法郎，孟卓为右执法郎，典定士族，副选举之任。令群僚及州郡岁各举秀才、至孝、廉清、贤良、直言、武勇之士各一人。至石勒八年（326年），又以牙门将王波为记室参军，典定九流，并建立秀、孝试经之制。这说明清定九品、典定士族及秀、孝选举是真正实施了的。无

① 《晋书·石勒载记上》，中华书局，第2720页。
② 《晋书·石勒载记下》，中华书局，第2741页。

论九品官人法之优劣利弊，在永嘉大乱之后，在战争第一、军人统治、国家军事化的年代，这无疑是拨乱反正之举，是恢复士人的尊严和地位之举。

石勒一介武夫，却懂得尊重读书人。上至谋士张宾，"勒甚重之，每朝，常为之正容貌，简辞令，呼曰：'右侯'而不名之"[1]；下至一般官吏。时制法令甚严，讳胡尤峻。有一次，"勒以参军樊坦清贫，擢授章武内史。既而入见，勒见坦衣冠弊坏，大惊曰：'樊参军何贫之甚也！'坦性诚朴，率然而对曰：'顷遭羯贼无道，资财荡尽。'勒笑曰：'羯贼乃尔暴掠邪！今当相偿耳。'坦大惧，叩头泣谢。勒曰：'孤律自防俗士，不关卿辈老书生也。'赐车马衣服装钱三百万，以励贪俗"[2]。

据吴士鉴《晋书斠注》引敦煌石室本《晋纪》，已有一批汉族士人加入后赵政权之中：

> 晋人则程遐、徐光、朱表、韩揽、郭敬、石生、刘徵；旧族见用者，河东裴宪、颍川荀绰、北地傅畅、京兆杜宪、乐安任播、清河崔渊。

上述诸人中，除郭敬早年有恩于石勒，且较早与石勒相遇、为石勒所用外，其他都出现于石勒据襄国后。如徐光，汉嘉平四年（314年），跟从石勒灭西晋幽州刺史王浚；程遐，约于汉建元元年（315年）为石勒长乐太守，迁右长史、宁朔将军、监冀州七郡诸军事；而裴宪、荀绰原在幽州王浚处，石勒灭王浚后，分遣流人各还桑梓，擢荀绰、裴宪，资给车服；傅畅、任播，则出现于石勒称赵王时。余无考[3]。

---

① 《晋书·石勒载记下张宾附传》，中华书局，第2756页。
② 《晋书·石勒载记下》，中华书局，第2741页。
③ 《晋书·石勒载记下子弘附传》："于是使刘徵、任播授以兵书。"此刘徵是否刘澂异写？中华书局，第2752页。

当然，被石勒擢用的汉族士人远不止以上数人。《石勒载记》中可考的还有不少，这里不赘。这是因为羯族社会地位卑下，普遍文化程度较低，石勒在建立政权的过程中，不得不依靠具有较高文化修养的汉族士人①。

（二）

汉昌二年（319年），以石虎为首，由左右长史张敬、张宾，左右司马张屈六、程遐等文武官员共一百二十九人具名给石勒上劝进疏。疏文称：

> 请依刘备在蜀、魏王在邺故事，以河内、魏、汲、顿丘、平原、清河、钜鹿、常山、中山、长乐、乐平十一郡，并前赵国、广平、阳平、章武、渤海、河间、上党、定襄、范阳、渔阳、武邑、燕国、乐陵十三郡，合二十四郡、户二十九万为赵国。封内依旧改为内史，准禹贡、魏武复冀州之境，南至盟津，西达龙门，东至于河，北至于塞垣。以大单于镇抚百蛮。罢并、朔、司三州，通置部司以监之。伏愿钦若昊天，垂副人望。

据称，石勒"西面而让者五，南面而让者四，百僚皆叩头固请，勒乃许之"②。

于是，石勒始称赵王，并对建立赵国的各项事务做出安排：

> 勒伪称赵王，赦殊死已下，均百姓田租之半③，赐孝悌力田死义之孤帛各有差，孤老鳏寡谷人三石，大酺七日。
>
> 依春秋列国、汉初侯王每世称元，改称赵王元年。始建社

---

① 罗新博士论文《十六国时期北方的民族形势与社会整合》，第36页。

② 《晋书·石勒载记上》，中华书局，第2730页。

③ "均百姓田租之半"句不通，疑"均"为"免"之误。

稷，立宗庙，营东、西宫。

署从事中郎裴宪、参军傅畅、杜嘏并领经学祭酒；参军续咸、庾景为律学祭酒；任播、崔濬为史学祭酒。中垒支雄、游击王阳并领门臣祭酒，专明胡人辞讼；以张离、张良、刘群、刘谟等为门生主书，司典胡人出内，重其禁法，不得侮易衣冠华族。号胡人为国人。遣使循行州郡，劝课农桑。加张宾大执法，专总朝政，位冠僚首。署石季龙为单于元辅、都督禁卫诸军事；署前将军李寒领司兵勋，教国子击刺战射之法。命记室佐明楷、程阴、徐机撰《上党国记》①；中大夫傅彪、贾蒲、江轨撰《大将军起居注》；参军石泰、石同、石谦、孔隆撰《大单于志》。

自是朝会常以天子礼乐飨其群下，威仪冠冕从容可观矣。②

上面两部分引文讲的是从群僚劝进到石勒建国称王，但却被分割在《石勒载记》的上、下两篇中。这是后赵前期政治制度的概要，施行达十年之久。直到石勒晚年称帝，才改行新制。

后赵前期政治制度，概括起来有以下几个要点。

第一，建立一个权力高度集中的专制王权。上文称依刘备在蜀、曹操在邺行事，其实刘备的蜀汉是独立政权，而曹操称王却仍为霸府。以其设置的机构及品秩而言，刘备以诸葛亮为丞相、许靖为司徒；曹操则置相国、御史大夫等，均为三公官。石勒以张宾为大执法，"专总朝政，位冠僚首"，似乎相当于宰相，但他既没有三公的品秩，也没有丞相的权威。大执法，前史所无，是石勒的发明。他之所以不置丞相之类的三公官，甚至也不置三品的三省政务官，大概因为三公权威过高、三省实权过大，不利于大权独揽，因此，另用大执法之名，以削弱辅政大臣，以免君权旁落。

① "程阴、徐机"原文为"程机"，此据《晋书·石勒载记下》"校勘记"（一）改。
② 《晋书·石勒载记下》，中华书局，第 2735 页。

执法之名，原是汉代御史中丞的别称。"初，汉御史大夫游两丞，一曰御史丞，一曰中丞，亦谓中丞为御史中执法。"[1]又曹魏治书侍御史称治书执法[2]。后赵设有左执法郎、右执法郎、宫门小执法等官，"勒宫殿及诸门始就，制法令甚严，讳胡尤峻。有醉胡乘马突入止车门，勒大怒，谓宫门小执法冯翥曰：'夫人君为令，尚望威行天下况宫阙之间乎！向驰马入门为是何人，而不弹白邪？'翥惶惧忘讳，对曰：'向有醉胡乘马驰入，甚呵御之，而不可与语。'勒笑曰：'胡人正自难与言。'恕而不罪"[3]。可见，执法具有执掌法律、纠察监督的职权。大执法应是后赵中央拥有行政与监察权力的最高官吏。

史称，张宾"及为右长史、大执法，封濮阳侯，任遇优显，宠冠当时，而谦虚敬慎，开襟下士，士无贤愚，造之者莫不得尽其情焉"[4]。然而，这个谦虚敬慎的张宾竟因"物望皆归"而获罪。《石勒载记下》曰："清河张披为程遐长史，遐甚委昵之，张宾举为别驾，引参政事。遐疾披去己，又恶宾之权盛。勒世子弘，即遐之甥也，自以有援，欲收威重于朝，乃使弘之母潜之曰：'张披与张宾为游侠，门客日百余乘，物望皆归之，非社稷之利也，宜除披以便国家。'勒然之。至是，披取急召不时至，因此遂杀之。宾知遐之间己，遂弗敢请。无几，以遐为右长史，总执朝政。自是朝臣莫不震惧，赴于程氏矣。"[5]此事说明石勒把大权牢牢地控制在自己的手里。

第二，文官制度简陋，王朝制与府制混杂。石勒在刘汉时历平东、镇东、征东大将军，直至大将军，俱开府，其僚属有长史、司马、从事中郎、主簿、记室参军等，这是府制。而称王建立王朝，则为王朝制。但后

---

① 《通典》卷二十四《职官六》，中华书局，第662页。
② 《晋书·职官志》曰："侍御史，案汉宣帝幸宣室斋居而决事，令侍御史二人治书侍侧，后因别置，谓之治书侍御史，盖其始也。及魏，又置治书执法，掌奏劾。"中华书局，第738页。
③ 《晋书·石勒载记下》，中华书局，第2737页。
④ 《晋书·石勒载记下张宾附传》，中华书局，第2756页。
⑤ 《晋书·石勒载记下》，中华书局，第2740页。

赵实际上却是王朝制与府制混用，杂乱无章。如上引文中，以程遐为右长史，"总执朝政"，而不是取代张宾为大执法，与王朝制相左。起初我怀疑是否文献记载有误，因右长史是府制僚属，以府制僚属执王朝之政，实不伦不类。但此事后直到石勒称天王、行皇帝事之前，府制僚属一再出现。如"以右常侍霍皓为劝课大夫，与典农使者朱表、典劝都尉陆充等循行州郡，核定户籍，劝课农桑"[①]。如"勒将狩于近郊，主簿程琅谏……赐琅朝服锦绢，爵关内侯。于是朝臣谒见，忠言竞进矣"[②]。又如记室参军徐光、王波，左右长史、司马郭敖、程遐，从事中郎刘奥，等等。以上官吏中，右常侍之官，大致是由中常侍、散骑常侍变化而来，属王朝官；劝课大夫虽临时设置，也应是王朝官。而更多的是府制僚属。

这种王官、府官混用，而且府官多于王官的情况，其原因是什么呢？后赵朝中有那么多的汉族士人，他们对魏晋以来的官制是熟悉的，难道会不懂王朝制与府制的区别？造成王朝制与府制混杂肯定不是他们的责任。唯一可以解释得通的原因是，石勒为平衡胡、汉之间关系而有意压抑汉族士人，以免引起胡羯族人的不满。石勒不能不用汉族士人，但抑制其品阶，使汉族士人的品阶不能超越胡羯将官，故不设三公、三省等高品阶或有实权的王朝官，以府官代行职务。

第三，重视文化建设与文教事业，重建官吏选举制度。关于兴办四门小学与典定九品，实行秀、孝试经之制，前文已经说到，不再重复。

文化建设首先是设置经学祭酒、律学祭酒、史学祭酒，后两项是石勒的首创。祭酒，即长官，如国子学长官为国子祭酒。受史料限制，我们不知后赵所置诸学的效果如何，但仅就其以律、史置学而论，表现了文化建设上的首创精神，是应该给予充分评价的。一个半世纪后，南朝刘宋的泰始六年（470 年），才有宋明帝"立总明观，征学士以充之。置东观祭酒、

① 《晋书·石勒载记下》，中华书局，第 2741 页。
② 《晋书·石勒载记下》，中华书局，第 2742 页。

访举各一人，举士二十人，分为儒、道、文、史、阴阳五部学"之举。

其次是组织编撰《上党国记》《大将军起居注》《大单于志》。虽然中国历代统治者有组织编撰史书的传统，但这是在动荡的年代，还是一个由羯人建立的国家组织进行的，显示了石勒在文化建设上的决心与勇气。

第四，实行胡汉分治。石勒自任大单于，镇抚百蛮。前赵有单于左、右辅，后赵只设元辅一人，以石虎为之。胡人称为国人，这并非把胡人与汉人分为两个等级，只是讳胡而已。否则，不会作出"重其禁法，不得侮易衣冠华族"的规定。专设审理胡人词讼的官吏，是因为汉官不通胡语，"难与言"。后赵并无为胡人专门制定的法律。石勒曾发令说："自今诸有处法，悉依科令。"①并未把胡、汉分开。《通鉴》卷九十一东晋元帝太兴二年（319年）十一月载："初，勒以世乱，律令烦多，命法曹令史贯志采集其要，作《辛亥制》五千文，施行十余年，乃用律令。"这也是胡、汉通用的律令。

胡汉分治最重要的内容是单于统率所谓六夷军队，而六夷军队主要是充当禁卫军的。大单于石勒是全国军队统帅，当然也是六夷军队统帅。他可以委任石虎为单于元辅、车骑将军、都督禁卫诸军事，统领六夷军队，也可以把统率六夷的军权夺走。后赵明帝石勒八年（326年），"勒既将营邺宫，又欲以其世子弘为镇，密与程遐谋之。石季龙自以勋效之重，仗邺为基，雅无去意。及修构三台，迁其家室，季龙深恨遐……勒以弘镇邺，配禁兵万人，车骑所统五十四营悉配之，以骁骑领门臣祭酒王阳专统六夷以辅之"②。后赵地方沿袭西晋的州郡制，未见划分胡族独立政区，也并无地方胡族分治的记载。

后赵的胡汉分治政策，有利于弥合胡、汉之间因种族差异而产生的歧视与矛盾。其实，不只是胡汉分治政策，后赵前期的整个政治制度，总的

---

① 《晋书·石勒载记下》，中华书局，第2747页。
② 《晋书·石勒载记下》，中华书局，第2743页。

来说，都是后赵社会发展的重要保证，为维护冀州地区比较稳定的民族关系发挥了良好的作用。

（三）

后赵太和三年（330年），石勒改称赵天王、行皇帝事并正式登皇帝位，对政治制度进行了相应的改革。

第一，改革中枢制度，初步形成了三省制。石勒以石虎为太尉、守尚书令；原左长史郭敖为尚书左仆射、右长史程遐为右仆射，领吏部尚书；左司马夔安、右司马郭殷、从事中郎李凤、前郎中令裴宪为尚书。七人，有一人兼职，由此组成所谓尚书"八座"，形成中央政务中心。石勒令曰："自今疑难大事，八座及委丞赍诣东堂，铨详平决。其有军国要务须启，有令仆尚书随局入陈，勿避寒暑昏夜也。"①石虎即位时，以夔安为侍中、太尉、守尚书令，韩晞为左仆射，魏概、冯莫、张崇、曹显为尚书。尚书省基本上是完备的，尚书令都由羯人担任；仆射、尚书有羯人，也有汉人。

石勒在世时，未设录尚书事。后"令其太子弘省可尚书奏事，使中常侍严震参综可否，征伐刑断大事乃呈之"②。石弘省可尚书奏事，是代表他行使皇帝的权力，与录尚书事有本质的不同。

中国历史上的皇位继承很少不出问题，后赵也不例外。石勒生前，已觉察到中山王石虎跋扈。他唯恐身后难制，听从大臣程遐、徐光建议，"渐夺中山威权，使太子早参朝政"③，上面说到的夺车骑将军石虎五十四营兵配太子，又使太子省可尚书奏事即是。程、徐极力主张除掉石虎，但石勒不听。至石勒一死，石虎立即收杀程、徐，石弘不当皇帝都不成。石弘继位，石虎便出任丞相、魏王、大单于，而以其子石邃录尚书事，把政务紧

---

① 《晋书·石勒载记下》，中华书局，第2746页。

② 《晋书·石勒载记下》，中华书局，第2750页。

③ 《晋书·石勒载记下》，中华书局，第2752页。

紧地抓在自己的手里。石弘在位第二年，即延熙二年（335年），石虎杀弘自立为帝。而石虎"荒游废政，多所营缮，使邃省可尚书奏事，选牧守，祀郊庙。惟征伐刑断乃亲览之"①。这样，录尚书事之职实际上也废除了。因省可尚书奏事属于皇权非臣子之权，所以当"邃以事为可呈，呈之，季龙恚曰：'此小事，何足呈也。'时有所不闻，复怒曰：'何以不呈？'诮责杖捶，月至再三"②。直到后赵建武九年（343年），石虎才又以燕王石斌为大司马、录尚书事。

在设立尚书八座的同时，石勒也任命了中书、侍中机构的官吏，可考的有：以原参军事徐光为中书令、领秘书监，门下侍中有任播、石挺，散骑常侍有石弘、石邃等。石虎世有中书令王波，后迁中书监；侍中申钟、郑系、王谟，散骑常侍卢谌、崔约等。

关于三省的中枢机制，文献留下的记载很少，只能见其大概情况。《晋书·石勒载记下》曰："勒下书曰：'自今诸有处法，悉依科令。吾所忿戮、怒发中旨者，若德位已高，不宜训罚，或服勤死事之孤，邂逅罹谴，门下皆各列奏之，吾当思择而行也。'"③可知门下为拾遗补阙之职。又《晋书·石季龙载记上》曰："吏部选举，可依晋氏九班选制，永为揆法。选毕，经中书、门下宣示三省，然后行之。其著此诏书于令。"④由此，大致可见在纳奏出令的过程中，三省发挥着各自的职能。但是，三省能否正常发挥其职能，更取决于专制君主。石虎时，"中谒者令申扁有宠于季龙，而（石）宣亦昵之。扁聪辩明断，专综机密之任。季龙既不省奏案，宣荒酒内游，石韬沉湎好猎，生杀除拜皆扁所决。于是权倾内外，刺史二千石多出其门，九卿已下望尘而拜"⑤。

---

① 《晋书·石季龙载记上》，中华书局，第2762页。
② 《晋书·石季龙载记上》，中华书局，第2766页。
③ 《晋书·石勒载记下》，中华书局，第2747页。
④ 《晋书·石季龙载记上》，中华书局，第2764页。
⑤ 《晋书·石季龙载记上》，中华书局，第2775页。

在后赵，三公一般只是代表品阶的闲任，不在中枢机构之列。石勒唯任石虎为太尉，但石虎权力不在太尉，而在尚书令之职。石虎时，以"勒文武旧臣皆补左右丞相闲任"，他自己的亲信府僚则"悉署台省禁要"①。由于汉国刘渊承袭汉朝体制，所以丞相、三公为中枢之任；但后赵却是承袭魏晋制度，三公退出中枢。而丞相"非复寻常人臣之职"②，变成了野心家登上皇帝宝座前的一个台阶。

第二，实行察举、学校培养与清定九品相结合的选任官吏办法。上文提到，此前在石勒八年（326 年），"典定九流，始立秀、孝试经之制"。后来石勒与石虎在官吏选举上又有如下措施：

（石勒）又下书公卿百僚岁荐贤良、方正、直言、秀异、至孝、廉清各一人，答策上第者拜议郎，中第中郎，下第郎中。其举人得递相荐引，广招贤之路。③

（石勒）命郡国立学官，每郡置博士祭酒二人，弟子百五十人，三考修成，显升台府。于是擢拜太学生五人为佐著作郎，录述时事。④

（石虎）下书曰："三载考绩，黜陟幽明。斯则先王之令典，政道之通塞。魏始建九品之制，三年一清定之，虽未尽弘美，亦缙绅之清律，人伦之明镜。从尔以来，遵用无改。先帝创临天下，黄纸再定。至于选举，铨为首格。自不清定，三载于兹。主者其更铨论，务扬清激浊，使九流咸允也。吏部选举，可依晋氏九班选制，永为揆法。"⑤

---

① 《晋书·石勒载记下子弘附传》，中华书局，第 2754 页。
② 《晋书·职官志》，中华书局，第 724 页。
③ 《晋书·石勒载记下》，中华书局，第 2748 页。
④ 《晋书·石勒载记下》，中华书局，第 2751 页。
⑤ 《晋书·石季龙载记上》，中华书局，第 2764 页。

（石虎）下书令诸郡国立五经博士。初，勒置大小学博士，至是复置国子博士、助教。季龙以吏部选举斥外耆德，而势门童幼多为美官，免郎中魏（上奂中比下大）为庶人。[1]

季龙僭位之后，有所调用，皆选司拟官，经令仆而后奏行。不得其人，案以为令、仆之负，尚书及郎不坐。至是，吏部尚书刘真以为失铨考之体而言之，季龙责怒主者。[2]

后赵在官吏选举上再三再四地发布诏令，足见对其重视的程度。

上引第一条关于察举制，由公卿百官按科目荐举，而非如汉制由州郡察举，所谓乡举里选。举行策试后，根据成绩分上、中、下授以郎官。第二条设学校培养，学生经三次考试，选用优异者，仅五人擢为著作佐郎。第三条关于九品官人法。魏晋以来的九品官人法对未入仕者是品评入仕资格，对现职官吏则起考核作用。后赵实施三年一清定的办法，提供给吏部作为选官的依据。第四条是石虎在郡国增立五经博士，在中央设国子学。第五条关于选官的机构及责任。具体操作的是吏部，经尚书令、仆上报皇帝。如选官不当，原只追究令、仆责任，丧失了铨选与考课的意义。

在十六国中，如此重视选官制度者并不多见。

第三，建立强大的禁卫军，逐渐形成征兵和募兵相结合的兵制。军队是立国的基础、统治的支柱。后赵庞大的军队在穷兵黩武的石虎时达到顶点，"季龙将讨慕容皝，令司、冀、青、徐、幽、并、雍五丁取三，四丁取二，合邺城旧军满五十万"[3]。后赵历史上动辄数万、十几万的军队比比皆是。中央设都督中外诸军事，为皇帝统领全国军队[4]。石勒以太子石弘

① 《晋书·石季龙载记上》，中华书局，第2769页。
② 《晋书·石季龙载记上》，中华书局，第2770页。
③ 《晋书·石季龙载记上》，中华书局，第2770页。
④ 参见何兹全《十六国时期的兵制》，载《历史学的突破、创新和普及》，北京师范大学出版社，第135—163页。

为之。石虎当丞相时，就迫不及待地以其子石邃为"大都督中外诸军事"，竟在前面还加一"大"字。石虎晚年，又以燕王石斌为之。石虎病危，其妻矫诏杀斌，以张豺为太保都督中外诸军事。石虎死，张豺以张离为己之副，名监中外诸军事。魏晋时期都督诸军事之职的等次，有都督诸军、监诸军、督诸军及使持节、持节、假节的区别[1]，后赵的都督中外诸军事与监中外诸军事，当由此而来。

禁卫军是军队的重中之重，也是中央精兵。统率禁卫军的将军有都督禁卫诸军事、中领军、左、右卫将军等。石虎宠任石斌时，"置左、右戎昭，位在左、右卫上"。中军将军号还有许多，如骁骑将军、武卫将军、镇卫将军、左军将军，等等。石勒立石弘为世子，任其为中领军。"（石）弘镇邺，配禁兵万人。"[2]石勒死时，石虎"执（石）弘使临轩"，而"召其子（石）邃率兵入宿卫"[3]，也就是用他自己的兵替换原来的禁卫军。石虎晚年，诸子争夺继承权，太子石宣杀石韬，石虎怒杀石宣，东宫卫士十余万人皆谪戍凉州。东宫卫士属禁卫军组成部分，其中有所谓"高力"等万余人。史称，"故东宫谪卒高力等万余人当戍凉州，行达雍城，既不在赦例，又敕雍州刺史张茂送之，茂皆夺其马，令步推鹿车，致粮戍所。高力督定阳梁犊等因众心之怨，谋起兵东还……高力等皆多力善射，一当十余人，虽无兵甲，所在掠百姓大斧，施一丈柯，攻战若神，所向崩溃，戍卒皆随之，比至长安，众已十万"[4]。由此可见后赵禁卫军的强大。

与刘渊汉国不同的是，后赵没有五部匈奴的部落兵。石勒不是在羯人聚居的上党起兵的，而是被掠卖到山东时纠合牧子、郡县系囚、山泽亡命之徒组建起武装队伍的。后来，他的军队可能来源于攻陷的壁垒，吸收壁

---

[1] 《晋书·职官志》，中华书局，第729页。
[2] 《晋书·石勒载记下》，中华书局，第2743页。
[3] 《晋书·石勒载记下子弘附传》，中华书局，第2753页。
[4] 《晋书·石季龙载记下》，中华书局，第2786页。

垒中的强壮者为兵。他的军队中有胡羯，主要在中军，特别是禁卫军中。而来自壁垒的却都是汉人。汉人除所谓"衣冠华胄"即大族士人可免兵役外，都有服兵役的义务。石虎时，"镇远王擢表雍秦二州望族，自东徙已来，遂在戍役之例，既衣冠华胄，宜蒙优免，从之。自是皇甫、胡、梁、韦、杜、牛、辛等十有七姓蠲其兵贯，一同旧族"①。这就是说，旧族、衣冠华胄不在服兵役之列。由于石虎志在穷兵，他经常进行强迫征兵及募兵，如"季龙将伐辽西鲜卑段辽，募有勇力者三万人"②。又如上文提到的"五丁取三、四丁取二"的征兵。甚至被征者还要自备车牛粮绢，他下令"征士五人车一乘，牛二头，米各五十斛，绢十匹，调不办者已斩论。将以图江表。于是百姓穷窘，鬻子伊充军制，犹不能赴，自经于道路死者相望，而求发无已"③。后赵的灭亡，除宗室自相残杀外，苛重的兵役与徭役也是重要原因。

三、诸燕：贵族、门阀本位，"军封"、营户泛滥

慕容鲜卑内迁虽晚，但地处农业区域。慕容廆移居大棘城（今辽宁省锦州市义县西南），开始定居的农业生活，史称"教以农桑，法制同于上国"④，即走上了汉化道路。东晋咸康三年（337年），慕容皝自称燕王，史称前燕。在击退石虎进攻，取得对夫余、高句丽战争的胜利，进而灭鲜卑宇文部后，前燕在汉族士人的辅佐下，进一步加快了汉化的步伐。冉闵乱赵之际，燕王慕容儁趁机南下，占领广大的关东地区，遂于前燕四年

① 《晋书·石季龙载记上》，中华书局，第 2770 页。
② 《晋书·石季龙载记上》，中华书局，第 2767 页。
③ 《晋书·石季龙载记上》，中华书局，第 2773 页。
④ 《晋书·慕容廆载记》，中华书局，第 2804 页。

（352 年）在蓟（今北京市西南）称帝，建立以鲜卑贵族为核心，维护鲜卑贵族与汉人士族利益的君主专制政权。

前燕政治制度基本上承袭西晋，这种以皇族为第一家族的门阀制度促进了慕容鲜卑的汉化，消泯了关东地区的民族间的界限，有利于各族的融合；但也销蚀了慕容鲜卑贵族集团本身，逐渐出现"军封"、营户泛滥，以至于前燕只维持二十来年就七零八落了。

（一）

关于前燕的政治制度，我们从慕容鲜卑的汉化说起。

在汉化道路上，鲜卑慕容氏是五胡中的后来居上者。慕容氏的汉化，在其君臣讨论礼制的问题上表现非常突出。这在十六国时期是极为罕见而应该引起我们注意的。

大约在前燕元玺四年（355 年），给事黄门侍郎申胤为冠服、礼乐等事向燕王慕容儁上疏曰：

> 夫名尊礼重，先王之制。冠冕之式，代或不同。汉以萧、曹之功，有殊群辟，故剑履上殿，入朝不趋。世无其功，则礼宜阙也。至于东宫，体此为仪，魏晋因循，制不纳舄。今皇储过谦，准同百僚，礼卑逼下，有违朝式。太子有统天之重，而与诸王齐冠远游，非所以辨章贵贱也。祭飨朝庆，宜正服衮衣九文，冠冕九旒。

> 又仲冬长至，太阴数终，黄钟产气，緜微于下，此月闭关息旅，后不省方。《礼记》曰："是月也，事欲静，君子斋戒去声色。"唯《周官》有天子之南郊从八能之说。或以右事至灵，非朝飨之节，故有乐作之理。王者慎微，礼从其重。前来二至阙鼓，不宜有设，今之铿锵，盖以常仪。二至之礼，事殊余节，猥

动金声，惊越神气，施之宜养，实为未尽。

又朝服虽是古礼，绛褠始于秦汉，迄于今代，遂相仍准。朔望正旦，乃具衮舄。礼，诸侯旅见天子，不得终事者三，雨沾服失容，其在一焉。今或朝日天雨，未有定仪。礼贵适时，不在过恭。近已地湿不得纳舄，而以衮襊改履。案言称朝服，所以服之而朝，一体之间，上下两制，或废或存，实乖礼意。大燕受命，侔纵虞夏，诸所施行，宜损益定之，以为皇代永制。

由申胤所上疏可知，这时的前燕已制定君臣冠冕、衮舄与朝廷礼乐等仪礼制度。其制度当是前燕朝廷的汉族人士根据前朝制度及《礼记》《周官》等记载制定的。申胤对这些制度实施中的问题提出了意见。对此，慕容儁下诏曰：

其剑舄、不趋，事下太常参议。太子服衮冕，冠九旒，超越逼上，未可行也。冠服何容一施一废，皆可详定。[1]

慕容儁诏书对申胤提出的三个问题分别处理：一是"剑履上殿，入朝不趋"的礼仪交太常寺参议；二是太子"服衮冕，冠九旒"不可行；三是冠服不能变化无常，但可研究。我们虽然不知已有的仪礼制度是何时、由何人主持制定的，但可知慕容儁对这些礼仪制度是熟悉且有见解的。

光寿二年（358年），迁都于邺。这时，又有廷尉监常炜上言曰：

大燕虽革命创制，至于朝廷铨谟，亦多因循魏晋，唯祖父不殓葬者，独不听官身清朝。斯诚王教之首，不刊之式。然礼贵适

———————————

[1] 《晋书·慕容儁载记》，中华书局，第2835-2836页。

时，世或损益……自顷中州丧乱，连兵积年，或遇倾城之败，覆军之祸，坑师沈卒，往往而然，孤孙茕子，十室而九。……若斯之流，抱琳琅而无申，怀英才而不齿，诚可痛也。……谨案《戊辰诏书》，荡清瑕秽，与天下更始，以明惟新之庆。五六年间，寻相违伐，于则天之体，臣窃未安。

常炜原是冉闵的属下，曾于前燕慕容儁二年（350 年）出使前燕。慕容儁在他身旁点燃火堆，逼他招供，但他神色自若，以死抗争；后来他得到慕容儁赦免，仕于前燕。他指出颁布于五六年前的《戊辰诏书》中关于"祖父不殡葬者，独不听官身清朝"的规定不适时用。因为祖父不得殡葬，不是个人的责任，而是"连兵积年"造成的，如因循不变，就会导致英才流失。他的建议得到慕容儁的支持，慕容儁诏曰："炜宿德硕儒，练明刑法，览其所陈，良足采也。今六合未宁，丧乱未已，又正当搜奇拔异之秋，未可才行兼举。且除此条，听大同更议。"① 慕容垂建后燕时，又有尚书郎娄会上疏曰：

> 三年之丧，天下之达制，兵荒杀礼，遂以一切取士。人心奔竞，苟求荣进，至乃身冒缞绖，以赴时役，岂必殉忠于国家，亦昧利于其间也。圣王设教，不以颠沛而亏其道，不以丧乱而变其化，故能杜豪竞之门，塞奔波之路。陛下钟百王之季，廓中兴之业，天下渐平，兵革方偃，诚宜蠲荡瑕秽，率由旧章。吏遭大丧，听终三年之礼，则四方知化，人服斯礼。

然而，慕容垂没有批准。

---

① 《晋书·慕容儁载记》，中华书局，第 2838—2839 页。

这里涉及汉以来礼制的一个大问题：忠孝问题。唐长孺先生在《魏晋南朝的君父先后论》一文中对此进行过深入的探讨。他指出，汉代人在忠、孝冲突时，还是会选择忠的。三国时还允许有选择的自由，孙权诏称："故圣人制法，有礼无时则不行。遭丧不奔非古也。盖随时之宜，以义断恩也。"他进而指出："自晋以后，门阀制度的确立，促使孝道的实践在社会上具有更大的经济上与政治上的作用，因此亲先于君，孝先于忠的观念得以形成。同时，现实的政治也加强了，并且发展了这种观点"，"然而孝道的过分发展必然要妨碍到忠节。一到唐代，一统帝国专制君主的威权业已建立，那种有害于君主利益的观点随着旧门阀制度的衰落而趋于消沉"。[1] 我们把慕容儁与其臣子的观点放在唐先生论述的这个问题的大背景下考察，可以说前燕不仅认同汉族礼制，而且在礼制实践方面也已达到一个相当的高度。

慕容鲜卑接受汉族传统礼乐文化的历史可以上溯到慕容廆。《晋书·慕容廆载记》曰："廆幼而魁岸，美姿貌，身长八尺，雄杰有大度。安北将军张华雅有知人之鉴，廆童冠时往谒之，华甚叹异，谓曰：'君至长必为命世之器，匡难济时者也。'因以所服簪帻遗廆，结殷勤而别。"张华时为西晋都督幽州诸军事、领护乌桓校尉、安北将军。如果说当时慕容廆尚年幼，张华的预言不算数，那么再看另一记载：当他作为慕容部豪酋时，"乃遣使来降，帝嘉之，拜为鲜卑都督。廆致敬于东夷府，巾衣诣门，抗士大夫之礼。何龛严兵引见，廆乃改服戎衣而入。人问其故，廆曰：'主人不以礼，宾复何为哉！'龛闻而惭之，弥加敬惮"[2]。他竟然还说东夷校尉何龛不懂以礼待人呢！

其实，慕容部氏族贵族在与西晋官府的往来接触时，欣赏、仰慕乃至模仿汉族官僚的礼仪，学到的只是汉礼乐文化的皮毛。直到西晋永嘉

---

① 唐长孺：《魏晋南北朝史论拾遗》，中华书局，第236-247页。
② 《晋书·慕容廆载记》，中华书局，第2804页。

之乱，大批流亡的汉族人士到辽西避难，才为他们学习汉文化提供了机会。"时二京倾覆，幽冀沦陷，廆刑政修明，虚怀引纳，流亡士庶多襁负归之。……会稽朱左车、太山胡毋翼、鲁国孔纂以旧德清重引为宾友，平原刘赞儒学该通，引为东庠祭酒，其世子皝率国胄束修受业焉。廆览政之暇，亲临听之，于是路有颂声，礼让兴焉。"① 慕容廆派长史、河东裴嶷出使建康，"初，（东晋）朝廷以廆僻在荒远，犹以边裔之豪处之。嶷既使至，盛言廆威略，又知四海英贤并为其用，举朝改观焉"②。

或许"路有颂声，礼让兴焉"不免有溢美之嫌，但从东庠接受教育出来的慕容皝却实实在在地继续把汉礼乐文化发扬光大。《晋书·慕容皝载记》曰："赐其大臣子弟为官学生者号高门生，立东庠于旧宫，以行乡射之礼，每月临观，考试优劣"；又"亲临东庠考试学生，其经通秀异者，擢充近侍"。不仅如此，他还亲自授徒，著书立说。史称他"雅好文籍，勤于讲授，学徒甚盛，至千余人。亲造《太上章》以代《急就》，又著《典诫》十五篇，以教胄子"③。其后，慕容皝之子慕容儁在礼乐文化的推广与传播上也同样有所作为。《晋书·慕容儁载记》曰："儁立小学于显贤里以教胄子。"他"雅好文籍，自初即位至末年，讲论不倦，览政之暇，唯与侍臣错综义理，凡所著述四十余篇。性严重，慎威仪，未曾以慢服临朝，虽闲居宴处亦无懈怠之色云"④。

关于礼制，南朝刘宋时的傅隆说："原夫礼者，三千之本，人伦之至道。故用之家国，君臣以之尊，父子以之亲。用之婚冠，少长以之仁爱，夫妻以之义顺。用之乡人，友朋以之三益，宾主以之敬让。所谓极乎天，播乎地，穷高远，测深厚，莫尚于礼也。"⑤ 这个论述，可以代表魏晋南北

---

① 《晋书·慕容廆载记》，中华书局，第 2806 页。
② 《晋书·慕容廆载记裴嶷附传》，中华书局，第 2812 页。
③ 《晋书·慕容皝载记》，中华书局，第 2826 页。
④ 《晋书·慕容儁载记》，中华书局，第 2842 页。
⑤ 《宋书·傅隆传》，中华书局，第 1551 页。

朝时期统治阶级关于礼制的观点。按照这个观点，礼制是君主专制国家政治制度的基础。那么可以说，慕容氏祖孙三代人，以汉族的礼制，奠定了慕容鲜卑汉化的基础，也奠定了前燕政治制度的基础。

（二）

慕容廆之世，东晋拜他为大单于、监平州诸军事、安北将军、平州刺史；不久后升任使持节、都督幽州东夷诸军事、车骑将军、平州牧，封辽东郡公，"承制海东，命备百司，置平州守宰"[①]。形式上，他仍然是晋朝的地方官。慕容廆曾经以自己和僚属的名义，两次写信给东晋太尉陶侃，委婉地向朝廷讨封燕王爵，而东晋朝廷不答。由于他还需要以晋朝的名义为号召，同时也受着君臣之礼的拘束，故始终没有称王。

东晋咸康三年（337年），已继位四年的慕容皝，在群下的劝进声中即燕王位，置六卿、纳言、常伯、冗骑常侍等官[②]，"以封奕为国相，韩寿为司马，裴开、阳骛、王寓、李洪、杜群、宋该、刘瞻、石琮、皇甫真、阳协、宋晃、平熙、张泓等并为列卿将帅"[③]。后来，东晋朝廷以燕绝远，鞭长莫及，也就表示承认慕容皝为燕王了。至此，慕容皝初步建立起君主专制的政权。

东晋永和五年（349年），慕容儁继其父即燕王位，号燕元年。这时，东晋的封爵对他已经没有多大意义了。前燕慕容儁四年（352年），慕容儁在进军中原的胜利声中登上皇帝位。《晋书·慕容儁载记》曰：

> 以永和八年（352年）僭即皇帝位，大赦境内，建元曰元玺，

---

① 《晋书·慕容廆载记》，中华书局，第2807页。
② 《通鉴》卷九十六东晋成帝咸康四年（338年）五月："赵王（石）虎已燕王皝不会赵兵攻段辽而自专其利，欲伐之。……皝闻之，严兵设备，罢六卿、纳言、常伯、冗骑常侍官。"胡注曰："去年皝置六卿等官。"中华书局，第3018页。关于慕容皝置六卿等官，其本人载记佚载。
③ 《晋书·慕容皝载记》，中华书局，第2817-2818页。

署置百官。以封奕为太尉，慕容恪为侍中，阳骛为尚书令，皇甫真为尚书左仆射，张希为尚书右仆射，宋活为中书监，韩恒为中书令，其余封授各有差。

据《通鉴》卷九十九东晋穆帝永和十年（354年）四月载：

燕王儁封抚军将军军为襄阳王；左将军彭为武昌王；以卫将军恪为大司马、侍中、大都督、录尚书事，封太原王；镇南将军评为司徒、骠骑将军，封上庸王；封安东将军霸为吴王；左贤王友为范阳王；散骑常侍厉为下邳王；散骑常侍宜为庐江王；宁北将军度为乐浪王；又封弟桓为宜都王；逮为临贺王；徽为河间王；龙为历阳王；纳为北海王；秀为兰陵王；岳为安丰王；德为梁公；默为始安公；倭为南康公；子臧为乐安王；亮为渤海王；温为带方王；涉为渔阳王；暐为中山王。以尚书令阳骛为司空，仍守尚书令。

前燕分封宗室诸王公的这段重要资料为慕容儁本人载记所阙。如果忽略了这段资料，就无法看清前燕国家政权的全貌了。

前燕政治制度的资料奇缺，有些资料浮现的也只是表面现象。通过对资料的分析探讨，可以概括出如下几点。

第一，建立以慕容鲜卑贵族为权力核心的君主专制。前燕中央机构比较完备，三公、三省、列卿皆有。慕容儁虽政出于己，但最信赖的是太原王慕容恪。慕容恪始为侍中，累迁三公官大司马、录尚书。《通鉴》卷一百东晋穆帝升平三年（359年）十二月载："燕王儁寝疾，谓大司马太原王恪曰：'吾病必不济，今二方未平，景茂（慕容暐字）冲幼，国家多难，吾欲效宋宣公，以社稷属汝，何如？'恪曰：'太子虽幼，胜残致治之主也。

臣实何人，敢干正统！'儁怒曰：'兄弟之间，岂虚饰邪！'恪曰：'陛下若以臣能荷天下之任者，岂不能辅少主乎！'儁喜曰：'汝能为周公，吾复何忧。'"慕容儁死后，慕容暐任慕容恪为太宰、录尚书，行周公事；慕容评为太傅，副赞朝政；慕舆根为太师。当时，慕容恪就是以录尚书之位而总理朝政大权。

慕容恪与慕容评曾因水旱之灾，请逊位归政，疏称"猥以轻才，窃位宰录"。可知慕容评作为副职，实与慕容恪并录尚书。慕容恪病重时，以慕容评性猜忌，虑及大司马职统兵权，唯恐再落入他手里，便提出由慕容垂、慕容臧、慕容冲依次作为后继者，当然他们都是慕容贵族权力核心中的人物。慕容恪死后，慕容评仍以录尚书执政，而同为三公的皇甫真却只能徒唤："谋之不从可如何！"[1]

第二，实行大规模的宗室分封。分封宗室诸王始自西晋，"西晋政权结构是以皇室为首的门阀贵族联合统治。皇室作为一个家族驾于其他家族之上，皇帝是这个第一家族的代表以君临天下，因而其他家族成员有资格也有必要取得更大权势以保持其优越地位"[2]。前燕实行宗室诸王公的分封，是西晋制度与鲜卑部落贵族制度的结合。鲜卑部落在对外征服战争中，部落贵族享有分配战利品的权利。慕容氏入主中原，就是要把中原的土地、人口、财富作为他们的战利品来瓜分。虽然慕容氏十分重视汉族士人，虽然前燕对广阔的汉族地区的统治需要依靠他们，但是，前燕毕竟是慕容鲜卑贵族的政权，分封宗室诸王公是胜利者分配战利品的必然步骤。

表面上看，前燕分封与西晋不同。西晋实行实封制，有封土，有王国官吏、军队，诸王衣租食税。而前燕诸王是虚封，并无实土，当然也无从衣租食税。但是，在手握强兵、出守重镇这点上，两者却是相似的。西晋诸王实际上不到封地去，他们贪恋京师的奢华生活，或被委以中枢之职，

---

① 《晋书·慕容暐载记》，中华书局，第 2852 页。
② 上揭《魏晋南北朝史论拾遗》，中华书局，第 140 页。

或出为都督、刺史。如《晋书·八王传序》所说："出拥旄节,莅岳牧之荣;入践台阶,居端揆之重。"前燕诸王都是统兵将军,而诸军均有数量庞大的"营户"。所谓营户,就是军队中的依附户、军队将领的依附户。前燕的诸王公没有封土可以衣租食税,但可以在军队中衣营户之租、食营户之税;所以人们把营户称为"军封"。这是其一。其二,诸王公手握强兵、出守重镇,是国家动乱之源。西晋发生"八王之乱",诸王领兵为害甚烈。前燕因前秦大兵压境,来不及发生动乱就灭亡了。但慕容垂逃亡前秦,与诸王领兵不无关系。到后燕、西燕、南燕时,诸王领兵的弊病就暴露无遗了。

第三,慕容氏重用汉族人士,汉族人士在前燕政权中比例极高。慕容氏与汉族人士有着长久的合作关系,经历了历史的考验,相互信任、密切合作。慕容廆开重用汉族人士的先河:"乃立郡以统流人,冀州人为冀阳郡,豫州人为成周郡,青州人为营丘郡,并州人为唐国郡。于是推举贤才,委以庶政,以河东裴嶷、代郡鲁昌、北平阳耽为谋主;北海逄羡、广平游邃北平西方虔、渤海封抽、西河宋奭、河东裴开为股肱;渤海封奕、平原宋该、安定皇甫岌、兰陵缪恺以文章才俊任居枢要。"[1]

慕容皝称燕王时,所任用的列卿将帅也几乎是清一色的汉族人士。慕容皝对侨郡县做了调整,取消侨郡,只立侨县,"罢成周、冀阳、营丘等郡。以渤海人为兴集县,河间人为宁集县,广平、魏郡人为兴平县,东莱、北海人为育黎县,吴人为吴县,悉隶燕国"[2]。

慕容儁即皇帝位时所任命的三公及中枢机构官员共有七人,除慕容恪外,其余六人全是汉族人士。汉族士人不仅在前燕中央担任要职,也在地方担任长吏;不仅在侨郡县担任长吏,也在其他郡县担任长吏。

像慕容氏政权这样能够容纳汉族人士,并与之长期合作,形成和谐

---

[1] 《晋书·慕容廆载记》,中华书局,第 2806 页。
[2] 《晋书·慕容皝载记》,中华书局,第 2826 页。

关系的，乃十六国诸政权中所仅见。罗新在研究五燕政权下的华北士族时说："几乎所有的华北士族都有过与慕容鲜卑合作的经历。"又说："随着时间的流逝，华夷的民族界限终究要淡化，对故国的依恋也逐渐会消泯。为了现实的家族利益，必须向胡族征服者进行一定程度的妥协，政治上的合作一般表现为到胡族政权中担任官职。对胡族统治者来说，要有效管理扩大了的疆土，特别是要有效管理此疆土上的各族人民（华北主要是汉族），必须借助汉族世家大族的基层组织形式和管理经验。合作是稳定华北秩序的共同需要。"① 当然，华夷民族界限的淡化乃至消泯，不仅是靠时间，华夷上层之间的合作更是大大地促进华夷民族界限的淡化及至消泯。

前燕政治制度中的消极因素发展很快，不过十余年间，"外则王师及苻坚交侵，兵革不息，内则暐母乱政，评等贪冒，政以贿成，官非才举，群下切齿焉"②。当时尚书左丞申绍的上疏对此有所披露：

> 今者守宰或擢自匹夫兵将之间，或因宠戚，藉缘时会，非但无闻于州间，亦不经于朝廷，又无考绩，黜陟幽明。贪惰为恶，无刑戮之惧，清勤奉法，无爵赏之劝。百姓穷弊，侵赇无已，兵士逋逃，乃相招为贼盗。风颓化替，莫相纠摄。且吏多则政烦，由来常患。今之现户，不过汉之一大郡，而备置百官，加之新立军号，兼重有过往时。虚假名位，废弃农业，公私驱扰，人无聊生。③

有关申绍之疏，史称"暐不纳"。因为牵一发而动全身，这些腐败现象都涉及慕容贵族集团及汉人士族的利益，慕容暐即便"纳"，也是纳而不改了。

---

① 罗新博士论文《十六国时期中国北方的民族形势与社会整合》，第71页。
② 《晋书·慕容暐载记》，中华书局，第2855页。
③ 《晋书·慕容暐载记》，中华书局，第2855页。

（三）

淝水之战后，氐乱甚于胡亡。慕容垂起兵于关东，慕容冲起兵于关中，遂有后燕与西燕；西燕东奔，为后燕所并；后燕慕容宝衰亡，再分而为慕容德的南燕与汉人冯跋的北燕。这些匆匆而去的历史过客，终日战斗不休，不暇制度，少有建树。

值得注意的是，早在慕容氏入主中原时已经废除了的单于制，为什么在后燕慕容熙时单于制又死灰复燃？

《晋书·慕容廆载记》有关单于制的记载有：

> 祖木延，左贤王。父涉归，以全柳城之功，进拜鲜卑单于。
>
> 永嘉初，廆自称鲜卑大单于。
>
> 怀帝蒙尘于平阳，王浚承制夷廆为散骑常侍、冠军将军、前锋大都督、大单于，廆不受。
>
> 建武初，元帝承制（建武元年，317 年）拜廆假节、散骑常侍、都督辽左杂夷流人诸军事、龙骧将军、大单于、昌黎公，廆让而不受。
>
> 及（元）帝即尊位（318 年），遣谒者陶辽重申前命，授廆将军、单于，廆固辞公封。

《晋书·慕容皝载记》有关单于制的记载有：

> 建武初，拜为冠军将军、左贤王，封望平侯。
>
> 廆卒，嗣位，以平北将军行平州刺史，督摄部内。
>
> 是岁（东晋咸和九年，334 年），成帝遣谒者徐孟、闾丘幸等持节拜皝镇军大将军、平州刺史、大单于、辽东公，持节、都

督、承制封拜，一如廆故事。

封奕等以皝任重位轻，宜称燕王，皝于是以咸康三年（337年）僭即王位。

（次年，338年）帝又遣使进皝为征北大将军、幽州牧、领平州刺史，加散骑常侍，增邑万户，持节、都督、单于、公如故。

（咸康七年，341年）成帝使兼大鸿胪郭希持节拜皝侍中、大都督河北诸军事、大将军、燕王、其余官皆如故。

咸康七年（341年）之封拜，《通鉴》所载较详，曰：

以慕容皝为使持节、大将军、都督河北诸军事、幽州牧、大单于、燕王，备物、典策，皆从殊礼。又以其世子儁为假节、安北将军、东夷校尉、左贤王。[①]

《晋书·慕容儁载记》有关单于制的记载有：

皝为燕王，拜儁假节、安北将军、东夷校尉、左贤王、燕王世子。

皝死，永和五年（349年）僭即燕王位……是岁，穆帝使谒者陈沈拜儁为使持节、侍中、大都督、都督河北诸军事、幽冀并平四州牧、大将军、大单于、燕王，承制封拜一如廆、皝故事。

以上是慕容廆子孙三代称单于的情况。

当初，慕容廆宣称自己为鲜卑大单于。不管是割据幽州的野心家王

---

① 《通鉴》卷九十六，东晋成帝咸康七年（341年）二月，中华书局，第3044页。

浚，还是偏安江南的司马睿，也都承认其大单于的地位。但是，慕容廆更看重的却是燕王的封号。为获得这个封号，他一再给东晋的权臣写信。因为只有有了东晋的燕王封号，他才能名正言顺地"上以总统诸部，下宜割损贼境，使冀州之人望风向化"。然而，慕容廆终未能如愿，遗憾终生。慕容皝继位后，等不及东晋的诏命，便自称燕王。虽称燕王，慕容皝又因不是朝廷所命，对此耿耿于怀。当时，东晋执政庾亮卒，其弟庾冰、庾翼掌权。慕容皝上表朝廷，称"庾氏兄弟召乱，宜加斥退，以安社稷"，又给庾冰书，责其"当国秉政，不能为国雪耻"①。如此软硬兼施，才从朝廷讨来了燕王的封号。

石虎死后，慕容儁趁后赵内乱，进兵中原，接连攻占蓟、中山、邺城。前燕慕容儁四年（352 年），他在蓟自称皇帝，而再不见加单于之称。五年后（357 年），他立其子慕容暐为太子，而未加左贤王之号。这就是说，前燕正式废除了单于制。因为慕容儁要做的是中原皇帝，而不是辽西地区的鲜卑酋豪；他要统领的是包括汉族在内的各族大军，而不是鲜卑或杂夷的部落武装。

直至后燕长乐二年（400 年）十二月，"燕主（慕容）盛立燕台，统诸部杂夷"。胡三省认为燕台即单于台。《通鉴》胡注曰："二赵以来，皆立单于台以统杂夷，盛仍此立之。"②其实，胡注的说法并不准确。一是燕台可否称为单于台还很难说。据《晋书·慕容熙载记》：慕容熙光始元年（401 年），"改北燕台为大单于台，置左右辅，位次尚书"。那么，此前燕台就称燕台，不称单于台，尽管燕台的功能与单于台一样都是"统诸部杂夷"。二是所谓"二赵以来，皆立单于台"亦不实，前燕就没有立单于台。慕容盛立燕台，距慕容儁废单于之称已将近半个世纪了。在慕容盛立燕台的同一年，慕容德在广固当上南燕皇帝，他也没有立单于台。

---

① 《通鉴》卷九十六，东晋成帝咸康七年（341 年）二月，中华书局，第 3044 页。

② 《通鉴》卷一百一十一，东晋安帝隆安四年（400 年）十二月胡注，中华书局，第 3516 页。

永康三年（398年），后燕主慕容宝在龙城为兰汗所杀时，后燕冀、并州领土大部分已沦入北魏之手。慕容盛杀兰汗继立后的后燕，又回到慕容儁进军中原以前的状态；因东部还被高句丽侵夺，疆域缩小到辽河以西至滦河下游地区。西晋永嘉之乱后逃难到这里的汉人，在前燕入主中原时，大多数已经回归故里了；而许多鲜卑、匈奴、乌桓、丁零、高句丽人仍在当地，在征伐战争中，还掳掠了一些库莫奚、契丹、柔然人。这些民族有的还以部落形态存在，慕容熙时，曾"引见州郡及单于八部耆旧于东宫，问以疾苦"①。以"单于八部耆旧"与州郡对举，说明这是当时单于所领的杂夷人众。

后燕被汉人冯跋的北燕取代后，这个汉人政权居然也实行单于制，"以其太子永领大单于，置四辅"②。四辅，即单于的左辅、右辅、前辅、后辅。柔然斛律因内争被其弟所逐，投奔北燕，冯跋纳其女为昭仪。后来斛律请求回塞北，冯跋"遣单于前辅万陵率骑三百送之。陵惮远役，至黑山，杀斛律而还"。又冯跋末年，北魏来伐，冯跋以为使者到来，"遣单于右辅古泥率骑候之"③。从名字看，单于的四辅都是由少数民族担任的，其职掌多是迎送境外部族的使者。

慕容熙改北燕台为大单于台，可能由他自己兼任大单于，所以也是他引见单于八部耆旧。而单于的左、右辅品秩次于尚书。冯跋于北燕正始三年（409年）称燕天王时，任命了录尚书事、尚书令、左右仆射、吏部尚书、侍中、司隶校尉及内外大将军等一批高级官吏。直到他即位后的第三年，即太平三年（411年），才宣布以太子冯永领大单于，虽置四辅，但甚低微。

后燕后期及北燕之所以出现单于制的死灰复燃，是因为他们退回到辽西一带，统治着汉族人口较少而少数民族人口较多的地区。这个地区的少

---

① 《晋书·慕容熙载记》，中华书局，第3105页。
② 《晋书·冯跋载记》，中华书局，第3130页。
③ 《晋书·冯跋载记》，中华书局，第3132、3133页。

数民族甚至还保留着部落形式，当然也保留着部落兵，而单于制是统领少数民族部落和部落兵的有效制度。但是，此时单于制只是国家政治制度的一种补充，其作用已经很有限了。

四、前秦：建立强大皇权，构建和谐社会

在五胡史上，氐族是汉化与内迁较早的民族。但是，氐族也在很长时间内一直保持着氐族部落组织，各部落不统一。略阳苻氏原只是氐族一个不大的部落，苻健率领其军事部落集团从关东枋头西返关中建立政权时，氐、羌贵族势力豪横，无君臣之体。苻生历来以滥杀为史家所诟病，其实他的行为也为前秦建立强大皇权清除了障碍。

苻坚依靠汉人王猛，大刀阔斧地实行改革，打击豪强，建立了强大的君主专制制度。而更为突出的是，他在民族状况极为复杂的关中，既维持强势的中央集权，也实行比较合理的民族政策，构建了一个在十六国中政治最为清明、最为稳定的社会。虽然苻坚的民族制度与政策在当时和后代受到质疑，但我们还是应该实事求是地加以分析和评价。

<h3 style="text-align:center">（一）</h3>

我们先来看前秦初起时，其内、外政治社会环境如何。因为这是前秦君主专制及其政治制度赖以生存的基础。

苻洪在枋头（今河南省鹤壁市浚县西南淇门渡）起兵，《通鉴》记载：

> 洪自称大都督、大将军、大单于、三秦王，改姓苻氏。以南安雷弱儿为辅国将军；安定梁楞为前将军，领左长史；冯翊鱼遵为后将军，领右长史；京兆段陵为左将军，领左司马；天水赵

俱、陇西牛夷、北地辛牢皆为从事中郎，氐酋毛贵为单于辅相。[①]

这个班底主要由氐、羌及西域胡人的酋豪组成。雷弱儿，南安羌酋。梁楞，安定氐酋，其女孙梁氏即苻洪孙苻生之妻，苻生即位后被立为皇后。鱼遵，内迁后的西域胡人，后随苻氏入关，其后裔落籍于冯翊下邽（今陕西省渭南市东北）。唐代下邽鱼氏已赫然为冯翊郡的八大望族之一，或慕中原文化而改姓虞氏[②]。鱼遵能进入苻洪军事部落集团的核心，必然是带着他的相当数量的族众归附苻洪的。毛贵，渭北氐酋，梁氏姻亲，苻生梁后之舅。赵俱，屠本《十六国春秋·前秦录》卷十曰："南安羌酋，一云天水人。"剩下几人的族属虽不易确定，但除京兆段陵外，或出陇西，或出北地，都是氐、羌聚居之地，故他们也有出自氐、羌的可能。

这个班底一直维持到苻生当皇帝时。《通鉴》又载：

> 健即天王、大单于位，国号大秦，大赦，改元更始。……以苻雄为都督中外诸军事、丞相、领车骑大将军、雍州牧、东海公；苻菁为卫大将军、平昌公，宿卫二官；雷弱儿为太尉，毛贵为司空，略阳姜伯周为尚书令，梁楞为左仆射，王堕为右仆射，鱼遵为太子太保，强平为太傅，段纯为太保，吕婆楼为散骑常侍。伯周，健之舅；平，王后之弟；婆楼，本略阳氐酋也。[③]

苻健称王时进入权力核心的姜伯周、强平、吕婆楼都是氐酋。关于姜氏，史称"天水旧有姜、阎、任赵四姓，常推于郡中"[④]。四姓之姜氏，或

---

① 《通鉴》卷九十八，东晋穆帝永和六年（350年）正月，中华书局，第3102页。

② 参见林梅村：《稽胡史迹考——太原新出隋代虞弘墓志的几个问题》，载《中国史研究》2002年第1期。

③ 《通鉴》卷九十九，东晋穆帝永和七年（351）正月，中华书局，第3112页。

④ 《三国志·魏志·王朗传》注引《魏略》，中华书局，第421页。

许是羌族中已汉化且成长为大族著姓者。姜伯周不一定出于此四姓，但他与强平都是氐族大姓，而与苻氏结为姻亲。至于王堕，京兆霸城人，则可能是汉人。

苻洪带领氐族族众移居枋头十八年，但苻氏子弟所受汉传统文化的教育并不甚多。苻健，"及长，勇果便弓马，善事人，甚为石季龙父子所亲爱"[①]。苻生，"及长，力举千钧，雄勇好杀，手格猛兽，走及奔马，击刺骑射，冠绝一时"[②]。可见都是好勇斗狠之徒。唯苻雄一支，似与读书有些关系。苻雄"少善兵书，而多谋略，好施下士，便弓马，有政术。"[③] 其子苻坚，"八岁，请师就家学。洪曰：'汝戎狄异类，世知饮酒，今乃求学邪！'欣而许之。"[④] 至于苻氏贵族以外的其他氐、羌酋子弟，就更谈不上接受汉文化教育了。这种状况从苻洪一句"戎狄异类，世知饮酒"里，就概括无遗了。所以，氐人虽然内迁、汉化都较早，但他们处于社会底层，酋豪以武为事，族人生活艰难，何能奢谈读书！这一点上，他们无法与南匈奴和慕容鲜卑相比。南匈奴以贵族身份受到魏晋皇朝的优抚，刘渊辈自幼从师读书，颇有成绩；而慕容氏虽局促一隅，竟能办学兴教，故贵族国胄束脩受业。

《后汉书·西羌传》说西羌："种落繁炽，不立君长，无相长一，强则分种为酋豪，弱则为人附落，更相抄暴，以力为雄。"氐族最初也是这样的。虽然后来有了如苻洪这样的大酋帅，小酋豪依附于他，多少要受约束，但是部落社会淳朴的平等观念并没有改变，他们之间的关系与君主专制体制的君臣关系天差地别。进入中原后，他们保持着部落聚居状态，又没有接受过汉传统文化的教育，所以小酋豪们不懂君臣之道，缺乏尊卑观

① 《晋书·苻健载记》，中华书局，第2868页。
② 《晋书·苻生载记》，中华书局，第2872页。
③ 《晋书·苻生载记苻雄附传》，中华书局，第2880页。
④ 《晋书·苻坚载记上》，中华书局，第2884页。

念，全无上下礼仪；苻氏一旦称王称帝，他们之间的关系就骤然紧张起来。小酋豪们仍然以氏族部落社会的淳朴观念来处理新的关系，那就是无君无父，所谓刚直就是犯上，敢于直言就是目无君长了。

以上是前秦初年内部的政治生态，我们再看外部政治社会环境。

苻秦入关之时，迎接它的是关中复杂的政治局面与战乱后的饥馑灾荒。当时，京兆人杜洪占据长安，苻健击败杜洪潼关守将张先，继而苻菁在渭北再战张先，擒之。前秦军遂长驱直入，占领长安，三辅郡县壁垒皆降。稍后，前秦开始对陇西用兵，后赵将领休屠人王擢降前凉，率众伐上邽。秦州局势尚不明朗，而长安内宫廷发生张遇之变，长安城外叛乱四起，"孔持起池阳，刘珍、夏侯显起鄠，乔秉起雍，胡阳赤起司竹，呼延毒起灞城，众数万人"①。乔、呼延，俱匈奴著姓，屠各种人。刘氏，亦可能是匈奴单于之族。接着，东晋桓温又率军北伐到达灞上。苻秦才渡过一次次的危机，继而"蝗虫大起，自华泽至陇山，食百草无遗。牛马相啖毛，猛兽及狼食人，行路断绝。健自蠲百姓租税，减膳彻悬，素服避正殿"②。"猛兽"，即虎，避唐讳。据说，苻生时"猛兽及狼大暴，昼则断道，夜则发屋，惟害人而不食六畜。自生立一年，兽杀七百余人，百姓库之，皆聚而邑居。为害滋甚，遂废农桑，内外凶惧"③。不仅因虎狼为祸，影响农业，还因关中人口稀少，田野荒芜、农业废殆，才有那么多的虎狼横行。

在这样的内、外环境下，在前秦政权存亡未卜这个关键时刻，苻健寝疾而亡。临终前，他对危机四伏、远未巩固的政权充满了忧虑，告诫太子苻生曰："酋帅、大臣若不从汝命，可渐除之。"④果然，苻生继位以后，便先后杀掉皇后梁氏及太傅毛贵、尚书令梁楞、左仆射梁安、丞相兼侍中雷

① 《晋书·苻健载记》，中华书局，第2870页。
② 《晋书·苻健载记》，中华书局，第2871页。
③ 《晋书·苻生载记》，中华书局，第2877页。
④ 《晋书·苻生载记》，中华书局，第2878页。

弱儿及九子、二十七孙，后来又杀侍中、太师、录尚书事鱼遵及七子、十孙。《晋书·苻生载记》中的苻生是杀人不眨眼的魔头，"或剥死囚面皮，令其歌舞，引群臣观之，以为嬉乐。宗室、勋旧、亲戚、忠良杀害略尽，王公在位者悉以疾告归，人情危骇，道路以目。既自有目疾，其所讳者不足、不具、少、无、缺、伤、残、毁、只之言皆不得道，左右忤旨而死者不可胜纪，至于截胫、刳胎、拉胁、锯颈者动有千数"[①]。但是，苻生屠刀所指，是前秦权力核心，是掌握这些权力核心的酋帅，是对君主专制政权有威胁的重臣。苻生所杀，还有一些是所谓刚直极谏、出口不逊者，这显然被认为是对皇权的蔑视与挑战。所以，苻生杀酋帅、重臣的行为，应该是维护和巩固刚建立不久、还很脆弱的苻氏皇权的行为。这种斗争因为是权力争斗与利益冲突所致，所以是极为剧烈和残酷的。这恐怕不是用天文之变、梦大鱼食蒲之类的流言所能解释的。其间的诡秘争斗，是否为后继者苻坚所隐匿和歪曲？政变成功者上台后，对被推翻的失败者往往极尽造谣诬陷之能事，这在历史上并不罕见。当然，苻坚是否这样，似乎永远是历史之谜了！

其实，苻生大开杀戒，清除了苻氏皇权前进道路上的障碍，对后来上台的苻坚来说，是有所谓"驱除"之功的。这让苻坚上台执政时不必再因那些跋扈于朝野的酋帅、重臣而烦恼，而历史的骂名则甩给了苻生。

有两个例子是治史者熟知的，为说明问题，我们不厌其烦地引在这里。第一例：

> 王猛亲宠愈密，朝政莫不由之。特进樊世，氐豪也。有大勋于苻氏，负气倨傲，众辱猛曰："吾辈与先帝共兴事业，而不预时权；君无汗马之劳，何敢专管大任？是为我耕稼而君食之

---

① 《晋书·苻生载记》，中华书局，第2879页。

乎！”猛曰：“方当使君为宰夫，安直耕稼而已。”世大怒曰：“要当悬汝头于长安城门，不尔者，终不处于世也。”猛言之于坚，坚怒曰：“必须杀此老氐，然后百僚可整。”俄而世入言事，坚谓猛曰：“吾欲以杨璧尚主，璧何如人也？”世勃然曰：“杨璧，臣之婿也，婚已久定，陛下安得令之尚主乎！”猛让世曰：“陛下帝有海内，而君敢竞婚，是为二天子，安有上下！”世怒起，将击猛，左右止之。世遂丑言大骂，坚由此发怒，命斩之于西厩。诸氐纷纭，竞陈猛短，坚恚甚，慢骂，或有鞭挞于殿廷者。权翼进曰：“陛下宏达大度，善驭英豪，神武卓荦，录功舍过，有汉祖之风。然慢易之言，所宜除之。”坚笑曰：“朕之过也。”自是公卿以下无不惮猛焉。

第二例：

其特进强德，健妻之弟也。昏酒豪横，为百姓之患。（王）猛捕而杀之，陈尸于市。其中丞邓羌，性鲠直不挠，与猛协规齐志，数旬之间，贵戚强豪诛死者二十有余人。于是百僚震肃，豪右屏气，路不拾遗，风化大行。坚叹曰：“吾今始知天下之有法也，天子之为尊也！”

读到苻坚体会到当皇帝的尊严，不禁让人想起刘邦。当年刘邦当皇帝，崇尚简易，悉去秦苛仪法，结果群臣饮酒争功，拔剑击柱，闹得刘邦头疼。博士叔孙通说可以为刘邦制礼仪，刘邦说那就试试看。长乐宫成，诸侯朝觐如仪，“竟朝置酒，无敢喧哗失礼者，于是高帝曰：‘吾乃今知为皇帝之贵也。’乃拜叔孙通为太常，赐金五百斤”[1]。

---

① 《史记·叔孙通列传》，中华书局版，第 2723 页。

符坚、王猛所对付的，还不是酋帅、重臣。似樊世辈，丑言大骂、咆哮朝廷，眼里根本没有天子，遑论君臣礼仪！而这已让符坚怒不可遏，也在朝廷上谩骂，大为失态。如此再反观符生杀酋帅、重臣之举，似乎容易理解符生一些了。

<h2 style="text-align:center">（二）</h2>

符坚以政变方式推翻符生统治而登上大秦天王位，他是十六国时期最有光彩的一位政治家。他的治绩，他的统一北方，他对民族融合的贡献，都是十六国历史上所仅见的。

在符坚统治期间，前秦的政治制度也是很有特色的。

第一，建立强大的君主专制制度。从中枢制度说，符坚实行的也是魏晋以来的三省制。虽设三公，但只是崇尚大臣的虚位；由他亲自控制三省。其兄符法原被任命为都督中外诸军事、丞相、录尚书事，而"坚母以法长且贤，又得众心，惧终为变"，杀掉符法。后来虽曾任王猛为录尚书事，但王猛没有就任。直到前秦末年，才有符融、符叡为录尚书事，但有其名而无其实了。尚书省是政务中枢，符坚曾经到尚书省视察，"以文案不治，免左丞程卓官"[①]，可见其对尚书省的重视。中书与门下是决策中枢，他任王猛、薛瓒为中书侍郎，权翼为给事黄门侍郎，以中书与门下的中级官吏"并掌机密"，也就是参与诏令的起草、发布，即所谓"出纳诏命"，作为他实行决策的助手。王猛、薛瓒和权翼都没有氐、羌酋豪背景，所以符坚提拔他们进入权力核心；而汉人士族出身的王猛是他最器重也是最信任的汉人士族大臣。在符坚的全力支持下，王猛在朝廷和地方上打击违法的氐族豪强，杜绝酋帅、豪强对朝政的干预，维护了集权制的君主制度；他还协助符坚实施"修废职，继绝世，礼神祇，课农桑，立学校"以及推

---

① 《通鉴》卷一百，东晋穆帝升平元年（357年）十二月，中华书局，第3167页。

举德才兼备的人才、抚恤贫困百姓等一系列政策措施[①]。

关于中枢决策，文献上提供了两个例子：一次，"坚之将为赦也，与王猛、苻融密议于露堂，悉屏左右。坚亲为赦文，猛、融供进纸墨"[②]。时王猛为侍中、中书令、京兆尹；而苻融为侍中、中书监、尚书左仆射。另一次，在决定南伐东晋时，"坚引群臣会议"[③]，参加这次群臣会议的除尚书、门下、中书外，还延及秘书监、太子左卫率等官吏。这两个决策个案都是由苻坚亲自主持的。当然，决策的形式并不限于这两种，有时是出自苻坚的独断；即便由有司提出，也要经过苻坚决断。

苻坚比较重用汉族士人，尤其重用文武兼备的王猛。王猛升迁之快，世所罕有。史称，王猛"迁尚书左丞、咸阳内史、京兆尹。未几，除吏部尚书、太子詹事，又迁尚书左仆射、辅国将军、司隶校尉，加骑都尉，居中宿卫。时猛年三十六，岁中五迁，权倾内外，宗戚旧臣皆害其宠。尚书仇腾、丞相长史席宝数谮毁之，坚大怒，黜腾为甘松护军，宝白衣领长史。顷之，迁尚书令、太子太傅，加散骑常侍。猛频表累让，坚竟不许。又转司徒、录尚书事，余如故。猛辞以无功，不拜"[④]。

为加强对兵权的控制，苻坚实行将军出征或出镇时由朝廷配给士兵的"配兵制"。这种兵、将分离的制度有利于防止将领专兵及军队中依附关系的发展[⑤]。

第二，实行以"夷狄应和"为目标的民族政策[⑥]。"夷狄应和"，是苻坚建立新型民族关系的理想。这个理想包含着抛弃民族偏见、反对民族歧视的先进理念。也许苻坚的思想超前了，但无疑是非常宝贵和值得称道的。

---

① 《晋书·苻坚载记上》，中华书局，第 2885 页。
② 《晋书·苻坚载记上》，中华书局，第 2887 页。
③ 《晋书·苻坚载记上》，中华书局，第 2911 页。
④ 《晋书·苻坚载记下王猛附传》，中华书局，第 2931 页。
⑤ 参见本书第六章《前秦劝课农桑与社会经济》一节。
⑥ 《晋书·苻坚载记上》，中华书局，第 2896 页。

这一政策包括对投降的异族首领及其贵族的优礼制和对边境异族的羁縻制。

如果说，苻坚厚待来降的慕容垂，是出于"方以义致英豪，建不世之功"的考虑①；那么，他优礼灭国并投降后迁到长安的以慕容暐为首的鲜卑贵族，就是为了追求"夷狄应和"的目标。灭前燕后，《通鉴》记云：苻坚"迁慕容暐及燕后妃、王公、百官并鲜卑四万余户于长安"，"封慕容暐为新兴侯、以燕故臣慕容评为给事中；皇甫真为奉车都尉、李洪为驸马都尉，皆奉朝请；李邦为尚书、封衡为尚书郎、慕容德为张掖太守；燕国平叡为宣威将军、悉罗腾为三署郎，其余封署各有差"②。《晋书·苻坚载记上》又记云："太史令张孟言于坚曰：'彗起尾箕，而扫东井，此燕灭秦之象。'因劝坚诛慕容暐及其子弟。坚不纳，更以暐为尚书，垂为京兆尹，冲为平阳太守。"当苻融再谏时，苻坚曰：

> 汝为德未充而怀是非，立善未称而名过其实。诗云："德轺如毛，人鲜克举。"君子处高，戒惧倾败，可不务乎！今四海事旷，兆庶未宁，黎元应抚，夷狄应和，方将混六合以一家，同有形于赤子，汝其息之，勿怀耿介。夫天道助顺，修德则禳灾。苟求诸己，何惧外患焉。③

苻坚以严厉的口气斥责苻融，并把优礼慕容鲜卑贵族之制与"黎元应抚，夷狄应和，方将混六合以一家，同有形于赤子"的目标联系在一起。

羌酋姚苌投降前秦后，也受到苻坚的优遇，拜官封侯。《晋书·姚苌载记》曰："及襄死，苌率诸弟降于苻生。苻坚以苌为扬武将军，历左卫

---

① 《晋书·苻坚载记上》，中华书局，第2891页。
② 《通鉴》卷一〇二，东晋海西公太和五年（370年）十二月，中华书局，第3239、3240页。
③ 《晋书·苻坚载记上》，中华书局，第2896页。

将军，陇东、汲郡、河东、武都、武威、巴西、扶风太守，宁、幽、充三州刺史，复为扬武将军，步兵校尉，封益阳侯。为坚将，累有大功。"

苻坚对边境异族则采取羁縻制。羁縻制是西汉以来中原政权控制周边少数民族的一种方式，所谓"欲朝者不距，不欲者不强"①。苻坚在派遣吕光进军西域时，对吕光说："西戎荒俗，非礼义之邦。羁縻之道，服而赦之，示以中国之威，导以王化之法，勿极武穷兵，过深残掠。"②而早在甘露二年（360年），当"匈奴左贤王卫辰遣使降于坚，遂请田内地，坚许之。云中护军贾雍遣其司马徐斌率骑袭之，因纵兵掠夺。坚怒曰：'朕方修魏绛和戎之术，不可以小利忘大信。……夫怨不在大，事不在小，扰边动众，非国之利也。所获资产，其悉以归之。'免雍官，以白衣领护军，遣使修和，示以信义。辰于是入居塞内，贡献相寻"③。这就是苻坚对云中、朔方地区匈奴、鲜卑等民族的羁縻之道。后来，刘卫辰与匈奴右贤王曹毂叛。苻坚率军平叛，平叛后视察夷狄地区，但仍然以刘、曹统率原部落。曹毂死后，苻坚将其部分为两部分：贰城以西的二万余落由其长子骆川侯曹玺统领，贰城以东的二万余落由其小儿子力川侯曹寅统领，号称为东、西曹。建元十二年（376年），前秦灭鲜卑拓跋部所建的代国，也把拓跋部分成两部分：独孤部刘库仁管辖河以东部分，刘卫辰管辖河以西部分。又把代王什翼健之子窟咄带回长安，以其不懂礼义，让他入太学读书④。为贯彻其"夷狄应和"的民族政策和制度，苻坚曾亲自巡抚夷狄地区，也数次遣使巡视戎夷种落。

---

① 《汉书·匈奴传下》，中华书局，第3814页。
② 《晋书·苻坚载记下》，中华书局，第2914页。
③ 《晋书·苻坚载记上》，中华书局，第2887页。
④ 此据《魏书·刘库仁传》，中华书局，第605页。另据《晋书·苻坚载记上》曰："坚以翼健荒俗，未参仁义，令入太学习礼。……散其部落于汉鄣边故地，立尉、监行事，官僚领押，课之治业营生，三五取丁，优复三年无租税。其渠帅岁终令朝献，出入行来为之限制。"而《通鉴》卷一〇四东晋孝武帝太元元年（376年）十二月："行唐公（苻）洛以什翼健子窟咄年长，迁之长安。坚使窟咄入太学读书。"《通鉴》所记迁窟咄是。

对待凉州西陲的氐、羌，苻坚也同样从"夷狄应和"出发，以"抚谕"为先，羁縻待之。史称，"初，秦人既克凉州，议讨西障氐、羌，秦王坚曰：'彼种落杂居，不相统一，不能为中国大患，宜先抚谕，征其租税，若不从命，然后讨之。'乃使殿中将军张旬前行宣慰，庭中将军魏曷飞帅骑二万七千随之。曷飞忿其恃险不服，纵兵击之，大掠而归。坚怒其违命，鞭之二百，斩前锋督护储安以谢氐、羌。氐、羌大悦，降附贡献者八万三千余落"①。可见，苻坚的羁縻制是很得民心、大受拥护的。

第三，以苻氏与氐族贵族子弟分守重镇，加强对地方的统治。前秦建立之初，不例外地实行分封制。苻健称王时，封其子苻靓为平原公、苻生为淮南公、苻觌为长乐公、苻方为高阳公、苻硕为北平公、苻腾为淮阳公、苻柳为晋公、苻桐为汝南公、苻廋为魏公、苻武为燕公、苻幼为赵公、苻雄为东海公等。其称帝后，诸公进为王。苻生时，又封苻黄眉为广平王、苻飞为新兴王。受封的还有武安王苻安、清河王苻法、东海王苻坚，封于何时史无明文。苻坚因称王，故又降王爵为公，并新封其弟苻融为阳平公、苻双为河南公、其子苻丕为乐公、苻晖为平原公、苻熙为广平公、苻叡为钜鹿公等。宗室诸王公照例也是领兵打仗，出镇地方。

建元十四年（378年）豫州刺史、北海公苻重在洛阳谋反被苻坚赦免，未加惩戒；两年后（380年），又被任为镇守蓟城的镇北大将军。这时，幽州刺史行唐公苻洛被调往成都，任都督益宁西南夷、益州牧。他因不得入朝为将相，自以为被摒弃边鄙，怀怨愤之心，遂举兵造反。苻洛以七万众从和龙出发，而苻重以十万众响应之。叛乱平定后，苻坚"以关东地广人殷，思所以镇静之"，而"凡我族类，支胤弥繁"，决定"分三原、九嵕、武都、汧、雍十五万户于诸方要镇"②，使诸宗亲各领之，散居方镇，如古诸侯：

---

① 《通鉴》卷一〇四，东晋孝武帝太元元年（376年）七月，中华书局，第3280-3281页。
② 《晋书·苻坚载记上》，中华书局，第2903页。

（都督关东诸军事、征东大将军、冀州牧）长乐公丕领氐三千户，以仇池氐酋射声校尉杨膺为征东左司马，九嵕氐酋长水校尉齐午为右司马，各领一千五百户，为长乐世卿。长乐郎中令略阳垣敞为录事参军，侍讲扶风韦干为参军事，申绍为别驾。膺，丕之妻兄也；午，膺之妻父也。八月，分幽州置平州，以石越为平州刺史，镇龙城。中书令梁谠为幽州刺史，镇蓟城。抚军将军毛兴为都督河秦二州诸军事、河州刺史，镇枹罕。长水校尉王腾为并州刺史，镇晋阳。河、并二州各配氐户三千。兴、腾并苻氏婚姻，氐之崇望也。平原公晖为都督豫、洛、荆、南兖、东豫、扬六州诸军事、镇东大将军、豫州牧，镇洛阳。移洛州刺史治丰阳。钜鹿公叡为雍州刺史。各配氐户三千二百。[①]

《通鉴》称苻坚分氐族宗亲领氐户出镇，如古代分封诸侯。在"长乐世卿"文下，胡注曰："古者封建诸侯国，命卿皆世其官。坚分诸宗亲散居方镇，各以种类为世卿。"文中平州以下虽不再出现世卿，但当是省去。石越、梁谠、毛兴、王腾，皆为氐族。

（三）

在前秦的历史上，上节所述的后两项制度和政策一直遭人非议。以下我们分别对这两项制度和政策做进一步的探讨。

首先，我们看史家如何评价苻坚的民族政策及制度。

在对待前燕慕容暐和鲜卑贵族的问题上，苻坚的确广受质疑。当时，很多人对此极不理解，持反对意见的除苻融外，还有王猛及秘书监朱彤等人。甚至还有人以制造妖异的方式来规谏苻坚。反对者的意见集中起来，

---

① 《通鉴》卷一〇四，东晋孝武帝太元五年（380年）七月，中华书局，第3295-3296页。

就是认为鲜卑慕容氏是敌国异族，狼子野心、不可信赖。慕容氏贵族亡国后，叹寄人篱下，怀复国之思，期东山再起，这是苻坚也想得到的；而当时民族矛盾还比较严重，鲜卑族、羌族等与氐族的民族隔阂与矛盾不是一朝一夕就可泯灭的，这也是苻坚看得见的。但苻坚之所以执着地实施他的优礼政策与制度，是因为他自信自己的政策与制度能够感化他们，以达到"夷狄应和""混一六合"的伟大目标。如果说，苻坚在后来的决策中不屡犯错误，而前秦能够持久地把其强盛的优势保持下去，那么，情况将会是怎样？鲜卑慕容氏和羌族姚氏贵族能否获得复国活动的机会呢？当然，历史是不能假设的。

　　淝水之战以前，鼎盛的前秦已经潜伏着社会危机。苻坚取得统一北方的胜利，也耗尽了国力，而且逐渐变得骄傲且奢侈起来。建元十二年（376年），阳平国常侍慕容绍私谓其兄慕容楷说："秦恃其强大，务胜不休，北戍云中，南守蜀汉，转运万里，道殣相望，兵疲于外，民困于内，危亡近矣。冠军叔仁智度英拔，必能恢复燕祚，吾属但当爱身以待时耳！"文中"叔仁"为叔父之误[1]。次年（377年），"赵故将作功曹熊邈屡为秦王坚言石氏宫室器玩之盛，坚以邈为将作长史，领将作丞，大修舟舰、兵器，饰以金银，颇极精巧。慕容农私言于慕容垂曰：'自王猛之死，秦之法制，日以颓靡，今又重之以奢侈，殃将至矣，图谶之言，行当有验。大王宜结纳英杰以承天意，时不可失！'垂笑曰：'天下事非尔所及。'"[2]另有记载称："坚自平诸国之后，国内殷实，遂示人以侈，悬珠帘于正殿，以朝群臣，宫宇车乘，器物服御，悉以珠玑、琅玕、奇宝、珍怪饰之。"[3]这时，虽然前秦潜伏着危机，但尚未动摇前秦的根基，故慕容垂不敢轻举妄动。

---

[1] 《通鉴》卷一〇四，东晋孝武太元元年（376年）十二月文及胡注，中华书局，第3280页。
[2] 《通鉴》卷一〇四，东晋孝武太元二年（377年）春，中华书局，第3282页。
[3] 《晋书·苻坚载记上》，中华书局，第2904页。

即使在淝水之战中，慕容垂等人也同样不敢轻举妄动。担任前秦将军的慕容垂、慕容暐和姚苌等都积极领兵参战，没有异常举动。据史载，前秦建元十九年（383年）六月，东晋桓冲的别将攻万岁城、筑阳，拔之。秦王坚遣征南将军、钜鹿公叡、冠军将军慕容垂等率步骑五万救襄阳，叡军于新野，垂军于邓城。七月，钜鹿公叡遣慕容垂为前锋，进临沔水。垂夜命军士人持十炬，系于树枝，光照数十里。冲惧，退还上明。八月，坚遣阳平公、征南苻融督骠骑张蚝、抚军苻方、卫军梁成、平南慕容暐、冠军慕容垂等率步骑二十五万为前锋。又以兖州刺史姚苌为龙骧将军、督梁、益诸军事。是时，苻坚率军从长安出发，有戎卒六十余万，骑兵二十七万，前后千里，旗鼓相望。苻坚抵达项城，凉州之兵始达咸阳，蜀汉之军顺流而下，幽冀之众至于彭城，东西万里，水陆齐进，运漕万艘，自河入石门，到达汝颖。十月，苻融等攻寿阳，克之。而慕容垂也攻克了陨城[①]。晋将胡彬闻寿阳失陷，退保峡石。此时梁成屯于洛涧，而谢石、谢玄等驻军距洛涧二十五里处。胡彬粮尽，派人向谢石告急："贼盛粮尽，恐不复见大军！"[②]但使者被秦军截获。至此，前秦军处于绝对优势，而慕容垂也打了胜仗。

这期间，有两处记载需加辨析。

其一，据《通鉴》载，七月间，"朝臣皆不欲坚行，独慕容垂、姚苌及良家子劝之"。《晋书·苻坚载记下》所载与之不同，只载前一年慕容垂支持苻坚南伐的一席话，他说："臣闻小不敌大，弱不御强，况大秦之应符，陛下之圣武，强兵百万，韩白盈朝，而令其偷魂假号，以贼虏遗子孙哉！诗云：'筑室于道谋，是用不溃于成。'陛下内断神谋足矣，不烦广访朝臣以乱圣虑。"其实，慕容垂支持苻坚伐晋，说些奉承的话，甚至劝其亲征，都不奇怪，也不能说慕容垂就是包藏祸心。

---

① 慕容垂参战经过，《晋书·苻坚载记下》与《通鉴》所记略同。此据《通鉴》所记年月。
② 《通鉴》卷一〇五，东晋孝武帝太元八年（383年）十月，中华书局，第3310页。

其二，又据《通鉴》载，八月间，"慕容楷、慕容绍言于慕容垂曰：'主上骄矜已甚，叔父建中兴之业，在此行也！'垂曰：'然。非汝，谁与成之！'"胡注称："至此，垂知坚必败，方与兄子明言之。"[1]此事《晋书》之《苻坚载记》《慕容垂载记》皆无。在前秦气势如虹之时，慕容氏父子间能有如此对话，甚不可解。

直到苻坚败后只带着剩下的千余骑兵至慕容垂军营，慕容垂仍然忠诚于苻坚。淝水之战时，慕容垂因在陉城，不在淝水战场，所以其军独全，未曾受到损失。他将自己所统的三万军队完整地交还给苻坚，这支军队本来就是前秦的军队。慕容氏、姚氏当的是前秦的官，没有以自己族众组成的军队。慕容垂把所统军队交给苻坚，是理所当然的，但在那么特殊的时刻，这个举动可以说是对苻坚民族政策和制度的一个检验。

苻坚敢以一千骑兵赴慕容垂大军，是对慕容垂有一个基本的信任。事后苻坚说："朕爰奋六师，恭行天罚，而玄机不吊，王师败绩。赖卿忠诚之至，辅翼朕躬，社稷之不陨，卿之力也。诗云：'中心藏之，何日忘之'。"[2]而慕容垂不趁苻坚淝水之战惨败之危发动叛乱，显然是苻坚政策和制度发挥了作用。当时，慕容垂如果想反秦复国，确实是千载难逢之机，又何必交出兵权呢？时"垂子宝劝垂杀坚，垂不从，乃以兵属坚"[3]，他对慕容宝说："然彼以赤心投命，若何害之！苟天所弃，图之多便。且纵令北还，更待其衅，既不负宿心，可以义取天下。"[4]

虽然民族矛盾、家国仇怨的消泯并非易事，但苻坚的民族政策是在朝着民族和缓的方向努力，只是时间太短暂，而淝水之战又来得太快了。

其次，我们再看史家如何评价前秦分派宗亲出守重镇。

---

[1] 《通鉴》卷一〇五，东晋孝武帝太元八年（383年）八月文及胡注，中华书局，第3309页。
[2] 《晋书·慕容垂载记》，中华书局，第3084页。
[3] 《晋书·苻坚载记下》，中华书局，第2919页。
[4] 《晋书·慕容垂载记》，中华书局，第3079页。

关于苻坚分派宗亲出守重镇一事，文献两个版本稍有差别。《晋书·苻坚载记上》曰：

> （苻）洛既平，坚以关东地广人殷，思所以镇静之，引其群臣于东堂议曰："凡我族类，支胤弥繁，今欲分三原、九嵕、武都、汧、雍十五万户于诸方要镇。"

《通鉴》卷一〇四载：

> 坚以诸氐种类繁滋，秋，七月，分三原、九嵕、武都、汧、雍氐十五万户，使诸宗亲各领之，散居方镇，如古诸侯。[①]

两处记载前者称"十五万户"，后者称"氐十五万户"。前者虽无"氐"字，可与前文之"凡我族类，支胤弥繁"联系起来，似乎讲的就是氐户。那么两个版本并无不同了。

问题是，既然苻坚诏令分派出十五万户，可是据上引《通鉴》，具体分派到冀、平、幽、河、秦、并、豫、洛、荆、南兖、东豫、扬、雍十三州的氐户有：

> 冀州刺史苻丕，领氐三千户；左司马杨膺、右司马齐午各领氐一千五百户。
>
> 平州刺史石越。
>
> 幽州刺史梁谠。
>
> 河州刺史、都督河、秦二州诸军事毛兴，领氐三千户。

---

① 《通鉴》卷一〇四，东晋孝武帝太元五年（380年）七月，中华书局，第3295页。

中古北方民族史探

并州刺史王腾，领氐三千户。

　　豫州牧、都督豫、洛、荆、南兖、东豫、扬六州诸军事苻晖，领氐户三千二百户。

　　雍州刺史苻叡，领氐三千二百户。

　　以上平、幽无领氐户数，或漏载。二州外，共领氐户一万八千四百。如平、幽二州领氐户照平均水平每州三千氐户计，那么十三州共计领氐户二万四千四百。

　　这十三州是前秦主要疆域，而所派氐户与苻坚诏令的十五万户相去甚远，还不到其六分之一。为什么实际派出与诏令相差如此之大？

　　前秦三原，"汉池阳县地，苻秦置三原护军。以其地在清鄣原、孟侯原、白鹿原间，故名"九嵕，即九嵕山，属新平郡，"山之北谓之岭北，晋以后新平、北地、安定诸郡皆谓岭北地"[①]。武都郡，属南秦州。汧、雍两县，均属扶风郡。如一户以五口计，苻坚从三原等五地派出十五万户便共有七十五万口。这只是派出的，如果留在原地的还有这么多，那么五地氐人当有一百五十万左右了。西晋时江统说"关中之人，百余万口，率其少多，戎狄居半"。武都是氐族早期的居地，其他四地是氐族内迁关中后的聚居区。五地氐人虽"种类繁滋"，但再怎么"繁滋"，也不可能有如此之巨的人口！

　　我相信苻坚配给出守重镇宗亲将领的是十五万户，而不是只有氐户二万四千多。因此，苻坚虽说"凡我族类，支胤弥繁"，但从五地派出十五万户不是单指氐户，而是包括其他民族在内的，氐族只是其中的一部分，而且是一小部分；但氐人作为统治民族，出镇的氐户当然是派出户口中的统治骨干。

---

① 《读史方舆纪要》卷五十三《陕西二》三原县、九嵕山条，中华书局，第 2573、2577 页。

符坚分派氐族宗亲领户出镇，从制度上说，与西晋宗室诸王出镇有同有异：同的是都是从加强对地方的控制出发的；异的是前秦宗亲出镇配以户口。这些所配的户口已是氐族与其他民族的混杂，出镇后更与当地的民族混杂，从这方面说，宗亲出镇无疑有利于打破民族间的界限和民族融合。这是这个政策的副效应。

史称，"诸戎子弟离其父兄者，皆悲号哀恸，酸感行人，识者以为丧乱流离之象"①。《通鉴》上的一段记述更加以渲染曰：

> 坚送丕至灞上，诸氐别其父兄，皆恸哭，哀感路人。赵整因侍宴，援琴而歌曰："阿得脂，阿得脂，博劳舅父是仇绥，尾长翼短不能飞。远徙种人留鲜卑，一旦缓急当语谁！"坚笑而不纳。②

离别的哀伤，是人之常情。赵整的歌中还透出一种忧虑：因为氐族的人数不多③，所以把有限的氐人远徙方镇，就让人担忧关中出现异常，无兵可用。但是，符坚志在混一六合，他不能只考虑关中安危，所以以氐人出镇，这也是一种无奈的两难选择。

田余庆先生曾经对前秦的兴亡做过精辟的分析，他说："符坚之兴，兴于他缓和了民族矛盾；符坚之败，败于他远未消弭民族矛盾。民族矛盾在相当程度上被他的民族政策的成就暂时掩盖起来。"④

有时因时、地的局限，某个政策或某种制度失败了，但历史终将证明其为伟大的先知，其对后世的启迪和影响是无可估量的。符坚的民族政策与"夷狄应和"的理想就属于此类。

---

① 《晋书·符坚载记上》，中华书局，第2903页。
② 《通鉴》卷一〇四，东晋孝武帝太元五年（380年），中华书局，第3296-3297页。
③ 田余庆：《东晋门阀政治》，北京大学出版社，第245页。
④ 田余庆：《东晋门阀政治》，北京大学出版社，第246-247页。

06

第六章

十六国时期的社会经济

一、坞堡壁垒与汉人大姓豪族经济

坞壁，或称坞堡、堡壁、垒壁，又单称坞、堡、壁、垒。坞壁之名，源于边防军事建筑物。东汉北备匈奴而筑堡壁，西防羌人而构坞壁，但这些都是国家或地方官府修建的军事设施，不是后来意义上的坞壁。魏晋以后的坞壁是自然经济与依附关系的产物，在十六国时期特殊的历史条件下，十六国统治者对坞壁的优抚，加强与坞壁大姓豪强的合作。坞壁经济和依附关系的存在与发展，加速了十六国的封建化。

（一）

业师何兹全先生在阐述汉魏之际社会经济的变化时，精辟地把这种变化概括成三个方面：一是从城市交换经济到农村自然经济；二是从编户齐民、奴隶到部曲、客；三是从土地兼并到人口争夺。[①] 正是在汉魏之际社会这种剧烈的变化中，由自然经济与依附关系的结合，孵化出无数的坞壁来。换句话说，坞壁就是汉魏之际社会变化的产物。

东汉以来，豪族地主庄园经济长足发展。且不必说"连栋数百，膏田满野，奴婢千群，徒附万计"的"豪人"大田庄[②]，地方大族著姓一般都拥有一定数量的土地，经营农业、手工业。他们用沟堑把所占土地围起来，形成自己的田庄。居住在田庄的庄园主，建有高大宅院，四周筑高墙，宅院内屋宇整齐，有的还有楼阁、亭台、水榭等建筑物。庄园的劳动者是"宗族""宾客""佃客"，主要是宗族中少地或无地而沦为佃客的族人，也有外族破产后前来寻求保护的依附民。这些劳动者已不同于两汉的自由民，而与庄园主有着强烈的人身依附关系。佃客们虽然各有个体小家

---

① 何兹全：《读史集》，上海人民出版社，第 65—109 页。
② 《后汉书·仲长统传》，中华书局，第 1648 页。

庭，但更是庄园主大"家庭"的成员，许多佃客都脱离国家户籍管理。东汉后期，由于城市衰落，交换经济萧条，自然经济逐渐强大起来。于是，一个庄园就是一个自给自足的自然经济单位[①]。在汉末三国长期战乱的情况下，这类田庄筑起壁垒，以防范外敌骚扰抢掠，而佃客及依附民则被武装起来，成为部曲。这就是坞壁。因此，"这些坞堡组织，是军事性的防御战斗组织，又是经济性的生产组织。每一个坞堡都是一个独立的自给自足的自然经济体"[②]。

《三国志·魏志·田畴传》载，初平元年（190年），董卓迁帝于长安。田畴奉幽州牧刘虞之命出差长安，返回时，刘虞已为公孙瓒所杀。田畴谒祭刘虞，哭于墓前，为公孙瓒所拘，后得遣归。本传曰：

> 畴得北归，率举宗族、他附从数百人，扫地而盟曰："君仇不报，吾不可以立于世！"遂入徐无山中，营深险平敞地而居，躬耕以养父母。百姓归之，数年间至五千余家。畴谓其父老曰："诸君不以畴不肖，远来相就。众成都邑，而莫相统一，恐非久安之道，愿推择其贤长者以为主。"皆曰："善。"同佥推畴。畴曰："今来在此，非苟安而已，将图大事，复怨雪耻。窃恐未得其志，而轻薄之徒自相侵侮，偷快一时，无深计远虑。畴有愚计，愿与诸君共施之，可乎？"皆曰："可。"畴乃为约束相杀伤、犯盗、诤讼之法，法重者至死，其次抵罪，二十余条。又制婚姻嫁娶之礼，兴举学校讲授之业，班行其众，众皆便之，至道不拾遗。北边翕然服其威信，乌丸、鲜卑并各遣译使致贡遗，畴悉抚纳，令不为寇。袁绍数遣使招命，又即授将军印，因安辑所统，畴皆拒不受。绍死，其子尚又辟焉，畴终不行。

---

① 徐扬杰：《中国家族制度史》，人民出版社，第199-200页。
② 何兹全主编：《中国通史》第五卷，上海人民出版社，第202页。

后来曹操北征乌桓（丸）时，田畴为之设计，并将其众为向导。曹操表彰他说："幽州始扰，胡、汉交萃，荡析离居，靡所依怀。畴率宗人避难于无终山，北拒卢龙，南守要害，清静隐约，耕而后食，人民化从，咸共资奉。……后臣奉命，军次易县，畴长驱自到，陈讨胡之势……王旅出塞，途由山中九百余里，畴帅兵五百，启导山谷，遂灭乌丸，荡平塞表。"[①]

凡论坞壁者，多举田畴保徐无山为例。虽然田畴以险为坞、以山为壁，有它的特殊性，但它既是防御性的战斗组织，又是经济性的生产组织；坞壁主在宗族具有权威，深孚众望，坞壁随从他的人是有着人身依附色彩的宗人及附从。曹操征乌丸时，田畴能派出五百人的武装，可见平时有一支可观的部曲。这些正是坞壁的基本特征。田畴在徐无山还动刑法、办学校，这些都是宗法权的扩大而已。

有些坞壁具有强大的军事武装。如《晋书·郗鉴传》：郗鉴出身高平大族，西晋末寇难蜂起，"鉴得归乡里。于时所在饥荒，州中之士素有感其恩义者，相与资赡。鉴复分所得，以恤宗族及乡曲孤老，赖而全济者甚多，咸相谓曰：'今天子播越，中原无伯，当归依仁德，可以后亡。'遂共推鉴为主，举千余家俱避难于鲁之峄山。……三年间，众至数万。帝就加辅国将军，都督兖州诸军事"。又如同书《苏峻传》："父模，安乐相。峻少为书生，有才学，仕郡主簿。年十八，举孝廉。永嘉之乱，百姓流亡，所在屯聚，峻纠合千余家，结垒于本县。于时豪杰所在屯聚，而峻最强。……元帝闻之，假峻安集将军。"《李矩传》：平阳人李矩，及长为县吏。"属刘元海攻平阳，百姓奔走，矩素为乡人所爱，乃推为坞主，东屯荥阳，后移新郑。"李矩被流亡的乡人推为坞主，这类坞壁是流民组织，坞主是所谓流人坞主。

我们不能忽视坞壁在十六国时期具有特别重要的意义。

---

① 《三国志·魏志·田畴传》注引《先贤行状》。中华书局，第343页。

如上所述，坞壁是在一定历史条件下自然经济和依附关系相结合的产物。自东汉末年以后，战乱频仍，社会动荡不安。西晋"八王之乱"再一次把无辜百姓抛入无望的水深火热之中，甚至许多豪族官僚也不能幸免。人们纷纷逃难，门阀高官往江南逃，次一等的大族官吏就近或跑辽东，或跑河西。跑不了的只能与宗人筑起坞壁就地自保，而无宗主可依又无力自保的小农不得不投靠坞主，以求生存。在这种情况下，坞壁把土地和劳动者重新结合起来，缓解了社会危机，使生产得以继续进行。庾衮率同族及庶姓在禹山、林虑山"修壁坞，树藩障，考功庸，计丈尺，均劳逸，通有无，缮完器备，量力任能，物应其宜"；而"年谷未熟，食木实，饵石药，同保安之"[1]。由于文献资料有限，我们不能确知坞壁中分工与分配的详情，但坞壁经济与当时的生产力和生产关系是相适应的。

东汉以来，聚族而居是宗族的常态，宗族势力甚为强大，而战乱则强化了宗族势力。在原有的地方机构遭到破坏时，根基深厚的宗族乡里是当时最活跃和最可靠的社会基层力量[2]。而坞壁主则是宗族乡里的代表人物，享有很高威望，广受宗人拥戴。上述庾衮在禹山时：

> 乃集诸群士而谋曰："二三君子相与处于险，将诣安保亲尊，全妻孥也。古人有言：'千人聚而不以一人为主，不散则乱矣。'将若之何？"众曰："善。今日之主非君而谁！"衮默然有间，乃言曰："古人急病让夷，不敢逃难，然人之立主，贵从其命也。"乃誓曰："无恃险，无怙乱，无暴邻，无抽屋，无樵采人所植，无谋非德，无犯非义，戮力一心，同恤危难。"

联系到田畴"为约束相杀伤、犯盗、诤讼之法"，可见坞主在战乱时

① 《晋书·孝友·庾衮传》，中华书局，第2283页。
② 唐长孺：《魏晋南北朝隋唐史三论》，武汉大学出版社，第116页。

中
古
北
方
民
族
史
探

具有更高的权威。当然，坞主还有着扶危济困的责任，从而加强宗族的凝聚力和族人佃客的向心力。

当时坞壁的规模都不小，田畴的坞壁有五千余家，郗鉴在峄山众至数万。当然也有规模比较小的，也在千人以上。《晋书·地理志》所载的是西晋太康元年（280 年）的户口数，时为灭吴之后，现据以列北方各州的县均户数如下 [①]：

司州　县均 4910 户　　兖州　县均 1488 户　　豫州　县均 1374 户

冀州　县均 3928 户　　幽州　县均 1741 户　　平州　县均 696 户

并州　县均 1318 户　　雍州　县均 2551 户　　凉州　县均 667 户

与之对比，坞壁的户口虽然比不上大县，但也相当于一个小县了。况且表上户口统计的是西晋的盛世，而坞壁的户口计数往往是在社会大动乱、人口大衰减之后。

坞壁具有地方行政系统和社会基层组织的职能。《晋书·职官志》载县以下基层行政机构曰："县五百以上皆置乡，三千以上置二乡，五千以上置三乡，万以上置四乡，乡置啬夫一人。乡户不满千以下，置治书史一人；千以上置史、佐各一人，正一人，五千五百以上，置史一人，佐二人。县率百户置里吏一人，其土广人稀，听随宜置里吏，限不得减五十户。户千以上，置校官掾一人。"其实，西晋的乡、里制度很难考实。这正是因为乡里制度已被坞壁取代。

（二）

十六国时期坞壁的记载甚多，下面以州为单位排比相关资料。

[①] 据葛剑雄《中国人口史》第一卷所制《西晋太康初年分郡国户口统计》，复旦大学出版社，第 540–542 页。

1. 并州

张平跨有新兴、雁门、西河、太原、上党、上郡之地，垒壁三百余，胡晋十余万户，遂拜置征、镇，为鼎跱之势。（慕容）儁遣其司徒慕容评讨平……并州垒壁降者百余所，以尚书右仆射悦绾为安西将军、领护匈奴中郎将、并州刺史以抚之。平所署征西诸葛骧、镇北苏象、宁东乔庶、镇南石贤等率垒壁百三十八降于儁，儁大悦，皆复其官爵。[①]

2. 冀州

元海命勒与刘零、阎黑等七将帅众三万寇魏郡、顿丘诸垒壁，多陷之，假垒主将军、都尉，简强壮五万为军士，老弱安堵如故，军无私掠，百姓怀之。

元海授勒安东大将军、开府、置左右长史、司马、从事中郎。进军攻钜鹿、常山，害二郡守将。陷冀州郡县堡壁百余，众至十余万，其衣冠人物集为君子营。

于是进据襄国。（张）宾又言于勒曰："今我都此，越石（刘琨字）、彭祖（王浚字）深所忌也。恐及吾城池未固，资储未广，送死于我。闻广平诸县秋稼大成，可分遣诸将收掠野谷。遣使平阳，陈宜镇此之意。"勒又然之。于是上表于刘聪，分命诸将攻冀州郡县垒壁，率多降附，运粮以输勒。[②]

东胡王晏据馆陶，为邺中声援，鲜卑、乌桓及郡县民据坞壁不从（后）燕者尚众。……（慕容）楷谓（慕容）绍曰："鲜卑、

---

① 《晋书·慕容儁载记》，中华书局，第2839—2840页。
② 《晋书·石勒载记上》，中华书局，第2710—2718页。

中古北方民族史探

332

乌桓及冀州之民，本皆燕臣，今大业始尔，人心未洽，所以小异。"……绍帅骑数百往说王晏，为陈祸福，晏随绍诣楷降，于是鲜卑、乌桓及坞民降者数十万口。[①]

乐浪王（慕容）温在中山，兵力甚弱，丁零四布……于是抚旧招新，劝课农桑，民归附者相继，郡县壁垒争送军粮，仓库充溢。[②]

3. 司州

遂进据河东，攻寇蒲坂、平阳，皆陷之。（刘）元海遂入都蒲子，河东、平阳属县垒壁尽降。[③]

勒退屯黎阳，分命诸将攻诸未下及叛者，降三十余壁，置守宰以抚之。

于是车骑将军王堪、北中郎将裴宪自洛阳率众讨勒，勒烧营并粮，回军距之，次于黄牛垒。魏郡太守刘矩以郡附于勒，勒使矩统其垒众为中军左翼。

与阎罴攻（左月右者）圈、苑市二垒，陷之。

勒驰如武德，坑降卒万余，数梁巨罪而害之。王师退还，河北诸堡壁大震，皆请降送任于勒。[④]

石生攻刘曜河内太守尹平于新安，斩之，克垒壁十余，降掠

---

① 《通鉴》卷一〇五，东晋孝武帝太元九年（384年）二月，中华书局，第3326页。文中说"鲜卑、乌桓及郡县民据坞壁""鲜卑、乌桓及坞民"，可知坞壁系汉人所筑居。
② 《通鉴》卷一〇六，东晋孝武帝太元十年（385年）三月，中华书局，第3343页。《晋书》无此条。
③ 《晋书·刘元海载记》，中华书局，第2650页。
④ 以上诸条见《晋书·石勒载记上》，中华书局，第2711页。

五千余户而归。①

遣其太宰司马悦希军于盟津，孙兴分戍成皋，以为之声援。寻而陈祐率众奔陆浑，河南诸垒悉陷于希。慕容恪攻陷金墉。②

燕太宰恪将取洛阳，先遣人招纳士民，远近诸坞皆归之。乃使司马悦希军于盟津，豫州刺史孙兴军于成皋。③

4. 雍州

（石）苞性贪而无谋，雍州豪右知其无成，并遣使告晋梁州刺史司马勋。勋于是率众赴之……三辅豪右多杀其令长，拥三十余壁，有众五万亿应勋。④

陇西处士王嘉，隐居倒虎山，有异术，能知未然。……十一月，嘉入长安，众闻之，以为坚有福，故圣人助之，三辅堡壁及四山氐、羌归坚者四万余人。⑤

关中堡壁三千（应为"十"）余所，推平远将军冯翊赵敖为主，相率结盟，遣兵粮助坚。

（苻）坚身贯甲胄，督战距之，飞矢满身，血流被体。时虽兵寇危逼，冯翊诸堡壁犹有负粮冒难而至者，多为贼所杀。⑥

（苻）丕又进王永为左丞相……永又檄州郡曰："……虽黄巾之害于九州，赤眉之暴于四海，方之未为甚也。今素秋将及，行

---

① 《晋书·石勒载记下》，中华书局，第 2741 页。
② 《晋书·慕容暐载记》，中华书局，第 2849 页。
③ 《通鉴》卷一〇一，东晋哀帝兴宁二年（364 年）八月，中华书局，第 3196 页。
④ 《晋书·石季龙载记下》，中华书局，第 2790 页。
⑤ 《通鉴》卷一〇五，东晋孝武帝太元九年（384 年）十一月，中华书局，第 3337 页。此条《晋书》所无。
⑥ 《晋书·苻坚载记下》，中华书局，第 2926、2927 页。《通鉴》卷一〇六，东晋孝武帝太元十年（385 年）五月："有堡壁三十余，推平远将军赵敖为主，相与结盟。"中华书局，第 3345 页。

师令辰，公侯牧守，垒主乡豪，或勠力国家，乃心王室，各率所统，以孟冬上旬会大驾于临晋。"于是天水姜延、冯翊寇明、河东王昭、新平张晏、京兆杜敏、扶风马郎、建忠高平牧官都尉王敏等咸承檄起兵，各有众数万，遣使应丕。皆就拜将军、郡守，封列侯。

冯翊人郭质起兵于广乡以应秦，移檄三辅……于是三辅壁垒皆应之。①

5. 青州

其青州刺史曹嶷攻汶阳关、公丘，害齐郡太守徐浮，执建威刘宣，齐鲁之间郡县垒壁降者四十余所。②

左军石挺济师于广固，曹嶷降，送于襄国。……青州诸郡县垒壁尽陷。③

燕人进军历城，青、兖、徐郡县壁垒多降。（慕容）垂以陈留王绍为青州刺史，镇历城。④

6. 荆州

（石）勒寇襄阳，攻陷江西垒壁三十余所，留刁膺守襄阳，躬帅精骑三万还攻王如。⑤

---

① 《通鉴》卷一〇七，东晋孝武帝太元十五年（390年）七月，中华书局，第3397页。
② 《晋书·刘聪载记》，中华书局，第2667页。
③ 《晋书·石勒载记下》，中华书局，第2740页。
④ 《通鉴》卷一〇七，东晋孝武帝太元十二年（387年）二月，中华书局，第3376页。
⑤ 《晋书·石勒载记上》，中华书局，第2712页。

7. 徐州、兖州

> 晋兖州刺史刘遐惧，自邹山退屯于下邳。琅琊内史孙默以琅
> 琊降于勒。徐、兖间垒壁多送任请降，皆就拜守宰。[1]

作为自然经济与依附关系的产物，坞壁必须具备两个条件：一是人口
较为稠密；二是大姓豪族经济相对发达。上列坞壁较多的诸州正是符合这
两个条件。

从刘渊、石勒起兵开始，他们的生存与发展就是需要源源不断的人
力、物力资源来支撑的。而这些资源当时主要就藏于各地人口较多、生产
得以维持的坞壁。十六国统治者为从坞壁取得所需的人力和物力资源，就
必须既攻克坞壁又利用坞壁。他们在攻击敌方时，除占领郡县外，还要进
一步攻陷郡县下的坞壁，可见坞壁对他们的重要性。为了更好地从坞壁攫
取人力、物力资源，他们大都采取优抚坞主的政策，承认坞壁合法身份和
作为社会基层机构的地位，任命坞主为将军、都尉或当地守宰，因而大多
坞壁得以继续存在。

就坞主来说，在具备抵抗能力的时候，他们是不容许敌方进入自己的
领地的。毛汉光先生在《晋隋之际河东地区和河东大族》一文中，对十六
国时期的腹心之地的河东大族及其坞壁问题进行了深入研究。他说：

> 堡壁是当时地方势力的重要据点，自保及军事作用是其主要
> 功能，堡壁并非不可能陷没，端视堡壁地势是否险要，守者是否
> 强大，以及攻守双方之决心等。在河北平原者较为吃亏，一则骑
> 兵能够横行，二则冀州是财富之区，习于掠夺的胡骑较感兴趣，

---

[1] 《晋书·石勒载记下》，中华书局，第2739页。

如石勒即以冀州为目标，"陷冀州郡县堡壁百余，众至十余万"。汾河之南的薛通城及黄河以东的薛壁，地势极为险要，易守难攻。薛通城原为薛强壁，乃晋时汾阴人薛强当慕容之乱，筑坞自固，城在山上，去汾阴县城八十里，苻氏阳平公融曾为书聘强，未成，苻坚经河东，至其壁下，强亦不与见，苻坚诸将请攻之，苻坚显然不欲师老于此而作罢。

河东三大族（裴、柳、薛）与当时各政权并非僵硬地敌对，在得以自保的情形下，亦与各政权有关系，例如裴宪仕后赵为司徒、裴开仕前燕为太常卿、裴懂仕前秦为大鸿胪、裴徽子孙多仕西凉政权、柳恭仕后赵为河东太守、薛强仕后秦姚兴为镇军将军、并、冀二州牧、薛帛任后秦姚泓建威将军、河北太守，从上述各人列传中观察，其任职河东地区行政长官者，如柳恭、薛强、薛帛等，大都是羁縻关系。

五胡时期各政权在河东地区显然只能控制州府、羁縻县治，而堡壁乡村则属于地方豪强的势力范围。[①]

但是，如河东地区三大家族那样能以险要地势的坞壁与十六国统治者相对抗的寥若晨星。

（三）

十六国时期的坞壁，都是汉人大姓豪族的坞壁。十六国统治者认可它，并使之合法化，也许只是为了利用它，为了攫取他们所需要的人力、物力资源，但是坞壁与坞壁经济对十六国和北朝的历史，却不可避免地产生了深刻的影响。

---

① 毛汉光：《中国中古政治史》，（台）联经出版社，第125—126页。

自东汉末年以来，大姓豪族强荫占依附民逐渐增多。但是，这种荫占是非法的，曹操支持地方官吏打击大姓豪强荫占依附民就是证明。然而，依附关系发展的脚步并没有停止，魏晋之际已部分合法化了。曹魏末年，"魏氏给公卿租牛客户，数各有差"[1]。孙吴也以复客制的形式，宣布某些人荫占依附民的合法性。复客户中，有将领原来占有的佃客，有国家新赐予的，后者有的原是国家屯田上的屯田客，有的是国家的编户。这些依附民都被免除了所承担的赋役，说明国家承认大族门阀荫占有限数量的依附民的特权。但口子开了，"贵势之门动有百数。又太原诸部亦以匈奴为田客，多者数千"[2]。晋武帝即位后，诏令禁止募客，但又在太康元年（280年）颁令规定贵族官僚可按官品高低荫占依附民及亲属，多者及九族，少者也有三世；后又规定宗室、国宾、先贤和士人子孙也享有同样的特权。西晋用法律把依附关系固定下来，其中包含着限制依附民数量的增加、防止国家编户日益减少的目的，然而收效甚微。

十六国时期的坞壁与坞壁经济使依附关系走向普遍化和完全合法化。承认坞壁的合法性，也就是承认坞壁中依附关系的合法性。只要能从坞壁获得征调，十六国政权大概不干预坞壁内部事务，一切听之任之。在十六国政权中，汉、前赵未见实行赋役制度；后赵在石勒称王之前，"以幽、冀渐平，始下州郡阅实人户，户赀二匹、租二斛"[3]。这是按户收缴租调。问题是在当时情况下，只有搜括荫户尤其是坞壁中的荫户，才能"阅实人户"，而我们并没有看到石勒有什么切实的措施。前燕迁都邺之前，似已有"常赋"，迁都后慕容儁曾"宽常赋"[4]。慕容暐时，"赋法靡恒"。"仆射悦绾言于暐曰：'太宰正尚宽和，百姓多有隐附。……今诸军营户，三分

---

① 《晋书·外戚·王恂传》，中华书局，第2412页。
② 《晋书·外戚·王恂传》，中华书局，第2412页。
③ 《晋书·石勒载记上》，中华书局，第2724页。
④ 《晋书·慕容儁载记》，中华书局，第2842页。

共贯，风教陵弊，威纲不举，宜悉罢军封，以实天府之饶，肃明法令，以清四海。'暐纳之。绾既定制，朝野震惊，出户二十余万。慕容评大不平，寻贼绾，杀之。"① 由此可见，不仅百姓中多有隐瞒户口，而且朝廷以户口赏赐给将军为"军封"，依附关系已经侵入军队之中了。悦绾一次就清查出隐附户二十余万，但因冒犯了权贵的利益，送了性命。前秦未见括户之举，直到苻坚末年，关中仍有堡壁三十余所。后燕慕容宝时，曾"校阅户口，罢诸军营，分属郡县"，但因"法峻政严，上下离德，百姓思乱者十室而九焉"。北魏出兵进攻后燕并州时，中书令睢邃提议说："魏军多骑，师行剽锐，马上赍粮，不过旬日。宜令郡县聚千家为一堡，深沟高垒，清野待之，至无所掠，资食无出，不过六旬，自然穷退。"② 这虽是一时的行政命令，但后燕坞壁是否因校阅户口而被取消，所以才引起思乱者十室而九呢？南燕慕容德时，又有一位主张检括户口的官吏韩𧨦，上疏说："百姓因秦晋之弊，迭相荫冒，或百室合户，或千丁共籍，依托城社，不惧熏烧，公避课役，擅为奸究，损风毁宪，法所不容。但检令未宣，弗可加戮。今宜隐实黎萌，正其编贯，庶上增皇朝理物之明，下益军国兵资之用。"慕容德采纳了他的建议，并任之为行台尚书，"巡郡县隐实，得荫户五万八千"。后秦军粮来自租赋，"租运不继，三军大饥"。辅国将军弥姐高地等因"督运稽留"被斩首，在此之后，"租入者五十余万"③。姚兴曾经下令："录马嵬战时将吏，尽擢叙之，其堡户给复二十年。"④《晋书·苻登载记》曰："初，长安之将败也，（苻）坚中垒将军徐嵩、屯骑校尉胡空各聚众五千，据险筑堡以自固，而受姚苌官爵。"是后，关中将领所筑之堡比比皆是，如徐嵩堡、胡空堡、鸯泉堡、彭沛谷堡、新罗堡、范氏堡、段

---

① 《晋书·慕容暐载记》，中华书局，第 2852—2853 页。

② 《晋书·慕容宝载记》，中华书局，第 3093、3094 页。

③ 《晋书·姚兴载记上》，中华书局，第 2978、2983 页。

④ 《晋书·慕容德载记》，中华书局，第 3170 页。

氏堡、路承堡、野人堡、逆方堡、姚奴堡、帛蒲堡，等等。堡中有户，与大姓豪族的坞壁类似，而其中大有非汉族堡壁。这个事例第一说明堡壁是要缴纳租赋的，第二说明坞壁与坞壁经济在关中少数民族中已经盛行，依附关系无孔不入。

北魏的崛起，使"林立于黄河流域的坞堡组织随着北方走向统一，有的被消灭，有的自行解散。但坞堡可以消失，坞堡赖以建立的宗族乡里组织却依然存在"①，而依附关系也依然存在。面对中原地区的宗族乡里组织网与到处盛行着的依附关系，北魏初年统治者出台了宗主督护制。

关于北魏初年的宗主督护制，《通典·食货三》概述曰：

> 后魏初不立三长，唯立宗主督护，所以人多隐冒，五十、三十家方为一户，谓之荫附。荫附者皆无官役，豪强征敛，倍于公赋。

上引《通典》前一句，来源于《魏书·李冲传》。其实，并非北魏"立宗主督护，所以人多隐冒"，而是"人多隐冒"，才立宗主督护制。这里恰恰颠倒了二者的因果关系。

《魏书·食货志》云："先是，禁网疏阔，民多逃隐。天兴（398—403年）中，诏采诸漏户，令输纶绵。自后诸逃户占为细茧罗縠者甚众。于是杂营户帅遍于天下，不隶守宰，赋役不周，户口错乱。始光三年（426年），诏一切罢之，以属郡县。"又《魏书·阉官·仇洛齐传》曰："魏初禁网疏阔，民户隐匿漏脱者多。东州既平，绫罗民户乐葵因是请采漏户，供为纶绵。自后逃户占为细茧罗縠者非一。于是杂营户帅遍于天下，不属守宰，发赋轻易，民多私附，户口错乱，不可检括。洛齐奏议罢之，一属郡县。"对照志、传，可知北魏初年依附关系在农业、手工业，在民间、军营都普遍存在，且情况严重①。所以，北魏初年实行宗主督护制是统治者对大姓豪强的一种让步和妥协，是不得已而为之的政策。

宗主督护制的具体内容，我们知道得很少。《魏书·李冲传》曰："旧无三长，惟立宗主督护，所以民多隐冒，五十、三十家方为一户。冲以三正治民，所由来远，于是创三长之制而上之。"李冲所创的"三长制"，即"五家立一邻长，五邻立一里长，五里立一党长，长取乡人强谨者。邻长复一夫，里长二，党长三。所复复征戍，余若民。三载亡愆则陟用，陟之一等"②。这就是说，北魏前期不置乡官，宗主督护是县下的基层行政机构，宗主既是宗族的族长，又是基层行政机构的长官，二者合而为一。而宗主荫占宗人、客，合五十、三十家为一户。显然，宗主督护盘踞了基层政权，更分割了国家的劳动力与赋税，对君主专制中央集权来说，当然是百病丛生了③。

何兹全先生说："魏晋南北朝几百年中，国家和豪族大地主之间展开了人口的争夺。劳动人民为了逃避徭役负担，大量投靠豪族，去做豪族的依附人口。如《魏书·食货志》载：'魏初不立三长，故民多荫附。荫附者，皆无官役。'……北魏孝文帝实行均田法的同时，又实行三长制。三长制就是为了配合均田制限制人口逃亡和豪族争夺人口。"④本节开头引用了何先生对汉魏之际社会经济三大变化的阐述，他认为这三大变化就是中国社会由古代进入中世纪，即由奴隶社会进入封建社会的标志⑤。

唐长孺先生说："中国封建社会具有自己的特殊性。封建土地所有者

---

① 关于杂营户问题，参见陈连庆：《〈晋书·食货志〉校注、〈魏书·食货志〉校注》，东北师范大学出版社，第243—246页。
② 《魏书·食货志》，中华书局，第2855页。
③ 李凭：《再论北魏宗主督护制》，《晋阳学刊》1995年第6期。
④ 上揭何兹全《读史集》，上海人民出版社，第15—16、498页。
⑤ 何兹全：《中国古代社会》，河南人民出版社，第439页。

拥有广阔的土地，和在土地上劳动的（法律认可的和法外投靠的）带有人身依附关系的佃客……其实，封建制的实质就是地主作为土地所有者对佃农进行地租剥削，和地主对佃农具有一定的人身占有关系，这些构成了封建社会的主要形态特征。"①

因此，十六国时期大姓豪强的坞壁经济及其依附关系的发展，对十六国封建化的影响不可低估。

二、"军封"、营户与依附关系

依附关系及其发展，是魏晋南北朝时期社会经济史的一个重大问题。社会动荡，皇权衰微，国家的控制力下降，大姓豪族势力得以扩张，依附关系的发展呈现不可抑制的态势。十六国期间，依附关系继魏晋之后继续发展，并在形式上出现了变化。一方面，大姓豪族修筑坞堡、壁垒自保，坞壁经济是当时自然经济与依附关系的产物，上节已有论述；另一方面，在少数民族建立的政权中出现了"军封"、营户，这就是依附关系发展的另一种形式。

自魏至晋，内迁的南匈奴内部已经发生了明显的两极分化：以刘渊为代表的匈奴贵族阶层出现了大族化的倾向，而匈奴部民却在沦为佃客和奴隶②。然而，接踵而来的"八王之乱"与"永嘉之乱"改变了内迁少数民族部众的依附化方式。前、后燕与后秦军队中出现的营户，把少数民族部民

---

① 上揭《魏晋南北朝隋唐史三论》，中华书局，第 480 页。

② 《三国志·魏志·陈群传子泰附传》："正始中，徙游击将军，为并州刺史，加振威将军，使持节，护匈奴中郎将，怀柔夷民，甚有威惠。京邑贵人多寄宝货，因泰市奴婢，泰皆挂之于壁，不发其封，及征为尚书，悉以还之。"中华书局，第 638 页。《晋书·外戚·王恂传》："（累迁河南尹）魏氏给公卿已下租牛客户数各有差，自后小人惮役，多乐为之，贵势之门动有百数。又太原诸部亦以匈奴为田客，多者数千。""田客"，即佃客。中华书局，第 2412 页。

中古北方民族史探

变为依附民。这是中原封建生产关系向军营的渗透，也是进入中原少数民族走向汉化的必然步骤。前、后燕与后秦的营户其实在十六国时期具有普遍性，只不过其发展程度有所差别罢了。

（一）

关于军户制或"士家"制，亦即世兵制，如何兹全师所说：

> 所谓世兵制，含有两方面的意义，一是兵、民分离，一是兵家子子孙孙，世代都要为兵。
>
> 世兵制形成于汉末及三国时期，到三国末年，这种制度已经确立。两晋时为极盛期，宋齐以后渐衰，直到隋代统一南北才又为普遍的征兵制所代替。
>
> 在汉末三国大混乱的局面中，周秦两汉以来"交质"制与"任子"制演变而成为一种"质任"制度，上下不能互信，便以父兄子侄作质任。官吏对于皇帝有质任，士兵对于长官亦有质任。士兵的家属都要聚居一起，集中管理。
>
> 所谓士名、兵籍、军籍，都是包括兵士本人及其家属而言的，并非仅是兵士个人在军的名册。……兵民不但分籍，而且常常分属不同机构管理。管理普通民户的机构，是州郡县各级政府；管理兵户的，则除州郡各级政府机关外，另有其他机构。[①]

唐长孺先生也指出：

> 三国时期的军事制度发生了显著变化，国家军队基本上仿照

---

① 何兹全：《读史集》，上海人民出版社，第285-288页。

汉末以来的家兵部曲制度组成。曹魏的士家制度和孙吴的世袭领兵制都是世袭兵。士家是曹魏兵士的特称。

士家子只服兵役，无其他徭役；士家有专门的士籍，不贯郡县。①

我体会以上精辟论述的要旨是：魏晋的军户如同屯田客户，都是隶属于国家的。其中屯田客户是国家的佃户，而军户为国家服兵役，但实质上，他们都是国家的依附民，是汉末三国时期统治者将产生于民间的依附关系应用于官方的体现。

十六国时期出现的营户，是魏晋军户制的发展。与魏晋军户制不同的是，营户不仅隶属于国家，也隶属于将领个人；或者说，营户在名义上隶属于国家，而实际上隶属于将领个人。营户不只为国家提供兵役，也为将领提供租赋，成为将领私家的依附民。

典型的营户制出现于前、后燕，而其起源，可以追溯到南匈奴建立的汉国。

刘渊建汉，把南匈奴五部集结起来，组建了他的军队。原来匈奴部落贵族被任命为大小将军，而原来的部落兵变成了国家军队。这是一个质的变化。如原左於陆王刘宏任太尉，原右於陆王刘景任使持节、征讨大都督、大将军等。两汉时将军领兵出征，其军队是由中央临时配备的，只有宿卫将领领有营兵。刘汉最初也是这样的，如刘聪"署其卫尉呼延晏为使持节、前锋大都督、前军大将军，配禁兵二万七千"②；又如刘曜"乃承制加（赵）染前锋大都督、安南大将军，以精骑五千配之而进"③。

也就是在刘聪时，为宿卫将领之外的将军也配备了营兵。他封诸子

---

① 唐长孺：《魏晋南北朝隋唐史三论》，武汉大学出版社，第59页。
② 《晋书·刘聪载记》，中华书局，第2658页。
③ 《晋书·刘聪载记》，中华书局，第2664页。

为王，大定百官，又"置辅汉、都护、中军、上军、抚军、镇、卫京、前、后、左、右、上、下军，辅国、冠军、龙骧、武牙大将军，营皆配兵二千，皆以诸子为之"[1]。以晋制而言，以上辅汉、都护、上军、抚军、上军、下军、辅国、冠军、龙骧、武牙等都非宿卫将领。辅汉、都护及上、下军等将军是刘汉始置。而"镇、卫京"或为"镇、卫军"之讹，如是，则这些也不是宿卫将领。

这些领有营兵的诸将军都是皇子，亦即宗室诸王。可以说，这种制度源自西晋，是西晋分封制的变种。西晋分封宗室诸王，以郡为国，国以大、小置军。《晋书·地理志》曰："邑二万户为大国，置上中下三军，兵五千人；邑万户为次国，置上军下军，兵三千人，五千户为小国，置一军，兵千五百人。"[2]所不同的是，西晋的分封有实土，而刘汉是虚封，并无实土。

这种分封宗室，并使诸王领兵的制度在前、后赵、前燕诸国一脉相承。而在汉及前赵、后赵时，诸王领兵制度的存废、领兵的多寡等情形还常常因政局变化而有所变化，我们尚不能确切描述营户与诸王的关系、营户对诸王所承担的义务。

前燕慕容氏入主关东以前，因幽、并、冀、兖、司诸州避难流民蜂拥而至，"流人之多旧土十倍有余"。慕容皝时，已出现人多地少，"无田者十有四焉"的情况，于是实行"以牧牛给贫家，田于苑中，公收其八，二分入私。有牛而无地者，亦田苑中，公收其七，三分入私"[3]。流民们把中原较先进的生产技术、生产经验带到慕容氏的辖区，而慕容氏也很快地把中原的依附关系移植过来。这种以"八二"或"七三"的分成制地租，迫使

---

① 《晋书·刘聪载记》，中华书局，第2665页。
② 《晋书·地理志》，中华书局，第414页。晋初分封，因诸王皆未就国，虽有置军之制，而未实行。参见唐长孺：《魏晋南北朝史论丛》，中华书局，第124页。
③ 《晋书·慕容皝载记》，中华书局，第2823页。

无地农民耕种国家的苑田，这实际上就是照搬西晋民屯的办法，把耕种苑田的农民当成国家的依附民，而剥削更重于西晋的"六四"与"五五"分成。除依附于国家的苑田农民外，这时民间的依附关系似乎还没有普遍地发展起来。慕容皝采纳了记室参军封裕的建议，发令曰："苑囿悉可罢之，以给百姓无田业者。贫者全无资产，不能自存，各赐牧牛一头。若私有余力，乐取官牛垦官田者，其依魏晋旧法。"①这个法令有利于无地农民免遭沦为大族豪强依附民的厄运，抑制了依附关系的发展。

慕容氏进入关东地区，立刻就面临着到处存在的依附关系。慕容儁时，"欲经略关西，乃令州郡校阅见丁，精覆隐漏，率户留一丁，余悉发之，欲使步卒满一百五十万，期明年大集，将进临洛阳，为三方节度。武邑刘贵上书极谏，陈百姓凋敝，召兵非法，恐人不堪命，有土崩之祸，并陈时政不便于时者十有三事。儁览而悦之，付公卿博议，事多纳用，乃改为三五占兵，宽戎备一周，悉令明年季冬赴集邺都"②。这段引文值得注意的有两点：其一，慕容儁要求"精覆隐漏"，亦即检实被大族豪强所隐瞒的依附人口，虽刘贵大有为民请命之意，但掩盖不了代表大族豪强反对清理依附人口之实。其二，刘贵称"召兵非法"之"法"可有二解：法律之"法"或办法之"法"。这里是后一种意思。时虽有世兵之制，但并无法律限制临时召发。石虎就曾经"五丁取三、四丁取二"③。慕容儁于是改为"三五占兵"，即三丁取一、五丁取二。

这支以"三五占兵"招募的大军，于慕容儁光寿三年（359年）集中到邺城。"是时兵集邺城，盗贼互起，每夜攻劫，晨昏断行。于是宽常赋，设奇禁，贼盗有相告者赐奉车都尉，捕诛贼首木谷和等百余人，乃止。"④

---

① 《晋书·慕容皝载记》，中华书局，第 2825 页。
② 《晋书·慕容儁载记》，中华书局，第 2840 页。
③ 《晋书·石季龙载记上》，中华书局，第 2770 页。
④ 《晋书·慕容儁载记》，中华书局，第 2842 页。

慕容儁在邺城举行阅兵，准备进攻洛阳，但随即病死。其子慕容暐继位，整顿营户的呼声就出现在慕容暐继位之后。

（二）

关于前燕整顿营户一事，文献记载颇有差别。《晋书·慕容暐载记》曰：

> （慕容）暐仆射悦绾言于暐曰："太宰政尚宽和，百姓多有隐附。传曰，唯有德者可以宽临众，其次莫如猛。今诸军营户，三分共贯，风教陵弊，威纲不举。宜悉罢军封，以实天府之饶，肃明法令，以清四海。"暐纳之。绾既定制，朝野震惊，出户二十余万。慕容评大不平，寻贼绾，杀之。[1]

而《通鉴》卷一百一东晋海西公太和三年（368年）九月曰：

> 燕王公、贵戚多占民为荫户，国之户口，少于私家，仓库空竭，用度不足。尚书左仆射、广信公悦绾曰："今三方鼎峙，各有吞并之心。而国家政法不立，豪贵恣横，至使民户彫尽，委输无入，吏断常俸，战士绝廪，官贷粟帛以自赡给，既不可闻于邻敌，且非所以为治。宜一切罢断诸荫户，尽还郡县。"燕主暐从之，使绾专治其事，纠擿奸伏，无敢蔽匿，出户二十余万，举朝怨怒。绾先有疾，自力厘校户籍，疾遂亟。冬十一月，卒。[2]

两条记载主要的不同处有两点：一是悦绾整顿的是诸军营户，还是民间的荫户？二是悦绾是被杀害还是病死？这两点关系到如何认识这次整

---

[1] 《晋书·慕容暐载记》，中华书局，第2852-2853页。

[2] 《通鉴》卷一百一，东晋海西公太和三年（368年）九月，中华书局，第3211页。

顿，必须加以辨析。当然，两条记载也有可互相补充印证之处。

谁分割国家户口、侵吞民户？整顿的是诸军营户，还是民间荫户？

《载记》说，被分割的国家户口在军营，是诸军营户。那么，占有诸军营户的是谁呢？我们知道，前燕沿袭西晋以来分封宗室诸王的传统。慕容儁元玺三年（354 年）大封宗室二十一王。诸王为虚封，没有封邑，当然也没有国兵。没有封邑，就不能衣租食税。但是，诸王多为领兵将军，各有军营。军营的营户就是国家封给诸王的户口，就是诸王变相的封邑，就是他们衣租食税的对象。我理解这就是《载记》的所谓"军封"①。那么这些营户也就是领兵诸王的依附户。营户中除户主当兵打仗外，其家属为诸王提供赋役，而不承担国家的赋役。营户的赋役因没有记载，我们不得而知，或者如屯田实行分成制，这只是推测。但他们与诸王形成了人身依附关系，这是肯定的。所谓"三方共贯"，应是指营户名义上由朝廷、诸王和郡县共同管理，而实际上只属于诸王，所以是"风教陵弊，威纲不举"。因此，悦绾坚决主张悉罢军封，收归国有，以实天府之饶，也是肃明法令，以清四海。

《通鉴》虽没说到营户，但矛头直指"燕王公、贵戚"，指出他们是多占民为荫户的罪魁祸首。而营户是从民户中来，故其说"多占民为荫户"亦不错。相互对读，营户的性质是荫户就很明确了。不过，《通鉴》未论及营户、军封，使人理解为民间的依附关系，毕竟不够准确。

这是一场什么性质的斗争？悦绾是被杀害，还是病死的？

其实，自西晋以来，依附关系的扩张与反扩张、限制与反限制的斗争从来就没有平息。这是魏晋以来封建国家存在且无法克服的一个矛盾。国家是门阀大族利益的总代表，门阀大族希望通过扩张依附关系取得免役、免税

① 唐长孺先生在《晋代北境各族"变乱"的性质及五胡政权在中国的统治》一文中指出："营户即是荫户，他们不属州郡而属于军营，主持军营的便是王公贵戚。营户又称为'军封'，所以又即是那些王公贵戚的封户。"载《魏晋南北朝史论丛》，生活·读书·新知三联书店，第 165 页。

和减税等特权，攫取最大利益。但是，国家的维持又需要一定数量的自耕农民提供赋税徭役来支持，不能容许门阀大族无限制地扩张依附关系[①]。

慕容鲜卑在汉人大族的帮助下，其汉化较之其他民族更迅速、更彻底，后来居上。而慕容儁入主的关东地区，又是封建经济比较发达的地区，依附关系的发展更加普遍化，并且很快地渗透到前燕的军营中去，分割了国家大量的户口，也即侵吞了国家巨额的赋役。前燕是一个专制主义的中央集权国家，它的统治者早已意识到自耕小农的重要性。如慕容皝就曾说："农者，国之本也。"[②]他们要维持这个国家的统治，就需要维持自耕小农阶层，保障赋税来源。而依附关系的扩张在前燕已经造成"国家政法不立，豪贵恣横，至使民户殚尽，委输无入，吏断常俸，战士绝廪，官贷粟帛以自赡给"的严重后果，所以，依附关系的限制和反限制的斗争终于爆发。

尚书仆射悦绾上言是在太宰慕容恪死后，故他指摘太宰执政尚宽，导致风教陵弊、威纲不举的弊病。慕容恪是前燕威望极高的重臣，悦绾在慕容恪死后指摘他，实际上是指摘原与慕容恪同录尚书、而现今执政的慕容评。这场斗争十分尖锐剧烈，因为整顿营户，清理出依附户二十余万，不仅公然触犯了执政慕容评，而且是与整个鲜卑贵族阶层为敌，极大地损害了诸王的既得利益，王公贵戚们的不满之情可想而知。

悦绾的死，宣告这场斗争以慕容鲜卑贵族的胜利与整顿营户的失败而告终。《载记》说慕容评杀悦绾，而《通鉴》却说悦绾本就生了病，因整理户籍过度劳累而死。不知孰是孰非，姑两存之。总之，在这场前燕统治阶级内部的斗争中，悦绾付出了性命的代价；诸军营户仍继续存在，所以后燕又有清理营户之举。

诸军是汉人营户，还是鲜卑等少数民族部民营户？

---

① 唐长孺：《魏晋南北朝隋唐史三论》，武汉大学出版社，第 477 页。
② 《晋书·慕容皝载记》，中华书局，第 2825 页。

前燕元年（349 年），慕容儁即燕王位，"是时，石季龙死，赵魏大乱，儁将图兼并之计，以慕容恪为辅国将军，慕容评为辅弼将军，阳骛为辅义将军，慕容垂为前锋都督、建锋将军，简精卒二十余万以待期"①。这是慕容氏南下前集结的军队，其主要成分应为慕容部民，还有被慕容征服的鲜卑段部、宇文部民。慕容氏入主关东以后，以"三五占丁"招募军队，这时军队中增加了大量的汉人。当然也有其他少数民族，如乌桓、丁零、氐、羌、胡、羯等，上引光寿三年（359 年）兵集邺城时，因慕容儁死，"盗贼互起，每夜攻劫"，这"盗贼"其实是郡国兵②，其中有名木谷和者，应为少数民族。前秦末，慕容垂起兵，其子慕容农到列人召兵于乌桓、屠各，乌桓鲁利说："死生唯郎是从。"胡注曰："今世俗多呼其主为郎主，又呼其主之子为郎君。"慕容农又对乌桓张骧说："家王已举大事，翟斌等咸相推举，远近相应，故来相告耳。"张骧再拜说："得旧主而奉之，敢不尽死！"③对慕容农到列人招集旧部，慕容垂在给苻坚的表中说："臣息农收集故营，以备不虞。"④可见，乌桓鲁利、张骧都是前燕慕容垂的旧部，即慕容垂的营户。因此，许多少数民族部民因营户制而变成了依附民。

后燕诸军仍有营户，慕容垂企图废除而来不及废除，遗令继位的慕容宝加以解决。《晋书·慕容宝载记》曰：

> 遵（慕容）垂遗令，校阅户口，罢诸军营，分属郡县，定士族旧籍，明其官仪，而法峻政严，上下离德，百姓思乱者十室而九焉。

---

① 《晋书·慕容儁载记》，中华书局，第 2831 页。

② 《通鉴》卷一〇一，东晋穆帝升平四年（360 年）三月载："所征郡国兵，以燕多难，互相惊动，往往擅自散归。"中华书局，第 3181 页。

③ 《通鉴》卷一〇五，东晋孝武帝太元九年（384 年）正月，中华书局，第 3321 页。

④ 《晋书·慕容垂载记》，中华书局，第 3084 页。

《通鉴》卷一〇八，东晋孝武帝太元二十一年（396年）六月曰：

> 燕王宝定士族旧籍，分辨清浊，校阅户口，罢军营封荫之户，悉属郡县。由是士民嗟怨，始有离心。

这两处记载一致了，而且《通鉴》谓"军营封荫之户"，明确指出这类军营是封荫之户。

这次罢营户之举，同样引起强烈的反应。《载记》说"上下离德，百姓思乱者十室而九"，而《通鉴》说"士民嗟怨，始有离心"。其实，真正反对罢营户的应该是拥有营户的王公贵戚。或许在罢营户后，国家的赋役负担更重于私家，使依附民的生活更无保障。文献上经常有类似的记载，如曹魏末年，"魏氏给公卿租牛客户，数各有差"，这租牛客户就是公卿的依附民，而"自后小人惮役，多乐为之"[1]。如东晋的南渡流民，"时百姓遭难，流移此境，流民多庇大姓以为客"[2]。又如北朝，"有竞弃奔出，飘藏他土。或诡名托养，散在人间；或亡命山薮，渔猎为命；或投仗强豪，寄命衣食"[3]。总之，后燕废罢营户并没有收到应有的效果。

附带说一下南燕民间依附关系的情况。慕容德时，尚书韩𧿎上疏说："百姓因秦晋之弊，迭相荫冒，或百室合户，或千丁共籍，依托城社，不惧燻烧，公避课役，擅为奸究，损风毁宪，法所不容。但检令未宣，弗可加戮。今宜隐实黎萌，正其编贯，庶上增皇朝理物之明，下益军国兵资之用。若蒙采纳，冀裨山海，虽遇商鞅之刑，悦绾之害，所不辞也。"他的意见得到南燕主慕容德的支持，派他为使持节、行台尚书，检核郡县户口，得荫户五万八千。南燕疆域狭小，这个数字十分惊人。

---

① 《晋书·外戚·王恂传》，中华书局，第2412页。
② 《南齐书·州郡志上》"南兖州"条，中华书局，第255页。
③ 《魏书·孙绍传》，中华书局，第1724页。

（三）

　　继关东燕国之后，关西后秦也出现了营户。后秦营户的出现有其特殊的历史背景。

　　后赵灭亡后，羌酋姚弋仲遣使降东晋，不久后去世。姚襄从其父姚弋仲继承到的遗产是"户六万"，下分四部：以略阳伏子成为左部帅，南安敛岐为右部帅，略阳王黑那为前部帅，强白为后部帅。四部帅非羌即氐，四部主要应由氐、羌族人组成。他与前秦战，败亡过半，遂率余众南下，被东晋安置在谯城，后移屯历阳。姚襄"乃夹淮广兴屯田，训厉将士"，但终不为东晋执政的大族门阀所容。永和九年（353年），姚襄率部渡过淮水，"屯盱眙，招掠流民，众至七万，分置守宰，劝课农桑"[1]。姚襄所部皆北人，劝其北还。十一年（355年），他进据许昌，后又企图攻下洛阳，不克，为东晋北伐的桓温所败。后来他将图关中，遂进屯杏城，在鄜城、北地招集戎、夏五万余户，部众的民族构成更加复杂化。他的部众在三原被前秦击败，姚襄战死，弟姚苌率部投降前秦。从这一段历史看，姚氏南下北上西进，部众以户计，军营始终携带着家属，一边作战，一边种地。这可以说是姚氏最初的营户，虽然文献上没有这样讲。淝水之战后，姚苌重组自己的军队，仍然沿袭原来的传统。《晋书·姚苌载记》曰：

> 　　初，关西雄杰以苻氏既终，苌雄略命世，天下之事可一旦而定。苌既与苻登相持积年，数为登所败，远近咸怀去就之计，唯征虏齐难、冠军徐洛生、辅国刘郭单、冠威弥姐婆触、龙骧赵恶地、镇北梁国儿等守忠不二，并留子弟守营，供继军粮，身将精卒，随苌征伐。时诸营既多，故号苌为大营，大营之号自此始也。

---

[1]《通鉴》卷九十九，东晋穆帝永和九年（353年）九月、十二月，中华书局，第3133、3136页。

苌下书，兵吏从征伐，户在大营者，世世复其家，无所豫。①

至姚兴时，大营一分为四。《晋书·姚兴载记上》曰：

先是，苻登使弟广守雍，子崇屯胡空堡，闻登败，各弃守走。登无所投据，遂奔平凉，率其余众入马毛山。兴自安定如泾阳，与登战于山南，斩登。散其部众，归复农业。徙阴密三万户于长安，分大营户为四，置四军以领之。②

又《晋书·姚泓载记》曰：

刘裕进据郑城，泓使姚裕。尚书庞统屯兵宫中，姚洸屯于沣西，尚书姚白瓜徙四军杂户入长安。③

后秦的营户虽不是"军封"，但从军营中依附关系的发展来考察，与慕容氏军中营户有相似之处。

综上所述，我们可归结为以下几点。

第一，后秦营户的渊源，可以上溯到姚弋仲。姚弋仲被后赵徙居清河之滠头（今河北省衡水市枣强县东北）时，这个原来的羌人部落已变成一个大军营。而同时被迁到枋头的氐酋苻洪，也是一个大军营。不同的是，后赵灭亡后，苻氏西进长安，建立了政权；而姚氏晚了一步，滞留在原地，依旧保持着一个大军营的状态。姚苌投降前秦后，苻坚授以扬武将军，历左卫将军及郡守、刺史之职，成为前秦的一名官吏。淝水之战后，

---

① 《晋书·姚苌载记》，中华书局，第 2968、2972 页。
② 《晋书·姚兴载记上》，中华书局，第 2976 页。
③ 《晋书·姚泓载记》，中华书局，第 3017 页。

"慕容泓起兵叛坚，坚遣子叡讨之，以苌为司马。为泓所败，叡死之。苌遣龙骧长史赵都诣坚谢罪，坚怒，杀之。苌惧，奔于渭北，遂如马牧。西州豪族尹详、赵曜、王钦卢、牛双、狄广、张乾等率五万余家，咸推苌为盟主"。于是，姚苌又有了属于自己的大军营，虽称王称帝，但与苻登相持积年，故大营如故。

第二，后秦军营中营户的民族构成复杂，故姚兴的营户又有"杂户"之称。十六国时期杂户之名，并不多见。石勒进攻靳准于平阳小城时，有"平阳大尹周置等率杂户六千降于勒"[1]。又有姚泓永明元年（416年）赫连勃勃"既克阴密，进兵侵雍，岭北杂户悉奔五将山"[2]。及上面所引"姚白瓜徙四军杂户入长安"，历史文献上共三条而已。此外，金石著录之《郑能进修邓太尉祠碑》中有"（苦）水杂户七千"的记载[3]。这些杂户，即杂胡之户，也就是各民族混杂的民户的意思。岭北民族混杂情况严重，而姚氏的军队不少来自岭北。这反映了后秦营户的民族复杂性。中华书局校点本的校勘者也持这种理解，《晋书·赫连勃勃载记》之"校勘记"注八曰："按：上云勃勃掠平凉杂户，下云勃勃攻黄石固。"查《载记》原文为"（勃勃）掠平凉杂胡七千余户以配后军"[4]。称营户为"杂户"，是从它包含多种民族的角度说的。

第三，后秦营户的租赋徭役。营户原是有租赋徭役负担的，上引"留子弟守营，供继军粮"即是。姚苌军队有大营之号为后秦建初三年（388年），而大约在建初八年（393年），才颁"兵吏从征伐，户在大营者，世世复其家，无所豫"之令。那么此前没有这个优惠政策。这个时期后秦日夜打仗，与苻登相持不下，兵吏从征战，而子弟苦转输。为提高斗志、鼓

---

① 《晋书·石勒载记上》，中华书局，第2728页。
② 《晋书·姚泓载记》，中华书局，第3010页。
③ 其断句据田余庆《拓跋史探》，生活·读书·新知三联书店，第174页。
④ 《晋书·赫连勃勃载记》，中华书局，第3204页。

舞士气，姚苌才会有后来优复营户的命令。至姚兴破苻登，徙阴密三万户于长安，于是分大营户为四。葛剑雄先生考曰："实际上阴密这三万户兵不是正常的居民，《晋书》卷一百一十七《姚兴载记》说得很明白，姚苌死后，'兴秘不发丧，以其叔父绪镇安定，硕德镇阴密，弟崇守长安'；所以阴密并不是一普通的县城，而是一个集中了大量驻军的战略要地。……显然这三万户不是真正的民户，又包括了被俘的苻登余众。"[1]据上引《姚兴载记》，苻登被斩后，姚兴"散其部众，归复农业"。而这些"归复农业"的苻登余众也被徙长安，配入姚兴的大营。这是说，大营的营户是从事农业生产的，那么他们也就是从属于军营的依附民。

军营依附民从事农业生产是要缴纳租赋的，其中一部分由军营作为军需上缴。姚兴皇初四年（397年），"鲜卑薛勃叛奔岭北，上郡、贰川杂胡皆应之，遂围安远将军姚详于金城。遣姚崇、尹纬讨之。勃自三交趣金城，崇列营掎之，而租运不继，三军大饥。纬言于崇曰：'辅国弥姐高地、建节杜成等皆诸部之豪，位班三品，督运稽留，令三军乏绝，宜明置刑书，以惩不肃。'遂斩之。诸部大震，租入者五十余万"。这五十余万石即是军营营户上缴的租赋。

如果我们把前、后燕与后秦的营户做一个比较，似乎后秦的营户不如前、后燕典型。其实，这是两种不同的类型。它们的共同点是，军营的将领荫占营户，营户是军营将领的依附民，而不属于州郡。不同点是，前、后燕的营户是国家授予的，是得到制度认可的；而后秦的营户形成于乱世，国家事后才认可。唐长孺先生对苻、姚二氏以军事组织占有人口的问题有精彩的论述，他说："苻洪是氐族酋长，所领流民是包括汉人及氐、羌各族的，他以流人都督统领其众，与地方州郡无关。他的部下赐爵关内侯者二千余人，他本人为关内领侯将，完全是军事化与部落化的封建

---

① 参见葛剑雄：《中国人口史》（第一卷），复旦大学出版社，第472页。

组织。而姚弋仲是羌族酋长，他所领也不单是羌人，而是包含汉人于其他各族在内，所以为六夷大都督。他和苻洪一样曾劝石虎徙民关东，东迁时他便以酋豪资格作为都督，所以不称流人，大概其众羌人较多之故。"唐长孺先生进而指出："像苻、姚之例当时一定还很多。《晋书》卷一〇七《石季龙载记下》称：'石祗闻鉴死，僭称尊号于襄国，诸六夷据州郡拥兵者皆应之。'这一些六夷拥兵的是'抚军张沈屯滏口，张贺度据石渎，建义段勤据黎阳，宁南杨群屯桑壁，刘国据阳城，段龛据陈留，姚弋仲据滠桥，苻洪据枋头，众各数万'。其中有些可能不是'六夷'，但二段均为段部，刘国当是屠各，张贺度当是乌丸，他们大都是和苻、姚相似的人物。由此可见在各地区上这种以军事组织占有人口的封建制与州郡制同时存在。"① 如唐先生所说，营户问题绝不只是前、后燕和后秦所特有的，而是在十六国普遍存在的，是依附关系在十六国发展的一个必然表现，是少数民族走向依附化的一个重要方面。

总之，十六国时期依附关系仍然在继续发展。自魏至晋，内迁的南匈奴内部已经发生了明显的两极分化：以刘渊为代表的匈奴贵族阶层出现了大族化的倾向，而匈奴部民却在沦为佃客和奴隶②。如果没有后来的"八王之乱"与"永嘉之乱"，内迁的少数民族部民必然沿着南匈奴部民依附化的道路走下去。不过，社会动乱虽然改变了内迁少数民族部民依附化的形式，但并没有改变其依附化的本质。慕容鲜卑实行所谓"军封"，在西晋分封制的外壳里注入了依附关系的内容，换句话说，他们把依附关系移植

---

① 唐长孺：《魏晋南北朝史论丛》，生活·读书·新知三联书店，第 161—163 页。原文"众各十万"系"众各数万"之误。

② 《三国志·魏志·陈群传子泰附传》："正始中，徙游击将军，为并州刺史，加振威将军，使持节，护匈奴中郎将，怀柔夷民，甚有威惠。京邑贵人多寄宝货，因泰市奴婢，泰皆挂之于壁，不发其封，及征为尚书，悉以还之。"中华书局，第 638 页。《晋书·外戚·王恂传》："（累迁河南尹）魏氏给公卿已下租牛客户数各有差，自后小人惮役，多乐为之，贵势之门动有百数。又太原诸部亦以匈奴为田客，多者数千。""田客"即佃客。中华书局，第 2412 页。

356

到军营里，以这种特殊的形式继续发展依附关系。其他少数民族政权的营户制亦与此相仿，从而使十六国时期依附关系的发展到一个新的阶段。"军封"和营户对十六国时期依附关系的发展有着不可低估的作用，它对改造内迁少数民族的社会结构和重塑少数民族面貌等方面产生了深远的影响。

三、关东地区的社会经济

十六国时期社会经济遭到了极其严重的破坏，农业生产是在非常艰难的条件下进行的。汉与前赵以征战为事，以掠取民间财货谷帛为务，未见组织生产与制定财政经济制度。后赵稍有起色，石勒开始重视农业，基本上沿用西晋的赋役制度；石虎穷奢极侈、征发无度，给社会经济造成严重后果。前燕以重农崛起，南下前注意劝课农桑，但入主关东后纵容贵戚大族，依附关系过度发展，很快危及慕容氏的统治。

以下对关东社会经济的几个阶段分别加以考察。

（一）

南匈奴刘氏的汉、前赵两国对农业的关注甚少。刘渊汉国在政治制度上初具规模，但在经济尤其在农业上无所作为。刘渊元熙二年（305年），"是岁，离石大饥，汉王渊徙屯黎亭，就邸阁谷。留太尉宏守离石，使大司农卜豫运粮以给之"[1]。邸阁，是囤积军粮物资之所，应为西晋所建。汉国置大司农筹集粮草，以供军需。但未见组织生产的记载。

刘聪置左、右司隶，各领户二十万；置单于左、右辅，各主六夷十万落。我们不知其生产如何进行，赋税如何征收。史载，刘聪时，"河东大

---

① 《通鉴》卷八十六，西晋惠帝永兴二年（305年）十二月，中华书局，第2716页。

蝗，唯不食黍豆。靳准率部人收而埋之，哭声闻于十余里，后乃钻土飞出，复食黍豆。平阳饥甚，司隶部人奔于冀州二十万户，石越招之故也。犬与豕相交于相国门"①。"赵固、郭默攻其河东，至于绛邑，右司隶部人盗牧马负妻子奔之者三万余骑。"② 这是史料上可以见到的刘汉之农业、牧业生产的蛛丝马迹。刘汉统治下的各族人民在频繁的战争间隙和各种天灾的袭击下艰难地耕作、畜牧。刘聪时，"军旅无岁不兴，而将士无钱帛之赏，后宫之家赏赉及于僮仆，动至数千万"③。宫廷奢侈费用及军费开支当是从左、右司隶所领户口和单于左、右辅所主六夷的赋税缴纳中得来。

刘曜统治时期，兵、徭之役很重，"曜命起酆明观，立西宫，建陵霄台于滈池，又将于霸陵西南营寿陵"。这个寿陵的计划为"周回四里，下深二十五丈，以铜为棺椁，黄金饰之"。因臣下规谏，刘曜悉罢宫室诸役，停寿陵规制，又"省酆水囿以与贫户"④。其后，他规定"始禁无官者不听乘马，禄八百石已上妇女乃得衣锦绣，自季秋农功毕，乃听饮酒，非宗庙社稷之祭不得杀牛，犯者皆死"⑤。又于光初十一年（328 年）"复百姓租税之半"⑥。这是有关汉赵之农业、租税仅有的几条记载，至于是否袭用西晋的田制及赋役制度，则不得而知。

后赵的相关记载稍多。石勒开始重视农业生产，逐渐制定了相应的制度。

石勒在返回冀州前，一再遭受挫折。他本来准备直捣东晋，"于葛陂缮室宇，课农造舟，将寇建邺"，但雨下了三个月，"勒军中饥疫死者太

---

① 《晋书·刘聪载记》，中华书局，第 2673 页。
② 《晋书·刘聪载记》，中华书局，第 2675 页。
③ 《晋书·刘聪载记》，中华书局，第 2669 页。
④ 《晋书·刘曜载记》，中华书局，第 2690 页。
⑤ 《晋书·刘曜载记》，中华书局，第 2692 页。
⑥ 《晋书·刘曜载记》，中华书局，第 2699 页。

半"①。他听从谋士张宾的建议，率军北返，一路上，所过之处"皆坚壁清野，采掠无所获，军中大饥，士众相食"。一路上受尽饥馑之苦，促成他建立根据地的决心。已任右长史的张宾出主意说："天下饥乱，明公虽拥大兵，游行羁旅，人无定志，非所以保完全，制四方也。不若择便地而据之，广聚粮储，西禀平阳以图幽、并，此霸王之业也。邯郸、襄国，形胜之地，请择一而都之。"②没有粮草，就不可能维持军队的生存。广聚粮储，成了石勒选择根据地的重要标准。从此，石勒改变了原来的游寇状态。刘聪嘉平三年（313年），"司冀渐宁，人始租赋"③。这是石勒征收租赋的开始。次年（314年），"勒以幽、冀渐平，始下州郡阅实人户，户赀二匹，租二斛"④。《初学记》卷二七《绢第九》云："晋故事，凡民课田，夫五十亩，收租四斛，绢三匹，绵三斤。"石勒的租赋是承袭西晋制度，以户为单位征收租调的。这是建立在自耕小农课田基础上的租调制。

为保证租调的征收，石勒建立后赵的元年（319年），他先是"均百姓田租之半"，然后又"遣使循行州郡，劝课农桑"⑤。七年（325年），石勒"以右常侍霍皓为劝课大夫，与典农使者朱表、典劝都尉陆充等循行州郡，核定户籍，劝课农桑。农桑最修者赐爵五大夫"⑥。劝课大夫、典农使者、典劝都尉等都是中央一级的农官。这些官吏负责劝课农桑、清理户籍及进行相关的考核与奖惩。但这个机构的结构如何，它是常设机构还是临时机构等问题尚不清楚，因这些官职与人物在文献中都仅此一见，所以难以详考。

石虎统治前期，后赵颇为强盛。"租入殷广，转输劳烦，令中仓岁入

---

① 《晋书·石勒载记上》，中华书局，第2716页。
② 《通鉴》卷八十八，西晋怀帝永嘉六年（312年）七月，中华书局，第2782页。
③ 《晋书·石勒载记上》，中华书局，第2720页。
④ 《晋书·石勒载记上》，中华书局，第2724页。
⑤ 《晋书·石勒载记下》，中华书局，第2735页。
⑥ 《晋书·石勒载记下》，中华书局，第2741页。

百万斛，余皆储之水次。"冀州发生雹灾的时候，石虎还能"发水次仓麦，以给秋种，尤甚之处差复一年"[①]。他出行时也检查农业生产，惩罚劝农不力的官吏。"如长乐、卫国，有田畴不辟，桑业不修者，贬其守宰。"但是，石虎难改"荒游废政，多所营缮"的本性。建武二年（336年），"时众役繁兴，军旅不息"；又因久旱不雨，谷价腾贵，金一斤才能换米二斗，百姓嗷嗷待哺。而他竟"于邺正南投石于河，以起飞桥，功费数千亿万，桥竟不成，役夫饥甚，乃止"[②]；又"于襄国起太武殿，于邺造东西宫，至是皆就。太武殿基高二丈八尺，以文石绰之，下穿伏室，置卫士五百人于其中。东西七十五步。皆漆瓦、金铛、银楹、金柱、珠帘、玉璧，穷极技巧。又起灵风台九殿于显阳殿后，选士庶之女以充之。后庭服绮縠、玩珍奇者万余人，内置女官十有八等，教宫人星占及马步射。置女太史于灵台，仰观灾祥，以考外太史之虚实。又置女鼓吹羽仪，杂技工巧，皆与外侔"[③]。

石虎不停地用兵，频繁地征发徭役。兵役、徭役和各种征发繁多，给人民造成极为沉重的负担。建武三年（337年），为伐鲜卑段辽，他募勇力三万人，皆拜为龙腾中郎。六年（340年）准备讨伐前燕时，他"令司、冀、青、徐、幽、并、雍兼复之家五丁取三、四丁取二，合邺城旧军满五十万，具船万艘，自河通海，运谷豆一百万斛乐安城，以备征军之调"。他又因军马不足，"收百姓马四万余匹入于公"；又敕令"河南四州具南师之备，并、朔、秦、雍严西讨之资，青、冀、幽三五发卒，诸州造甲者五十万人"，"船夫十七万人为水所没、猛兽所害，三分而一"[④]。八年（342年），石虎将要进攻东晋，遂下令凡出征的士兵"五人出车一乘，牛二头，米各十五斛，绢十匹，调不办者斩论"[⑤]。穷困的百姓破家鬻子置办所需

① 《晋书·石季龙载记上》，中华书局，第 2763 页。
② 《晋书·石季龙载记上》，中华书局，第 2764 页。
③ 《晋书·石季龙载记上》，中华书局，第 2765 页。
④ 《晋书·石季龙载记上》，中华书局，第 2772 页。
⑤ 《晋书·石季龙载记上》，中华书局，第 2773 页。

物资，因无力置办而上吊者相望于道。

关于石虎在邺城兴建的宫殿，《二十五史补编》所载洪亮吉《十六国疆域志》收集了更为详尽的资料。在石虎迁都邺城时，从襄国至邺城二百里途中，凡所歇息处，皆造行宫。路上他共建造了行宫四十四所，每一行宫置一夫人，侍婢数十人。在邺城城西三里的漳水旁建桑梓苑，苑中养獐、鹿、雉、兔、虎，并造临漳宫。在邺城，东有永乐宫，西有黎园宫，东南有赤桥宫，西北有紫陌宫，又有九华宫、永安宫、明光宫，等等。邺城旧有三台，在城西北，以城为基，石虎更增二丈，上面建一座"连栋接榱"的大屋，又盖五层楼，高十五丈，离地二十七丈。他又建造许多楼、观、台、阁，有冰井台，在铜雀台北，上可藏冰，三伏天以冰赐大臣；有阅马台，基高五丈，上面造观，是石虎讲武之地；有西台，高六十七丈；有灵台，置女太史。此外，东城上有东明观，北城上有齐斗楼。"其城东西七里，南北五里，饰表以砖，百步一楼。凡诸宫殿门台隅雉，皆加观榭层甍及宇，飞檐拂云，图以丹青，色以轻素。当其全盛之时，去邺七十里，远望苕亭，巍然若仙。"[1]奢靡之费，甚于天灾。当这一座座巍峨的宫殿、一个个华美的台观拔地而起的时候，统治者穷奢极侈，各族人民却背负着深重的灾难！

直到晚年，石虎仍执迷不悟，苦役百姓如故。建武十一年（345年），他征发雍、洛、秦、并四州十六万人去修长安的未央宫，又征发二十六万人修洛阳宫。他还无偿征调百姓耕牛二万头配给朔州牧官。石虎嗜猎，"体重不能跨马，乃造猎车千乘，刻期校猎。自灵昌津南至荥阳、东极阳都为猎场"[2]，侵占无数良田。

在石虎一味穷兵黩武、穷奢极侈的时候，后赵的权贵豪族们也在推波助澜、趁火打劫。石虎"使令长率丁壮随山泽采橡捕鱼以济老弱，而复为

---

① 《二十五史补编》第三册，中华书局，第 4096—4098 页。
② 《通鉴》卷九十七，东晋穆帝永和元年（345年）正月，中华书局，第 3062—3063 页。

权豪所夺，人虽所得焉。又料殷富之家，配饥人以食之，公卿已下出谷以助振给，奸吏因之侵割无已，虽有贷赡之名而无其实"①。当时豪戚侵恣，贿托公行，他们不但兼并土地，而且侵占山泽。加上繁复的兵、徭，夺民农时，"或盛功于耘艺之辰，或烦役于收获之月，顿毙属途，怨声塞路"②，使正常的农业生产无法进行。

从石勒兵临冀州以后，坞堡壁垒的大姓豪族或被加以将军，或被任为都尉。石勒对他们优礼备至，他们荫占的部曲、佃客也合法化。因为自耕小农深受兵、徭之苦，这些大姓豪族荫占的依附民无兵、徭役的负担，实际上成了农业生产的主力军，为苦难社会的延续而辛劳着。从这个意义上说，是依附关系保存了社会生产力，使生产免于完全停顿、社会未曾陷入崩溃，维持了社会的继续前行。

在粮食短缺的战争年代，军队且战且耕，以补充军粮之不足。徐龛据守东莞（今山东省临沂市沂水县）时，石虎"统中外精卒四万讨徐龛，龛坚守不战，于是筑室返耕，列长围以守之"③。四万士卒如果轮番耕战，能够有两万人种地，规模不可谓小。这虽然不能称为军屯，但这种情况在当时应是比较普遍的。石虎继位后，曾经实行屯田。他在对辽西鲜卑用兵时，"遣渡辽曹伏将青州之众渡海，戍蹋顿城，无水而还，因戍于海岛，运谷三百万斛给之。又以船三百艘运谷三十万斛诣高句丽，使典农中郎将王典率众万余屯田于海滨"④。夺取幽州后，他则"自幽州东至白狼（今辽宁省葫芦岛市建昌县东北），大兴屯田"⑤。典农中郎将，曹操置之以为管理屯田事务的官员；石虎专门设立此官实行屯田。这两次屯田，前者为军屯，后者似为民屯。

---

① 《晋书·石季龙载记上》，中华书局，第2764页。
② 《晋书·石季龙载记上》，中华书局，第2772页。
③ 《晋书·石勒载记下》，中华书局，第2739页。
④ 《晋书·石季龙载记上》，中华书局，第2768页。
⑤ 《晋书·石季龙载记上》，中华书局，第2771页。

（二）

在十六国中，前燕以重农而崛起。慕容鲜卑本是游牧民族，以畜牧业为主，而自西晋元康四年（294 年）慕容廆迁居大棘城时，"教以农桑，法制同于上国"[1]，从此走上了以农业为主的道路。

慕容氏居住在今大凌河流域，地区的气候、土地条件适于农耕。西晋末年，"流亡士庶多襁负归之"，慕容廆立四个侨郡以统流人："冀州人为冀阳郡，豫州人为成周郡，青州人为营丘郡，并州人为唐国郡。于是推举贤才委以庶政。"[2]在汉人士族的辅佐下，慕容廆"劝农桑，敦地利"[3]，从而调动了汉族和鲜卑族农民生产积极性，促进了地区政治、经济的发展。

史称，"慕容廆尝从容曰：'狱者，人命之所悬也，不可以不慎。贤人君子，国家之基也，不可以不敬。稼穑者，国家之本也，不可以不急。酒色便佞，乱德之甚也，不可以不戒。'乃著《家令》数千言以申其旨"[4]。慕容廆以人才作为立国之基，以农业作为立国之本，这是他实践经验的总结。其见识，不仅比同时代的少数民族领袖更高一筹，也并非那些汉族野心家如王浚之流所可比拟的。

慕容皝继承父志，亲自巡视郡县、劝课农桑，并对农业政策进行了重要改革。当时，记室参军封裕上长篇奏疏进谏，主要论劝农事、针砭时弊，并提出一系列的建议。第一，高选农官，务尽劝课。他指出虽务农之令屡发，但二千石令长"莫有志勤在公、锐尽地利者"，那就要像汉朝皇帝那样"以垦田不实，征杀二千石以十数"。第二，省罢诸苑，以业流人，赐给耕牛。因流人蜂拥而至，前燕人口增加十多倍，而无田者十人有

---

① 《晋书·慕容廆载记》，中华书局，第 2804 页。
② 《晋书·慕容廆载记》，中华书局，第 2806 页。
③ 《晋书》卷一百十一史臣曰，中华书局，第 2862 页。
④ 《晋书·慕容廆载记》，中华书局，第 2808 页。

四。他认为应省罢官家苑囿，供流民耕作，并赐给无资产者耕牛。第三，疏浚沟渠，兴修水利。他主张"循郑白、西门、史起溉灌之法，旱则决沟为雨，水则入于沟渎"。第四，减少游食，还之于农。他认为今官司猥多，游食不少。一夫不耕，岁受其饥。官吏、学生、工商，宜量军国所需，置其员数，其外归之于农，不可徒充大员，塞聪俊之路。[①]

慕容皝是一位能够纳谏的君主，对封裕的奏疏，他除以中州未平为由，暂不减官吏外，其余都一一照办，下令曰："君以黎元为国，黎元以谷为命。然则农者，国之本也，而二千石令长不遵孟春之令，惰农弗劝，宜以尤不修辟者措之刑法，肃厉属城。主者明详推捡，具状以闻。苑囿悉可罢之，以给百姓无田业者，贫者全无资产，不能自存，各赐牧牛一头。若私有余力，乐取官牛垦官田者，其依魏晋旧法。沟洫溉灌，有益公私，主者量造，务尽水陆之势。中州未平，兵难不息，勋诚既多，官僚不可减也。待克平凶丑，徐更议之。百工商贾数，四佐与列将速定大员，余者还农。学生不任训教者，亦除员录。"[②]

慕容皝统治期间，前燕在与段部鲜卑、宇文鲜卑及高句丽争夺辽东、西的斗争中取得重大胜利。他打败段辽，掠五千户；破高句丽王钊，掠五万余口；又伐宇文归，开地千里，徙其部人五万余落。这些被征服的各族人民也与慕容鲜卑族人一起走上农业化的道路。此外，他还率骑二万，长驱至蓟城，深入到高阳，掠取幽、冀二州三万余户。慕容皝一方面在内部劝课农桑，实施新的农业政策；另一方面建立辽东、西的霸权，最终为慕容氏的入主中原奠定了坚实的基础。

东晋永和五年（349 年），慕容儁在后赵发生冉闵之乱、关东鼎沸的时候南下，其势如摧枯拉朽。后赵幽州刺史望风而逃，慕容儁轻而易举地攻取蓟城。但是，从他清除关东后赵残余势力，到前燕光寿二年（358 年）

① 《晋书·慕容皝载记》，中华书局，第 2823-2825 页。
② 《晋书·慕容皝载记》，中华书局，第 2825 页。

讨平并州，用了将近十年。慕容暐继位后，慕容恪执政，仍一直用兵河南，直到建熙六年（365 年）攻取洛阳。进入了关东这个历史悠久、技术先进的广阔的农业区后，前燕反而在经济制度上少有建树，尤其是抛弃了慕容廆以来的"重农"政策，听任鲜卑诸王权贵和汉人大姓豪族无限制地荫占人口，致使自耕小农大量流失，以致危及前燕的统治。

慕容儁在讨平并州张平后，立刻做进攻洛阳的准备。《晋书·慕容儁载记》曰：

> 儁于是复图入寇，兼欲经略关西，乃令州郡校阅见丁，精覆隐漏，率户留一丁，余悉发之，欲使步卒满一百五十万，期明年大集，将进临洛阳……武邑刘贵上书极谏，陈百姓凋弊，召兵非法，恐人不堪命，有土崩之祸，并陈时政不便于时者十有三事。儁览而悦之，付公卿博议，事多纳用，乃改为三五占兵，宽戎备一周，悉令明年季冬赴集邺都。

慕容儁的诏令是一个征兵的诏令，只是捎带地讲到清查户口。

前燕入主关东已近十年，此前未曾清查过州郡户口，这是结合征兵进行的第一次户口清查，之前征发赋役当是依据后赵的户口旧档。但是冉闵之乱给关东地区造成了极大的破坏，死亡与流亡的百姓不计其数。史称，"自（石）季龙末年而（冉）闵尽散仓库以树私恩。与羌胡相攻，无月不战。青、雍、幽、荆州徙户及诸氐、羌、胡、蛮数百余万，各还本土，道路交错，互相杀掠，且饥疫死亡，其能达者十有二三。诸夏纷乱，无复农者"[1]。慕容儁时的廷尉监常炜也说："自顷中州散乱，连兵积年，或遇倾城之败，覆军之祸，坑师沈卒，往往而然，孤孙茕子，十室而九。"[2]即便州

---

[1] 《晋书·石季龙载记下冉闵附传》，中华书局，第 2795 页。
[2] 《晋书·慕容儁载记》，中华书局，第 2839 页。

郡还保存有户籍旧档，也与实际户口相去甚远了。

我们看不到慕容儁入主关东后劝课农桑、清理户口之举，只看到慕容贵族及大姓豪族荫占户口、中饱私囊的事实。鲜卑慕容氏诸王权贵进入关中，是以征服者的身份出现的，自以为高人一等，应该享有特权，实际上也是享有特权的，如诸军营户的"军封"即是。而从慕容廆时就与鲜卑慕容氏合作的汉族人士回到关东，也同样是享有特权的，他们也趁机荫占户口。

关东地区的大姓豪族也受到前燕的优待。《通鉴》卷一百东晋穆帝永和十二年（356年）十一月载：慕容恪平定广固段龛，"恪留慕容尘镇广固，以尚书左丞鞠殷为东莱太守，章武太守鲜于亮为齐郡太守，乃还。殷，彭之子也。彭时为燕大长秋，以书戒殷曰：'王弥、曹嶷，必有子孙，汝善招抚，勿寻旧怨，以长乱源。'殷推求，得弥从子立、嶷孙岩于山中，请与相见，深结意分。彭复遣使遗以车马衣服，郡民由是大和"。王弥，青州"东莱人，家世二千石"[①]，西晋末年投靠刘渊，是刘渊汉国的大将。曹嶷，是王弥的左长史，亦是青州人。王弥被石勒所杀，曹嶷曾任东晋青州刺史。二人都出身青州的大姓豪族，虽死去多年，但他们的家族在当地仍有势力，故鞠殷出任前燕东莱太守时，其父鞠彭嘱咐他招抚王、曹子孙，以免得罪当地的大姓豪族，闹出乱子。推而广之，前燕政权在关东各地都要优待当地的大姓豪族。

这几方面的原因，造成人口的隐漏是严重的。慕容儁的召兵诏令虽也包含着清理户口的内容，但收效甚微。刘贵所说"百姓凋弊，召兵非法，恐人不堪命，有土崩之祸"，其实代表的首先是关东大姓豪族的利益。慕容儁改"户留一丁"为"三五占兵"，受惠最大的当然是"或百室合户，

---

① 《晋书·王弥传》，中华书局，第 2609 页。

或千丁共籍"的大姓豪族①。不久慕容儁去世，清查户口恐怕也就不了了之了。

慕容暐时的执政慕容恪施行宽政，造成百姓多有隐附。之后尚书仆射悦绾清理出二十余万的依附户，被执政的慕容评杀害。这里不赘述。慕容恪死后，慕容评与皇太后可足浑氏狼狈为奸，"政以贿成，官非才举，群下切齿焉"。为此，尚书左丞申绍上疏说：

> 吏多则政烦，由来常患。今之见户，不过汉之一大郡，而备置百官，加之新立军号，兼重有过往时。虚假名位，废弃农业，公私驱扰，人无聊生。宜并官省职，务劝农业。
>
> 比赴敌后机，兵不速济者何也？皆由赋法靡恒，役之非道。郡县守宰每于差调之际，无不舍越殷强，首先贫弱，行留俱窘，资赡无所，人怀嗟怨，遂致奔亡，进阙供国之饶，退离蚕农之要。兵岂在多，贵在用命。宜严制军科，务先饶复，习兵教战，使偏伍有常，从戎之外，足营私业。
>
> 谨案后宫四千有余，僮侍厮养通兼十倍，日费之重，价盈万金，绮縠罗纨，岁增常调，戎器弗营，奢玩是务。今帑藏虚竭，军士无襜褕之费，宰相王侯迭以侈丽相尚，风靡之化，积习成俗，卧薪之谕，未足甚焉。宜罢浮华非要之役，峻明婚姻丧葬之条，禁绝奢靡浮烦之事，出倾宫之女，均商农之赋。②

以上只摘引奏疏中与农业有关的内容。第一段是批评官吏太多，不胜烦扰，小农负担过重；第二段是批评赋调不平，舍强欺弱，侵渔无已；第

---

① 《晋书·慕容德载记》，中华书局，第3170页。这虽是南燕的资料，但应该适用于前燕依附关系的状况。
② 《晋书·慕容暐载记》，中华书局，第2855—2856页。

三段是批评上层奢靡，耗尽国帑，加重赋役。统治者不仅没有振兴农业的举措，而且破坏农业，千方百计把小农逼到绝路上去。史称，慕容暐"不纳"，而执政慕容评"性贪鄙，郭固山泉，卖樵鬻水，积钱绢如丘陵"[①]，对申绍辛辣的批判，他当然更听不进去。

（三）

后燕慕容宝继位伊始，遵照其先父慕容垂遗嘱："校阅户口，罢诸军营户分属郡县。"这其实是慕容垂建立后燕后来不及做，也是慕容宝所做的唯一一件与农业有关的事。次年（397 年），北魏攻克后燕都城中山，慕容宝南北流窜，再也做不成任何事了。

慕容宝校阅户口与罢诸军营户，在当时引起"上下离德，百姓思乱者十室而九"[②]。因北魏南下，其效果如何已无法详考了。但南燕慕容德时期又有清查户口之举：

> 尚书韩（左言右卓）上疏曰："……陛下中兴大业，务在遵养，矜迁萌之失土，假长复而不役，愍黎庶之息肩，贵因循而不扰。斯可以保宁于营丘，难以经措于秦越。今群凶僭逆，实繁有徒，据我三方，伺国瑕衅。深宜审量虚实，大校成败，养兵厉甲，广农积粮，进为雪耻讨寇之资，退为山河万全之固。而百姓因秦晋之弊，迭相荫冒，或百室合户，或千丁共籍，依托城社，不惧熏烧，公避课役，擅为奸宄，损风毁宪，法所不容。但检令未宣，弗可加戮。今宜隐实黎萌，正其编贯，庶上增皇朝理物之明，下益军国兵资之用。若蒙采纳，冀裨山海，虽遇商鞅之刑，悦绾之害，所不辞也。"德纳之，遣其车骑将军慕容镇率骑三千，

---

① 《晋书·慕容暐载记》，中华书局，第 2857 页。
② 《晋书·慕容宝载记》，中华书局，第 3093 页。

缘边严防，备百姓逃窜。以（左言右卓）为使持节、散骑常侍、行台尚书，巡郡县隐实，得荫户五万八千。（左言右卓）公廉正直，所在野次，人不扰焉。[①]

这次户口清查得到慕容德大力支持，他甚至派兵协助，取得显著的效果。不过，与前、后燕不同的是，前、后燕是罢诸军营户，即所谓军封；而南燕清查的是民间大姓豪族的荫冒、荫户。

我们上面已提到鞠殷任刺史在青州地区为王弥、曹嶷继绝世的例子。南燕立国在青州地区，当地大姓豪族势力之大不言而喻。而慕容氏优遇汉人大族是有传统的，慕容德本人亦如此。他兵临莒城，见太守渤海封孚出降，说："朕平青州，不以为庆，喜于得卿也。"[②]而提出清查户口的韩䜣，乃昌黎大族韩氏，历仕前、后燕等数朝。但因为青州的大姓豪强肆无忌惮地扩张依附关系，所谓"依托城社，不惧熏烧，公避课役，擅为奸宄"，已经是"损风毁宪，法所不容"，连支持专制皇权的大族领袖也不能容忍了。

南燕打击大姓豪强荫占民户之时，北燕正在大张旗鼓地劝课农桑。

后燕的残余势力慕容盛及其后继者逃回龙城，维持了十年，但毫无建树。冯跋建北燕后，下书曰："自顷多故，事难相寻，赋役繁苦，百姓困穷。宜加宽宥，务从简易，前朝苛政，皆悉除之。守宰当垂仁惠，无得侵害百姓，兰台都官明加澄察。"[③]他分遣使者巡行郡国，对孤老久疾不能自存者，赈济谷帛；对孝悌、力田、家庭和顺者，皆褒扬彰显。史称，"跋励意农桑，勤心政事，乃下书省徭薄赋，堕农者戮之，力田者褒赏，命尚书纪达为之条制。每见守宰，必擒见东堂，问为政之要，令极言无隐，以

---

① 《晋书·慕容德载记》，中华书局，第 3170 页。
② 《晋书·慕容德载记封孚附传》，中华书局，第 3185 页。
③ 《晋书·冯跋载记》，中华书局，第 3129 页。

观其志。于是朝野竞劝焉"①。冯跋对官吏"力田"与"堕农"实行奖惩，并制定相应的规章制度。冯跋还具体地要求百姓种植桑、柘，他说："今疆宇无虞，百姓宁业，而田亩荒秽，有司不随时督察，欲令家给人足，不亦难乎！桑、柘之益，有生之本。此土少桑，人未见其利，可令百姓人殖桑一百根，柘二十根。"他企图通过种植桑、柘促进养蚕与纺织业的发展。虽然北燕存在的时间很短，但他对农业的重视在十六国时期是很突出的。

四、前秦劝课农桑与社会经济

在十六国各民族政权中，唯有前秦完全统一过北方，而且疆域最广。它在政治统治、经济发展、文化建设和民族融合等方面均取得显著的成就。上一节我们探讨了广义上的关东地区，包括汉与前赵、后赵及诸燕国的社会经济状况，这一节我们则专门来探讨前秦的经济。

有比较才有鉴别，前秦的经济与前燕适成对比。这样，我们对十六国的社会经济才能有一个比较全面的认识。

（一）

关中自汉末董卓之乱后便多灾多难，西晋赵王司马伦荼毒氐、羌，大旱和疾疫席卷雍、秦，而永嘉之乱再袭关中，大蝗灾吞噬了一切绿色，"草木牛马毛鬣皆尽"②。人口死亡与流散不可胜计。当汉国大将刘曜以雍州牧镇长安的时候，"关西饥馑，白骨蔽野，士民存者百无一二"③。光初二年（319年），刘曜徙都长安，先后从平阳、雍城、上郡、陇右、仇池等地迁

---

① 《晋书·冯跋载记》，中华书局，第3130页。

② 《晋书·五行志下》，中华书局，第881页。

③ 《通鉴》卷八十七，西晋怀帝永嘉五年（311年）九月，中华书局，第2767页。

徙三十余万人口到长安，其中主要是氐、羌①。氐、羌补充了前赵军队，甚至充当了主力②。后赵灭前赵时，关中人口再度流散，但后赵又多次徙民关中③。关中氐、羌人数众多，而拥有坞壁部众的汉族大姓豪强也颇具势力。石虎死后，其子石苞时镇长安，谋划率关中之众攻邺。"苞性贪而无谋，雍州豪右知其无成，并遣使告晋梁州刺史司马勋。勋于是率众赴之，壁于悬钩，去长安二百余里，使治中刘焕攻京兆太守刘秀离，斩之。三辅豪右多杀其令长，拥三十余壁，有众五万以应勋。"④

至冉闵之乱时，中原遭受空前破坏，尤其是关东地区。史称，"贼盗蜂起，司冀大饥，人相食。自季龙末年而闵尽散仓库以树私恩。与羌胡相攻，无月不战。青、雍、幽、荆州徙户及诸氐、羌、胡蛮数百万，各还本土，道路交错，互相杀掠，且饥疫死亡，其能达者十有二三。诸夏纷乱，无复农者"；又"邺中饥，人相食，季龙时宫人被食略尽"⑤。比较而言，冉闵之乱时关中所受破坏轻得多。"时京兆杜洪窃据长安，自称晋征北将军、雍州刺史，戎夏多归之。"⑥杜氏，京兆大姓豪族。《晋书·宗室·济南惠王遂传曾孙勋附传》曰："永和中，张琚据陇东，遣使招勋，勋复入长安。初，京兆人杜洪以豪族陵琚，琚以勇侠侮洪，洪知勋惮琚兵强，因说勋

---

① 据《晋书·刘曜载记》，他迁徙人口较多的是：平阳士女一万五千人，雍城氐、羌降众十余万，而最多的是上郡氐、羌伊余兄弟及其部落二十余万口。又有仇池、陇右羌万余户，秦州大姓杨、姜诸族二千余户等。

② 《晋书·刘曜载记》载刘曜曰："吾军旅虽盛，不逾魏武之东也。畏威而来者，三有二焉。中军宿卫已皆疲老，不可用也。"充任中军宿卫的屠各已"疲老"，而"畏威而来"者占三分之二，主要是氐、羌人。中华书局，第 2695 页。

③ 据《晋书·石勒载记下》："秦州休屠王羌叛于勒……羌败，奔凉州。徙秦州夷豪五千余户于雍州。"石弘时，石生反于关中，石虎入关，拔长安，"徙雍、秦华戎十余万户于关东"。中华书局，第 2747、2755 页。《晋书·石季龙载记上》：石虎时，破段辽，"迁其平二万余户于雍、司、兖、豫四州之地"。又"徙辽西、北平、渔阳万余户于兖、豫、雍、洛四州之地"。中华书局，第 2768、2770 页。《晋书·石季龙载记下》：王擢克武街，"徙七千余户于雍州"。中华书局，第 2781 页。

④ 《晋书·石季龙载记下》，中华书局，第 2789-2790 页。

⑤ 《晋书·石季龙载记下冉闵附传》，中华书局，第 2795、2797 页。

⑥ 《晋书·苻健载记》，中华书局，第 2869 页。

曰：'不杀张琚，关中非国家有也。'勋乃伪请琚，于座杀之。"杜洪占据长安，虽未能有大作为，但暂时稳定了关中的局面。就在这时，苻健鼓行西进，打败杜洪，称帝关中。

氐族很早就进入农耕社会，内迁的苻氏是一个武装部落，在部落中组织农业生产，且耕且战。苻健曾"缮宫室于枋头，课所部种麦"[1]。显然，苻氏深知农业的重要性，建立政权后实行劝课农桑是很自然的。

在依附关系已经很发达的关中，要真正有效地推行劝课农桑的政策，就必须把依附关系的发展控制在适当的范围内，保证国家财政收入，使国家机器能够正常地运转。那么，前秦是如何抑制大族豪强、控制依附关系发展的呢？

以杜洪为代表的汉人大姓豪族，在苻健入关后很快被消灭[2]，追随杜洪的大姓豪族肯定也都受到打击，家破人亡，乃至宗族湮灭。当然，并非所有的汉人大姓豪族都追随杜洪，所以关中的汉人大姓豪族阶层仍然存在，但他们的势力受到限制，不敢轻举妄动。他们也不可能如以往那样横行乡里，荫占民户。在前秦强盛的时候，我们很难看到他们的踪迹；淝水之战后，当前秦面临瓦解时，各地的大姓豪强才浮出水面。

从苻健到苻坚的前秦皇朝的权力核心，看不到雍、秦大姓豪族的身影。最受苻坚重用的王猛，是"北海剧人，家于魏郡。少贫贱，以鬻畚为业"，"博学好兵书"。[3]他虽是士人，但出身贫寒，既非州郡望族，父祖亦名不见经传，又从小从事贱业。前秦刺史一级者，除宗室苻氏外，有幽州刺史郭庆、梁谠，凉州刺史彭越、梁熙，南秦州刺史杨统、王统，益州牧杨安，梁州刺史毛当，宁州刺史姚苌，河州刺史李辩，兖州刺史彭超，荆

---

① 《晋书·苻健载记》，中华书局，第2869页。苻健课众种麦，虽为迷惑杜洪，但平时当亦如此。
② 《晋书·苻健载记》："杜洪屯宜秋，为其将张琚所杀，琚自立为秦王，置百官。健率步骑二万攻琚，斩其首。"所载与上引《晋书·宗室·济南惠王遂曾孙勋附传》不同，不知孰是？
③ 《晋书·苻坚载记下王猛附传》，中华书局，第2929页。

州刺史梁成，扬州刺史王显等。其中，姚苌是羌族，郭庆或为汉族，余者皆为氐族。梁、彭、杨、毛等都是氐族中的大姓，而王显、李辩亦应为氐人，王统为休屠王擢之子。太守如陇西太守姜衡、南安太守邵羌，州郡掾属如秦州别驾姜平子，也都是氐人[1]。唯有尚书郎裴元略、黄门郎程宪、云中护军贾雍及其司马徐斌、博士王寔等少数人可确定为汉人。由于资料匮乏，我们对郡县官吏及掾属的情况了解很少，而魏晋以来郡县守令与掾属职位常常为大姓豪族所占据。十六国统治者为笼络地方大姓豪强，往往利用他们以加强统治，征收赋税和徭役，如石勒用坞堡主为将军、都尉，即是如此。因此，地方大姓豪族的实力不可低估。以下关于前秦末年地方大姓豪族并起的记载，也许可以显示郡县大姓豪族所拥有的强大实力。

《通鉴》载：姚苌奔渭北马牧，"于是天水尹纬、尹详、南安庞演等，纠扇羌豪，帅其户口归苌者五万余家，推苌为盟主"[2]。《晋书·姚苌载记》记此事曰："苌惧，奔于渭北，遂如马牧。西州豪族尹详、赵曜、王钦卢、牛双、狄广、张乾等率五万余家，咸推苌为盟主。苌将距之，天水豪族尹纬说苌曰：'今百六之数既臻，秦亡之兆已见，以将军威灵命世，必能匡济时艰，故豪杰驱驰，咸同推仰。明公宜降心从议，以副群望，不可坐观沉溺而不拯救之。'苌乃从纬谋。"[3]两文略有不同，可联系起来理解。关于渭北的民族分布状况，马长寿先生曾说："在渭河以北同州、华州东部虽成为北族麕集之区，而蒲城、白水、宜君、同官（铜川县）、宜州（耀县）等地则仍为西羌诸姓的集中分布所在。但这些州县自古以来就有汉族分布其间，故当羌族徙入之时，汉羌二族分别居住，形成汉村和羌村的犬牙交错状态。"[4]马先生是根据北周至隋初的羌民造像来论北周的关中羌民的，

---

① 陈连庆：《中国古代少数民族姓氏研究》氐、羌部分，吉林文史出版社。
② 《通鉴》卷一〇五，东晋孝武帝太元九年（384年）三月，中华书局，第3327页。
③ 《晋书·姚苌载记》，中华书局，第2965页。
④ 马长寿：《碑铭所见前秦至隋初的关中部族》，中华书局，第79—80页。

但其结论与前秦时的状况甚相符合。尹纬等人是西州豪族，即天水、南安等秦州人，他们已迁徙到渭北，而所"纠扇"的则是渭北的羌豪，他们共同形成支持反苻秦的大姓豪族势力。尹纬等人原为西州豪族，或因被迁到渭北山区颇有不满，所以支持姚苌反秦。

与之对立的是支持苻秦的大姓豪强势力。《晋书·苻丕载记》曰：苻丕左丞相王永传"檄州郡曰：'……虽黄巾之害于九州，赤眉之暴于四海，方之未为甚也。今素秋将及，行师令辰，公侯牧守，垒主乡豪，或勠力国家，乃心王室，各率所统，以孟冬上旬会大驾于临晋。'于是天水姜延、冯翊寇明、河东王昭、新平张晏、京兆杜敏、扶风马郎、建忠高平牧官都尉王敏等咸承檄起兵，各有众数万，遣使应丕。皆就拜将军、郡守，封列侯"①。这些大姓豪族东有河东、西有天水，但主要分布于关中。其中的王敏还是现任官吏。他们各有数万众，其势力当真不可小觑。虽然他们的部众是临时召集起来的，但应该不乏他们的佃客、部曲。正是依靠拥有世代威望、地方职权及众多的依附民，这些人才能在乡里一呼百应。前秦对关中这些大姓豪族，只要是不怀敌对情绪的，可能采取了容忍的态度，既限制他们继续荫占民户，又依靠他们提供赋税徭役。所以他们在前秦艰危时刻，才会站到支持苻坚的一边。

我们虽然看不到苻坚打击汉族大姓豪强的直接例子，但我们也能看到他支持王猛打击羌族大姓豪强毫不手软。"其特进强德，健妻之弟也。昏酒豪横，为百姓之患。（王）猛捕而杀之，陈尸于市。其中丞邓羌，性鲠直不挠，与猛协规齐志，数旬之间，贵戚强豪诛死者二十有余人。于是百僚震肃，豪右屏气，路不拾遗，风化大行。"②苻坚对本民族的贵戚豪强尚且如此，对非本民族的大姓豪强应也不会纵容放任。

① 《通鉴》卷一〇六，东晋孝武帝太元十一年（386年）十一月，中华书局，第3337页。
② 《晋书·苻坚载记上》，中华书局，第2887页。

中古北方民族史探

（二）

我们知道，氏族苻氏与羌族姚氏都是武装部落集团，他们不隶属州郡，而形成且耕且战的军营式的组织。在姚氏集团中，营户与军主的关系发展为依附关系。而在苻氏集团中，是否也存在着与姚氏集团类似的军营、营户？

前秦苻健、苻生称帝，封宗室为诸王。诸王均是虚封，无实土，也不见配给军营。诸王皆官僚化，如武安王苻安，为大司马；晋王苻柳，为征东大将军；广平王苻黄眉，官至卫大将军；清河王苻法，后将军；东海王苻坚，龙骧将军等。苻坚夺权后，称大秦天王，于是诸王降爵为公。王与公两种爵位不可同日而语。而且，苻坚对诸公监督甚严。史载："秦王坚命公国各置三卿，并余官皆听自采辟，独为置郎中令。富商赵掇等车服僭侈，诸公竞引以为卿。黄门安定程宪请治之。坚乃下诏称：'本欲使诸公延选英儒，乃更猥滥如是！宜令攸司推检，辟召非其人者，悉降爵为侯，自今国官委之铨衡。自非命士已上，不得乘车马。去京师百里内，工商皂隶，不得服金银、锦绣、犯者弃市。'于是平阳、平昌、九江、陈留、安乐五公皆降爵为侯。"[1]

前秦已有中、外军的建制。中军是由中央直接统领的军队，禁卫军是中军的精锐。外军是镇守各地区的军队，一般由一个地区的都督诸军事来统领。外军原是中军的一部分，由于镇守在外，才被称为外军。前秦经常把中军配给或授予出征、出镇的将领，但它本身仍是中军[2]。中央禁卫军有"中外四禁、二卫、四军长上将士"[3]。四禁，即前、后、左、右禁将军；

---

[1] 《通鉴》卷一〇一，东晋哀帝兴宁二年（364 年）八月，中华书局，第 3196–3197 页。
[2] 何兹全：《十六国时期的兵制》，载《历史学的突破、创新和普及》，北京师范大学出版社，第 154–157 页。
[3] 《晋书·苻坚载记上》，中华书局，第 2897 页。

二卫，左、右卫将军；四军，前、后、左、右将军。苻坚建元三年（367年），"苻双据上邦、苻柳据蒲坂叛于坚，苻庾据陕城、苻武据安定并应之，将共伐长安。坚遣使谕之，各啮梨以为信，皆不受坚命，阻兵自守。坚遣后禁将军杨成世、左将军毛嵩等讨双、武，王猛、邓羌攻蒲坂，杨安、张蚝攻陕城。成世、毛嵩为双、武所败，坚又遣其无卫王鉴、宁朔吕光等率中外精锐以讨之，左卫苻雅、左禁窦冲率羽林骑七千继发"[1]。前秦的兵制在制度上属于魏晋特别是西晋的系统。这种兵制确保中央直接掌握兵权，防止领兵将领对兵权的分割与对士兵的私占，当然也避免依附关系渗透到军营中。我们还可以看以下例子：

> 太和五年（370年），又遣猛率杨安、张蚝、邓羌等十将率步骑六万伐（慕容）暐。坚亲送猛于霸东，谓曰："今授卿精兵，委以重任，便可从壶关、上党出潞川，此捷雷不及掩耳。吾当躬自率众以继卿后，于邺相见。已敕运漕相继，但忧贼，不烦后虑也。"
>
> 以其中垒梁成为南中郎将，都督荆、扬州诸军事、荆州刺史，领护南蛮校尉，配兵一万镇襄阳，以征南府器仗给之。[2]
>
> 坚于是以骁骑吕光为持节、都督西讨诸军事，与陵江将军姜飞、轻骑将军彭晃等配兵七万，以讨定西域。[3]
>
> 良家子至者三万余骑，其秦州主簿金城赵盛之为建威将军、少年都统。遣征南苻融、骠骑张蚝、抚军苻方、卫军梁成、平南慕容暐、冠军慕容垂率步骑二十五万为前锋。[4]
>
> 遣骁骑石越率卒三千戍邺，骠骑张蚝率羽林五千戍并州，留

---

[1] 《晋书·苻坚载记上》，中华书局，第2890页。
[2] 《晋书·苻坚载记上》，中华书局，第2901页。
[3] 《晋书·苻坚载记下》，中华书局，第2911页。
[4] 《晋书·苻坚载记下》，中华书局，第2917页。

兵四千配镇军毛当戍洛阳。[①]

前秦实行"配兵制",将军出镇或征战时由朝廷即时配兵,说明将与兵是分离的。军队属于中央,由中央统一调度,将领只有统兵指挥权。上引最后一条是淝水之战后苻坚派兵戍守各地的部署。当时,诸军皆溃,唯慕容垂所领三万众独全,苻坚与慕容垂会师,慕容垂把军队全部交还苻坚。这正是出征时中央配兵,返回后还兵于朝廷的体现。苻坚收拾战后的残部,包括慕容垂交回的三万人,快到洛阳时有兵十余万,这才分兵部署对邺城、并州、洛阳的戍守。

因此,前秦最初虽然与建立后秦的羌酋姚氏一样,是少数民族的军事部落集团,整个集团就是一个大军营,领有若干营户;在建国后,前秦也如同前燕一样实行宗室分封,宗室子弟俱为王、公。但是,前秦与后秦、前燕的制度形式上相似而实质上却不同。前秦建国后建立了比较严密的专制主义中央集权制度,军队是专制皇权的支柱,将领与军队是分离的,军队中不存在营户,将领与士兵很难形成依附关系。前秦宗室子弟的特权在苻坚时由王降为公,其领兵与异姓领兵一样,没有"军封"之制,也就是不能拥有私兵部曲。显然,前秦不仅在政治上而且也在经济上限制诸王权贵。

(三)

苻氏在关中建立前秦后,积极实施劝课农桑的经济政策,并取得显著成果。

皇始四年(354年),苻健"与百姓约法三章,薄赋卑宫,垂心政事,优礼耆老,修尚儒学,而关右称来苏焉"。这一年,关中大灾,"蝗虫大起,自华泽至陇山,食百草无遗。牛马相啖毛,猛兽及狼食人,行路断绝。健自

---

① 《晋书·苻坚载记下》,中华书局,第2919页。

蠲百姓租税，减膳彻悬，素服避正殿"①。这是前秦刚刚在关中立足时所采取的临时性措施，如"约法三章"，但也可以说，它为前秦的政策定下了基调。

苻坚上台后，劝课农桑是他的基本经济政策。史家概述他采取的一系列政策措施说：

> 于是修废职，继绝世，礼神祇，课农桑，立学校，鳏寡孤独高年不自存者，赐谷帛有差，其殊才异行、孝友忠义、德业可称者，令在所以闻。

苻坚对劝课农桑的重视不言而喻。其后，他也反复强调和贯彻这一政策：

> 赐为父后者爵一级，鳏寡高年谷帛有差，丐所过田租之半。是秋，大旱，坚减膳彻悬，金玉绮绣皆散之戎士，后宫悉去罗纨，衣不曳地。开山泽之利，公私共之，偃兵息甲，与境内休息。②
>
> 亲耕藉田，其妻苟氏亲蚕于近郊。③
>
> 遣使巡察四方及戎夷种落，州郡有高年孤寡，不能自存，长吏刑罚失中、为百姓所苦，清修疾恶、劝课农桑、有便于俗，笃学至孝。义烈力田者，皆令具条以闻。④
>
> 坚广修学官，召郡国学生通一经以上充之，公卿已下子孙并遣受业。其有学为通儒、才堪干事、清修廉直、孝悌力田者，皆旌表之。于是人思劝励，号称多士，盗贼止息，请托路绝，田畴修辟，帑藏充盈，典章法物靡不悉备。⑤
>
> 坚以境内旱，课百姓区种。惧岁不登，省节谷帛之费，太

---

① 《晋书·苻健载记》，中华书局，第 2871 页。
② 《晋书·苻坚载记上》，中华书局，第 2885 页。
③ 《晋书·苻坚载记上》，中华书局，第 2886 页。
④ 《晋书·苻坚载记上》，中华书局，第 2887 页。
⑤ 《晋书·苻坚载记上》，中华书局，第 2888 页。

中古北方民族史探

378

官、后宫减常度二等，百僚之秩以次降之。

自永嘉之乱，庠序无闻，及坚之僭，颇留心儒学，王猛整齐风俗，政理称举，学校渐兴。关陇清晏，百姓丰乐，自长安至于诸州，皆夹路树槐柳，二十里一亭，四十里一驿，旅行者取给于途，工商贸贩于道。百姓歌之曰："长安大街，夹树杨槐。下走朱轮，上有鸾栖。英彦云集，诲我萌黎。"[1]

遣使巡行四方，观风俗，问政道，明黜陟，恤孤独不能自存者。[2]

坚以翼犍荒俗，未参仁义，令入太学习礼。以翼圭执父不孝，迁之于蜀。散其部落于汉鄣边故地，立尉、监行事，官僚领押，课之治业营生，三五取丁，优复三年无租税。

坚以关中水旱不时，议依郑白故事，发王侯已下及豪望富室僮隶三万人，开泾水上源，凿山起堤，通渠引渎，以溉冈卤之田。及春而成，百姓赖其利。以凉州新附，复租赋一年。为父后者赐爵一级，孝悌力田爵二级，孤寡高年谷帛有差，女子百户牛酒，大酺三日。[3]

在十六国历史上，未有如苻坚这样一再重申劝课农桑的统治者。苻坚的成就是多方面的，劝课农桑的成就在他的成就中也许不是最主要的，但却是非常突出的。苻坚劝课农桑不是停留在公文上、形式上，而是措施具体、持之以恒、卓有成效，归纳起来有以下特点。

第一，劝课农桑与提倡节俭、整顿社会风气相结合。

苻坚亲耕藉田、王后亲蚕；灾年，则率先减膳，减宫廷用度，减百

① 《晋书·苻坚载记上》，中华书局，第 2895 页。
② 《晋书·苻坚载记上》，中华书局，第 2897 页。
③ 《晋书·苻坚载记上》，中华书局，第 2899 页。据《通鉴》卷一〇四东晋孝武帝太元元年（376 年）十二月载："行唐公（苻）洛以什翼犍子窟咄年长，迁之长安。坚使窟咄入太学读书。"而《载记》误为什翼犍。

官之秩。苻坚自奉甚俭，未见大兴土木，不追求物质享受。他曾狩猎旬余，因伶人王洛之谏而不复猎。大宛献汗血马，他命群臣作《止马诗》而遣还。统一北方后，"国内殷实，遂示人以侈，悬珠帘于正殿，以朝群臣，宫宇车乘，器物服御，悉以珠玑、琅玕、奇宝、珍怪饰之。尚书郎裴元略谏曰：'臣闻尧舜茅茨，周卑宫室，故致和平，庆隆八百。始皇穷极奢丽，嗣不及孙。愿陛下则采椽之不琢，鄙琼室而不居，敷纯风于天下，流休范于无穷，贱金玉，珍谷帛，勤恤人隐，劝课农桑，捐无用之器，弃难得之货，敦至道以厉薄俗，修文德以怀远人……'坚大悦，命去珠帘，以元略为谏议大夫"①。苻坚以此垂范于下，有利于转变社会风气。

第二，劝课农桑与减免田租、赈济高年孤寡相结合。

苻坚比较关心百姓疾苦，时有减免租赋之举，其赈济高年、孤寡以谷帛之事，仅上引的记载中就有五次之多。这使饱受战争与灾荒之苦的百姓获得喘息之机，使贫穷无告的老人得到安抚，有利于缓和社会矛盾、促进生产的恢复发展，有利于社会安定。

第三，劝课农桑与兴儒办学相结合。

苻坚一方面劝课农桑；另一方面兴儒办学，极具远见卓识。用今天的话来说，这实际上就是一手抓物质文明，一手抓精神文明，二者相辅相成、互相促进。苻坚是懂得"衣食足"与"知荣辱"的关系的，所以他既劝课农桑，也崇尚儒学，一月三临太学，且自诩曰："庶几周孔微言不由朕而坠，汉之二武其可追乎！"②后来更每月一临太学。王猛辅佐苻坚，史称他"外修兵革，内崇儒学，劝课农桑，教以廉耻，无罪而不刑，无才而不任，庶绩咸熙，百揆时叙。于是兵强国富，垂及升平"③。可见在统治思想上，他与苻坚可谓相得益彰了。

---

① 《晋书·苻坚载记上》，中华书局，第2904页。
② 《晋书·苻坚载记上》，中华书局，第2888页。
③ 《晋书·苻坚载记下·王猛附传》，中华书局，第2932页。

第四，劝课农桑与改进耕作方式、兴修水利相结合。

苻坚"课百姓区田"与"开泾水上源，凿山起堤，通渠引渎，以溉冈卤之田"，在十六国时期是绝无仅有的创举。区田，即区田法，是西汉时总结的旱作地区高产耕作法。在关中推广区田法，说明苻坚非常关心农业生产，对农业生产也很了解。他又兴修水利，实施凿山开渠的工程，以改善关中农业生产的条件。他征发的劳工是王侯及大姓豪族的僮隶，以减轻农民的徭役负担。

此外，前秦还把劝课农桑与打击豪强及抑制宗室相结合，我们前文已经论及，不再重复。

短短的二十五年，苻坚实行劝课农桑的政策，把前秦治理得井井有条，使前秦经济获得长足发展，出现了前所未有的繁荣景象，这是难能可贵的。即使是对少数民族并无好感的唐代史家，也不能不称赞苻坚"遵明王之德教，阐先圣之儒风，抚育黎元，忧勤庶政"，"虽五胡之盛，莫之比也！"[①] 可惜的是，这一切都在淝水付诸东流了。

---

① 《晋书·苻登载记》史臣曰，中华书局，第 2956 页。

结 语

民族融合
——十六国历史的必由之路

十六国历史纷繁复杂，匈奴、羯、氐、羌、鲜卑等族乘机而起，一个个建国称帝，你唱罢来我登场。在相互杀伐中，各族无不遍体鳞伤，谁也未能建立起稳固的统治，最终由代北崛起的鲜卑拓跋部南下收拾残局，统一北方。相比较而言，鲜卑拓跋部的文明程度远比内迁的"五胡"落后，但民族融合的历史重任却是由鲜卑拓跋部来实现的。

从"五胡"内迁到十六国政权更迭，内迁的少数民族逐渐汉化，最终走上民族融合之路，这也是十六国历史的必由之路。

第一，内迁各民族改用汉族姓名。

匈奴最豪贵为屠各种，由单于家族挛鞮氏（或称虚连题氏）与它的姻族呼延氏、卜氏、兰氏、乔氏所谓"四姓"构成，统领匈奴部落联盟的各部。各部另有名称，如浑邪部、休屠部等。匈奴部民未见有自己的姓名。

匈奴改用汉姓名，最早当属西汉归降的休屠部金氏。汉武帝元狩二年（前121年），西汉骠骑将军霍去病征匈奴，驻牧在今甘肃张掖、武威一带的匈奴浑邪部、休屠部兵败降汉。不久后休屠王反悔，浑邪王遂杀休屠王，吞并其众，以两部四万余众降汉。休屠王的家属包括阏氏和两个未成年的儿子则被没入官中为奴，长子日磾年十四岁，在官中养马，得到汉武帝赏识，遂因休屠作金人以祭天故，赐姓金氏。浑邪、休屠两部部众则被汉朝廷安置在缘边五郡故塞外。这些匈奴人后来扩散内迁，魏晋时有休屠人王氏王石武、王擢等①。这支休屠人改用汉姓名的时间已难以考证，至迟在汉魏之际。此外，还有平凉的一支休屠人改称金氏，其得姓可能与金日磾有关②。

南迁的南匈奴亦可能在汉魏之际改用汉姓名。史称，匈奴借冒顿与汉室通婚，冒顿子孙即单于家族改用刘姓。实际上，南匈奴单于羌渠及其子於扶罗、呼厨泉，均未改汉姓名。"於扶罗死，弟呼厨泉立，以於扶罗子豹为左贤王，即元海之父也。"③"於扶罗子豹"，即刘豹。可知自刘豹始改用汉姓名。这时是汉末魏初。

羯族是西晋初内迁的，故石勒改用汉姓名则更晚些。石勒无姓，原名匐，祖耶奕于，父周曷朱，一名乞翼加。石勒招集"十八骑"，与马牧帅汲桑起兵时，"桑始命勒以石为姓，勒为名焉"④。石勒出自西域石国⑤，这个姓其实并非汲桑随意所起。

羯人有"杂胡"之称⑥，而石勒最初起兵的"十八骑"的民族构成很复杂。所谓"十八骑"，即石勒"招集王阳、夔安、支雄、冀保、吴豫、刘膺、桃豹、逯明等八骑为群盗。后郭敖、刘征、刘宝、张噎仆、呼延莫、郭黑略、张越、孔豚、赵鹿、支屈六等又赴之，号为十八骑"⑦。这时的少数民族已经比较普遍地采用汉族姓名，所以对他们的民族识别很不容易。其中，呼延莫以其姓氏表明其为匈奴人。另一些人，唐长孺先生的《魏晋杂胡考》对他们的民族成分有许多精辟的论述，引述如下：

《石勒载记上》称初起时之十八骑有支雄、支屈六。《元和

---

① 陈琳国：《休屠、屠各和刘渊族姓》，载《北京师范大学学报》2006 年第 4 期。
② 唐长孺：《魏晋南北朝史论丛》，生活·读书·新知三联书店，第 390 页。
③ 《晋书·刘元海载记》。
④ 《晋书·石勒载记上》。
⑤ 上揭《魏晋南北朝史论丛》，生活·读书·新知三联书店，第 417 页。
⑥ 上揭《魏晋南北朝史论丛》，生活·读书·新知三联书店，第 414 页。
⑦ 《晋书·石勒载记上》，中华书局，第 282 页。

姓纂辑本》卷二支氏条云："石赵司空支雄传云：'其先月支人也。'"在诸胡族中特别有支胡名称。

石勒初起十八骑中之西域姓尚有蔓安，《古今姓氏书辩证》卷三脂韵蔓氏条云："石虎有太保蔓安，自天竺徙辽东，玄孙逸，姚秦司空，腾仕后燕。"

十八骑中还有三个姓刘的（刘膺、刘征、刘宝），匈奴各部众很多冒姓刘氏，可以认作匈奴人或羯各人，但西域胡人也有冒姓刘的。

石赵统治期间张姓显贵很多，十八骑中有张暡仆、张越，而张越又是石勒的姐夫；石勒称赵王时宜张离、张良为门生主书，司典胡人出入，石虎时张离为右仆射，领五兵尚书，专总兵要，张举为太尉，这些张姓显贵当以胡人为多。我们知道羯各有张氏，乌丸亦有张氏。《太平御览》卷七四四《叙艺》引《后赵录》云："张材伎，乌谭部人也。善棊博。"据《晋书》卷九七《北狄匈奴传》乌谭为入塞匈奴十九种之一。张氏显然不是西域姓。又如十八骑中的王阳，说明是胡人，王氏也许是乌丸，西域似无姓。[1]

这样，十八骑中就有十人为匈奴或西域胡人了。

陈连庆先生所著《中国古代少数民族姓氏研究》一书，论十八骑说：

> 按十八骑为石勒武装集团骨干，其中计有：刘姓三人（具体姓名略），支姓、郭姓和张姓各二人；王、蔓、冀、吴、桃、逯、呼延、孔、赵姓各一人。诸人出身地域与族属，除蔓氏源出天竺，支氏出于月氏，刘氏、呼延当出匈奴外，其余均不甚清楚。

---

[1] 唐长孺：《魏晋南北朝史论丛》，生活·读书·新知三联书店，第414—417页。

王、张、郭、赵诸氏，备见于匈奴，但羯族确有王氏与张氏，故郭、赵等氏，不得不并入匈奴。冀、吴、桃诸姓，是羯族的可能性较大。逯氏、孔氏当系汉人，逯氏已见《风俗通》。

总之，十八骑作为石勒武装集团骨干及砥柱，其中成员羯、胡出身者不能不占较大比重；但羯族来自中亚，隶属于匈奴，间关数万里，历时不知几百年，最终定居上党武乡，其间很难保持种族纯粹。故十八骑中具有天竺、匈奴诸因素，或许反映羯族杂胡性质[1]。

由石勒的十八骑可见匈奴、羯、乌桓等族改用汉姓名之一斑。

羌族"其俗氏族无定，或以父名母姓为种号"[2]。《后汉书·西羌传》的羌人有名无姓，多以种为称。《晋书·姚弋仲载记》："迁那率种人内附，汉朝嘉之，假冠军将军、西羌校尉、归顺王，处之于南安之赤亭。那玄孙柯迴为魏镇西将军、绥戎校尉、西羌都督。回生弋仲。"以《后汉书·西羌传》印证，汉代的迁那还没有姓，至曹魏的柯回是否已以姚为姓，也不能肯定。所以，姚弋仲的这一支羌人改用汉姓名最早在曹魏时。

关中地区那两幢前秦建元三年、四年（367年、368年）的碑铭，即《郑能进修邓太尉祠碑》和《立界山石祠碑》，提供了一个特定地区杂胡的分布情况，补充了文献的不足。关于《郑能进修邓太尉祠碑》的题名，马长寿先生指出：

> 此碑题名中矣西羌军吏为最多，姓雷者七人，姓钳耳者四人，姓蒿者三人，姓傉蒙者二人，姓屈男、利非、西羌各一人，共十九人。

---

① 陈连庆：《中国古代少数民族姓氏研究》，吉林文史出版社，第383-384页。此为总结性论述，各姓氏可分见专条。文末谓羯人最后定居于上党，石勒即是，但内迁的羯族分布其实非常广泛。
② 《后汉书·西羌传》。

关于《立界山石祠碑》的题名，马先生又说：

> 冠以大人、部大、酋大等衔的少数部族的姓氏有十六个，包括的人数共七十六人：夫蒙，二十九人；王，八人；白、帛，六人；杨，六人；儁蒙，四人；张，四人；雷，四人；同蹄，三人；李，三人；爪，二人；秦，二人；樊、董、井、韩、司马各一人。上述十六个少数部族姓氏中最多的是西羌姓，一曰夫蒙氏，二曰儁蒙氏，三曰雷氏，四曰同蹄氏，五曰井氏。

羌人的姓多由其原先的种落名而来，如雷氏来自累姐种，钳耳氏来自虔人种，罕氏来自当煎或当阗种等。

氏族，"各自有姓，姓如中国之姓"[①]。检索《三国志》中所有的氏族资料，多不著姓氏，如所引《魏略·西戎传》云："近去建安中，兴国氏王阿贵、白项氏王千万个有部落万余。""白项"乃"百顷"之讹，又称仇池，因上有仇池得名。《宋书·氏胡传》："略阳清水氏杨氏，秦汉以来，世居陇右，为豪族。汉献帝建安中，有杨腾者，为部落大帅。腾子驹，勇健多计略，始徙仇池。仇池地方百顷，因以百顷为号……驹后有名千万者，魏拜为百顷氏王。"《三国志》记下辩地区有"氏雷定等七部万余落"[②]。《晋书·苻洪载记》载略阳氏人苻氏得姓，"始其家池中有莆生，长五丈，五节如竹形，时咸谓之蒲家，因以为氏焉"。由蒲改苻，迟至则是东晋永和六年（350年）时事："时有说洪称尊号者，洪亦以谶文有'艸付应王'，又其孙坚背有'艸付'字，遂改姓苻氏。"又《晋书·吕光载记》："吕光字世明，略阳氏人也。其

---

① 《三国志·魏志·乌丸鲜卑东夷传》注引《魏略·西戎传》。

② 《三国志·魏志·杨阜传》。

先吕文和，汉文帝初，自沛避难徙焉。世为酋豪。"[1]

上引《立界山石祠碑》的题名中，除羌姓外就是氐姓，一曰杨氏；二曰樊氏；三曰韩氏。

乌桓（丸）"氏姓无常，以大人健者名字为姓"[2]。乌桓在东汉初内附，乌桓大人郝旦等九千余人率众诣阙，其渠帅被封为侯王者有八十余人，朝廷让他们居住在塞内十边郡。郝旦虽似汉名，但应为乌桓名字的译音。曹操北征乌桓时，乌桓大人有蹋顿、速附丸、楼班、乌延等，由此可知当时乌桓尚未改用汉姓名。而就在这时，曹操"悉徙其族居中国，帅从其侯王大人种众与征伐。由是三郡乌桓为天下名骑"[3]。乌桓改汉姓名即在此时。《三国志·魏志·梁习传》注引《魏略》曰："（建安）二十二年（217年），太祖拔汉中，诸军还到长安，因留骑督太原乌丸王鲁昔，使屯池阳以备卢水。昔有爱妻，住在晋阳。昔既思之，又恐遂不得归，乃以妻部五百骑叛还并州。"又同书《牵招传》云："又构间离散，使虏更相猜疑。鲜卑大人步度根、泄归泥等与轲比能为隙，将部落三万余家诣郡附塞。敕令还击比能，杀比能弟苴罗侯，及叛乌丸归义侯王同、王寄等。"这以后内迁乌桓改用汉姓名者众，不胜枚举。

东部鲜卑"其语言习俗与乌丸同"[4]。大概因慕容氏与汉族复姓类似，故不改。其余有疑似改为孙、佟、悦、丁、卫等[5]。

从以上内迁各族改用汉姓名的情况，可归纳出两点：一是内迁越早，改用汉姓名也就越早；二是与汉族杂居的程度越高，改用汉姓名就越多。虽然羌族不用汉人姓氏，但也有了自己的姓氏了。少数民族改姓的意义非

---

① 马长寿先生考吕光原籍系仇池，而徙自沛的说法是伪造的。参见其著《氐与羌》，上海人民出版社，第 37 页。

② 《三国志·魏志·乌丸鲜卑传》注引《魏书》。

③ 同上。

④ 同上。

⑤ 上揭《中国古代少数民族姓氏研究》，第 64-66 页。

常深刻，这表明他们逐渐摆脱了原来民族的氏族部落组织，形成了自己的宗族、家庭，使社会结构发生了根本性的变革。因此，这是内迁少数民族汉化和最终实现民族融合的一个重要步骤。

第二，汉语文的逐渐流行。

民族之间语言文字的交流是一种复杂的社会现象。少数民族的内迁，必然伴随着各族之间语言文字的变动。汉语言文字在各民族间的流行和普及，是中原语言文字变动的趋势。

南匈奴贵族刘氏子弟如汉族大族子弟一般，从小入学。刘渊师事著名学者崔游，对汉文化的经典无不综览。他在并州与当地大族名士交游甚欢，深相崇敬。作为任子到洛阳后，他时常得到晋帝的接见，经常与朝臣过从。他以"文武才干"显名。太康末，"拜北部都尉，明刑法，禁奸邪，轻财好施，推诚接物，五部俊杰无不至者。幽冀名儒，后门秀士，亦皆游焉"①。由此可见，刘渊对汉语文运用自如，很有造诣。

南匈奴刘氏贵族内迁既早，受魏、晋朝廷优遇，有接受教育的条件。石勒内迁晚，生活在社会底层；即便出身部落小率，也必须为人佣耕才能维持生计。羯人部落实际上已处于离散瓦解的状态中。因并州饥荒，石勒从家乡上党流浪到雁门，从雁门回家路上被官军掠卖到山东。石勒先后交往的汉人有宁驱、郭敬等人。石勒虽不识汉字，但说汉语当无问题。石勒最初起兵的"十八骑"中包括羯、匈奴、乌桓等民族，他们如何沟通？估计汉语是他们相互沟通的语言。后来石勒在军中让人读《汉书》给他听，更说明他的汉语水平已经具有相当程度了。

汉语的流行，缘边郡县比内地总是慢些，那里汉族人口少而少数民族人口多。到西晋末年，流入慕容氏居住地区的汉人大增。史称，"（永嘉初）连岁寇掠，百姓失业，流亡归附者日月相继"。又说："时两京倾覆，幽

① 《晋书·刘元海载记》。

冀沦陷，廆刑政修明，虚怀引纳，流亡士庶多襁负归之。廆乃立郡以统流人。"慕容廆设置冀阳、成周、营丘和唐国等四个侨郡，以安置流民。同时，他还任用流民中的汉族士人为教师，建立学校，令"世子皝率国胄束脩受业"[1]，而他也常去听课。课堂上讲的是儒学，在还没有人能把儒学经典翻译成鲜卑语时，课堂上当然是用汉语讲授。学校成为鲜卑慕容氏推广汉语行之有效的办法。在地处缘边的辽东地区，汉语的流行是从学校、从慕容鲜卑的上层开始的。

关东地区的内迁少数民族，包括乌桓、匈奴、羯和东部鲜卑，他们的内迁是自愿的。他们内迁后，魏晋统治者也没有强迫他们放弃各自的语言、使用汉语。他们或因仰慕汉文化，或因与汉人交往交流所需，主动地学用汉语。各族的上层学汉语言文字，下层民众则主要学讲汉语。在各族的小聚居区的内部，他们还是会使用各自的语言。

关西地区的氐、羌，内迁后的居住相对集中。氐族"其俗，语不与中国及羌、杂胡同。……多知中国语，由与中国错居故也。其自还种落间，则自氐语"[2]。故氐族大多本来就会讲汉语，他们内迁关中扶风、美阳，是所谓"编户之氐"[3]，隶属于安夷、抚夷二部护军。内迁羌族称"内属羌"，也就是未正式成为国家的编户民。

符洪和姚弋仲是氐、羌的两大豪强，他们本来都盘踞陇右，依违于前、后赵政权间，待时而动。《晋书·姚弋仲载记》曰：

> 刘曜之平陈安也，以弋仲为平西将军，封平襄公，邑之于陇上。及石季龙克上邽，弋仲说之曰："明公握兵十万，功高一时，

---

[1] 《晋书·慕容廆载记》。

[2] 《三国志·乌丸鲜卑东夷传》注引《魏略·西戎传》。其原文为："其俗，语不与中国同，及羌、杂胡同。"马长寿据《通典·边防五》考证，"语不与中国同"的"同"字衍。上揭《氐与羌》，上海人民出版社，第17页。

[3] 《晋书·宣五王传》及《文选》卷五十七。

正是行权立策之日。陇上多豪，秦风猛劲，道隆后服，道洿先叛，宜徙陇上豪强，虚其心腹，以实畿甸。"季龙纳之……（石）勒既死，季龙执权，思弋仲之言，遂徙秦雍豪杰于关东。弋仲率部众数万迁于清河。

又《晋书·苻洪载记》曰：

（刘）曜败，洪西保陇山。石季龙将攻上邽，洪又请降。季龙大悦，拜冠军将军，委以西方之事。季龙灭石生，洪说季龙宜徙关中豪杰及羌戎内实京师。季龙从之，以洪为龙骧将军、流人都督，处于枋头。

于是，氐、羌这两支亦兵亦农的部众都进入了关东地区。苻洪的部众以氐人为主，而姚弋仲的部众以羌人为主；但在关东十八年，除自然增殖外，靠招降纳叛，二者均吸收了包括汉族在内的各族群众。

苻洪在枋头（今河南省鹤壁市浚县西南淇门渡）起兵时，《通鉴》记载：

洪自称大都督、大将军、大单于、三秦王，改姓苻氏。以南安雷弱儿为辅国将军；安定梁楞为前将军，领左长史；冯翊鱼遵为后将军，领右长史；京兆段陵为左将军，领左司马；天水赵俱、陇西牛夷、北地辛牢皆为从事中郎，氐酋毛贵为单于辅相。[1]

这个班底主要由氐、羌及西域胡人的酋豪组成。雷弱儿，南安羌酋。梁楞，安定氐酋，其女孙梁氏即苻洪孙苻生之妻，苻生即位后被立为皇

---

[1] 《通鉴》卷九十八。

后。鱼遵，内迁后的西域胡人，后随苻氏入关，其后裔落籍于冯翊下邽（今陕西省渭南市东北）。唐代时下邽鱼氏已赫然为冯翊郡的八大望族之一，或慕中原文化而改姓虞氏[1]。鱼遵能进入苻洪军事部落集团的核心，必然是带着他的相当数量的族众归附苻洪的。毛贵，渭北氐酋，梁氏姻亲，苻生梁后之舅。赵俱，屠本《十六国春秋·前秦录》卷十曰："南安羌酋，一云天水人。"剩下的几人族属虽不易确定，但除京兆段陵外，或出陇西，或出北地，都是氐、羌聚居之地，故他们也有出自氐、羌的可能。

这个班底一直维持到苻生当皇帝时。《通鉴》又载：

> 健即天王、大单于位，国号大秦，大赦，改元更始。……以苻雄为都督中外诸军事、丞相、领车骑大将军、雍州牧、东海公；苻菁为卫大将军、平昌公，宿卫二宫；雷弱儿为太尉，毛贵为司空，略阳姜伯周为尚书令，梁楞为左仆射，王堕为右仆射，鱼遵为太子太保，强平为太傅，段纯为太保，吕婆楼为散骑常侍。伯周，健之舅；平，王后之弟；婆楼，本略阳氐酋也。[2]

苻健称王时进入权力核心的姜伯周、强平、吕婆楼都是氐酋。关于姜氏，史称"天水旧有姜、阎、任、赵四姓，常推于郡中"[3]。四姓之姜氏，或许是羌族中已汉化且成长为大族著姓者。姜伯周不一定出自此四姓，但他与强平都是氐族大姓，而与苻氏结为姻亲。至于王堕，京兆霸城人，则可能是汉人。

苻氏子弟所受汉传统文化的教育并不甚多。唯苻雄一支，似与读书有

---

① 参见林梅村：《稽胡史迹考——太原新出隋代虞弘墓志的几个问题》，载《中国史研究》2002年第1期。

② 《通鉴》卷九十九。

③ 《三国志·魏志·王朗传》注引《魏略》。

些关系。苻雄"少善兵书，而多谋略，好施下士，便弓马，有政术"①。苻坚即苻雄子，他曾因要求读书而得到苻洪的赞赏。虽然苻洪这支队伍汉文化水平总体不高，又不与汉人混居，但氐族人本来大多能说汉语，又经关东十八年历练，为后来建立前秦政权奠定了基础。

姚氏第二代姚襄，在其父死后投降东晋。史称，他"少有高名，雄武冠世，好学博通，雅善谈论，英济之称著于南夏"②。他的汉文化学问，竟然达到能够染指几乎是汉人门阀士族专利的玄学清谈的程度。此人的作为颇有传奇性，几次战败，几次复振，很得人心。他占据许昌，想要进军河东以图关右，便进攻洛阳，但一个多月仍攻不下。长史王亮劝谏说："公英略盖天下，士众思效力命，不可损威劳众，守此孤城。宜还河北，以弘远略。"姚襄说："洛阳虽小，山河四塞之固，亦是用武之地，吾欲先据洛阳，然后开建大业。"后来，他在伊水北为东晋桓温所败，率麾下数千骑奔逃北山。"其夜，百姓弃妻子随襄者五千余人，屯据阳乡，赴者又四千余户。襄前后败丧数矣，众知襄所在，辄扶老携幼奔驰而赴之。时或传襄创重不济，温军所得士女莫不北望挥涕。其得物情如此。先是，弘农杨亮归襄，襄待以客礼。后奔桓温，温问襄于亮，亮曰：'神明器宇，孙策之俦，而雄武过之。'其见重如此。"③姚襄如此受到包括汉族在内的各族民众的拥戴，哪里还看得到民族之间的歧见。

汉语言文字的流行和普及从少数民族的上层开始，还有一个原因是少数民族都没有自己的文字。离开汉语文，他们建立的政权将无法运行；使用汉语文，又有力地促进了各民族的融合。杨振宁先生的论述很值得我们深思，他说："中国文字是单音字，这一点当然是非常清楚的。因为这个缘故，所以中国有许多方言，可是只有一种文字、一种语言，这件事情是

---

① 《晋书·苻生载记苻雄附传》。

② 《晋书·姚襄载记》。

③ 《晋书·姚襄载记》。

非常非常重要的。比如说，为什么中国没有分裂成许多国家？中国的版图比欧洲的版图还要大，中国的人口比欧洲的人口要多很多倍，中国的民族传统，是许多民族混流起来的，不比西方不同民族的数目来得少，可是并没有像欧洲这样分裂成许多国家，或者像印度，虽然形成一个国家，可是里头有很多不同的宗教，很多不同的语言。这是什么缘故呢？我觉得其中最主要的，就是因为中国的文字是象形文字，有一个很强的统一趋向，不是拼音文字，不必文随音转而增加分裂的可能。"①

第三，民族混居程度的进一步加深。

以上考察的是内迁各族上层学用汉语文的情况。而加快汉语在各族下层流行，是由于少数民族与汉族混居的程度的不断加深。

十六国期间，各政权无不以争夺人口为要事。空前剧烈的人口争夺与强迫人口迁徙，是十六国历史的一大特点。每一次战争，战胜者不仅掳掠财富，还要掳掠对方的人户，驱赶回自己的统治区。有时是几百上千，有时是几万、十几万，甚至是数十万。人口频繁流动，不断改变各地人口的民族构成，不断地冲破民族藩篱，使民族混居程度进一步加深，也使汉语言进一步普及。

汉与前赵时的徙民，主要集中在两个地点。一是平阳。平阳氐（包括巴氐）、羌、羯数量虽然达十余万落，但大多是自东汉以后逐渐由三辅地区渗透过去的；后刘曜直接从长安与怀城往平阳迁徙近二十万人，其中有汉人，也有氐、羌。二是长安。关中自匈奴人郝度元、氐人齐万年反叛，又历经连年战乱、饥荒疾疫，人口流失殆尽。长安屡为战场，遭受严重破坏。刘曜都长安以后，从上郡、秦陇地区往长安迁徙了大量的氐、羌，仅虚除权渠一支就有二十余万口。

后赵石勒时人口主要是迁往襄国。石勒建都襄国后，仅与乞活、乌

---

① 《杨振宁教授谈书法与文字》，载《中国书法》2000 年第 4 期。

桓有关的徙民就有六万余户，均被迁往襄国。随着后赵国力的增强和国土的扩大，除襄国仍容纳一部分徙民外，更多的是安置到各州了。徙民中有汉人、氐、羌、乌桓、匈奴、鲜卑等各种民族，鲜卑中还包括慕容氏、段氏、宇文氏及拓跋氏各部。是后，后赵还有三次逼迁秦、雍州的氐、羌之举。石虎后期，也有两次较大规模的徙民："掠汉东，拥七千余户迁于幽、冀"[①] 和 "徙七千余户于雍州"[②]。

建武十五年（349 年），石虎在兄弟争权、子孙争国中死去，而内乱继续扩大，从宫廷波及全国，终于酿成一场规模空前的血腥大屠杀、大动荡——冉闵之乱。冉闵趁乱控制朝政，挑动民族仇恨，滥杀胡人，"无贵贱男女少长皆斩之，死者二十余万，尸诸城外，悉为野犬豺狼所食。屯据四方者，所在承闵书诛之，于时高鼻多须至有滥死者半"。这次大动乱造成了极为严重的后果，"青、雍、幽、荆州徙户及诸氐、羌、胡、蛮数百余万，各还本土，道路交错，互相杀掠，且饥疫死亡，其能达者十有二三。诸夏纷乱，无复农者"[③]。

在人口争夺与民族迁徙的过程中，慕容鲜卑统治地区的人口快速增长，增加了许多鲜卑段部、宇文部的人口，而增加最多的是汉族人口。人口快速增长，极大地提高了汉族在当地人口中所占的比例。慕容氏走龙城南下后，一步步占领了关东区，占领了土地，也就占有了人口，故迁徙的人口不多。所迁人口，主要是边境上的。在冉闵之乱中，关东地区的胡、羯大量被杀、被逐，或逃亡时死于非命。关东的氐、羌的数量也大减，一大部分氐人在大乱时随着氐帅苻洪西迁，而羌人随羌帅姚弋仲、姚襄辗转南北。鲜卑在关东不仅在政治上居于统治地位，在人口数量上也显出优势。这是关东人口民族构成的重大变化。

---

① 《通鉴》卷九十六。《晋书·石季龙载记上》谓"安于是掠七万户而还"。

② 《晋书·石季龙载记下》。

③ 《晋书·石季龙载记下》。

前秦关西地区的民族关系复杂，关中和陇右以氐、羌为主，前、后赵也留下了许多匈奴、羯人。统一北方后，前秦迁徙慕容鲜卑四万户到长安，其上层被委以中央或地方的各种官职。在处理民族关系上，苻坚以"黎元应抚，夷狄应和，方将混六合以一家，同有形于赤子"的胸怀[1]，采取比较平等的民族政策，重用汉人士族，抚绥被征服民族的百姓，还尽量优容他们的统治阶层人物[2]。这是前秦民族关系比较好的时期，但未能持续多久就因淝水之战而中断。

淝水之战后，蛰伏在前秦内部的各族贵族趁机而起，各树旗号，统一的北方顷刻支离破碎，陷入空前的分裂局面。这是比"胡亡"之后更为混乱的局面，人口争夺更加剧烈，人口迁徙更加频繁。

此时，关东地区主要是慕容鲜卑的后燕、南燕和汉人的北燕政权。这个时期，关东的少数民族固然以鲜卑为主，而乌桓、丁零、匈奴等也都非常活跃[3]。在持续的动乱中，军队已经没有纯粹的民族部落兵了，一支军队中往往由各个民族构成；而原来的民族部落聚居形态也被打破了，出现了越来越多各民族的混居。关西和关中地区，是羌人的后秦。关中的慕容鲜卑大量东去，而稍后有关东的苻纂带氐人西迁。表面上看，经过了一番周折，前燕亡后进入关中的慕容鲜卑东归，而苻坚派出镇守关东的氐人也西还了。其实，他们的队伍已经不是纯粹的鲜卑人或氐人部众了；而在长期

---

① 《晋书·苻坚载记上》。
② 参见田余庆：《东晋门阀政治》，北京大学出版社，第238页。
③ 慕容农在列人动员乌桓、屠各起兵时，假乌桓张骧为辅国将军。这个张骧一直在后燕为将，直到北魏皇始二年（397年），北魏围攻信阳，"宝辅国将军张骧、护军将军徐超率将吏已下举城降"。次年（398年），"乌丸张骧子超，收合亡命，聚党三千余家，据勃海之南皮（今河北省沧州市南皮县北），自号征东大将军、乌丸王，抄掠诸郡。诏将军庾岳讨之"。此外还有如下记载：天兴元年（398年）三月，离石胡呼延铁、西河胡帅张崇等聚众数千人叛。四月，鄴城屠各董羌、杏城卢水胡郝奴、河东蜀薛榆、氐帅苻兴，各率其种内附。他们有的来自关中，但当时在关东。七月，渔阳乌丸库傉官韬复聚众为寇。二年（399年）八月，西河胡帅护诺于、丁零帅翟同、蜀帅薛馤，并相率内附。五年（402年）二月，丁零鲜于次保聚党常山之行唐。等等。以上均见《魏书·太祖纪》。

的分离聚合、联合冲突中，他们中的鲜卑人和氐人也不是原来意义上的鲜卑人和氐人了。关中北面的上郡及其西边地区有鲜卑、杂胡，后来，后秦加强对岭北至朔方广阔地区的控制，当地原来以羌、氐、匈奴、卢水胡等为主，鲜卑是后来者。

秦陇地区各民族的杂居程度不比关中低，甚至更高些。羌、氐是这个地区最早的居民，魏晋以后，有一批一批的鲜卑、匈奴人从蒙古草原、河西走廊迁入。如乞伏鲜卑迁来时，因其自身的人口有限，所以大量地吸纳其他民族的人口。

在河西四郡中，敦煌的汉人比例是最高的。除汉代移民实边和永嘉之乱时避乱河西入敦煌的汉人外，后来进入敦煌的汉人还有："苻坚建元之末，徙江汉之人万余户于敦煌，中州之人有田畴不辟者，亦徙七千余户。郭黁之寇武威，武威、张掖已东人西奔敦煌、晋昌者数千户。及玄盛东迁，皆徙之于酒泉，分南人五千户置会稽郡，中州人五千户置广夏郡，余万三千户分置武威、武兴、张掖三郡，筑城于敦煌南子亭，以威南虏。"[1]西凉是前凉之后河西的又一个汉人政权。李暠，字玄盛，陇西狄道人，世为西州大姓。他的僚属都是汉人。杨际平先生等人说："唐以前敦煌人的姓氏状况缺乏系统材料可以统计。在零散的敦煌汉简材料中，可看到约五十到六十个姓氏，基本上是汉姓，以来自关东、河东、河北及关中长安附近地区的为主。"又说："汉简材料显示，汉晋时期，敦煌居民以汉族为主。晋南北朝以后，情况有了变化，出现胡、汉杂居的情况。但各时期又有不同。"在其研究著作所附的《汉唐敦煌姓氏分布简表》中，"晋十六国（西凉）"一栏，有张、索、王、李、氾、阴、曹、宋、令狐、赵、刘、马、梁、高、杨、唐、陈、吕、尹、苏、任、裴、段、阚、黄、随、表、宗，共二十八姓[2]。以上是研究者根据敦煌藏经洞出土的户籍、手实资料统

---

① 《晋书·凉武昭王李玄盛传》。

② 杨际平等：《五—十世纪敦煌的家庭与家族关系》，岳麓书社，第5—11页。

计出来的，用它和文献记载相对照，基本上是契合的。而无论是从上述统计还是文献记载，基本上都很难找出西凉的非汉姓。当然，这并不是说，西凉只有汉族，没有其他民族，只是汉族多且占据统治地位，非汉姓没有政治地位，或不是从事农业生产的兵户、游牧民，因而现存的文献和出土的户籍资料都没有留下他们的印记。

最后，在魏、晋皇朝放弃的朔方、上郡、云中、五原及西河等地区，由于文献只留下些许片段，这一片广袤的土地的社会历史变得扑朔迷离。通过有关这个地区记载的蛛丝马迹，我们可以确定的是，这里一直活跃着为数不少的匈奴、鲜卑、高车（敕勒）和柔然部落，他们之间相互依赖、相互合作；也相互矛盾、相互冲突，还由于种种原因不断地迁徙着。从这里生长起来的拓跋鲜卑后来在代北形成强大的部落联盟。从这里内迁的许多鲜卑、匈奴、高车部落，或西入河西走廊；或南下入高平川，再西进秦、凉地区。

这个地区的铁弗刘卫辰①，有朔方等地的匈奴、柔然作为支撑②，故虽屡遭前秦、独孤刘库仁部和拓跋部的打击，仍能驰骋称雄于朔方地区。而他的儿子勃勃，在整个部落遭灭顶之灾后竟能卷土重来，成为夏国的开国之君，也正是得益于来自朔方等地区少数民族的强大后援。赫连勃勃刻石颂功，自诩"控弦之众百有余万"，其初起时主要是匈奴、鲜卑、高车及杂胡等民族，后来在与后秦战争中掳掠大量的羌、氐人口，其疆域也扩大到关中。

民族混居的意义当然不止于促进汉语言的流行和普及，它还使各民族形成共同的经济生活。

---

① 《晋书·赫连勃勃载记》。《魏书·铁弗刘虎传孙卫辰附传》称"督摄河西杂类"。
② 《通鉴》卷一〇六，东晋孝武帝太元十六年（391年）九月："秦王坚灭代，柔然附于刘卫辰。"《读史方舆纪要》卷六十一《陕西十》榆林镇曰："及汉顺帝永建初，陇西羌乱，西河、上郡、朔方皆残破。……自魏晋以降，中原多故，其地遂沦为异域。及刘卫辰据之，亦雄长河西。赫连勃勃复起于此，兼有关、陇。"

第四，共同经济生活的形成。

内迁各少数民族走向定居农业，是必然的归宿。自东汉末年，黄巾起义、军阀混战，北方大乱累年。农村田地荒芜，生产停顿，许多人死于战争、饥饿和疫病，北方人口锐减，曹操在《蒿里行》中写道："白骨露于野，千里无鸡鸣。生民百遗一，念之断人肠。"这个时候，北方少数民族大量迁至并州、关中等农业地区定居。费孝通先生说："如果要寻找一个汉族凝聚力的来源，我认为汉族的农业经济是一个主要因素。看来任何一个游牧民族只要进入平原，落入精耕细作的农业社会里，迟早就会服服帖帖地主动地融入汉族之中。"[①]这就是说，游牧民族融入汉族，首先是进入农业社会，实现生产方式的改变。

匈奴原是蒙古草原上的游牧民族，内迁后开始从事农业生产。南匈奴实际上有南单于於扶罗部、离石的左部和新兴刘豹部三部分。於扶罗死，呼厨泉继立。建安七年（202年），呼厨泉与高干等人攻取平阳，曹操派钟繇包围平阳，呼厨泉最终投降了曹操。高干再反，建安十一年（206年），曹操亲征，平定并州后，委任梁习为并州刺史。《三国志·魏志·梁习传》："习以别部司马领并州刺史。时承高干荒乱之余，胡狄在界，张雄跋扈，吏民亡叛，入其部落，兵家拥众，作为寇害，更相扇动，往往棊跱。习到官，诱谕招纳，皆礼召其豪右，稍稍荐举，使诣幕府；豪右已尽，乃次发诸丁强以为义从；又因大军出征，分请以为勇力。吏兵已去之后，稍移其家，前后送邺，凡数万口；其不从命者，兴兵致讨，斩首千数，降附者万计。单于恭顺，名王稽颡，部曲服事供职，同于编户。"所谓"单于恭顺，名王稽颡"，指的是南单于呼厨泉部。但"部曲服事供职，同于编户"，则包括并州全体南匈奴在内。"部曲"，汉地用以指称带有依附性质的豪强武装的部众。这就是说，南匈奴部众从此成为带有依附性质的国家编户，从

---

① 费孝通：《中华民族的多元一体格局》，载《北京大学学报》1989年第4期。

事农业生产，并承担国家的赋役。还有大批匈奴部众沦为汉族私家地主的佃客，史载："太原诸部，亦以匈奴胡人为田客，多者数千。"①

羯族作为匈奴别部，也是蒙古草原的游牧民族。石勒的这一支羯人到达上党（今山西省长治市上党区），最初虽保留部落组织，但不能不转为务农。石勒的父亲是部落小率，他常代父督摄部众；但为维持生计，他为地主家力耕，还曾因与人争沤麻水池打斗。而一般羯人部众的处境只能更差。晋末大乱，并州饥荒，石勒后来被掠卖到山东为奴。他"每耕作于野"，成了从事农耕的奴隶。

东部鲜卑与乌桓原组成东胡部落联盟，鲜卑在北，处于森林与草原的结合带，既猎且牧；乌桓在南靠近农业区域，且牧且耕。乌桓内附汉朝，大多转化为农耕，也有一部分后来与拓跋鲜卑结盟，则以游牧为主。东部鲜卑的慕容氏从慕容廆迁辽东，开始从事农业生产。永嘉之乱后，冀、豫、青、并诸州的流民扶老携幼来归，有力地促进慕容鲜卑经济的转型。

氐族与汉族错居，很早就进入农耕社会，"俗能织布，善田种，畜养豕、牛、马、驴、骡"②。内迁的苻氏是一个武装集团，在部落中组织农业生产，耕战结合。苻坚在淝水之战后，为迷惑敌人，表示不会西迁，曾"缮宫室于枋头，课所部种麦"③。课众种麦，就是历年来在枋头的生产活动。

西羌分布很广，有游牧的部落，也有半耕半牧的部落。史称，秦代羌人在"河湟间少五谷，多禽兽，以射猎为事"，首领无弋爰剑"教之田畜"④。这就是由狩猎转为半耕半牧。西汉宣帝时，先零羌向汉廷提出："愿得渡湟水，逐人所不田处以为畜牧。"这个先零羌是游牧的部落。而生活

① 《晋书·外戚·王恂传》。
② 《三国志·魏志·乌丸鲜卑东夷传》注引《魏略·西戎传》。
③ 《晋书·苻坚载记》。
④ 《后汉书·西羌传》。

在大、小榆谷的迷唐羌则从事农耕，东汉护羌校尉贯友曾掠夺他们的麦子"数万斛"①。内迁后的羌人姚弋仲部，与氐族苻氏一样，都是从事农耕的武装集团。

其实，各族的生产生活方式，首先取决于他们居住的地理环境。人们不能超越地理环境和自然条件选择自己的生存方式。游牧也好，狩猎也好，半猎半牧、半耕半牧也好，是因环境差别造成的生存方式的差别。

这些游牧、狩猎、半猎半牧、半耕半牧的民族一旦进入农业地区，他们便无例外地转化生存方式而从事农业生产了。而那些仍然居于边境地区的民族，介于草原与农区的过渡地带，则仍然停留在半耕半牧的状况。嘉峪关新城墓地3号墓的前室壁画，"绘士兵队伍、屯营、出行、耕种、收获、坞、家畜家禽、庖厨、奏乐等，主要描绘男性及其活动，农民中有部分少数民族"。迤西至今新疆的吐鲁番地区的阿斯塔那与哈喇和卓"发现的十六国墓的壁画……题材有墓主夫妇像、庄园、庖厨、驼马、牛车、弓箭等。这些题材确实与河西地区有明显的联系"②。值得注意的是，画中的农民有少数民族的形象；既有耕种、收获、庄园，又有家畜家禽、驼马等，可见在这些边境地区的少数民族还处于半耕半牧的状态。

由于居住环境的变化，内迁各民族转化为定居农业是必然的；但有三个因素，对这种转化的快慢和农业生产水平产生了重要的影响。一是各民族杂居的程度，尤其是少数民族与汉族的杂居程度。杂居程度越高，相互之间的交流越频繁。少数民族能够从汉族农民学到比较先进的农业生产技术，如作物种植、耕作、施肥、灌溉等经验，增加农作物品种，提高农作物的产量。他们的农业生产水平越高，经济转型越快。二是国家政策的影响。在十六国政权中，凡是实行较好民族政策，对汉族不歧视者；凡是重视农业生产的政权，实行汉魏以来的经济政策、赋税制度越好，少数民族

---

① 《后汉书·西羌传》。

② 郑岩：《魏晋南北朝壁画墓研究》，文物出版社，第47、167页。

部众也就越快转化为农民。这一点，上面已及不赘。三是社会稳定与否的影响。十六国时期战争频仍，少数民族精壮成员是各政权军队的主力，一旦发生战争，农业生产就不能正常进行。虽有军屯或且战且耕，还有老弱妇女从事农业生产，但少数民族的生产方式转化为定居农业的速度非常缓慢。而社会环境相对稳定的时候，就会有更多的少数民族部众从事农业生产，促进农业生产的发展。

后 记

《中古北方民族史探》一书即将付梓，算是了了我的一个心愿。

我曾经给本科生开了几年的《中国古代民族史》选修课，写过两本有关的小册子。后来学术兴趣逐渐转移到中古时期民族的研究，遂以《魏晋南北朝民族政策与民族融合》为题申请到九五国家社会科学基金研究项目。准备开笔时，面对原先拟定的提纲，觉得四平八稳、面面俱到，但是如果照此做下去，肯定非常平庸，没有多少价值，便打算推倒重来，另起炉灶。

说易行难。中国中古北方民族史的研究，已出版了很多关于民族通史、各民族的专史、民族关系史的书；名家众多，周一良、唐长孺、马长寿、林干、田余庆诸先生成果斐然，委实使人气短，有无可置喙之感。我曾经与一位我所尊敬的师长谈及我的课题，他就说已有那么多的名家，写了那么多的著作，还能做得下去吗？我也觉得有些困惑了。这时，我读到林干先生的一篇文章，他说他在研究民族史时，马长寿先生曾经关心地对他说，大意是，这个领域已经研究得差不多了，是不是考虑转换方向。而林先生不为所动，坚持做下去。于是有了《匈奴通史》《东胡史》《突厥史》等重要成果。这的确给了我很大的启迪和鼓励。这中间我因工作变动，计划搁浅，只能断断续续地读些资料，不过也有了重新思索的机会。以后应业师何兹全先生之召，为博士生讲《民族史资料研读》，得以再续前缘。

在研读南匈奴史资料时，我意外地发现"屠各"并非"休屠"，所谓刘渊冒充南单于后裔乃冤哉枉也。把"屠各"等同于"休屠"的推断的提出，已经有半个多世纪了，几乎成为定谳，被许多论著引用，我自己在《可汗的子孙》一书中就引用过。可仔细推敲，这完全是个误解，于是写

中古北方民族史探

出了这个课题的第一篇文章——《休屠、屠各与刘渊族姓》。我先把初稿送给一位友人审读，得到充分的肯定。这才信心倍增，觉得中古民族史研究也还有可以用力之处，即便已被视为定谳的论断也仍有斟酌的余地或有待于进一步深化。接着，我在南匈奴的南迁、杂胡与杂胡化、羌族的原始居地、东羌与西羌等研究中，做出了自认为有突破、有新发现的成果，于是后面的写作就比较顺利了。

在我念研究生时，业师何兹全先生曾经讲到，读书有三个阶段。这里权且命名为"读书三阶段论"。他说："读书的第一个阶段是没有问题，第二阶段是到处都是问题，第三阶段又回到没有问题。"最初的所谓没有问题，就是看不出问题，找不到问题，似乎懂了，其实什么也不懂。后来读书多了，有了比较，也有了体会，慢慢地产生了疑惑，看出了问题，找到了研究的题目、研究的方向，才能去分析问题、解决问题，乃至于突破和创新。最后回到没有问题，是因为已经解决了问题，这是读书的最高境界。说实话，在跟随先生念研究生与先生见面时，最害怕的是先生问："有什么问题吗？"当时经常处于没有问题、看不出问题的我，心中不免惴惴然！只能潜心钻研，去寻找问题，多找问题。先生随和又随意的一句问话，是对我无形的鞭策！我留校工作后，还能有机会常常侍奉于先生左右，继续聆听先生的教导，先生最经常问我的是："这些天读了什么书？"而如果我读了一本好书或一篇好文章，也很愿意跟先生谈谈自己的想法，向先生讨教。

先生"读书三阶段论"的教诲，一直伴随着我的读书和研究生涯。我一直在先生读书三阶段中的第二阶段中徘徊，虽然很想能到达最高境界，但"取法乎上，仅得其中"而已！

所以，在完成这个课题后，我的体会还是"读书"二字。我从学术界前辈的经典之作中汲取了丰富的营养，即使我的结论与他们有相忤之处，也是深受他们的启发和引导的结果。如唐长孺先生的《晋代北境各族"变

后记

乱"的性质及五胡政权在中国的统治》《魏晋杂胡考》，周一良先生的《北朝的民族问题与民族政策》《领民酋长与六州都督》，马长寿先生的《乌桓与鲜卑》《氐与羌》《北狄与匈奴》《碑铭所见前秦至隋初的关中部族》，林干先生的《匈奴通史》《东胡史》等；而近年来在民族史研究方面成绩斐然的黄烈、周伟洲、段连勤等先生，也多有精彩之作。特别要提及的是田余庆先生显幽烛隐的近作《拓跋史探》，田先生的研究成果和研究方法，不仅对我从事这一课题的研究有直接的指导作用，而且将使我终身受益。如果说，我的研究还有些许可取之处的话，那么，都是拜上面提及的和未能一一提及的诸先生之赐。错误之处，在所难免，希望能够得到更多师友们的指教。

最后，我要感谢北京师范大学历史学院的支持，感谢出版社编辑精心的校读，使我得以顺利完成这项研究工作。

陈琳国

于北京石佛营寓所